현대사회와 베버 패러다임

나남
nanam

나남신서 1679

현대사회와 베버 패러다임

2013년 3월 5일 발행
2013년 3월 5일 1쇄

지은이 • 임운택 外
발행자 • 趙相浩
발행처 • (주) 나남
주소 • 413-120 경기도 파주시
회동길 193
전화 • (031) 955-4601(代)
FAX • (031) 955-4555
등록 • 제 1-71호(1979.5.12)
홈페이지 • http://www.nanam.net
전자우편 • post@nanam.net

ISBN 978-89-300-8679-0
ISBN 978-89-300-8001-9(세트)

책값은 뒤표지에 있습니다.

나남신서 1679

현대사회와 베버 패러다임

이재혁 · 김상준 · 유승무 · 이명호 · 박미해 · 전상진
천선영 · 신진욱 · 임운택 · 이선미 · 이종현 지음

나남
nanam

Modern Society and the Weberian Paradigm

by

Woon-Taek Lim & Associates

nanam

머리말

20세기 후반부터 21세기 초반의 현재까지 급속히 변화하는 정치경제적, 사회문화적 환경 속에 개인과 집단이 정체성의 혼란을 겪고, 사회 전반에 걸쳐 발전(의 방향)에 대한 불투명성이 증대하는 현상은 비록 충격을 흡수하는 내성이 이전에 비해 강해졌다 하더라도 19세기 말부터 20세기 초반 근대 자본주의가 등장하던 시대에 살았던 사람이 겪었던 정신세계의 경험에 견주어 보아도 큰 무리는 아닐 듯싶다. 확실히 세기말(*fin de ciecle*) 현상은 시간의 흐름 속에 사라졌지만, 세기의 전환(*Jahrhundetwende*)은 아직 확고하게 우리 손에 잡히지 않고 있다. 20세기 자본주의의 '황금시대'(Marglin · Schor)의 명암을 분석하기 위해 사회학제국(*Pax Sociologica*)이 전유하였던 산업자본주의, 분업, 국민경제, 합리화, 국민국가, 민족, 계급과 계층, 문화, 공동체, 근대, 발전, 이데올로기 등의 개념은 '지구화'의 광풍 속에서 그 자체로 새로운 사회현상을 담아내기에는 제한적인 도구가 되어버렸지만, 미래를 잉태하고 우리 앞에 펼쳐지는 사회의 동력을 명료하게 분석할 수 있는 새로운 이론과 분석틀은 아직 백가쟁명의 상태를 벗어나지 못하는 상황이다. 각종 'post-' 혹은 '탈-' 담론이나 '-사회'(위험사회, 정보사회, 네트워크사회 등)의 유행은 이러한 상황을 반영한다고 해도 과언이 아닐 것이다.

이론가들의 귀소본능이라고나 할까, '새로운 불투명성'(하버마스)에 직면한 사회학자들이 통찰을 얻기 위해 자주 기대는 곳은 결국 고전(이론가)이다. 이때 고전은 "단순한 재수용이 아니라, 우리의 문제상황에서 이들을 재조명하여 발전적 비판적으로 극복하"(전성우, 1988: 4)는 데 의의가 있다.

이 책의 공동 연구자들은 그러한 관점에서 근대 자본주의사회의 역사적 발생과정을 중점적으로 연구한 막스 베버 이론의 면역성을 강화하기보다는 그의 이론적 가정과 전제를 비판적으로 검토하고, 지속적으로 발전시킬 수 있는 가능성을 탐색하고자 한다. 베버에 의하면 경험적 학문으로서 사회학의 과제는 "사회적 행위를 명료하게 이해함으로써 행위의 과정과 결과를 설명하는" 데 있다(Weber, 2002: 1). 그러나 맑스주의에 견주어 '베버주의'(*Weberianism*)라고 불릴 만큼 연구자들이 베버로 접근하는 길은 다양하다. 다양한 연구자들은 이 책에서 하나의 분석틀을 유지하기보다는 광범위한 베버의 연구영역, 즉 방법론(이재혁, 김상준), 종교사회학(유승무, 이명호, 박미해), 문화사회학(전상진, 천선영), 정치사회학(신진욱), 경제사회학(임운택, 이선미, 이종현)에서 출발하여 현대사회가 직면한 다양한 문제의 단면(*facet*)을 포착하려 시도하였다. 이 책의 제목 《현대사회와 베버 패러다임》이 시사하듯, 우리는 기존의 베버 분석틀을 통해 현대사회의 문제해결을 시도하기보다는 '베버의 프리즘'을 통해 현대사회의 제반 문제를 재구성하는 데 초점을 두었다. 익숙한 베버연구자들에게는 다소 생경한 시도일 수도 있겠지만, 우리는 이러한 연구방식을 통해 오히려 베버연구의 외연이 보다 풍부해질 수 있으리라 기대한다.

이 연구서를 추동한 두 요인이 있다. 그 하나는 2014년에 탄생 150주년을 맞이하는 막스 베버이고, 다른 하나는 국내 베버 연구의 권위자이신 전성우 선생님이다. 2014년이라는 상징적인 해를 앞당겨 다소 성급하게 산고를 치른 연유는 평소 아카데미의 울타리를 넘어 연구자들에게는 '사당동 번개'로 익숙한 사적인 공간에서조차 후학들의 연구와 고민을 아낌없이 격려해주셨던 전성우 선생님의 정년퇴임에 맞춰 연구자들이 개인의 전문영역에서 막스 베버와 전성우를 조우시키기를 원하였기 때문이다.

출판의 동인이 어떠하든 연구자들은 '의도적으로' 문헌학적 연구를 배제한 이 책이 도발적이고, 급진적인 베버패러다임의 확장은 물론, 관심 있는 연구자들과의 타감작용(*allelopathy*)에 이바지하기를 바라마지 않는다.

마지막으로 연구자들의 기획의도를 흔쾌히 받아주시고, 번잡한 수고를 떠맡아주신 나남출판사에 감사를 드린다.

2013년 2월

연구진을 대표하여

임 운 택

나남신서 1679

현대사회와 베버 패러다임

• 차 례 •

제 4 부 정치사회학

제 5 부 경제사회학

현대적 재주술화로서의 신뢰 / 이선미

막스 베버와 '유교자본주의'

– 베버 사회학의 단순화 / 이종현

제1부

방법론

고전사회이론에서의 물리주의와 인구적 사고 | 이재혁

보편의 우회 | 김상준

고전사회이론에서의 물리주의와 인구적 사고

— 베버 방법론의 새로운 이해

이재혁

1. 들어가며

사회과학 전반이 그렇듯이 사회학은 사회현상에 대한 '과학'적 탐구를 염두에 두고 나타났다. 사회과학이 과연 얼마나 '과학'적인가, 과학적이어야 하는가, 과학적일 수 있는가 등에 대한 논의는 복잡하고도 방대하며, 다소 진부하기도 하다. 이 문제를 다시 거론하자는 것은 아니다. 대신 다소 초점을 옮겨서, 여기서 우리가 (즉, 인문과학에서) 말하는 '과학'은 통상 어떤 뜻으로 받아들여지는가를 되새기면서, 19세기 중반 이후 사회학 정립기의 고전이론들에서 나타나는 두 가지 다른 의미의 과학적 모형을 대비시켜 보고자 한다. 그 두 가지 과학모형은 논의의 편의상 '물리주의' (*physicalism*) 모형과 '인구적 사고' (*population thinking*) 모형으로 부르기로 한다. 인구적 사고는, 다음에서 설명하겠지만, 바로 다윈의 진화생물학의 방법론적 특성이기도 하다. 이 글에서 핵심 주장의 하나는, 사회학 정립기의 고전이론에서 뒤르켐이 다른 여타 많은 이론가들과 같이 물리주의를 사회학의 방법론적 이상으로 받아들였다면 반면에 베버는 비록 명시적이지는 않지만 인구적 사고의 유형에 부합하는 방법론을 제시했다는 점이다.

2. 두 가지 과학들

이 글에서 쓰이는 '물리주의'란, 쉽게 말하자면, 주로 뉴턴(Newton) 이래의 물리학의 방법론적 영향을 지칭한다. 노이라트(Neurath, 1983)가 말한 보다 고전적 정의로는, "물리주의에 따르면, 물리학의 언어가 과학의 보편언어이며, 따라서 어떤 지식도 물리적 개체에 대한 진술로 치환될 수 있다".[1] 물리주의는 현상의 이면에 작동한다고 여겨지는 보편적 원리나 법칙을 찾으려는 시도이고, 그러한 보편적 법칙은 구체적인 개별 사례들에 대한 설명과 예측의 기준으로 사용된다. 단순화해서 말하자면 물리주의에서의 이론은 법칙정립적(*nomothetic*)이라 할 수 있고 논리-연역적 모형의 구성을 통해 이루어진다. 많은 역사가나 인문학도들에게 '자연과학'의 방법론이나 영향을 언급할 때 그 상당수는 은연중 물리학이라는 특정 분야의 방법을 가정하는 일이 비일비재하다. 물리학적 방법이 적용되지 않는 것은 마치 '과학적'이지 않은 것으로 치부되는 경향도 발견할 수 있다. 이러한 편향성은 종종 포퍼(Popper) 같은

1) 참고로, 철학계에서 '물리주의'는 주로 'mind-body' 문제와 연결된 특정한 마음 철학의 이론적 입장을 칭하는 용어이다. 이 글에서는 그와는 조금 다르게 다소 느슨한 의미에서 물리학적 방법론의 영향을 지칭하는 것으로 쓰기로 한다. 필자의 다른 논문(이재혁, 2011a)에선 전자의 의미로 '물리주의' 개념이 쓰였는데 혼동이 없기를 바란다.

뛰어난 과학철학자에게서도 심심치 않게 볼 수 있다. 또한 이제는 고전이 된 쿤(Kuhn, 1962)의 《과학혁명의 구조》에서도 '과학혁명'의 많은 사례들은 물리-화학 같은 기계론적 과학의 영역들이고, 생물학 같은 여타 영역의 사례는 발견하기 힘들다. 미국의 저명한 사회학자 중 한 명인 스탠리 리버슨은 사회학 내에서 자연과학의 이미지로 어떻게 고전물리학 모형이 깊숙이 각인되는지에 대해 말하기를 "사회학의 이상적 모형으로서의 물리학을 전용하는 것은 이제 우리의 사고에 너무나 익숙하게 자리 잡아서 이 특정한 모형이 갖는 영향이나 그 타당성에 대해 의문을 제기하는 일조차 거의 없게 되었다"(Lieberson & Lynn, 2002: 2).

'과학'에 대한 '물리주의'의 이미지는 기실 대다수 대중과 함께 많은 인문학도들이 가진 것이고 따로 설명이 필요 없이 쉽게 연상되는 것이다. 사회학도에게는 실증주의와 양적방법론의 모형으로 쉽게 떠올려진다. 한편 '인구적 사고'는 보다 미묘하고 어려운데, 이를 설명하기 위해 먼저 몇 가지 뿌리 깊은 오해들을 간단하게 언급할 필요가 있다. 뉴턴 물리학으로 대변될 수 있는 17세기 '과학혁명'은 특정한 설명체계라는 범주를 넘어서서 인류사적으로 처음 '과학적 사유'가 터를 잡게 만든 중대한 사건이었다. 그런데 과학사적으로 볼 때 이 '과학혁명'의 파급과정에는 상당히 복잡하고 미묘한 사안들이 얽혀 있고, 오늘날 통상 우리가 떠올리는 그러한 과학의 이미지와는 사실은 어긋나는 것이 많다(자세한 이야기는 Gould, 2003; Kuhn, 1962; Bala, 2006 등 참조). 비록 흥미롭지만 이 글에서 그러한 과학사적 스토리들을 소개하자는 것은 아니다. 대신 한 가지 지적할 점은 뉴턴의 기계론적 세계관과 수리연역적 방법론이 '과학적 사유'와 등치되면서 이후 상당기간 (아마 오늘날까지도) 과학철학을 위시한 많은 인문학도들의 '과학적' 연구에 특정한 방향으로의 편향적 영향력을 행사했다는 점이다.[2] 법칙정립적 성격을 과학의 요체로 보는 철학의 전통은 매우 오래된 것이지만, 이것은 갈릴레오와 뉴턴의 수리연역적 방법과 기계론적 세계관이 시작된 초기 과학혁명 시기 이래의 근대 철학에 와서 더욱 강화되었다. 본질주의(*essentialism*) 사고와 크게 맥을 통하는 이러한 경향은 이후 사회(과)학의 태동에 결정적 영향을 미친 실증주의에까지 이른다.

여타 지식분야와 마찬가지로 생물학의 발전에도 다윈 이전까지 물리주의는 지대한 영향을 미쳤다. 그런데 그 영향이 반드시 긍정적인 것만은 아니었고 어느 면에선 다윈의 인구적 사고가 시작되기 전까지 많은 개념적-이론적 걸림으로 작용한 것이 사실이다. 진화론의 '근대적 종합'(*modern evolutionary synthesis*)을 이룩하고 생물철학의 토대를 닦은 메이어(Mayr)는 이와 관련하여 다음과 같이 언급한다. "과학혁명의 구조물은 우리에게 물리주의(현상을 시공간적 사물이나 이벤트 혹은 그들의 속성으로 환원하는 것), 목적론(*teleology*), 결정론(*determinism*) 그리고 이와 연관된 원칙들에 기초하는 세계관을 만들어냈다. 이것이 1859년 《종의 기원》 출간 이전까지의 서구인의 사고였다. 다윈이 제안한 기본 원칙들은 기존의 그런 아이디어들과 전적으로 충돌하는 것이었다."(Mayr, 1999) 환원주의 및 결정론과 함께 여기서 메이어가 말하는 '목적론'적 특성은 다소 설명이 필요하다. 뉴턴 이래 다윈(Darwin, 1859)의 《종의 기원》 출간 시점을 전후하기까지, 서구의 많은 과학자들이 기독교적 신관을 개인적으로 견지했음은 물론이고, 다소 누그러진 범신론적 관점이나 불가지론의 학자들(이를테면 *natural hitorians*)도 모두 공통적으로 갖고 있던 세계관은 '본질주의'였다. 플라톤의 '이데아'(*eidos*)부터 자연계에 대한 분류 도식으로서 어떤 질적으로 구분되는 위계를 상정하는 '존재의 사슬'(*scala naturae*)까지, 세상의 만물에는 어떤 고정 불변의 본질이 있

2) 예를 들어, 철학뿐 아니라 자연과학에도 많은 관심을 가졌던 칸트는 한때 "자연과학의 어느 영역에서도 수학을 포함하는 정도만큼 진정한 과학이 발견될 수 있을 것"(Kant, 1786; Mayr, 1982: 39에서 재인용)이라고 천명하기까지 했다.

으리라는 생각은 어찌 보면 동서를 막론하고 인류에게 너무 자연스럽고도 친숙한 생각이다. 따라서 다윈이 인구적 사고를 통해 효과적으로 통박하기 전까지는 본질주의가 우리의 인식 속에 뿌리 깊게 자리 잡았다는 것이 놀라울 일은 아니다. 불연속(*discontinuity*), 고정(*constancy*) 그리고 유형적 분류(*typology*) 등을 특징으로 하는 본질주의는 매우 광범위하게 서구철학을 지배했는데, 이에 대조되는 공통조상(*common descent*), 점진적 변화(*gradualism*) 그리고 인구적 사고 등에 기반을 둔 다윈 진화론은 이런 면에서 거의 (서구) 최초의 반본질주의적 사고라고 간주할 수 있다. 우리는 여기서 법칙정립적 성격의 물리학주의로의 편향이 이러한 뿌리 깊은 본질주의 철학과 맥이 닿는 면이 있다는 점을 주목할 필요가 있다. 사회학의 정립기에 대부분의 사회(과)학도들에게 '과학적' 사고는 이러한 본질주의적 가정을 은연중에 깔고 있는 것이었다.

3. 다윈의 방법론적 의의

1) 개념적 틀과 인식 전환

같은 '자연과학'으로 분류되지만, 메이어에 따르면, 물리학-화학 등과 생물학은 그 과학적 성격에서 사실상 상당한 차이가 있다. 법칙성에 대한 문제, 설명의 구성, 우연성과 역사성에 대한 인식, 연역과 귀납의 비중 등의 측면들에서 양자는 큰 차이점을 보인다. 물론 가장 기본적인 차이로는 전자가 비교적 단순한 비활적(非活的) 물질의 세계를 다룬다면 후자는 보다 복잡한 '생명'이라는 소재를 다룬다는 점을 지적할 수 있는데, 이 점은 양 과학진영 간의 많은 방법론적 차이점을 만들어내는 출발점이 된다. 과학적 지식의 진전이 어떤 식으로 이루어지는가와 관련하여 양자는 중요한 차이를 보이는데, 메이어는 이런 면에서 '과학혁명' 이후 물리주의가 압도함에 따라 생물학의 발전에 상당한 혼선과 장애가 있었다고 지적한다. '개념'의 역할과 비중이 그 한 예이다. 비록 물리-화학이나 생물학 모두 (형이상학적 추론이 아니라) 경험적 재료와 관찰에 기반하지만, "그러나 과학을 단지 사실들(*facts*)의 축적으로 생각하는 것은 매우 잘못된 것이다. 생물학계에서 대부분의 주요한 진전은 새로운 개념의 도입이나 혹은 기존 개념들의 개선을 통해 이루어졌다. 비록 두 가지가 서로 배치되는 것은 아니지만, 세상에 대한 우리의 이해는 새로운 사실들의 발견에서가 아니라 바로 개념틀의 발전을 통해 보다 효과적으로 증대되는 것이다"(Mayr, 1982: 23). 메이어는 인식의 전환, 즉 개념적 틀의 구성문제가 무엇보다 생명과학의 역사에서는 결정적이었다는 점을 강조한다. 우리가 과학사에서 수없이 발견할 수 있는 사례이기도 하지만, 근대 이래 지질학, 고고학(화석), 자연철학, 생리학과 해부학 등의 다양한 분야들에서 기존의 기독교적 설명이나 본질주의 가정에서 어긋나고 상치되는 팩트와 증거들은 이미 수없이 축적되었다. 엄청난 사실자료들이 쌓였지만 다윈에 이르기까지 대부분 과학도들이 (진화 아이디어에 호의적인 생물학자들도 포함해서) 올바른 설명에서 번번이 빗나간 가장 주요한 이유는 바로 기존의 본질주의적-기독교적 인식틀에 얽혀서 사물을 바라보는 시각의 전환, 즉 적합한 개념적 틀의 구성에 실패했기 때문이다(Mayr, 1982: chs. 2, 3; Bowler, 2009: chs. 3, 4 등). 생물학에서 진화, 공통조상, 지리적 종분화, 자연선택 등의 개념은 기존의 혼란스런 사실들을 정리하는 한편 새로운 이론적 진전과 수많은 연구결과들을 이끌어냈다.

2) 다윈 진화론의 두 요소

비전문가들에게 보통 '다윈 진화론'으로 알려져 있지만, 다윈이 이룩한 인식의 전환은 크게 두 부분으로 나누어진다. 첫째는 '공통조상'의 아이디어로서 이것은 종(*species*)의 분기와 다양성을 설명한다. 진화과정은 기존 유전자군에서의 변이(*variation*)로부터 시작된다. 그리고 이 무한대 변이의 간단(間斷) 없는 생성을 지배하는 가장 주요한 요인은 우연성이다. 생명체의 영역에서 무언가 끊임없이 변이가 일어나고 이 변이가 종의 진화와 연결되어 있으리라는 생각 자체는 기실 다윈 이전에도 종종 제기되었던 가설이었다. 즉, 큐비에(Cuvier)나 라마르크(Lamarck)에서 보듯이 세상이 '진화'한다는 인식은 있었지만, 그것의 정확한 성격에 대해서는 다윈과 차이가 있었다(Bowler, 2009: ch. 3). 문제는, 이러한 변이의 과정이 (신의 섭리나 기타 어떤 상위의 힘이 아니라) 본질적으로 우연성의 영역에 속한다는 부분이 당시로서는 받아들이기 힘든 점이었다. 물론 변이의 생성은 진화적 압력이 작용하기 위한 일차적 자료이고, 다음 요소는 그 변이에 대한 '선택'이 어떻게 이루어지느냐 하는 설명이다. 이 측면이 다윈 진화론의 두 번째 부분인데, 바로 진화 기제에 관한 설명인 '자연선택' 이론이 그것이다. 우리가 익히 들어왔던, 환경에의 적응노력과 그것들에 대한 차별적 결과의 세대 간 유전(*inheritance*)에 대한 내용이다. (물론 유전에 대한 정확한 설명은 다윈 사후 20세기에 들어서서 이루어지며, 다윈은 단지 간접적 추론에 근거해서 그의 설명을 구성했다.) 다윈 진화론의 첫 번째 요소인 변이가 기본적으로 우연성의 영역이라면, 두 번째 요소인 선택의 과정은 결정론적 영역에 속하는 것으로 간주할 수 있다. 즉, 자연선택은 우연성이 아니라 유전자와 환경 간의 관계에 의해 (확률적 의미에서지만) '결정'되는 것으로 볼 수 있다. 물론 여기서의 결정론은 철저하게 물질주의적(*materialistic*) 성격의 것이고 어떤 초월적 힘을 상정하는 것은 아니다. 후에 언급하겠지만, 당시의 스펜서류의 사회진화론에서도 그렇고 오늘날에도 종종 진화의 과정을 어떤 목적성을 상정하는 것으로 본다든가 혹은 그것을 '진보'나 발전으로 등치시키는 등의 오류는 이 자연선택 부분에 대한 오해에서 비롯된다. 진화과정은 기본적으로 무목적적인(*purposeless*) 것이고 우연성에 지배를 받는 것이지만, 동시에 그것이 완전히 무작위한 것이 아니라 특정한 역사성, 즉 유전자라는 형태로서 과거 진화궤적의 영향을 받는다는 면에서 일정하게(비록 물리주의의 그것과 다르지만) 결정론적 요소를 담고 있다.

다윈 진화론의 두 요소 중에서 전자인 공통조상이론은 비교적 빠르게 자리를 잡은 반면 후자, 즉 자연선택 부분은 《종의 기원》 이후에도 상당기간, 즉 1940년대 이른바 '근대적 종합' 이전까지, 과학계 내에서조차 지속적으로 비판과 저항을 받았는데 그 이유 중 하나는 바로 자연선택의 아이디어가 기존의 본질주의 세계관과 충돌하기 때문이었다. 심지어 다윈과 함께 진화이론의 아이디어를 동시에 내놓았던 러셀 월리스(Russel Wallas)조차 생명체 중에서 인간만은 예외적이라는 생각과 그에 따른 어떤 '생기'(*vital force*)의 존재에 대한 믿음을 버리지 못했다.[3] 어떤 다윈 비판자는 다윈 이론의 첫 번째 부분이 '인간을 만물의 영장이라는 권좌에서 끌어 내렸다면' 두 번째 부분은 이제 '신을 그 권좌에서 끌어 내렸다'고 평하기도 한다(Mayr, 1982: 117). 〔참고로, 이와 관련해서 맑스도 《종의 기원》 출간을 두고 이것이 '기독교적 신관에 치명타를 날렸다'(Marx, 1977: 525)고 흡족해한 것은 쉽게 이해가 가는 일이다.〕 우리는 여기서 다윈 진화론이 '우연적' 개체들의 변이와 그 변이에 대한 역사적 성격의 '결정론적' 선택이라는 두 측면을 결합시킨다는 점을 유념할 필

3) 19세기 말부터 20세기 초엽까지 다윈이론의 굴곡에 대한 자세한 이야기는 보울러(Bowler, 2009: chs. 6, 7)의 고전적 연구를 참조할 수 있다.

요가 있다. 이 점은 후에 베버의 방법론의 특성을 설명하는 데 주요한 논점으로 다시 등장할 것이기 때문이다.

3) 인구적 사고

메이어가 지적하듯이, 생명과학과 물리과학의 결정적 차이이기도 하고 다윈의 인식적 전환을 이끈 결정적 계기이기도 한 요소는 바로 개체의 독특성과 다양성이었다.[4] 이 개체성에 대한 강조는 바로 그의 종분화 이론인 '공통조상' 개념으로 결실을 맺는데, 이 과정에서 우리는 그간의 본질주의적 사고와 반대되는 '인구적 사고'의 정립을 보게 된다. 인구적 사고란 모든 개체들은 다 독특하며, 그 독특함과 변이가 바로 생명계의 실재라는 것이다. 즉, 우리가 보는 것은 어떤 고정불변의 범주(*types*)가 아니라 '변이를 지닌 군집'(*variable populations*)이고, 모든 종은 저마다 유니크하게 다른 개체들로 이루어진 그러한 인구적 분포에 다름 아니다. 그리고 진화란 '인구'를 구성하는 그러한 독특한 개체들의 유전자적 부침과 전복(*turnover*)으로 간략히 정의될 수 있다(Mayr, 2001: 75~76). 플라톤의 이데아론에서 보듯이 본질주의적 구도에서는 개별적 변이는 (참된) 실재가 아니라 어떤 잔기, 허상(*simulacre*), 불완전으로 인식된다. 철학도(혹은 과학도)의 과제는 그러한 허상과 표상적 혼란을 넘어서 그 뒤에 숨은 본질을 꿰뚫는 것이다. 그러나 인구적 사고의 그림에서는 개별성과 변이 자체가 실재하는 것이고, 이들에 대한 범주화나 '평균' 등의 개념은 (본질이 아니라) 단지 묘사나 분류적 편의의 문제가 된다. 이 두 가지 인식 간에 상당히 중요한 차이가 있음을 알 수

4) 다윈은 1938년 그의 진화론을 처음 구상할 당시 여러 생물학적 퍼즐들 중에서 무엇보다도 종의 (횡적) 다양성의 문제에 몰두했다(Mayr, 1982: ch. 9 참조).

있는데, 우리는 왜 모든 구성개체들이 다 동질적 물질의 세계와 그것에 대한 법칙정립적 접근(물리주의 영역)과는 달리 모든 개체가 다 복잡하면서 유니크한 생명현상의 세계와 그에 대한 인구적 접근이 다른 것인지, 그래서 왜 이러한 인구적 사고로의 인식 전환이 생물학계에서 다윈을 통해 (그간의 물리주의의 영향에서 벗어나) 결정적 돌파구를 찾게 되었는지를 가늠할 수 있다. 메이어는 다음과 같이 아주 직설적으로 인구적 사고의 특성을 언급한다. "세상에 '전형적'(*typical*) 개인이란 것은 없으며, 평균값이란 단지 추상일 뿐이다. … 세포 하나에 들어 있는, 작동 중이거나 휴지상태에 있는 그 수많은 유전자들을 생각할 때, 신체 내의 어느 세포 두 개도 서로 똑같은 것이란 있을 수 없다. 생물학적 개체의 이러한 독자성(*uniqueness*)은, 우리가 서로 똑같은 비활력(*inorganic*) 물질집단을 다룰 때와는 전혀 다른 방식으로 생물학적 개체들의 집단에 접근해야 함을 의미한다. 이것이 바로 인구적 사고의 기본 의미이다." (Mayr, 1982: 46~47)

다윈이 비글(Beagle)호의 항해를 마치고 돌아와 인구적 사고의 단초를 마련하기 시작하던 무렵(1830년대 말)은 콩트(Comte)가 처음으로 '사회학'의 타이틀을 내걸고 강의를 시작한 시기이기도 하다. 다윈 혁명을 전후한 시기에, 실증주의를 위시한 사회에 대한 '과학적' 탐구의 열기는 자연히 물리주의의 영향 아래 그것의 방법론적 전형을 따랐음은 충분히 수긍이 가는 점이다. 후술하겠지만, 당시 사회학계에서는 아마도 베버나 타르드(Tarde, 1903) 정도가 이러한 경향으로부터 예외적일 것이다. 19세기 초, 확률이론이 발전하고 수학자 가우스(Gauss) 등에 의해 정규분포(일명 'error law'; 무작위성이 단지 혼돈이 아니라 엄밀한 규칙성을 따른다는 발견은 당시 획기적인 사건이었다)가 수학적으로 규정되면서 이를 사회현상 적용해보려는 시도들이 곧 뒤따랐다(Ball, 2004: ch. 3). '사회물리학'(*social physics*)이라는 이름과 관련된 에피소드로 사회학도들에겐 잘 알려진 케틀레(Quetelet)는 그런 시도를 한 대표적 학자의 하나인데, 그는 정규분포의 아이디어에 기반하여 다양한 사회현상을 특징지으려 했고, 일종의 정상(*normal*) 내지 표준으로서 '평균인'(*l'homme moyen*)을 산출하려는 노력을 선보였다. 이 글의 관점에서 볼 때 재미있는 점은, 케틀레의 시도가 본질주의적 사유가 깔린 통계방법 적용의 예를 잘 보여준다는 점이다(일명 '*moral statistics*'). 여기서 '변이'는 어떤 참가치, 즉 본질인 평균값의 '오류'로서 인식된다.[5]

4) 역사적 내러티브의 과학

다윈의 인구적 사고는 물리주의에 의해 압도되던 과학의 영역에 '역사성'이라는 중요한 측면을 새롭게 부각시켰다. 이것은 사회과학에서도 상당히 중요한 함의를 갖는다. 제각기 유니크하게 차별화된 개체들, 그리고 그 무한하고 간단없는 변이가 진화의 기초적 재료라면, 이에 기반한 진화기제, 즉 자연선택은 근본적인 면에서 역사적 성격의 현상이고, 확률적 우연성의 논리에 지배를 받는 과정이다. 즉, 앞서 자연선택 기제가 '결정론적'이라고 할 때 그것은 확률적 의미에서 그러하다는 말이다. 물질계에 비해 훨씬 복잡한 생명현상의 설명에는 우연성과 결정론 간의 지속적 관련(*continuous interplay of a random and a selective process*)에 대한 고려가 필수적으로 요구된다. 이 과정은 물리-화학적 법칙으로 환원하여 설명할 수 없는 현상이며, 따라서 물리학과는 달리 생물학에서의 '설명'은 통상 '역사적 내러티브'에 대한 것일 수밖에 없다.[6] 역사

5) 물리주의 모형의 사회과학적 적용에 대한 역사와 여러 흥미 있는 연구사례들에 대한 리뷰로는 볼(Ball, 2004)이 좋은 참조가 된다.

6) 환원주의 설명에 반대하면서('*broken symmetry*') 노벨물리학자 앤더슨은 그의 유명한 논문 "More is Different"에서 다음과 같이 언급한다. "모든 것을 단순한

성의 배경을 감안하지 않고는 어떤 생명기관이든 구조든 그에 대한 생물학적 이해가 가능하지 않다(Mayr, 1982: 69). 이러한 역사적 설명의 구조는 물리주의에서 표준화된 연역적 법칙구성이나 실험을 통한 가설검증 등의 절차와 중요한 차이점을 보인다.

> 물리학이나 화학과는 대조적으로, 즉 진화생물학자는 이미 발생한 이벤트나 과정에 대한 설명을 시도한다는 면에서, 진화생물학은 **역사적 과학**(*historical science*)이라 할 수 있다. 법칙성이나 실험은 그러한 과거 이벤트나 과정에 대한 설명에 적합한 방법은 아니다. 대신 생물학자는 **역사적 내러티브**를 구성하게 되는데, 이는 그가 설명하려는 어떤 이벤트에 대해 그것을 이끌어 냈을 것으로 여겨지는 특정한 시나리오를 시험적으로(*tentative*) 재구성하는 것을 말한다. … 인구적 분포들이 고정적이라는(*constancy of populations*) 생각을 부인함으로써, 다윈은 과학적 사유에 역사성을 도입하고 과학의 설명영역에 새롭게 구분되는 접근법을 도입하는 데 기여했다(Mayr, 1999; 강조 필자추가).

결국 피상적 이해와는 달리 과학적 탐구방식에는 두 가지 종류가 있다고 상정해볼 수 있는데, 하나는 법칙정립적 물리주의이고 다른 하나는 인구적 사고에 기초한 역사적 인과구성(*historical narrative*)이다. 물론 진화생물학에서와 같은 역사적 인과해석이 인문학의 역사학과 같은 것은 아니어서 그 설명체계의 초점이 사례기술적(*descriptive*)인 것이 아니라 여전히 객관적인 인과적 설명을 지향한다는 점을 염두에 두어야

근본법칙으로 환원하는 능력은 반대로 그러한 법칙들로부터 시작해서 우주를 재구성할 수 있다는 능력을 함의하지는 않는다. 사실상, 기본입자 물리학도들이 근본 물리법칙의 속성에 대해 우리에게 이야기할수록, 그들의 이야기는, 사회적 문제는 물론이고, 다른 과학들이 당면하는 현실적 문제들에 대해 적실성(*relevance*)이 더욱 떨어지는 것이다."(Anderson, 1972: 393)

한다. 이 점은 앞서 언급한 '확률적 의미에서 결정론적인' 부분을 지칭한다. 역사적 내러티브 과학의 설명에서 그러한 객관적 인과성은 바로 어느 생명체이건 과거의 특정한 진화적 이벤트들의 궤적이 유전자 배열(*genotype*)의 복사를 통해 현재의 적응과 선택에 영향을 미친다는 방식으로 이해될 수 있다. 비록 결정론적 인과성이지만, 우리가 주의해야 할 점은, 과거의 특정 이벤트들도 역사적으로 유니크한 것이고 현재의 상황적 변화도 역시 역사적으로 유니크한 성격의 것이라는 점이다. 즉, 어떤 보편적으로 적용되는 법칙성을 찾아내기 힘들다는 말이 되며, 따라서 비록 과거 이벤트에 대한 인과적 성격의 설명이긴 하지만 물리-화학에서와 같이 현재의 설명틀에서 특정한 개별사건의 '예측'은 거의 힘들다는 말이 된다. 이런 면에서 생물학적 설명체계는 과학철학에서 종종 거론되는 헴펠(Hempel, 1962)의 'covering law'의 관점에 기반한 설명양식에는 잘 들어맞지 않는다. 생명현상이 대표적이듯이 복잡계(*complexity*) 현상 일반에는 인과성의 시간적 비대칭성이 개재되게 마련이기 때문이다(Kauffman, 2008; 이재혁, 2011b 참조). 일반적으로 생물학에서 "법칙"이라는 단어는 다소 어색하고 부담감이 있다. 생물학적 개념과 이론틀은 주로 과거현상에 대한 설명을 염두에 두는 것이고 미래사건의 예측에 비중을 두지는 않는다. 또한 대부분의 생물학적 일반화는 수리-연역적 성격이 아니라 확률적 성격의 것이다. (종종 익살스럽게 회자되듯이, 만일 생물학에 보편적 법칙이 있다면 그것은 아마 '모든 생물학적 법칙은 예외를 갖는다'일 것이다.)

앞서, 공통조상이론과는 달리 진화의 기제로서 다윈이 제시한 자연선택이론은 상당기간 학계에서조차 거부감을 일으켰다고 했는데, 부분적으로 그 이유는 한편으로는 물리주의에서와 같은 보편법칙의 수립이 어렵다는 측면과 함께 다른 한편으로는 인간과 같은 고등생명체를 설명하는 대안으로서, 비록 '지능적 설계'(*intelligence design*; Paley)와 같은 노골적 신관을 굳이 개입시키지 않더라도, 조금 더 느슨한 의미에서의 생기론(*vitalism*)이나 혹은 데카르트류의 이원론(*dualism*; res extensa의 물질 vs. res cogitans의 정신)의 가정에 입각한 설명들이 경쟁했기 때문이다. 그러나 오늘날의 관점에서 보면 이러한 생기론이나 이원론적 가정은 바람직하지 못할 뿐 아니라 불필요한데 그 이유는, 보통 단순한 비활적 물질과 달리 생명현상 자체가 갖는 고도의 복잡성과 그 복잡성 때문에 물리-화학적 법칙으로의 환원적 설명이 어려운 부분은 바로 그것이 오랜 기간의 역사성의 산물이라는 점을 들어 설명할 수 있기 때문이다.[7] 즉, 진화론적 설명에서 생명현상이 물리주의 방식의 보편법칙으로 환원되기 어렵다는 점이 곧 이원론적 가정을 요구한다는 것은 아니며, 진화론은 여전히 일관된 물질주의적(*materialistic*) 가정에서 그러나 역사적 인과구성의 방식으로 설명을 시도한다는 점이다.[8]

7) 어떻게 오랜 기간의 진화적 이벤트들의 축적을 통해 단순성으로부터 '조직화된 복잡성'이 나올 수 있는가에 대한 설명에 관해서는 도킨스(Dawkins, 1986)를 좋은 논의로서 참조할 수 있다.

8) "생활체(*organisms*)에 대한 연구에서 물리-화학적 원칙 이상의 것들을 요구한다는 것이 곧 자연현상에 대한 이원론적 혹은 생기론적(*dualistic or vitalistic*) 견해를 의미하지는 않는다. 생명은 … 물리-화학 법칙 이상의 것이라고 해서 그것이 곧 비물질적 현상으로 간주될 필요는 없다. 그것은 단지 생명체가 **수억 년에 걸쳐 역사적 과정에 의해 영향을 받았다는** 점을 의미할 뿐이다." (G. G. Simpson, 1964: 106; Mayr, 1982: 35에서 재인용; 강조는 필자추가)

4. 뒤르켐과 물리주의

1) 뒤르켐의 '과학적 합리주의'

사회과학 중에서도 신고전경제학(이른바 '*marginalist revolution*')에서 대표적으로 잘 나타나듯이, '운동성(*movement*)과 법칙적 힘(*force*)'에 초점을 맞추는 물리적 환원주의(*physicalistic reductionism*)의 경향은 19세기를 넘어 20세기 전반에 걸쳐서도 영향력을 행사했다. 앞서 언급한 대로, 대중적 이미지는 물론 과학철학에서 흔히 예시되는 표준과학의 모형은 물리주의의 모형이다.

사회학의 정립기에 아마도 물리주의적 모형을 전향적으로 받아들이고자 했던 학자로는 뒤르켐(Durkheim)을 우선적으로 꼽을 수 있을 것이다. 뒤르켐이 매우 강력한 지적 활동을 통해 어떻게 사회학을 제도적 학문으로 정립시키는 데 결정적으로 기여했는지는 굳이 언급할 필요가 없다. 그런데, 뒤르켐에게 사회학이라는 새로운 학문에 대한 이 강력한 신념의 뒷받침은 바로 그가 말하는 '합리적', 즉 '과학적' 방법론이었고, 그것은 다름 아닌 물리주의의 표준이었다. "합리적" 접근법을 강조하면서, 뒤르켐은 그의 《사회학방법론 원칙》에서 명확하게 천명하기를 "사실상, 우리의 주요 목표는 과학적 합리주의(*scientific rationalism*)를 인간행위에까지 확장하는 것이다. 만일 적절하게 분석된다면, 여느 과거 행위는 이제 원인과 효과 간의 관계로 환원될 수 있다는 점을 보일 수 있을 것이다. 그리고, 똑같이 논리적인 작업을 거쳐서, 이 인과관계는 다시 미래의 행위규칙으로 전환될 수 있을 것이다"(Durkheim, 1966: xxxix~xl). 뒤르켐은 명시적으로 역사적-문화적 현상들에 대한 객관적('합리적')인 성격의 인과적 환원을 제시하고, 이를 통해 법칙성의 규명("*discovery of the law of reality*"; 1966: 15)이 가능한 것이자 곧 사회학적 탐구의 목적이라고 강조한다. 뒤르켐이 사회현상의 발현적 속성을 들어 심리학적 환원주의에 날카롭게 반대했다는 점은 잘 알려진 사실이다. 하지만 그가 염두에 두는 심리적 환원주의 불가의 입장은 위에서 언급한 보다 역사주의적 관점에서의 인구적 사고 차원의 입장과는 종류가 다른 것임을 알 수 있다. 뒤르켐은 그의 유명한 '사회적 사실'(*social fact as a thing*)의 존재론적 독자성과 객관적 성격을 역설하면서 그것에 대한 논리연역적 접근법을 강조한다. 그가 생각하던 연역적-합리적 방법론이 잘 드러난 연구의 전형적 예로 우리는 《자살론》을 들 수 있다.

뒤르켐이 '서론'에서 명시적으로 천명하듯이 《자살론》은, 자살문제의 실질적 중요성 외에도, 그가 《사회학방법론 원칙》에서 밝힌 과학적 탐구원칙들이 실제로 어떻게 사회적 사례에 적용될 수 있는지를 보여주기 위한 것도 중요 저술목적의 하나였다. 뒤르켐에게 자살은 사회현상 중 비교적 명료하게 규정될 수 있기 때문에 "이것에 초점을 맞춤으로써 우리는 공허한 사변적 방식이 아니라, 사회학의 가능성을 제대로 웅변해주는 실제 법칙성〔*real laws*〕의 발견을 제시할 수 있다"(Durkheim, 1951: 36~37)는 야심이었다. 《자살론》은 또한 앞서 언급한 케틀레로부터 이어지는 이른바 "규범적 통계학"(*moral statistics*; Durkheim, 1951: 310) 전통의 절정본이기도 하다(Lukes, 1973: 192). 뒤르켐의 다른 저작들에서도 공통적으로 나타나지만, 전체 논지를 펼쳐가는 그의 스타일 자체가 매우 논리-연역적인데, 《자살론》에서도 우선 그는 앞부분에 자살현상에 대한 (심리학주의를 포함) 여러 대안적 설명들을 차례로 열거하고 논박한 뒤, 마치 논리학에서의 일종의 비교-제거 논법('*argument by elimination*')을 연상시키듯, 그의 사회학적 설명이 마치 논리적 귀결로서 남아 있는 대안이라는 식으로 논의를 이끈다. 그는 자살현상에 대한 '원인론적'(*aetiological*) 설명을 제시하는데, 여기서 '원인론'이라 함은 연구자가 (객관적으로 존재한다고 가정되는) '사회적 사실'

들을 찾아내고 그들 간의 인과적 관계를 연역적으로 추정한다는 것을 의미한다.

> 오직 유효한 원인들이 서로 다른 한에서만 자살의 유형 또한 다르게 구분될 수 있다. … 원인들 간에 다르다고 확인된 특정한 차이는 따라서 효과에서도 유사한 차이를 함의하게 된다는 점이다. 결과적으로 우리는 자살형태들의 **원자료적 수준에서 기술된 특성들에서가 아니라 그것들을 야기한 원인들의 측면에서 자살의 사회적 유형을 분류**할 수 있을 것이다. 개별적 자살형태들이 왜 서로 다른가를 묻는 게 아니라, 우리는 먼저 그것들 이면에 놓인 사회적 조건들을 우선적으로 규명하려고 한다. 그리고 이들 사회조건들을 그들 간의 유사성이나 차이점을 통해 분류하여 범주를 만든 다음, 자살의 특정한 형태들이 이들의 각 범주에 부합하는지 확인할 것이다. 간단히 말하자면, 우리의 분류작업은 형태론적(*morphological*) 접근이 아니라, **출발부터 원인론적인(*aetiological*)** 것으로 시작한다(Durkheim, 1951: 146~147; 강조는 필자추가).

뒤르켐은 잘 알려진 대로 (개체가 아닌) 집합수준의 요약정보인 통계량(*statistical rate*)을 분석단위로 삼아 이기적, 이타적, 아노미적 자살 등의 '원인론적 유형들'(*aetiological types*)을 제시한다. 여기서 주목할 점은 이 원인론의 틀 자체는 자살자의 구체적이고 구구절절한 사정이나 개인적 동기들과는 다소 무관하게 '밖에서' '객관적으로' 연구자가 논리-연역적으로 도출해내는 성격의 것이라는 점이다("우리의 분류는 출발부터 '원인론적'으로 시작"). 그런데 집합적 정보인 통계량이, 그것을 구성하는 개인들의 유니크한 곡절들에 주의를 기울일 필요 없이 자체로서 사회현상의 객관적 사실로 쓰일 수 있다는 주장의 이면에는 사회 내의 현상 이면에 어떤 "보다 일반적인 사회상태"(*more general state*, 149)가 깔려 있다는 가정이 필요하다. 이 전제에서 연구자는 행위당사자의 구체적이고 상이한 동기나 행위 이유들을 묻지 않고도("*not directly by their preliminarily described characteristics*"), 오히려 보다 객관적이라 여겨지는 인과관계를 추적할 수 있다는 논리가 성립한다. 뒤르켐에 의하면 개인들은 사회의 여러 〔"*currents of opinion*"(Durkheim, 1951: 299) 혹은 "*suicidogenetic causes*"(300) 등으로 표현되는〕 힘들의 영향력을 일종의 체화하는 셈인데, 따라서 특정시점의 사회전반의 구성상태〔"*moral constitution of society*"(299)〕에 따라 개인들의 자살에 대한 개연성이 결정된다. "얼핏 보기에 그의 개인적 기질을 반영하는 듯한 자살자의 행위들은 그러나 실제로는 그가 놓인 사회조건들의 조정 내지 연장상황을 외부적으로 표현하는 것에 다름 아니다."(299) "통상 자살의 직접적(*proximate*) 원인으로 간주되는 여러 사적인 경험들은 단지 자살자의 특정한 도덕적 상태(*moral disposition*)로부터 그 영향을 빌려오는 셈인데, 이것 자체도 또한 사회의 도덕적 구성상태의 반영인 것이다."(300) 여기서, 권위 있는 뒤르켐 해석가인 룩스(Lukes, 1973: 201~202)의 지적대로, 뒤르켐의 '원인론적' 설명이 보이는 논리적 오류('*petitio principii*')의 소지는 분명한데, 왜냐하면 우리는 뒤르켐의 이른바 '객관적 사실'로부터의 연역결과라는 그의 '원인론' 구성이 애초에 참이라는 것을 먼저 전제해야 하기 때문이다. 즉, 뒤르켐은 먼저 참이라고 가정되는 인과적 관계를 설정하고, 다시 그를 통해 "어떻게 보다 일반적 수준의 원인들이 구체적으로 개별화됨으로써 자살률을 만들어내는지"(Durkheim, 1951: 151) 설명한다는 식으로 주장을 펼친다는 점이다. 〔참고로, 뒤르켐의 설명 곳곳에서 우리는 '생태학적 추론오류'(*ecological fallacy*) 또한 발견할 수 있다.〕 물론 이 글은 《자살론》 자체의 여러 실질적 함의에 대해 관심을 갖는 게 아니고, 따라서 그와 연관된 방법론적 허점들을 세밀히 따질 필요는 없다. 단지 우리는 《자살론》을 통해 뒤르켐이 구사하려 했던 그의 '합리적

-과학적 탐구법'의 특징만을 일별해보는 것으로 족하다. 우리는 앞의 논의를 통해 뒤르켐의 설명체계 기저에 깔린 방법론적 특성을 살펴볼 수 있는데, 그것은 드러난 현상 이면의 어떤 보편법칙적 작동기제의 존재에 대한 믿음과 그리고 행위당사자에 대한 외부 관찰자, 즉 연구자의 논리적-분석적 우월성이 근본적으로 가정된다(이재혁, 2003 참조). 이는 물리주의의 법칙정립적 방식이 갖는 전형적 전제와 연역적 추론양식에 가까운 것임을 짐작할 수 있다. 뒤르켐에게 '합리적' 과학방법은 물리주의의 이상을 염두에 둔 것이었다. 물리체계의 균형(*equilibrium*) 개념을 직접적으로 차용하는 다음 구절은 뒤르켐의 물리주의적 경도를 잘 나타낸다. "〔이기적, 이타적, 아노미적〕 세 가지 경향의 조류들이(*currents of opinions*) 서로의 영향을 견제할 때, 도덕적 개인은 균형상태에 이르게 되며(*in a state of equilibrium*) 이것이 그를 자살의 생각으로부터 보호하게 된다. 그런데 만일 어느 한 조류가 어떤 한도를 넘어 다른 것들의 영향을 압도하게 되면, 그리고 그것이 개인들에게 구체화되면서, 그것은 이제 자살촉발적(*suicidogenetic*) 힘으로 작용하는 것이다."(Durkheim, 1951: 321)

다소 비약일 수 있지만, 뒤르켐의 마지막 주요저작인 《종교생활의 원초적 형태》에서도 논의 곳곳에 물리주의의 영향을 엿볼 수 있다. 마치 물리학적 운동법칙이나 작용력 등을 연상시키듯, 그가 종교성의 단초로서 특징지은 '토템적 원리'(*totemic principle*; Durkheim, 1965: 216)나 논의 곳곳에 등장하는 초개인적 '힘'(*force*) 등의 언급과 그것을 이용한 설명방식은 뒤르켐이 뉴턴물리학의 전형을 직간접으로 염두에 두었다는 추론을 가능케 한다. 한 예로, 만물의 원리에 대한 북미 수(Sioux) 인디언의 개념인 '와캉'(*wakan*)에 대해 설명하면서, 뒤르켐은 언급하기를 "와캉은 가장 근본적 유형의 힘이다. 사실상 와캉은, 수 인디언들이 그렇게 인식하듯이, 과학이 다양한 자연현상을 설명할 때 동원하는 물리적 힘들과 똑같은 역할을 그들의 세계에서 하는 것이다"(1965: 232~233). 이와 유사한 물리학적 비유의 언술들은 저작 곳곳에서 쉽게 찾아볼 수 있다. 여기서 우리는 뒤르켐이 현대사회의 자살통계 같은 것이 아니라 원시사회의 신화, 종교적 심성, 성스러움(*the sacred*) 등의 주제에 대해 이야기한다는 점을 상기할 필요가 있다. 물리주의로의 경도가 상당히 깊이 배어 있는 셈이다.[9)]

그의 대부분의 저술을 통해 우리는 뒤르켐의 방법론에 깔린 물리주의의 영향과 흔적을 비교적 쉽게 간파할 수 있다. 뒤르켐은 무엇보다 넓게는 프랑스 계몽주의와 보다 구체적으로는 그의 선배인 콩트의 실증주의적 사회과학의 시도를 명시적으로 계승하였기 때문이다. 뒤르켐 방법론에 배어 있는 물리주의의 영향은, 동시대인이자 또 다른 사회학의 태두인 베버와 대조를 이룬다. 베버를 논의하기 전에 뒤르킴에 대해 사소하지만 두 가지 점을 확인해 둘 필요가 있다. 첫째, 뒤르켐만이 유독 물리주의의 방법론적 영향 아래에 있었다는 것은 아니라는 점이다. 앞서 언급했듯이 물리주의의 전형은 과학을 대표하는 것으로서 광범위하게 받아들여졌고, '합리적' 사회과학을 표방한 뒤르켐이 이를 우선적으로 고려한 것은 어찌 보면 당연한 일이었다. 당시의 편만한 분위기에 대해 말하자면, "모든 현상을 뉴턴 물리학의 작용과 힘의 개념으로 설명할 수

9) 이 글의 초고에 대해 여러 평자들이 뒤르켐 자신의 변화, 즉 《사회학방법론 원칙》의 초기 뒤르켐과 《종교생활의 원초적 형태》의 후기 뒤르켐 사이의 차이에 대해 지적하였다. 잘 알려져 있듯이 뒤르켐은 《자살론》을 기점으로 후기로 갈수록 객관적 사실성보다는 상징이나 표상(*representations*) 등의 문제를 강조하며, 방법론적으로도 초기의 강한 '합리적' 성격에 비해 다소 느슨한 입장을 보인다고 할 수 있다(Lukes, 1973 참조). 이러한 변화와 차이가 있다는 점을 충분히 인지하면서, 그러나 필자는 여전히 뒤르켐에게 '과학'으로서의 사회학이라는 그의 궁극적 열망은 후기 저작들에도 이어진다고 생각한다. 이 문제는 부분적으로 필자와 평자들 간의 뒤르켐 독해의 차이일 수 있다.

있다는 것이 19세기의 이상이어서 심지어 뉴턴물리학을 적용할 아무 근거가 없는 상황에서조차도 '옳은 단어'를 찾아 사용하려 했다"(Mayr, 1982: 851). 둘째, 뒤르켐의 이른바 '합리적' 방법은, 비록 생물학의 사례에서 나타나듯이 물리주의 자체가 갖는 여러 한계와 부작용을 내포하지만, 당시로서는 분명 '성공적'인 시도였다는 점이다. 특히 《자살론》 같은 경우, 비록 논리추론이나 통계처리상의 하자들이 있지만, 오늘날의 관점에서 보더라도 그의 연구는 대규모의 계량자료에 입각한 매우 체계적이고 통찰력 있는 비교연구의 모범을 보여준다. 케틀레나 다른 조악한 시도들에서와는 달리, 뒤르켐의 《자살론》은 단점보다는 오히려 물리주의 방법론이 사회과학적으로 적용될 때 가질 수 있는 장점을 더 보여준다고 평가할 수 있다.

2) 맑스의 역사적 발전법칙

맑스의 《자본론》은 본인이 천명했듯이 자본주의에 대한 '과학적' 분석을 시도한 것이다. 물론 《자본론》은 단순한 정치경제학적 분석을 넘어서는 저술이고, '청년 맑스'와 '후기 맑스', 소외의 맑스와 착취의 맑스, 철학적 맑시즘과 과학적 맑시즘이 과연 같은가 다른가 혹은 누가 더 맑스스러운가(?) 등의 복잡하고 해묵은 논쟁이 있지만, 여기서 그것들을 재론할 필요는 없다(Kolakowski, 2005 참조). 맑스의 '과학'이 과연 그가 홍보한 대로 얼마나 성공적인가도 이 글의 관심은 아니다. 대신 맑스 '과학'의 성격에 관해 짧게 짚고 넘어가기로 한다. 우리가 《자본론》을 처음 접할 때 곧 곤혹스러워지는 건, 책의 딱딱하고 난해한 (혹은 난삽한) 앞부분 장들(특히 1~3장) 때문이다. 맑스는 '과학적' 분석이라는 그의 야심에 맞추어, 나름으로 논리-연역적 서술체계를 시도하려 했고, 그 결과가 바로 자본론 앞장들에서 나오는 노동가치론의 공리주의적(*axiomatic*) 접근이다. (물론, 개인적으로, 이 시도는 불필요하게 장황스럽고 그다지 성공적으로 보이지는 않는다.) 단순히, 맑스가 간단한 수준에서지만 나름대로 ('착취율', '이윤율저하법칙' 등에서 보이듯) 수리적 분석을 시도했다는 게 지금 우리가 말하려는 초점이 아니라, 우리는 앞서의 뒤르켐에서와 마찬가지로 맑스의 전반적인 스타일과 그 밑에 깔린 방법론적 특성을 지적하려는 것이다. 그는 자본주의 착취 메커니즘을 분석적 수준에서 논리-연역적 방식으로 도출해내려는 시도를 선보이고, 이에 맞추어 앞부분에서는 매우 일반이론적 차원에서 노동가치설과 착취 메커니즘의 논리를 제시하고 다시 이들에 대한 역사적이고 구체적인 사례들을 제시하는 식으로 책을 전개하는데(따라서 《자본론》은 중반 이후부터는 읽기 쉬우면서 문학적으로도 훌륭한 역사서의 성격이 압도하게 된다), 이런 이면에 그가 일차적으로 염두에 두는 '과학적' 분석의 표준은 물리주의의 그것이라는 점이다. 단순히 자본론의 서술 스타일의 문제를 벗어나서, 잘 알려졌듯이, 맑스는 (그리고 그를 이은 많은 '과학' 맑시즘 변주들도 포함해서) 일반적으로 표상 뒤에 숨은 어떤 본질적 힘 혹은 '역사의 운동법칙'의 규명에 초점을 맞추었다. 이런 면에서 포퍼(Popper, 2011)도 날카롭게 지적했듯이 크게 보아 플라톤-헤겔을 잇는 본질주의적 사고의 전형에 속한다고 볼 수 있는데, 그의 과학적 이상이 본질주의와 맥을 같이하는 물리주의의 성격을 띠는 것은 놀라운 일이 아니다.

한 가지 언급해 둘 점은, 맑스는 다윈 진화론에 대해 매우 긍정적이고 고무적으로 받아들였다는 사실이다. 엥겔스와 함께 맑스는 다윈이론이 자신들의 유물사관과 계급투쟁론에 과학적 뒷받침이 되는 것으로 생각했기 때문이다. (심지어 맑스는 그가 자필서명한 《자본론》을 직접 다윈에게 보내기도 했다.) 1861년 당시 그의 동지였던 라살레(Lassalle)에게 보낸 편지에서 맑스는 말하기를 "다윈의 저작은, 그것이 역사적 계급투쟁의 양상에 자연과학적 근거를 제공한다는 면에서 매우 중요하고도 나의 목적에 잘 부합하는 것이다. … 《종의 기원》이 갖는 몇 가지 허점들에도 불구하고, 바로 이 책에서, 이제 역사상 최초로, 자연과학이 그간 담지해온 〔기독교적〕 '목적론'이 치명타를 맞은 것이며 나아가 그것에 대한 합리적 의미가 경험적 차원에서 설명된 것이다"(Marx, 1977: 525). 유신론의 영향을 차단하고 '헤겔을 거꾸로 세운'(Marx, 1952: 11) 유물론의 견지에서 볼 때 '과학'의 이름으로 근거를 제공하는 다윈 진화론은 어찌 보면 맑스나 좌파 전반에 걸쳐 매우 환영할 만한 이론이었음에 틀림없다(Singer, 1999 참조). 단, 오늘날의 관점에서 볼 때, 맑스는 다윈 진화론에 대해 반쪽의 진실만을 본 셈인데, 왜냐하면 맑스가 제대로 세우건 '거꾸로 세우건' 헤겔은 여전히 헤겔이라는 것이다. 즉, 맑스가 가정하는 역사적 발전법칙이나 목적론적 단계론 등은 근본적으로 다윈 이론의 인구적 사고와 상치하는 것이기 때문이다. 19세기의 여느 지식인과 마찬가지로 맑스 또한 다윈이 시작한 인구적 사고가 기존의 물리주의적 과학관 그리고 나아가 맑스 본인의 본질주의적 사고와 배치된다는 것을 정확하게 인식하지는 못했다.

5. 베버와 인구적 사고

17세기 '과학혁명'으로 대변되는 물리주의의 흐름은 인류에게 오랫동안 친숙한 본질주의의 틀과 자연스럽게 엇물리면서도 다른 한편 '탈주술화'와 세속화에 결정적 기여를 하며 근대 세계의 주요한 축으로 자리 잡았다. 이후 태동한 사회과학과 더불어 '진보'나 공화제적 '평등'(Tocqeville, 1966)과 같은 많은 근대적 가치들도 직간접으로 그러한 '과학'의 영향으로부터 채색되었다. 다윈 사건을 전후한 19세기의 상황에 대해, 비단 자연과학계의 사정뿐 아니라 사회과학 및 일반적인 정치경제적 상황까지 염두에 두면서 메이어는 그러나 물리주의의 전반적으로 과도한 영향에 대해 말하기를, "현대의 주요한 사회적 정치적 이념들의 주형이 서구의 사고가 고전물리학 원칙에 기초한 과학혁명의 이상에 의해 압도되는 시기에 발전하고 수용되었다는 점은 비단 생물학뿐 아니라 인류사적으로도 비극이라 할 수 있다. … 진화생물학이 19세기에 등장하면서, 이제 그러한 물리학적 원칙들은 유니크한 생물학적 개체들에, 이질적 인구분포들에, 그리고 진화시스템 자체에 들어맞지 않는다는 점이 밝혀졌다" (Mayr, 1982: 79). '과학'으로서의 사회학은, 그 태동기부터 '과학'이라는 하나의 이름 아래 갈리던 두 가지 다른 흐름들이 섞였다.

1) 베버의 문제의식과 '진화론' 오독

한편으로 뒤르켐이 주술적 사고(기독교 신관)와 싸우면서 사회현상의 이해에 대한 '과학적' 사고를 정립하는 데 힘썼다면, 다른 한편으로 베버는 비록 명시적이지는 않지만 그러한 '과학'이 함의하는 과도한 물리주의에 대한 견제로서 보다 열린 성격의 인구적 사고를 도입하고자 시도했다고 볼 수 있다. 베버의 사회과학 방법론이 그 핵심에서 다윈 진화론의 인구적 사고와 일치한다는 점은 사회학계에서 거의 간과되었다(cf: Runciman, 2001; Yagi, 2007). 이러한 간과는 여러 이유 중에서 무엇보다도 베버 자신이 자신의 방법론과 관련해서 다윈 진화론의 논리에 대해 명시적으로 밝힌 적이 거의 없기 때문이다. 뒤르켐에게도 마찬가지지만 여기에는 수긍할 만한 이유가 하나 있는데, 비록 《종의 기원》이 생물학계를 넘어 유럽 지성계 전반에 지적 센세이션을 일으키긴 했지만 여전히 19세기 중후반에 일반식자층에게 진화론은 많은 경우 스펜서(Spencer, 1851) 류의 '사회진화론'(*Social Darwinism*) 으로 이해되었기 때문이다.

진화를 어떤 목적성, 즉 '진보'와 일치시키는 목적론적(*teleological*) 성격의 스펜서식 '사회진화론'은 물론 다윈이론과 전혀 다른 종류의 아이디어이고, 아마도 수많은 다윈 이외의 진화 아이디어 중에서도 이념적으로나 이론적으로 거의 최악의 버전일 것이다.[10] (심지어 오늘날에도 심심치 않게 이런 혼동이 남아 있는 것은 유감스런 일이다.) 당시 보통 그렇듯이 베버도 다윈이론을 스펜서류의 것과 혼동해서 보았는데, 심지어 베버는 그의 교수직 수락 강의에서 조국의 상황과 관련하여 "사회진화론의 언어를 남발하기도"(Gerth & Mills, 1948: 35) 했다. 또한 스펜서류와의 혼동 외에도, 베버가 염두에 두었던 맑스의 '역사적 진화단계론'도 잘못된 진화론의 인식에 일조했을 것으로 추측할 수 있다. 비록 스펜서의 것으로 어느 정도 채색되었긴 하지만, 그러나 베버가 당시 진화론의 기제에 대해 인상 깊게 인지했다는 점은 그의 〈프로테스탄티즘 윤리〉 논문의 구절들에서 확인할 수 있다. "작금 경제활동을 주도하게 된 오늘날의 자본주의는, 그것이 필요로 하는 경제주체들을 바로 경제적 **적자생존**의 과정을 통해 교육시키고 선별한다(*select*)."(Weber, 1958: 55; 강조는 필자추가) 여기서 '적자생존'이라는 단어는, 앞의 각주에서도 언급했듯이, 다윈이 스펜서로부터 차용한 것이었는데, 거의 동어반복이어서 사실 과학적 엄밀성에서는 문제가 많은 개념이었다. 하여간, 베버는 자본주의적 시장경쟁의 논리를 자연선택의 차원에서 파악한다는 것을 알 수 있다. 이어지는 문장에서 우리는 역시 적응-선택이라는 진화론적 기

10) 사실 다윈은 《종의 기원》 이전에 스펜서의 이론을 알았고, 부분적으로 빚을 진 게 있다. 《종의 기원》 초판과는 달리 1869년의 5판에서는 자연선택을 설명하는 4장의 이름이 바뀌었는데, 'the survival of the fittest'라는 문구가 첨가되었다. 그런데 오늘날 진화론의 표제어로 유명한 이 '적자생존'의 문구는 바로 스펜서의 책에서 따온 것이었다. 그리고 유감스럽게도 이 문구로 인해 이후 상당한 혼란이 야기되었다(Beer, 1996: xxii).

제가 설명틀로서 쓰이고 있음을 확인할 수 있다. "자본주의의 특이성에 맞추어 잘 **적응된** 삶의 양식이 **선택되기** 위해서는, 즉 그것이 다른 종류들을 압도하게 된 것에는, 그러한 삶의 양식이 어느 동떨어진 개인들로부터가 아니라 어떤 집단전체에 공통된 삶의 방식으로서 기원된 것이어야 한다는 점이 밝혀져야 한다."(Weber, 1958: 55; 강조는 필자추가)

사회과학도 중에도 아마 지적인 면에서 순진함(*naivety*)과 가장 거리가 먼 지식인의 한 명이 베버일 것이다. 베버는 스펜서식의 단순한 생물학적 비유의 무용성에 대해 단언하기를, "'유기체'나 혹은 다른 유사한 생물학적 개념을 단순 차용하는 비유적 시도들은 모두 바람직하지 못한 성과로 귀결될 것이다"(Weber, 1981: 167). 비록 베버는 진화생물학에 대해 스펜서의 사회진화론과의 혼란과 함께 다소 피상적으로 알았고, 자신이 다윈의 이론이나 개념을 아주 명시적으로 언급하지는 않았지만, 베버 방법론의 특성을 살펴보면 그가 구상했던 것이 다윈의 인구적 사고와 거의 흡사하다는 점을 알 수 있다. 이 점에 대해 보다 자세히 살펴보기로 한다.

베버는 그의 유명한 〈객관성〉 논문에서 사회과학의 특성을 "구체적 현실의 경험과학"(*Wirklichkeitwissenschaft*, *empirical science of concrete reality*; Weber, 1949: 72)으로 특징짓는다. '구체적' 현실이라는 말은 탐구대상인 사회현상을 우선적으로 그 자체의 특성에서 접근한다는 것을 말한다. 즉, "우리는 우리가 속해 있는 삶의 현실을 그 **특수성**〔*characteristic uniqueness*〕의 관점에서 이해하고자 하는 것이다"(Weber, 2002: 112; 볼드체는 원저자의 강조이며, 〔 〕는 영역본 삽입). 베버에게, 그리고 그의 방법론적 고민의 배경이기도 한 '자연주의'(*Naturalismus*)와 '역사주의'(*Historismus*) 진영 간의 '방법론 논쟁'〔*Methodenstreit*; 이에 대한 함축적 설명은 전성우(2011) 참조〕의 쟁점이기도 했던 문제사안은 과연 어떻게 한편으론 현실의 역사적 구체성에 대한 끈을 놓지 않으면서도 동시에 다른 한편으론 이들에 대한 보다 객관적이고 일반론적인 수준의 (인과적) 설명을 만들어낼 수 있는가였다. 베버는 "양 진영을 공히 비판하면서, 그러나 동시에 이들 간의 중재를 통해 자신 고유의 '제 3의 길'을 추구"(전성우, 2011: 10) 하였는데, 곧 보겠지만, 이것은 또한 다윈이 종의 진화를 놓고 직면한 문젯거리 및 해결방식과 유사한 것이기도 했다. 먼저 베버의 문제의식과 해결책을 따라가 보기로 한다. (참고로, 여기 방법론 논쟁에서의 '역사주의'는 앞에서 메이어가 언급한 '역사적 인과과학'과는 다른 것임에 주의.)

이 글의 관심에서 볼 때 매우 흥미롭게도, 베버는 다음 구절에서 다윈 진화론에 대한 피상적 이해와 함께 그의 인구론적 사고에서의 문제의식을 동시에 보여준다.

> 현대 생물학은 우리가 역사적 관점(특수성의 관점, 즉 한 현상이 다른 형태가 아니라 바로 현재의 상태를 취하게 된 역사적 과정이라는 관점) 에서 관심을 가지는 현실의 구성요소들마저도 하나의 보편타당한 〔진화원칙 (*evolutionary principle*)〕이라는 개념에 수렴하였는데, 이 〔진화〕원칙은 최소한 외견상 (그러나 실제로는 그렇지 않다) 현실의 상기한 구성요소들의 본질적 측면들을 보편타당한 법칙체계 내로 수렴할 수 있도록 하였다. 바로 이 과정을 통해 모든 학문에서의 모든 가치관점들〔*evaluative standpoints*〕의 황혼이 시작되는 듯했다. 그도 그럴 것이, 이른바 역사적 현상이라는 것도 총체적 현실의 일부분이고, 학문적 작업 일반의 전제조건인 인과원칙은 모든 현상을 〈법칙〉으로 분해할〔*analysis*〕 것을 요구하는 듯했고, 또 이 요구를 실현시킨 자연과학의 엄청난 발전은 명명백백했으니, 과학적 연구가 현상의 법칙들의 발견 이외에 다른 의미를 가질 수 있다는 것은 도대체 상상도 할 수 없는 일이 되었기 때문이다. 그래서 현상의 구성요소 중 〈법칙적인 것〉만이 과학적으로 본질적인 것으로 간주될 수 있었으며, 〈개별적〉 현상들은 단지 〈유형〉으로만, 즉 법칙에 대

한 예시적 대변자〔*representative illustration*〕로서만 고려될 수 있었다. 개별적 현상 그 자체에 대한 관심은 〈과학적〉 성격을 가진 관심이 될 수 없는 듯 보였던 것이다(Weber, 2002: 130~131).

이 인용문에서 보듯이 우선 베버는 당시 진화생물학을 법칙정립적 성격의 것으로 잘못 이해하고 있음을 알 수 있다. 물론 우리가 앞에서 논의했듯이, 다윈생물학은 정확하게 바로 이전의 물리주의적 틀을 벗어나 베버가 염두에 두던 보다 "역사적인 관점"을 채택한 것이었다. 베버가 법칙정립적이고 분석적인 탐구를 통해 "엄청난 발전"을 한 "자연과학"의 예시로서 하필 진화생물학을 든 것은 아이러니한 뒤틀림이 아닐 수 없다. 또 하나 흥미로운 점은 베버가 언급하듯이 당대의 "과학적 연구"란 바로 물리주의의 모형을 따르는 것으로 대개 간주되었다는 사실이다. "과학적 연구가 현상의 법칙들의 발견 이외에 다른 의미를 가질 수 있다는 것은 도대체 상상도 할 수 없는 일"이라는 당대의 통상적 인식이다. 마지막으로 베버는 "개별적 현상 그 자체에 대한 관심"이 과학적인 것으로 치부되지 않는 점에 대해 불만을 토로하는데, 물론 바로 이것이 다윈이 과학적 역사주의를 시작한 계기이기도 하다. 베버 자신은 충분히 인지하지 못했지만, 기실 그가 안타까워했던 그 '개체성의 역사적 과학'은 그가 여기서 잘못된 예시로 드는 다윈의 "진화원칙"에서 이미 시작되었다. 그리고 동시에 이 글의 입장에서 놀라운 점은, 베버 역시 다소 독립적인 루트를 통해 비슷한 인구학적 사고를 구상했다는 사실이다.[11] 조금 자세히 그의 궤적을 따라가 보기로 하자.

11) 참고로 인문학계 영역에서 말하자면, 라이프니츠의 '단자론'(*monadism*)은 보다 이른 시기의 인구적 사고의 흔적을 보여준다.

2) '역사적 개체'와 인과적 설명의 문제

베버의 근본적인 인식론적 전제는 외부세계의 본래적으로 "무한한 다양성"과 그에 대한 인간의 부분적이고 자의적인 괄호치기라 할 수 있다. "즉, 이 무한한 현실 중에서 그때마다 단지 유한한 일부분만이 과학적 포착의 대상이 될 수 있으며, 이 부분만이 〈알 가치가 있다〉는 의미에서 〈본질적〉(*important*) 이라는 전제가 그것이다."(Weber, 2002: 112) 이어서 베버는 문화과학도들에게서도 종종 나타나는 물리주의적 접근법과 그것이 함의하는 특정한 편향성을 지적한다. 이들에 따르면 자연과학과 마찬가지로 문화과학에서도 어떤 "특정한 인과적 연관관계가 규칙적으로(*regular*) 반복되는"(Weber, 1949: 72) 것을 가정할 수 있으며, "현상들의 개괄할 수 없이 다양한 진행과정 중에서 우리가 인식해낼 수 있는 〈법칙들〉이 내포하는 것, 바로 그것이 이 현상들에서 유일하게 과학적으로 〈본질적〉(*essential*) 요소라는 것"이고 "모든 유사한 성격의 사례들은 … 바로 이 법칙적 공식 아래 귀속될 수 있"다는 주장이다(Weber, 2002: 113). 이런 관점에서 볼 때 문화과학의 지향 역시 "현실을 〈연역〉해낼 수 있는 하나의 명제-체계"(113)의 정립이 된다. 여기서 이러한 법칙성에서 벗어나는 사례들은 '잔기'(*residues*) 이고 단지 '우발성'(*accidental*)의 영역에 속하는 것으로 치부된다.

먼저 우리는 베버가 상정해 놓은 방법론적 비판대상의 성격에 대해 다시 주목해볼 필요가 있다. 베버가 '일원론적'(*nomological*) (Weber, 1949: 79) 이라 칭하는 그것은 당시 실증주의와, 그리고 실증주의가 암묵적으로 따르는 물리주의의 세계관과 인식론이다. 다윈의 경우와 비슷하게, 베버에게 이러한 물리주의의 전제와 연역적 탐구방식은, 최소한 문화와 역사의 영역에서는 매우 적절치 않은 것이었는데, 그 주요한 이유는 바로 역사적 개별성만이 사회과학적 탐구의 재료이자 출발점이기 때문이다. "사회과학적 인식관점의 출발점은 두말할 나위도 없이 우리의 사회문화적 생활을 에워싼 실재적인, 다시 말하여 개별적 형상〔*individually-structured configuration*〕이다. 그러나 우리는 이 형상을 두 가지 축을 중심으로 하여 사회과학적 인식의 출발점으로 삼는다. 첫째, 문화생활이 가진 보편적인, 그렇다고 물론 조금도 덜 개별적이지 않은 연관맥락이라는 축, 둘째, 이 문화생활이 다른 사회적 문화조건들로부터 (이것들도 물론 다시금 개별적 성격을 가졌다) 생성되어 온 과정이라는 축이다."(Weber, 2002: 120~121) 이러한 개별성들의 역사적 조합은 어떤 물리공식 같은 "분석적 법칙들"(*analytical laws*, *Gesetzesbegriffen*)로는 설명될 수 없다. 여기서 '역사적'이라는 말이 함의하는 바는 그 "개별성에서 의미 있다는(*significant in its individuality*, *Eigenart*; Weber, 1949: 78) 것이다.

물론, 개별성을 강조한다고 하더라도, 베버는 단순소박한 베이컨류의 경험주의를 주장하지는 않는다. 수많은 그리고 제각기 독특한 개별사례들에서 어쨌건 사회과학도는 인과적 설명을 만들어내야 하기 때문이다. "도대체 어떻게 개별적 사실의 인과적 설명은 가능한가?"(Weber, 2002: 120) 이 부분에서 베버는 연구자 혹은 연구자가 속한 그 시대의 특정한 문화적 가치가 역사적 사례들에 선별적으로 작용하는 선택의 문제를 내놓는다. 문화적으로 의의가 있다고 선택된 측면이 바로 인과적 설명의 대상이라는 주장이다. "한 현상의 개별성이 주된 관심의 대상이 되는 경우에서의 인과문제는 법칙의 문제가 아니라 구체적인 인과적 연관맥락〔*concrete causal relationships*〕의 문제이며, 어떤 공식 속으로 이 현상을 하나의 범례로서 수렴시킬 것인가 라는 문제가 아니라, 어떤 개별적 상황구도의 결과에 이 현상이 기인하는가 하는 문제이다."(Weber, 2002: 120~121) 베버는 문화의의(*cultural significance*) 차원에서 선택적으로 구성된 현상을 '역사적 개체'(*historiche Invididuen*; Weber, 1949:

81)로 부르고 이에 대한 구성적 성격의 인과적 설명을 제안하는데, 여기서 인과적 설명은 따라서 물리주의에서 제시되는 연역법칙적 성격의 것과는 다른 것임을 알 수 있다. 이것이 바로 베버의 잘 알려진 '이념형'(*ideal type*)적 접근법이다.

3) '이념형'의 귀납적 합리성

이념형(*Idealtypus*)은 구체적 역사재료들로부터 선별적으로 추출되어 구성되는 분석적 개념구성물(*theoretische Gedankengebilde, analytical construct*)이다. 이 개념구성물은 "마치 유토피아와 같이 현실을 구성하는 특정 요소들을 분석적으로 강조함으로써"(*analytical accentuation*; Weber, 1949: 90) 얻어지며, 연구자는 이 이념형에 준거하여 다시 구체적인 역사적 사례들 간의 연관맥락이나 인과성을 보다 명확하고 이해 가능하게 특징지을 수 있다. "이념형적 개념은 〈가설〉은 아니지만 가설구성에 방향을 제시하고, 현실 그 자체의 서술은 아니지만 현실의 서술에 명료한 표현수단을 제공한다."(Weber, 2002: 136) 베버는 이념형적 구성에 기반하여 〈프로테스탄티즘 윤리〉 논문을 필두로 하는 그의 종교사회학 저술들을(Weber, 2008) 통해 문화적-역사적 내용의 소재에 대해서도 일반화된 '분석적' 연구가 가능하다는 점을 보여준다.[12)]

---

12) 이 글의 초고에 대해 이종현 교수는 베버의 초기저작에선 그의 방법론적 특성이 비교적 잘 들어맞지만 후기저작, 특히 종교사회학에서는 이 점이 다소 불분명하다는 점을 지적하였다. 이 지적의 타당성을 어느 정도 수긍하면서, 그러나 종교사회학에서도 여전히 베버의 방법론적 특성이 유지된다는 점은 다음의 인용을 통해 확인할 수 있다. "종교는 역사적 현상이지, 논리적으로 또는 적어도 심리적으로나마 모순 없이 구성된 형상이 아니었다. 〔…〕 이 종교들은 모두 지극히 복합적인 성격의 역사적 개체들이며, 이들 모두를 다 합한다고 하더라도, 이 합은 우리가 고려할 수 있는 엄청난 수의 요인들로부터 구성될 수 있는 가능

사회학도들에게 베버 이념형은 너무 잘 알려져 있기 때문에 그 자체에 대한 자세한 소개는 아마도 불필요할 것이다. 여기서는 단지 이 글의 관심에 맞추어 두 가지 특징적인 점만을 언급하기로 한다. 우리가 눈여겨볼 첫 번째 측면은, 이념형 방법이 그가 피하고자 하는 두 가지, 즉 앞서 언급한 '방법론 논쟁'의 두 진영의 단점들을 교묘하게 극복한다는 점이다. 우선 이른바 〔슈몰러(Schmoller) 류의〕 개성기술적(個性記述的, *ideographic*) '역사주의 진영'의 기본적 오류로는, 추상언어를 기초로 하는 일반이론적 틀을 빌리지 않고도 순수하게 '공감적 이해'(*empathic Verstehen*) 만으로 문화적 현상이나 행위에 대한 (인과적) 설명이 가능하다는 주장을 생각해볼 수 있다. 역사적 개체성을 존중하지만, 베버가 보기에 이 방식은 보다 객관적 성격의 인과성을 확보하는 데에 못 미치고 나아가 준거 없는 자기해석의 틀에 갇힐 위험을('*the threat of a socio-cultural solipsism*'; Parsons, 1971: 29) 수반한다. 보다 사회과학적으로 충분한 설명은 의미적합성과 더불어 인과적합성을 함께 요구하기 때문이다(*twofold requirement of causal adequacy and adequacy of meaning*; Aron, 1970: 83). 어느 정도 '공감'이 필요한 건 맞지만, 베버가 말하는 대로 "우리가 시저를 이해하기 위해 시저 본인이 될 필요는 없는 것"(Weber, 1968: 5)이다. 외부에서 보기에 동일한 행위에서도 그에 관여된 개인들의 실제 행위동기나 욕망 등은 각양각색이고 또한 행위자가 스스로의 행위에 귀인하는 요인도 종종 주관적 오류와 혼란을 내포하기 마련이다. 이런 상태에서 외부관찰자(연구자)가 관찰대상인 그 행위를

한 조합들의 지극히 적은 일부분을 나타낼 뿐이다. 따라서 … 다음과 같은 의미에서 나의 논의는 〈유형론적〉 성격을 띤다. 즉, 종교윤리들의 역사적 실상 가운데 경제관에 관련해 존재하는 커다란 차이들을 확인하기 위해 전형적으로 중요한 요인들에만 주목하고 다른 관점들은 무시한다는 의미에서 〈유형론적〉이다."(Weber, 2008: 177, 179~180)

'이해'하는 방식은 어느 정도 불가피하게 '인과적' 시퀀스를 구성하는 방식을 통해 이루어지게 마련이며, 이런 인과적 추론은 또한 불가피하게 '합리적' 성격을 띠게 된다. (여기서 '합리적'이라는 말의 보다 정확한 의미는 곧 다시 논의한다.) 다소 역설적으로, 바로 이러한 이념형을 통한 합리적 성격의 이해는 어느 정도 특정 행위에 연관된 구체적이고 유니크한 개인심리적 내용물들에 크게 상관없이 객관적 성격을 띨 수 있도록 만든다. 베버가 그의 이해사회학적 접근을 심리학적 설명과 구분하는 이유이다. 아롱이 지적하는 대로, "이해를 통한 관련성(*interpretive relation*)은 그것이 동시에 인과적 연관을 드러내는 한에서만 가능하다"(Aron, 1970: 85). 베버는 그의 Logos 논문에서 아예 직설적으로 언급한다. "사회학에서 우리는 '이해'(*Verstehen*)와 인과적 '설명'이 서로 관련이 없다는 전제를 버려야 한다."(Weber, 1981: 157) 연구자가 역사적 현상의 설명을 위해 단지 역사적 사례기술학 말고도 이념형적 준거틀이 필요한 이유이다.

다음으로, 비록 객관적이고 명시적인 인과론을 추적한다는 면에서는 비슷하지만, 반대편 진영에서 올 수 있는 자연주의적(*naturalistic*) 편견에 대해 베버는 질타하기를, "가장 위험한 것은 자연주의적 편견에서 유래하는 이론과 역사의 혼합〔*confusion*〕이다. … 가령 위에서 설명한 이론적 개념상들이 역사적 현실의 〈진정한〉 내용 또는 〈본질〉〔*essence*〕을 포착한다고 믿는 것이라든지, 〔…〕 심지어 〈이념들〉을 명멸하는 현상들의 뒤에 숨은 〈진정한〉 현실로, 역사에서 작용하고 실재하는 〈힘들〉〔*forces*〕로 실체화하는 것 등이 상기한 혼합의 예들이다"(Weber, 2002: 142). 이러한 주장에서 우리는 베버의 강력한 반본질주의적 성향을 잘 엿볼 수 있다. 베버에게 구체적 사실들의 분석적 개념화는, 물리주의나 혹은 그에 영향받은 맑스나 뒤르켐과는 달리, 어떤 본질주의적 함의와 거리가 먼, 단지 도구적인 성격의 것이며 기본적으로 귀납적 추론의 영역에 속하는 것이다. 자연계의 진화과정도 그렇지만 역사적 현실도 우리가 이념형의 구사를 통해 그 궤적에 대한 인과적 이해에 도달하긴 하지만, 그렇다고 현실이 어떤 단일한 '법칙체계'로 환원될 수는 없다. 베버에게 역사적 현상의 이해에서 이념형이라는 '개념적' 틀이 갖는 결정적 기능을 생각할 때, 이는 마치 생물학의 발달과 관련하여 메이어가 앞에서 강조한 바 있는 '개념적 체계'의 중요성을 다시 상기시키는 듯하다.

우리가 두 번째로 주목해볼 점은 법칙과 확률적 해석의 문제이다. 오늘날 과학철학에서 널리 동의되는 과학적 지식(혹은 진위)의 확률적 해석이라는 측면에서 다윈은 매우 현대적인 관점을 보여준다. 메이어가 강조해서 지적하듯이 역사성을 갖는 소재, 예를 들어 생물진화 등의 연구에서는 연쇄적 관찰을 통한 귀납적 추론이 종종 더 타당하다(실험법에 대한 반대로서). 그리고 이 점은 또한 베버의 저작에서 자주 등장하는 행위의 이해(*Verstehen*)에 얽힌 확률적 해석과 상당히 일치한다.[13] 다윈과 베버 모두에게 그들의 방법론적 모형은 공리적(*axiomatic*) 일반화가 아닌 '확률적' 일반화에 해당한다. 한 가지 유의할 점은, 베버의 이념형은, 앞서 언급한 케틀레의 본질주의적 통계해석도 아니지만 '평균유형'(*average type*)과도 다르다는 점이다. 개체의 특수성에 대한 포착과 맥이 닿는 문제로서, 베버에게 '사회적' 행위(*Gemeinshaftshandeln*)들은 기본적으로 열린 성격의 것, 즉 법칙적 연역의 논리에서 벗어나 있는 것이었는데, 그 주된 이유는 (가치연관의 문제 말고도) '사회적' 행위에선 행위자들 간에 서로의 행위가능성에 대한 확률적 계산과 피드백이 끊임없

13) 참고로, 베버는 그의 방법론 외에 다른 이론적 논의에서도 확률론의 개념이나 단어를 자주 사용하는데, 이를테면 그의 유명한 '권력'(*Herrshcaft*) 개념도 확률의 틀에서 정의된다. 여기서 권력은 "어떤 특정한 명령(혹은 모든 명령들)이 주어진 집단성원에 의해 따르게 될 확률로서"(Weber, 1968: 212) 개념화된다.

이 되먹임되기(*recursive*) 때문이다.[14] 이것만으로도, 베버는 언급하기를, 사회적 행위는 "특정한 질적 개별성"(*specific qualitative particularity*; Weber, 1981: 160)을 갖게 되는 것이다. 이념형은, 변이들의 평균적 기술(*description*)이 아니라, 바로 이 '질적 개별성'의 이해에 초점이 맞추어져 있다. 우리는 종종 뒤르켐을 사회실재론으로, 그리고 베버를 사회명목론으로 등치시켜 대비하는데, 뒤르켐에게 집합현상이란 무엇보다도 발현적 속성을 지닌(*sui generis*), 그리고 이질적 개별현상들 뒤에 뭔가 수렴 가능한 '일반상태'를 가정할 수 있는 것이었다면, 베버에게는 집합적(사회적) 현상이란 것도 항상 개인들의 행위, 그리고 그 자체로 어떤 일반원칙으로 환원시키기 어려운 유니크하게 독자적인 행위연쇄에 다름이 아니었다. "우리에게 '사회적 행위'(*Gemeinshaftshandeln*)란 항상 구체적 개인들의 행위를 지칭하는데 이것은 (1) 역사적으로 관찰된 것이거나 혹은, (2) 타인들의 어떤 실제적 혹은 잠재적으로 예상되는 행위에 관련하여, 이론적으로 '가능한' 혹은 '개연적인' 것을 말한다."(Weber, 1981: 160; 강조는 원저자) 그리고 베버가 강조하는 이 사회현상의 "개별적 특성"(*particularity*) 이면에는 우연성과 변이에 대한, 뒤르켐과는 상반된, 보다 인구적 사고에서의 시각이 작용한다.

---

14) 다음의 다소 난삽한 문구를 통해, 베버는 사회적 행위가 기본적으로 찬스와 확률의 영역에 속한다는 점을 주장하는데, 이 과정은 마치 오늘날 게임이론에서 베이즈안 전략균형(*dynamic Baysian equilibrium*)의 모형을 연상시키는 듯하다. "사회적 행위에서 (비록 불가결한 것은 아니지만) 중요한 정상적 요소는 타인의 특정행위에 대한 기대들에의 의미 있는 지향(*meaningful orientation*)과, 그에 따른 자신의 행위의 성공에 대한 (주관적으로) 계상된 확률(*Chancen*)에의 지향이다. 행위에 대한 설명에서 가장 수긍하기 쉽고도 중요한 기초는 따라서 〔상대행위에 대한〕 기대들이 적실하게 기초해 있는 정도만큼 효과적이라 할 이들 확률들의 객관적 존재 여부, 즉 "객관적 가능성의 판단"으로도 표현되는 이 확률의 계량적 정도의 여부이다."(Weber, 1981: 159; 강조는 원저자)

4) 베버와 다윈의 역사적 인과구성

진화의 특정한 결과를 놓고 '최적'의 생존이라고 해석하는 것은 상당히 오류이다. 다윈의 《종의 기원》을 전후해서 진화생물학계 내부에서도 진화 흐름에 대한 어떤 목적성이나 암묵적 방향성을 상정해보려는 '정향진화'(正向進化, *orthogenesis*) 이론의 시도들이 있었지만, 그러한 가정들은 이후 불필요하고 잘못된 것으로 판명 났다(Mayr, 1982: ch. 11). 무한대의 무작위적 변이, 그 와중의 크고 작은, 단순하고 복잡한, 그리고 다채 다양한 적응의 무수한 시도들이 있을 뿐이고, 그들 중 대다수가 사멸하는 와중에 아주 일부는 운 좋게 변이의 지속적인 궤적을 진행할 수 있는 것이다. 이 우여곡절의 과정은 크게 보아 우연성의 논리에 강하게 종속된다. '최적이기에 생존했다'라는 식의 논리는, 물론 19세기 빅토리아 시대의 자기중심적 이데올로기가 강하게 채색된, 잘못된 해석이고, 궁극적으로는 본질주의적 세계관에 뿌리를 둔 편견이기도 하다.

인구적 사고는 이러한 근시안적이고 본질주의적인 편견의 시각을 본격적으로 극복하게 되는 시도였다. 진화적으로 살아남은 개체 혹은 역사의 '승자'에 대해, 그 역사적 궤적을 놓고 현재의 시점에서 해석하는 연구자의 입장에서 우리가 사후해석식 오류(*post hoc*)나 사후통찰의 과장('*hindsight fallacy*'; 이재혁, 2011b)을 피하면서 얼마나 객관적이고 타당한 역사적 내러티브를 구성해내느냐는 쉽지 않은 과제이다. 즉, 어떤 본질적 우열이나 역사적 불가피성 따위를 거론하지 않으면서도 또한 밋밋하고 따분한 인식론적 상대주의에서도 벗어나 누가 보더라도 그럴듯하고 흥미로운 스토리를 만들어낼 수 있느냐의 문제이다. 이것은 다윈과 베버에게서 공통으로 발견할 수 있는 역사적 내러티브의 과학적 구성에 관한 문제이다.

살아남은 자 혹은 '승자'는 어떻게 선택되는가? 그리고 이 과정은 연구자 입장에서 어떻게 해석될 수 있는가? 이와 관련하여 베버의 이해사회학의 입장을 살펴볼 필요가 있다. 베버는 사회적 현상에 대해 심리학적 요인에 의거한 설명이 불가피하게 불충분하다는 점과 (이해) 사회학적 설명과 다르다는 점을 언급하면서 행위자의 '주관적 도구합리성' (*zweckrationalität*) 과는 다른 '객관적으로 타당한 합리성' (*Richtigkeitsratinalität, objectively correct rationality*; Weber, 1981: 154) 이라는 개념을 내놓는다. 이 '객관적 합리성'은, 마치 특정하게 일어난 진화적 이벤트를 놓고 외부의 생물학자가 생존개체의 적응적 결과에 대해 해석하듯이, 역사적 이벤트에 대해 연구자가 부과하는 인과적 재구성의 틀에서 만들어진다.

> 한편으로, 일견 보기에 전적으로 비합리적인 것처럼 보이지만 사실은 〔행위자에게〕 미인지된 (혹은 "부인된") 상태에서 상대적으로 상당한 합리성을 갖춘 행위가 있을 수 있다. 이 경우 우리는 그것의 합리성으로 인해 해당행위를 "이해할" 수 있다. 다른 한편으로, 우리가 특히 문화적 역사 속에서 숱하게 봐왔던 경우인데, 도구적 합리성의 작동에 의해 직접적으로 추동되는 현상인데 알고 보면 애초에는 전혀 비합리적인 동기들로부터 역사적으로 기원되었던 행위들이 있다. 이것은, 외부조건의 변화가 그 행위들 와중에 높은 정도의 기술적으로 "올바른 합리성" (*technical "correct rationality"*) 을 배양하게 되면서 그것들이 "적응"으로서 살아남고, 종종 보편적으로 되기까지 하는 경우이다 (Weber, 1981: 155~156; 강조는 원저자, 밑줄은 필자추가).

개인 간 행위동기도 제각기 다르지만, 행위자의 주관적 행위의도와 그것의 궁극적인 선택적 결과 사이에는 일정한 간극이 있기 마련이다. 그리고 선택적 결과를 판정하는 객관적으로 "타당한" (*correct*) 합리성은 개체의 특성을 벗어난 문제로서, 보다 포괄적인 범위에서의 환경과 수준에서 결정되는 것으로 그려진다. 앞의 인용문에서 특히 밑줄 부분을 보면 베버의 이해사회학적 해석작업이 자연선택의 개념틀과 매우 흡사하다는 점을 알 수 있다. 앞의 논지는 또한 베버가 〈프로테스탄티즘 윤리〉 논문에서 자본주의 에토스에 대해 시도했던 역사적 분석과 같은 것임을 알 수 있다(앞에서 인용한 〈프로테스탄티즘 윤리〉 부분 참조). 또한 중요한 점은, 최소한 베버에게, 이 '객관적 합리성'은 궁극적으로 어떤 본질주의적 원리나 법칙의 문제가 아니라 바로 경험적으로 결정되는, 역사성의 문제라는 점이다. "객관적으로 타당한 합리성의 정도는 궁극적으로 **경험적**(*empirical*) 문제이고, 경험과학의 사안이다."(Weber, 1981: 157; 강조는 원저자) 인과적 설명의 시도를 놓지 않으면서도 동시에 구체성과 역사성에 초점을 맞춘다는 면에서 다윈의 인구적 사고와 베버의 사회학 방법론은 공통점을 갖는다. 다른 한편, 여기서 그러한 객관적 합리성 여부를 '판명하는' 자는 그럼 누구인가? 물론 궁극적으로는 그 현상이 의미를 갖게 되는 특정한 연구자이다〔가치연관(*Wertbeziehung*)〕.[15] 비견해서 말하자면, 자연계에 무심하게 펼쳐지는 무한한 다양성에 대해 우리가 그것들을 '종적으로 분류(*speciation*)'하는 일은 일정한 정도 자의

15) 이 글의 관심에서 다소 벗어나기 때문에 자세히 논의할 필요는 없지만, 간략히 부연하면 베버의 유명한 '가치중립'(*Wertfreiheit*)의 개념과 강조는 그가 역사주의의 틀에서 벗어나고 있음을 말한다. 이에 반해, 그의 가치연관(*relevance to value*)은 순진한 베이컨류의 경험주의 가정을 반대하는 것이며, 그렇지만 연구자의 주관적 가치판단(*Wertungen*)과도 다른 것이다. 베버에게 가치연관은 연구자가 (물리적 자연현상에의 탐구와 달리) 역사적 현상의 인과적 설명을 구성하는 데 필수적인 것이다. 애초에 연구자가 선별해내는 '구체적 개체성'(*concrete individuality*)은 '생경한 원자료(*raw material*)'가 아니라 연구자에 의해 가치연관의 맥락에서 선택되고 구성되어진 개체라 할 수 있기 때문이다('*histroche Individuen*').

적인 것이지만 그러한 분류가 타당할 수 있는 이유는 애초에 그것이 우리 인간에게 '의미 있다'는 전제 때문이다.16) '신의 설계'를 굳이 개입시키지 않고도, 자연세계의 다양성과 공교한 복잡성의 결과를 자연선택에 따른 종의 분화, 즉 '공통조상' 이론에 기반한 재구성을 통해 (우리 인간에게 의미 있게) 해석할 수 있듯이, 베버 역시 굳이 '이성의 간지(奸智, Hegel)'를 개입시키지 않고도 역사적 특수성들에 대한 이념형적 재구성을 통해 (연구자의 가치연관의 맥락에서) 인과적으로 의미 있는 해석이 가능하다고 보았다.17)

5) 베버와 다윈의 의사합리적 설명전략

베버가 이념형을 통해 취한 귀납적 성격의 인과성 추론은 그 핵심전제와 추론방식에서 반본질주의적이며, 인구적 사고에 부합하는 것이었다. 우리는 여기서 베버가 구사한 의사합리적(*quasi-rationalistic*) 연구전략이 어떻게 다윈이 구사한 의사실험적(*quasi-experimental*) 방법과 일치하는지 잠시 살펴보기로 한다. 대부분 생물학적 기관들은 그 기능적 공교함으로 인해 어떤 합목적적〔*teleonomical*, cf: '목적론적'(*teleological*) 단

16) 전근대 시기의 사물과 세계에 대한 분류법은 오늘날의 과학적 분류와 사뭇 달랐다. 토템은 그러한 대표적 예이다. 또한 푸코(Foucault, 1970)는 '사물의 질서'에 대해 유럽 중세와 근대전환기의 흥미로운 사례와 해석을 제공한다.

17) 참고로, 뒤르켐은 물론이고 베버 역시 다소 자연과학/인문과학의 구분을 과장해서 인식한 경향이 있었다(Parsons, 1970: 94). 베버 이후 전개된 많은 과학철학 및 과학사회학의 논의에서 알 수 있듯이 진화적으로 구비되어 온 인류의 인식론적 특성과 그에 따른 한계는 어느 필드나 동일하게 적용되며 주관적 상대성은 자연과학에도, 비록 정도의 차이는 있지만, 불가피하게 개재되기 마련이다. 즉, 베버가 실상 구분하려 시도했던 탐구방법의 이원화에 해당하는 '역사적' 탐구 대 '분석적' 탐구라는 구분은 학제적 기준에서의 인문과학 대 자연과학의 구분과 일치하지는 않는다(Parsons, 1970: 96).

어와 구분) 성격을 상정하여 설명하기 마련이다. 심장은 단지 특정한 화학적 특성의 세포덩어리가 아니라 '피를 순환시키는' 기능을 위해 존재하는 기관이다. 이 '피를 순환시키는' 기능을 고려치 않고는 심장에 대한 설명은 불완전할 뿐 아니라 의미가 없는 것이 된다. 그리고 이 '피 순환'이라는 기능은 진화적으로 유니크하게 '발현된', 즉 물리-화학적 법칙으로 환원이 안 되는 부분이다(Kauffman, 2008: ch. xx). 앞서 언급한 대로 진화의 과정이 기본적으로 우연성의 논리에 속하고 어떤 목적론적 방향은 애초에 없는 것이지만, 이제 심장을 설명하려는 연구자의 사후적(*ex post*) 입장에서는 (만일 그가 모든 생명현상의 물리주의적 환원을 기도하는 게 아니라면) '마치' 심장이라는 기관의 존재에는 어떤 합목적성이 있는 것처럼 가정할 필요가 있다. 물론 여기서 심장의 기능적 합목적성은 어떤 '자연의 본질' 따위가 아니라 무엇보다 연구자가 그의 효과적 이해나 설명을 위해 가설적으로 (즉, '마치 심장이란 기관이 처음부터 피 순환을 위한 설계도면에 맞추어 진화되어 온 것처럼') 만들어낸 것이다. 마찬가지로, 베버는 역사적 시퀀스에 대한 인과적 설명에서도 사후적으로 적정하게 구성된 '합리성'의 모형이 요구된다고 보았다. 물론 여기서, 앞서 베버가 질타한 대로 "이론과 현실의 혼합"에서 오는 오류는 늘 주의해야 할 점이다. 현실의 특정부분을 이상적으로 과장한 합리성의 이념형적 모형을 구성하고, 이에 비추어 다시 현실의 특수하고 이질적인 부분들을 인과적으로 의미 있게, 즉 '마치'(*as if*) 합리적으로 연쇄된 것으로서 설명하자는 그의 연구전략에서도 이런 인구적 사고의 특성을 확인할 수 있다.[18] 인구적 사고의 구도에서는 개체들의 변이가 우선적 초점이 되

18) 참고로, 비록 대다수의 사회학도가 간과하지만, 베버의 이러한 'as if' 합리성을 가정하는 설명양식은 합리적 선택론에서 추구하는 설명전략과 일치하는 것이다; 이에 대해서는 이재혁(2003) 참조. 이 글의 한 평자는 인구적 사고와 '방법론적 개체주의' 간의 관계에 대해 언급할 것을 요구하였다. 얼핏 친화성이 있어

고, 따라서 이들에 대한 설명적 모형은 기본적으로 확률적 일반화, 즉 개연성의 문제가 된다. 그런데, 이런 개연성의 현상을 연구자 입장에서 인과적으로 설명하는 데에는 'as if'의 가정이 어느 정도 불가결하게 개입된다는 것이 베버의 논리이다. 시장교환의 예를 들면서 베버는 말하기를, "그렇지만 하여간 (화폐의 사용이라는) 최종결과는, 많은 경우에, '마치' 모든 관련 행위자들이 동일한 지향을 갖고 상호 욕구실현의 장(*order of want satisfaction*)에 참여해서 만들어낸 것인 양, 그와 유사한 양태를 띠게 된다"(Weber, 1981 : 166). 여기서 근대 화폐제도라는 역사적 사건에 대한 이념형적 설명은, 실제로는 아니지만 '마치' 모든 시장행위자들이 순수하게 도구합리적으로 행동한다는 '이상적' 가정을 통해 구성된다. 진화적 궤적에 대한 설명틀에서 '합목적적 기능성'의 역할과 유사하게, 역사적 궤적에 대한 베버의 이념형적 설명틀에서 합리성의 가정이 쓰이고 있음을 주목할 필요가 있다. "객관적으로 타당한 합리성은 사회학에서 경험적인 실제 행위들에 대한 이념형으로서 역할을 한다. 도구합리성은 심리학적으로(만) 이해 가능한 행위들에 대한 이념형으로 기능하게 된다. 의미 있는 행위는 '무의미한' 행위들에 대한 이념형으로

보이지만 이 둘은 사실상 언급하는 수준에서 크게 다르다. 이 글에서 상술했듯이 인구적 사고는 기본적으로 (자연 및 사회) 현상에 대한 역사적 인과성의 구성에 관한 패러다임이라 할 수 있다. 방법론적 개체주의는, 우선 '존재론적 개체주의'와 혼동하지 말아야 하며, 간단히 말해 거시수준의 변인들의 관계를 이해하는 데에 우선적 목표가 있지만 그를 위해 (전체론적 접근과는 달리) 미시적 수준의 개체들의 움직임과 관계를 통해 보다 분석적으로 접근하자는 방법론적 전략이다. 둘 다 '개체'를 강조하는 면에서는 비슷하지만, 인구적 사고에서의 개체는 보다 자연발생적(*generic*) 성격의 것인 반면, 방법론적 개체주의에서의 개체는, 마치 미시경제 모형에서 보듯이, 매우 단순화한 방법론적 가정인 경우가 많다. 비록 베버의 이념형적 구사와 설명전략이라는 측면에서 유사한 점이 있지만, 방법론적 개체주의는 논리-연역적 모형의 구성을 통한 이해에 더 가깝다고도 할 수 있다.

사용된다. 이념형과의 비교를 통해 우리는 (상이한 수준에서 일어나는) 인과적으로 관련 있는 각종 비합리적 요인들을(*causally relevant irrationalities*) 비로소 인과적 해석틀의 구성작업에 포함시킬 수 있는 것이다."(Weber, 1981: 156~157) 이질적이고 유니크한 역사적 개체의 파편들에서, 그 '단자론적'(Leibniz) 개체성과 변이의 실재성을 충분히 인정하면서도 동시에 하나의 일관된 해석틀로 '의미 있게' 그들을 묶고자 하는 시도에서 베버는 (도구) 합리성의 가정을 사용한다. 이러한 '방법론적' 차원에서 가정되는 합리성은 물론 인간의 '존재론적' 차원의 합리성 여부나 혹은 본질주의적 '이성의 간지' 등과는 구분되는 것이다. 여기서 우리는 베버의 합리성 이념형의 구사가 진화생물학에서 합목적성의 가정을 통한 인과적 구성작업과 유사함을 발견할 수 있다.

사회학자로서 베버의 업적과 위상은 거의 독보적이라 평가받는다. 그의 다른 수많은 업적들과 함께, 베버는 또한 사회과학 영역에서 본격적으로 인구적 사고의 지평을 연 최초의 사회(과)학도로서 기억될 수 있을 것이다.

6. 나가며: 어떤 퍼즐

동시대의 동년배로서, 뒤르켐과 베버는 프랑스와 독일에서 각각 사회학을 학술적으로나 제도적으로 정립하는 데 결정적 역할을 했다. 또한 두 사람 모두 단지 사회학이라는 학제적 범주의 경계를 넘어서서 인문사회과학 전반에 걸쳐 큰 영향을 미친 뛰어난 학자이기도 하다. 이는 물론 사회학도라면 누구나 다 아는 스토리이다. 그런데 한 가지 흥미로운 퍼즐이 있다. 두 사람 모두 사회과학의 핵심 주제들에 대해 방대한 저술을 남겼지만, 막상 서로가 상대에 대해서는 언급한 부분이 거의 없다는 사실이다. 두 사람이, 양국에서 서로 절정의 명성을 날리던 상대방의 평판이나 작업에 대해 몰랐으리라는 가능성은 거의 생각하기 힘들다. 또한 뒤르켐은 베버에 대해선 침묵하지만 정작 베버 부인인 마리안네의 사소한 논문에 대해선 날카롭게 논평하고, 베버 역시 그의 서가에 뒤르켐이 편집한 《사회학연보》(*L'Année Sociologique*)를 초판부터 빠짐없이 모아놓았다(Tiryakian, 1966). 뒤르켐은 《분업론》이나 기타 논문에서 당시에 인기를 끌던 스펜서를 신랄하게 공격하는데, 그 주된 비판의 초점은 스펜서식의 개인주의적이고 사회명목론적 가정에 대한 것이었다. 이상한 것은, 앞에서 보듯이 사회명목론적 시각의 또 다른 (혹은 스펜서를 뛰어넘는 수준의) 학자인 베버에 대해서는 끝내 함구한다는 점이다. 베버 역시 앞에서도 언급했듯이 본질주의적 가정이 깔린 순진한 과학주의의 시도들에 대해선 질타하지만 정작 노골적으로 '집합의식'에 대해 목소리 높이는 《자살론》의 저자에 대해선 침묵한다. 이 두 거인이 뻔히 보이는 서로에 대해 애써 모른 체했던 이유는 무엇일까?

과학이라는 하나의 이름 아래 덮여있지만 물리주의와 인구적 사고는 그 전제와 방법론, 연구전략에 이르기까지 매우 성격이 다른 두 갈래의 흐름이다. 그리고 사회학의 태동과 정립에서 이 두 가지는 모두 필요했다고 보인다. 뒤르켐과 베버는 각기 다른 길로, 그리고 각자 매우 성공적인 길로 갔던 것으로 보인다. 문제는 두 사람 모두 그 두 갈래가 어떤 것인지 정확하게 몰랐다는 점이다. 특히 베버는 자신이 최초로 사회과학에서의 인구적 사고의 길을 개척한다는 점을 인식하지 못했다. 두 거인에게 그 두 갈래 길은 서로를 되돌이키기에는 너무 멀어진, '가지 않은 길'(*The Road Not Taken*)[19] 이었을지도 모른다.

필자의 사적인 퍼즐이 있다. 이 논문을 시작하게 된 직접적 동기는 저자가 이름 붙이기를 이른바 '전성우 퍼즐'에서였다. 전성우 교수는 사회학계에서 공인된 최고의 베버 권위자이다. 필자는 개인적으로 전성우 교수를 존경하며 따르는 후배로서, 그간 학회활동이나 사적인 자리 등을 통해 전성우 교수의 관심이나 생각에 대해 친근하게 들을 기회가 많았다. 전성우 교수는 사회학자 중에서도 매우 폭넓은 주제에 걸친 통찰을 가졌을 뿐 아니라, 여느 고전전문가에게서 흔히 느끼는 것과는 달리 지적으로 매우 자유로운 기질(*liberal spirit*)을 가졌는데, 종종 그에게서 '이제 베버를 폐기처분해야지 언제까지 …'라는 식의 말도 심심찮게 들을 수 있다. 그런데, 본래부터 자연과학적 지식에도 매우 열린 자세를 보이는 전성우 교수가 근래 들어 부쩍 강조하며 방점을 찍는 곳이 바로 진화론이었다. (참고로 그는 오랜 가톨릭 신자이다.) 필자는 오랜 기간을 전성우 교수에게서 베버는 베버대로, 진화론은 진화론대로 각각 따로따로 들어왔는데, 물론 다윈과 베버 모두 필자 자신의 지적 우상이기도

19) Robert Prost, '*The Road Not Taken*'의 마지막 구절:

I shall be telling this with a sigh
Somewhere ages and ages hence:
Two roads diverged in a wood, and I—
I took the one less travelled by,
And that has made all the difference.

했지만 필자는 어느 순간부터 이 두 가지가 도대체 어떤 연관성이 있는 것일까, 그리고 '베버 전문가'와 (사회과학 내) '진화론 전도사'라는 얼핏 별 상관없어 보이는 이 두 모습이 어떻게 한 사람에게서, 그것도 너무도 자연스럽게, 겹쳐 나타나는 것일까 의문을 갖게 되었다. 이 논문은 그러한 '전성우 퍼즐'에 대해 필자가 나름대로 찾아본 답안이기도 하다. 물론 이 퍼즐을 낸 전성우 교수 본인은 어떤 정답을 가졌는지, 필자가 아직 확인한 바는 없다.

참고문헌

국내 연구서

막스 베버, 2002(1904), "사회과학적 그리고 사회정책적 인식의 '객관성'", 전성우 옮김, 《막스베버 사상선집 I. '탈주술화' 과정과 근대: 학문, 종교, 정치》, 나남, 77~164.

_____, 2008, 전성우 옮김, 《막스 베버 종교사회학 선집》, 나남.

_____, 2011, "역자 서문", 전성우 옮김, 《막스 베버 사회과학방법론 선집》, 나남, 7~18.

이재혁, 2011a, "자연과학 연구들의 사회학적 함의에 대한 일고찰: 1) 진화론 관점의 사회학", 한국이론사회학회 2011 정기학술대회 발표문.

_____, 2011b, "에이전시와 컨틴전시: 인과성 추론의 문제를 중심으로", 〈담론201〉 14권 1호, 5~28.

_____, 2003, "합리적 선택이론의 연구전략: 행위의도와 인과적 설명의 문제", 〈사회와 이론〉 2003년 1호, 13~77.

해외 연구서

Anderson, P., 1972, "More is Different", *Science 177*, 393~396.

Aron, R., 1970, "The Logic of the Social Sciences", Wrong, D. (ed.),

Makers of Modern Social Science: Max Weber, Englewood, NJ: Prentice-Hall, 77~89.

Bala, A., 2006, *The Dialogue of Civilizations in the Birth of Modern Science*, New York: Palgrave Macmillan.

Ball, P., 2004, *Critical Mass*, New York: Farrar, Straus and Giroux.

Beer, G., 1996, "Introduction", C. Darwin, *The Origin of Species*, Oxford. UK: Oxford University Press, vii~xxviii.

Bowler, P., 2009, *Evolution: The History of an Idea*, Berkeley: University of California Press.

Darwin, C., 1996(1859), *The Origin of Species*, Oxford, UK: Oxford University Press.

Dawkins, R., 1986, *The Blind Watchmaker*, New York: Norton.

Durkheim, E., 1966(1895), *The Rules of Sociological Method*, translated by S. Solovay & J. Mueller, New York: Free Press.

______, 1965(1912), *The Elementary Forms of the Religious Life*, translated by J. Swain, New York: Free Press.

______, 1951(1897), *Suicide*, translated by J. Spaulding & G. Simpson, New York: Free Press.

Foucault, M., 1970, *The Order of Things*, London: Tavistock/Routledge.

Gerth, H. & Mills, C. W. (eds.), 1948, *From Max Weber: Essays in Sociolgy*, London: Routledge & Kegan Paul.

Gould, S., 2003, *The Hedgehog, the Fox, and the Magister's Pox*, New York: Harmony Books.

Hempel, C., 1962, "Two Models of Scientific Explanation". Colodny, R. G. (ed.), *Frontiers of Science and Philosophy*, Pittsburgh: The University of Pittsburgh Press, 9~19.

Kant, I., 2004(1786), *Metaphysical Foundations of Natural Science*, translated and edited by Friedman, M., Cambridge, UK: Cambridge University Press.

Kauffman, S., 2008, *Reinventing the Sacred*, New York: Basic Books.

Kolakowski, L., 2005, *Main Currents of Marxism*, translated by Falla, P. S., New York: Norton.

Kuhn, T., 1962, *The Structure of Scientific Revolutions*, Chicago: The

University of Chicago Press.
Lieberson, S., & Lynn, F., 2002, "Barking Up the Wrong Branch: Scientific Alternative to the Current Model of Sociological Science", *Annual Review of Sociology 28*, 1~19.
Lukes, S., 1973, *Emile Durkheim: His Life and Work*, New York: Penguin Books.
Marx, K., 1977, *Selected Writings*, McLellan, D. (ed.), Oxford, UK: Oxford University Press.
______, 1952(1873 2nd edition), *Capital*, Engels(ed.), Chicago: Encyclopedia Britanica, Inc.
Mayr, E., 2001, *What Evolution Is*, New York: Basic Books.
______, 1999, "Darwin's Influence on Modern Thought", Crafoord Prize lecture.
http://www.biologie.uni-hamburg.de/b-online/e36_2/darwin_influence.htm
______, 1982, *The Growth of Biological Thought: Diversity, Evolution, and Inheritance*, Cambridge, MA: Belknap Press.
Neurath, O., 1983(1931), "Physicalism: The Philosophy of the Vienna Circle", Cohen, R. S. & Neurath, M. (eds.), *Philosophical Papers 1913~1946*, Dordrecht: D. Reidel Publishing Company, 48~51.
Parsons, T., 1971, "Value-freedom and Objectivity", Stammer, O. (ed.), *Max Weber and Sociology Today*, New York: Harper & Row, 27~50.
______, 1970, "Natural and Social Science", Wrong, D. (ed.), *Makers of Modern Social Science: Max Weber*, Englewood, NJ: Prentice-Hall, 90~98.
Popper, K., 2011(1945), *The Open Society and Its Enemies*, London: Routledge.
Runciman, W. G., 2001, "Was Max Weber a Selectionist in Spite of Himself?", *Journal of Classical Sociology 1*, 13~32.
Simpson, G., 1964, *This View of Life*, New York: Harcourt, Brace & World.
Singer, P., 1999, *A Darwinian Left*, New Haven: Yale University Press.
Spencer, H., 1970(1851), *Social Statics*, New York: Robert Schalkenbach

Foundation.
Tarde, G., 1903, *The Laws of Imitation*, translated by Parsons, E. C., New York: Hanry Holt and Company.
Tiryakian, E., 1966, "A Problem for the Sociology of Knowledge: The Mutual Unawareness of Emile Durkheim and Max Weber", *Archives Européennes de Sociologie, vol. VII*, 330~336.
Tocqueville, A., 1966(1830), *Democracy in America*, translated by Lawrence, G., New York: Harper & Row.
Weber, M., 1981(1913 Logos), "Some Categories of Interpretive Sociology", *The Sociological Quarterly* 22, 151~180.
______, 1968, *Economy and Society, Vol. I*, translated and edited by Roth, G. & Wittich, C., New York: Bedminster Press.
______, 1958, *The Protestant Ethic and the Spirit of Capitalism*, translated by Parsons, T., New York: Charles Scribner's Sons.
______, 1949(1904), "'Objectivity' in Social Science and Social Policy", Shils, E. & Finch, H.(eds.), *The Methodology of the Social Sciences: Max Weber*, New York: Free Press, 49~112.
Yagi, K., 2007, "Evolutionary Reading of Max Weber's Economic Sociology: A Reappraisal of 'Marx-Weber Problem'", *Evolutionary and Institutional Economics Review* 3, *No*. 2, 189~208.

보편의 우회

— 기축시대, 막스 베버, 근대성 이론

김상준

1. 들어가며: 전성우 교수와 보편주의

"난 보편주의자야!" 전성우 선생께 참 자주 들은 말씀이다. 이 말씀을 할 때의 특유의 억양과 웃음 어린 표정까지 생생하다. 포스트모더니즘과 포스트식민주의의 질풍노도가 휩쓸고 간 후, 도대체 어떤 '보편'이 살아남을 수 있다는 말인가? 그러나 선생은 바로 그러한 상황임에도 불구하고 그러했다. "난 (그래도 여전히, 아직도, 그리고 영원히) 보편주의자야!"라고.

난 고백한다. 그 말씀을 들을 때마다 내심, 한편으론 그런 건 꼭 아닌데요 … 라는 식의 마음과, 다른 한편으로는, 그렇죠, 보편을 버릴 순 없죠 … 라고 하는, 뭐랄까, 물가에 선 것과 같은 양가감정을 품곤 하였다는 사실을. 그럼에도 전체적으로는, 선생의 그 일심(一心)에 대해 사뭇 유쾌한 기분이었다. 일심은 구부러져 있지 않아서 언제나 평안한 기분을 준다. 그런 평안함을 난 좋아한다. 이런 나의 개인적, 성격적 기호(嗜好)와는 또 다른, 또 하나의 나름의 이유가 있었다. 필자가 늦깎이로 뉴욕에서 석사과정을 시작했던 1990년대 초, 미국의 학계는 포스트주의가 바야흐로 정점에 이르러 있었다. '보편', '보편사', '거대담론'이라는 개념 자체가 경멸과 거부의 대상이 되었다. 많은 젊은이들이 이들 '거대담론'의 개념틀에 담긴 숨은 폭력과 지배의 동학을 미시적으로 적발하여 폭로하는 데 몰두하였다. 그러한 적발과 폭로, 경멸과 거부가 하나의 또 다른 거대한 파도요 거대담론이 되었다고 해도 좋다. 학생들만이 아니었다. 이제 갓 학위를 마친 젊은 교수들도 마찬가지였다. 여기에는 흥미롭고 진지한 문제의식들이 많았다. 좋았다. 그런 문제의식에 건강한 점들이 있었다. 나의 문제의식과 닿아 있는 점들도 많았다. 그런데 하나 궁금한 것이 있었다. 그렇다면 그러한 지적 상황의 전체 그림은 무엇을 의미하는 것일까? 그 큰 그림의 흐름은 어디로 향해 가는 것인가? 그런 점을 난 내심 물었다.

1980년 대학입학 이후 30대 초반까지 군사정권에 대한 저항운동에 몰두했던 내게 권력의 편재망과 지배의 미시동학에 대한 포스트주의 사회이론들이 이해하기 어려운 것은 아니었다. 오히려 그 글들을 읽으면서 매우 즐거웠다. 그러나 균형을 잃는다는 느낌이 있었다. 어떤 사유든, 그것이 깊어지면 보편에의 지향을 갖게 마련이 아닌가. 문제는 어떤 보편이냐가 아니겠는가. 예를 들어 포스트주의의 타자 담론도 보편에로의 지향을 담고 있지 않은가. '열린 보편'이냐 '닫힌 보편'이냐가 문제가 아니겠는가. 맹목화된 포스트주의라면 그 자체가 또 하나의 '닫힌 보편', '나쁜 보편'이 되지 않겠는가.

여러 이유로 내가 설정했던 박사논문 주제가 바로 그 '보편', 그리고 보편에 기댄 일종의 또 다른 '거대담론'의 구상과 무관하지 않을 수밖에 없었기에 이런 고민은 더 깊어졌다. 〈유교 모럴폴리틱의 역사와 이론〉. 이것이 당시 내가 생각하던 주제였다. 모럴폴리틱이라는 키워드를 통해 문명사 전체를 새롭게 볼 수 있지 않겠나 라는 모종의 직관이 있었다. 또 유교를 제대로 이해하려면, 유교를 비교사회학적, 비교문명적으로, 즉 일정하게 보편사적 시각을 염두에 두고 보지 않으면 안 된다는 것도 처음부터 명백했다. 모럴폴리틱, 즉 도덕과 정치의 합체 현상은 각 세계종교 내부의 이념적 긴장의 역사로 보면 베버적 주제고, 도덕권력의 미시적 편제논리로 보면 푸코적 토픽이다. 어느 시각에서 보든 보편사와 무관할 수 없었다. 이것이 다름 아닌 〈유교의〉 모럴폴리틱이었기에 문제는 한층 복잡했다. 유교를 제대로 분석하고 이해하려면 우선 베버가 그의 종교사회학에서 틀 지어 놓은 유교를 부정하지 않을 수 없다는 것이 분명했다. 베버가 유교를 현세적응의 종교라 규정할 때, 그것은 이미 종교와 문명의 서열화를 전제한다. 그런 틀로 유교를 전혀 이해할 수 없다고 보았다. 베버식의 보편은 아직 '닫힌 보편', '배제를 암묵적으로 포함한 보편', '서열화-권력화를 담고 있는, 또는 그것을 위해 조직된 보편'에 머물렀다. 우선 베버식의 보편을 부정하고 넘어서야 했다.

또한 나와 같은 유교권 내부자의 입장에서 보았을 때, 베버의 유교비판은 매우 피상적인 것이었다. 유교 모럴폴리틱의 권력행사 양식, 이념구조는 베버가 생각했던 것보다 훨씬 정교하고 복잡한 것이었다. 여기서 니체-푸코적 통찰에 많은 것을 빚졌다. 그런데 그 통찰은 단순히 유럽의 기독교 문화에만 한정되는 것이 아니었다. 유교세계를 포함하여 더 넓게 확장되어 적용될 수 있는 것이었다. 니체-푸코적 권력분석이야말로 베버적 스케일로 확장될 수 있는, 즉 모종의 보편성을 담지하는, 그런 것이 아닐까 라는 생각이었다. 따라서 니체든, 베버든, 푸코든, 배우면서 동시에 넘어서지 않을 수 없었다. 이것을 통해 더 넓은, 더욱 열린 보편으로 간다고 생각했다. 모든 좋은 넘어섬이란 결국 더 넓은,

더 열린 보편으로 가는 보법(步法)이 아니겠는가.

보편화 작업에 내재된, 또는 반드시 수반되지 않을 수 없는 위험을 정면으로 인식하면서도, '그럼에도 불구하고!', 오히려 그 위험을 끼고, 한 발씩 조심스럽게 열린 보편으로 나가는 것이 보편의 운명이 아닐까? 그렇듯 내재된 위험 때문에 보편의 기획 일체를 부정하고 방기(放棄)하는 것은, 일종의 지적 직무유기가 되지 않을까? 토종 우리말로, 구더기 무섭다고 장 담그지 말아야 하나? 그렇다고 보편화 작업이 자신에 대한 비판에 대해 오불관언해도 좋다는 말이 아니다. 그렇게 되면 정말 닫힌 보편, 권위화된 보편이 될 것이다. 오히려 열린 보편은 매 단계의 보편화 작업에 내재될 수 있는 숨은 배제에 대한 비판과 적시를 오히려 적극적으로 수용하려 한다. 그런 자기부정, 자기수정의 계기를 안에 담고 있는 보편의 논리가 열린 보편의 온전한 모습일 것이다. 따라서 열린 보편이란 항상 동시에 자기 (동시에 자기가 속한 사회와 세계) 안의 문제를 부단히 시정해 나가려는 진보적 태도와 결부되지 않을 수 없다. 선생의 "나는 보편주의자야!"라는 말씀을 나는 늘 그런 마음으로, 그런 뜻으로 들었다.

그렇지만 난 그때나 지금이나 선생처럼 '보편주의자'임을 여유 있고 자신 있게 자칭하지 못한다. '보편지향성'을 조심스럽게, 그러나 흔들림 없이!, 옹호하는 정도에 머물 뿐이다. 이 글에서는 그동안 선생께 입은 은혜와 빚을 약간이나마 갚아본다는 생각으로, 내가 연구해온 주제 내부에서 보편성의 문제를 어떻게 대면해왔는지, 그 한계들을 어떻게 느껴왔는지, 또 그런 고심 속에서 더 '넓은 보편'으로 가는 길을 어떻게 암중모색해왔는지, 그 한 자락을 다소간 고백적으로 되짚어 보려고 한다. 그 주제는 근대성론이 되겠고, 이 이야기를 하자면 당연히 전성우 선생님의 '오랜 친구'(*old friend*)이자 거대한 스승인 막스 베버를 거론하지 않을 수 없다.

2. 고전적 근대성 이론의 상흔

사회과학 영역에서 근대성 이론만큼 메타이론으로서 지배적 지위를 오랫동안 누려왔던 이론체계는 찾기 어려울 것이다. 물론 오늘날 그 지배적・독점적 지위는 크게 흔들린다. 여러 경쟁하는 근대성 이론이 경쟁 중이다. 그러나 먼저 이론적 경쟁 이전 상태의 독점적・지배적 근대성 이론이 무엇이었는지 간단히 상기해 둘 필요가 있을 것이다. 그것은 서구의 세계지배체제와 긴밀한 짝을 이루었다. 그 시작은 유럽의 대항해, 그를 이은 유럽의 세계식민화, 그리고 유럽 계몽주의 사상이었다. 그런 과정을 통해 형성된 모든 이론적 사유의 근본 전제는, 유럽(그리고 미국)이 전적으로 새로운 세계를 열고 있다는 것이고, 그러한 새로운 세계의 작동원리, 배경정신이 바로 '근대성'이라는 생각이다. 따라서 그 세계사적 의미에서 근대성의 기원은 유럽이고, 이것이 점차 세계로 확산되어 간다고 본다. 오늘날 그 축은 미국과 영국, 그리고 프랑스, 독일을 중심으로 한 서유럽 국가들이다.

유럽의 여타 세계에 비한 선도성, 선진성에 대한 생각은 17세기 후반부터 싹트기 시작하지만, 이것이 유럽인들의 지배적 통념으로 굳어진 것은 유럽의 세계지배가 명확해진 19세기 중반부터라 할 것이다. 일본은 19세기 후반 재빨리 이 유럽 근대성의 배로 갈아타는 데 성공했다. 이른바 일본봉건제 예외론이 유럽 유학을 한 일본학자들에 의해 그 근거로 입혀졌다. 모든 비서구사회 중 일본만이 유럽형 봉건제를 경유했다는 것이다. 이 갈아타기 직전까지 일본사회에서 '봉건'의 의미란 바로 중국 고대의 이상적 봉건을 의미했으며, 도쿠가와 일본이 중국이 잃어버린 고대 봉건의 이상을 구현하고 있음을 자부했다는 점을 부가해둔다(미야지마, 2001). 이 갈아타기를 통해 일본은, 잘 알려진 것처럼, 철저히 아시아를 부정하는 탈아입구(脫亞入歐)의 길로 나갔다.

서구중심 근대성 이론의 전성기는 제 2차 세계대전 이후 미국중심의 근대화 이론에서였다. 이때 근대성 담론은 식민화가 아닌 탈식민, 후기 식민의 해방담론의 외피를 썼다. 비서구 역시 서구 근대의 길을 진화적으로 밟아나갈 수 있다는 것이었다. 여기서 서구중심 근대화론은 보편이론, 어느 사회든 결국 채택하고 접어들게 되어 있는 궁극적 합일점이라는 사고방식으로 정리된다(수렴론). 이 근대화의 길은 물론 미국중심 세계체제의 길이었다. 이는 미소 냉전체제에서 미국을 축으로 한 서방세계의 영도를 비서구는 따라야만 한다는 이론적 명령(*imperative*) 체계이기도 하였다. 서구형 근대화, 서구 근대성 이론의 절정은 따라서 러시아-동구권 사회주의체제의 붕괴와 함께 도달하도록 되어 있었다. 따라서 1980년대 말에서 1990년대 초반에 벌어진 동구권의 붕괴는 서구 근대성 이론의 가정을 완벽하게 실현시켜주는 것으로 보였다.

그러나 그 절정은 허무하도록 너무도 짧았다. 이미 동구권 붕괴 이전에 서구중심 근대성 이론은 위기에 봉착했다. 흥미롭게도 그 계기는 소련체제의 경직화에 대한 유럽 신좌파의 비판 속에서 비롯된다. 유럽의 신좌파 일각은 소련 팽창주의(세계사회주의 논리)에서 미국 팽창주의(세계자본주의 논리)와 동일한 모습을 발견했다. 이로써 근대 기술관료주의, 근대 국가주의, 수단합리성 지상주의, 시장 전일주의에 대한 비판, 즉 근대성 이론 비판은 이론적으로 더욱 날카로운 날을 세우게 되었다. 따라서 동구권의 붕괴가 근대성 이론의 승리를 가져온 것이 아니라, 오히려 근대성 이론의 한 축이 무너진 계기로 받아들여진 것이다. 실제로 맞수를 잃은 미국 일극주의는 짧은 절정(걸프전쟁)을 구가한 후, 현저하게 퇴행했다. 이라크 전쟁을 통해 일극주의가 무너지고 다극주의가 대두했다. 양극체제나 일극체제가 고전적 유일 근대성 이론의 전성기였다. 지금은 경쟁하는 여러 근대성 이론의 시대다. 다극주의의 산물이기도 하다.

고전적 유럽중심 단일경로(*unilineal*) 근대성 이론은 1980년대부터 의문에 부쳐지기 시작했다. 포스트모던, 포스트식민주의가 크게 대두되기 시작한 시점이기도 하다. 1990년대 동구권 붕괴와 글로벌화 현상은 고전적 근대성 이론을 더욱 흔들어 놓았다. 앞서 말한 바와 같이 양극체제와 일극체제가 모두 고전적 근대성 담론이 낳은 일종의 쌍생적 괴물로 인식되었기 때문이다. 이러한 상황에 대한 대응은 크게 먼저 일체의 근대성 담론 자체를 철저히 지우고 시작하자는 입장과, 그 빈자리를 대안적이고 다양한 근대성 이해로 채우면서 새로운 사태에 임하자는 접근으로 나눠 볼 수 있다.

빈자리가 있는 이상, 어떠한 접근도 그 지워진 존재를 전제하고 의식하지 않을 수 없을 것이다. 철저히 지우자는 입장도 무의식에서 보면 오히려 지워진 그 전 존재의 트라우마가 더욱 깊었다는 이야기일 것이기도 하다. 이제 여기서 우리는 허다했던 여러 포스트적 대안 담론들 모두를 거론하기보다, 근대성 이론의 대안적 모색의 시도들 중, 지금까지 가장 지속적이고 일관된 입장을 보였던 흐름에 주목해보기로 한다. 그것은 아이젠스타트의 선구적 문제의식에서 시작되고 이후 비트록, 아나슨 등 아이젠스타트의 이론적 동지들과 함께 일구어 온 '다중근대성(*multiple modernities*) 이론'의 입장이다. 아이젠스타트의 출발점이고 만년에 이른 오늘날까지 그가 항상 대화하는 상대는 막스 베버다. 따라서 다중근대성 논의란 어느 정도는 베버에 관한 논의이기도 하다. 또 베버와 다중근대성론을 이어주는 다리는 칼 야스퍼스(Karl Jaspers)의 '축(軸)의 시대, 또는 기축(基軸) 시대(*Achsenzeit*, *the Axial Age*) 론'이다.

3. 다중근대성 이론과 기축시대 논쟁

이스라엘인 아이젠스타트는 1960년대 근대화론 사회학자로 그의 학문적 이력을 시작했다. 68혁명을 겪으며 근대화론은 서구 내부에서부터 무너지기 시작했다. 서구 내부와 함께 비서구에 주목했던 아이젠스타트는, 1972년 근대화 이론의 한계를 적시하는 글로부터 또 다른 접근의 모색을 시작했다(Eisenstadt, ed., 1972). '후기전통사회'(*post-traditional societies*)가 그가 새롭게 내세운 개념틀이었다. 이 글에서 그는 전후 민족국가 집단정체성의 다기성에 주목했다. 그 다기성은 다양한 전통과 현대의 접목에서 유래한 것이라 보았다. 비서구 집단정체성의 다기성에 대한 주목은 '축의 시대 또는 기축시대'라는 칼 야스퍼스의 개념에 착목하여 한 단계 높은 이론적 정착지를 찾게 된다. 이 오랜 고심의 결실은 1986년 그가 편집한 《기축시대의 여러 기원과 다양성》이라는 편저로 출간되었다(Eisenstadt, ed., 1986). 이 착목은 오랜 숙성기간을 거쳐 비트록과 아나슨 등의 역량 있는 비교사회학자들을 동지로 맞이하게 되었고, 그들 간의 협동작업은 무게 있는 연작들로 귀결했다(Anarson & Wittrock, ed., 2004; Anarson, Eistenstadt & Wittrok, ed., 2004, 2005; Ben-Rafel & Sternberg, ed., 2005). 이 연작들의 출판을 전후하여 지금까지 국제 사회학계에서 '기축시대 논쟁'(*Aixal Age debate*)이라고 불릴 만큼 활발하고 다양한 논의가 전개되었다(Eisenstadt & Giesen, 1995; Wittrock, 1998, 2001; Lambart, 1999; Anarson, 2001; Therborn, 2003; Dirik, 2003; Schmidt, 2003; Lee, 2006; Thomassen, 2010; Arjomand, 2011; Bellah, 2006, 2011). 그렇다면 여기서 먼저 논의의 중심이 되었던 '기축시대' 개념의 기원인 칼 야스퍼스의 주장에 대해 먼저 살펴보기로 한다.

1949년 칼 야스퍼스는 그의 책 《역사의 기원과 목적》(영역본 1953)

의 서두를 다음과 같은 헤겔(G. W. F. Hegel)의 언명으로 열었다. "모든 역사는 그리스도로부터 오고 그로 향해 간다. 신의 아들의 형상은 세계사의 축(*the Axis of world history*)이다. 우리의 역사기록은 역사의 기독교적 구조에 대한 나날의 증언이다." 그러나 바로 이어 다음과 같은 진술을 덧붙였다.

> 그러나 기독교 신앙은 오직 하나의 신앙일 뿐, 인류의 신앙이 아니다. 따라서 〔헤겔과 같은〕 보편사의 관점은 오직 기독교인들에게만 정당한 까닭에 결점을 갖는다. 그러나 서구에서도 기독교인들은 역사에 대한 경험적 인식과 신앙을 결부시키지 않았다. 신앙의 신조는 실제 역사 경로에 대한 경험적 직관의 신조와 다르다. 기독교인들에게 세속사와 신성사는 분리되었다. … 세계사의 축(*an axis of world history*)은, 만일 그런 것이 있다면, **경험적으로** 발견되는 것일 터이고, 그것은, 기독교인을 포함한, 모든 인류가 받아들일 수 있는 것이 될 것이다〔Jaspers, 1953(1949) : 1; 강조는 원문〕.

이어 그는 그렇듯 인류차원으로 확장된 보편사적 세계사의 새로운 축을 "대략 BC 500년〔을 중심으로〕, BC 800년에서 BC 200년 사이에 이루어진 정신적 과정"에서 찾을 수 있다고 제안했고, 이 시기를 '축의 시대'(*Achsenzeit*, *Axial Age*)[1]라 불렀다. 이 시대는 중국에서는 공자, 노자, 묵자, 장자, 열자의 시대고, 인디아에서는 우파니샤드와 석가의 시

1) 1953년 이 책의 영역본에서는 Achsenzeit를 Axial Period라 번역한다. 그러나, 독어 원본보다 먼저 출판된 이 책의 머리 부분의 영역인 〈Commentary〉 1948년 6호 글은 Axial Age로 번역되었다(Jaspers, 1948). 더 재치 있는 번역이다. 이후 아이젠스타트도 항상 Axial Age라는 용어를 쓴다. 이하 Achsenzeit의 영역은 모두 Axial Age로 한다.

대이며, 이란에서는 자라투스트라의 선악의 투쟁에 관한 가르침의 시대였고, 팔레스타인에서는 엘리야에서 이사야, 제레미아 등에 이르는 구약의 예언자들이 출현했던 시대이며, 그리스에서는 파르메니데스, 헤라클리투스, 플라톤, 그리고 비극작가들과, 투키디데스, 아르키메데스가 활약한 시대라고 했다.[2] 또 '미토스에서 로고스로의' 도약(*leap*), 돌파(*breakthrough*)가 이루어진 시대, 인류의 '제 2의 탄생'이 이루어졌던 때라고도 하였다.

내가 이 책을 찾아 읽게 된 것은 1997년 말에서 1998년 초쯤이었던 것으로 기억한다. 하버드대학의 저명한 중국철학자 벤저민 슈워츠(Benjamin Schwartz)의 1975년 논문 "Transcendence in Ancient China"를 통해서 알게 되었다. 그때 나는 '유교이념과 유교정치 내부에서 나타나는 왕권(현세적 힘)과 도덕(초월적 계기) 간의 날카로운 긴장'이라는 모종의 직관을 가지고 씨름했다. 막스 베버의 종교사회학 전체가 초월과 현세 간 긴장(*tension between the mundane and the transcendental*)이라는 테마를 중심으로 흘렀다. 그러나 중국에 대한 그의 서술에서는 그 긴장관계가 이상하게도 유독 희미하게 둔화하고 마는 것이었다. 난 여기에 베버의 이론 체계에 큰 문제가 있다고 느꼈다. 유교체제에서는 그 긴장이 특별히 정치공간에 집중된다는 점이 다른 종교와 구분되는 특징이라고 나는 생각했다. 그러나 베버의 서술은 이 결정적 차이점에 대해서, 그 구조적-이념적 원인은커녕, 그 현상 자체도 전혀 인식하지 못했다. 과연 이 공백 지점에 빛을 던져주는 선행연구가 없는가? 훑던 중이었다.

2) 야스퍼스는 이들 지역을 크게 셋으로 나눠, 중국, 인도, 서구라 했다. 팔레스타인, 이란-페르시아, 그리스를 서구(the West)로 묶은 것이다. 물론 팔레스타인과 페르시아는 Occident가 아니라 Orient다. 그러나 야스퍼스는 서구의 특징이 Orient-Occient 경계에서 항상 Orient를 의식하면서 출현했다는 데 있다고 본다.

슈워츠의 논문이 바로 그런 것이었다. 슈워츠는 공자, 특히 그를 이은 맹자의 서술 속에서 "물리적 강제에 뒷받침된 정치적 질서와 날카롭게 안티테제를 이루는 정신적-도덕적 권위의 질서"를 분명히 찾을 수 있다고 하였다(Schwarz, 1975: 64). 그는 이 논문과 함께 *Daedalus* 같은 호(104권 2호)에 실은 또 다른 논문 "The Age of Transcendence"에서 야스퍼스의 위 저작과 그의 '축의 시대' 개념을 포괄적으로 소개했다. 이 논문들이 실린 *Daedalus*는 바로 야스퍼스의 축의 시대를 소개하고 여러 분야 전공자들이 이 문제를 숙고한 특집호였다. 이 특집호의 편집자는 권두 서문에서 이 주제의 특집의 제안자가 바로 벤저민 슈워츠였음을 밝힌다("Preface to the Issue 'Wisdom, Revelation, and Doubt: Perspectives on the First Millennium B. C.'").

돌아보면 이 특집호는 야스퍼스의 기축시대 개념이 영미권 학계에 최초로 본격적으로 소개된 계기였다.[3] 그러나 1990년대 후반까지도 이 개념은 큰 주목을 받지 않았다.[4] 이런 상태에서 야스퍼스를 읽고서 나

3) 그 이전에 Axial Age와 매우 비슷한 발상을 담은 에릭 뵈겔린(Eric Voegelin)의 *History and Order* 연작 4권이 1956~1974년에 걸쳐 영미권에서 출간되었다. 그는 미국으로 망명한 독일인으로 베버의 영향을 크게 받았다. 물론 야스퍼스의 저작도 잘 알고 있었다. 그러나 1974년의 연작 제 4권 *The Ecumenic Age* 이전까지는 'Achsenzeit'라는 개념도, 야스퍼스의 이름도 거론되지 않는다. 또 그의 저작은 그 주변의 매우 소수에게만 알려져 있었다.

4) 거의 최근까지도 그랬다. 사회학 분야도 마찬가지였다. 아이젠스타트와 그의 동료들은 영미권에서는 주변부 학자들일 뿐이었다. 그러나 대략 2000년대 중반 경부터 '다중근대성론'이 점차 넓은 주목을 받기 시작했다. 또 하나 주목할 점은 2011년 출판된 로버트 벨라(Robert Bellah)의 대작인 *Religion in Human Revolution: From the Paleolithic to the Axial Age*이다. 미국사회학계를 이끌어 온 주요 학자의 한 사람인 벨라가 13년 동안 칩거하면서 오직 Axial Age라는 화두 하나를 잡고 몰두한 것이다. 필자로서는 아주 반가운 노작이었다. 이 저작이 사회학계에서 어떻게 받아들여질 것인가, 필자는 주목한다.

는 Axial이라는 개념으로 조사를 계속했고, 곧 앞서 언급했던 아이젠스타트가 편집한 《기축시대의 여러 기원과 다양성》을 만나게 되었다. 이 편저 안의 많은 글들이 유용했지만, 특히 편저자 아이젠스타트의 개념 재정리는 매우 적절해보였다. 특히 '축의 시대'에 중국, 인도, 중근동의 정치경제적, 사회문화적 상황들을 비교사회학적 시각에서 풀이하는 대목들, 그것을 막스 베버의 종교사회학의 용어들로 정리하는 대목들이 도움이 되었다. 그리하여 '축의 시대' 또는 '기축시대'라는 개념은 이후 내 학위논문에서 중요한 키워드의 하나가 되었다.

그러나 미진한 점은 남아 있었다. 야스퍼스가 중국, 인도, 중근동에서 출현한 윤리종교를 동렬에서 본 것은 물론 진일보였다. 이렇게 과감하게 동렬에서 보려고 했던 도약이 그가 막스 베버에서 한 걸음 나간 것임은 분명했다. 그럼에도 그는 여전히 헤겔의 세계사 구상의 틀을 아직 완전히 넘어서지 못했다. 물론 헤겔과 야스퍼스 사이의 역사적 지식의 차이란 대단히 크다. 헤겔의 비서구에 대한 지식은 아주 제한되었다. 기독교적 축이라는 믿음이 인류사의 객관적 사실에 대한 평가보다 강했다. 이 믿음이 그의 위대한 이론체계를 창조했다. 그만큼 헤겔 철학의 위대성의 한계 역시 분명하다. 그의 유명한 '주인과 노예의 변증법'이 그가 서구의 기원으로 삼은 고대 그리스 도시국가의 역사가 아니라 그의 당대 카리브해의 영국 식민지 아이티의 흑인반란에서 착상되었을 것이라는 설득력 있는 연구도 나왔다(Buck-Moss, 2009). 헤겔 철학의 바탕을 보면 역사적 실재보다 기독교적 당위가 지배했다. 더구나 헤겔 당대에 세계사의 축으로서의 역사는 이미 유럽, 특히 독일에서 완성되어 종언을 고했다고 하는 인식은 진지하게 받아들이기 어려울 정도의 망상이었다.[5)]

---

5) 야스퍼스는 헤겔 철학의 이러한 발상을 "정신적 자기기만의 과도한 대담성"(*the*

그렇다면 야스퍼스는 어떠했는가? 그는 독일 관념론 철학의 위대한 전통이 현실에서 독일의 붕괴로 처절하게 귀결된 상황 위에 서 있었다. 야스퍼스의 '실존주의'는 모든 것이 붕괴된 제 2차 세계대전 직후 독일인의 처지와 무관하지 않다. 야스퍼스는 완전한 변경에 서서 인류의 역사와 인간의 실존을 다시 보려고 했다. 여기서 그의 '기축시대' 발상이 가능했다. 유라시아의 몇 지역에서 어떤 선후 인과의 연결 없이 거의 동시에 경이로운 초월적 발상이 출현했다는 것이다. 어떤 선후 인과관계가 없다는 것은, 어디서 먼저 유일하게 시작되었고, 이것이 다른 쪽에 영향을 주었다고 하는 순차적 발상을 지운 것이다. 다시 말하면, 유럽 기원, 단선 근대성 이론의 근저에 깔린 어떤 원형적 선(先) 의식을 지워 보려고 한 셈이라고 할까? 왜 그랬을까? 제 2차 세계대전 이후의 세계사적 상황이란, 인도, 중국, 이슬람이라고 하는 유구한 전통을 가진 주요 비서구 문명들이 식민지적 속박으로 해방된 상태이기도 하였다. 아마도 이들 비서구권 문명들의 '새 출발'을 축원하고자 하는 그 마음에는, 폐허 상태에서 시작한 독일의 '새 출발'을 염원하는 그의 여망이 담겼다고 볼 수도 있지 않을까? 그 '새 출발'의 마음에는 어떠한 지배적 관념체계와도 굵은 선을 그어 놓고 싶은 심정이 있지 않았겠는가 생각해본다.

그럼에도 야스퍼스에게 아직 남아있었다고 했던 헤겔적 세계사 구상의 잔영이란 무엇인가? 그의 《역사의 기원과 목적》은 크게 두 파트로 나누어진다. 제 1부는 '세계사'(*World History*), 제 2부는 '현재와 미래'로 되어 있다(3부는 역사철학 정리). 앞부분은 기축시대론, 뒷부분은 과학기술시대론이라고 할 수 있다. 기축시대론에서 그가 제시한 문명적 다원성은 과학기술시대에 결국 미국과 유럽을 축으로 다시 하나로 모아

overweening boldness of spritual self-deception) 이라고 혹평한다(Jaspers, 1953: 96).

진다. 야스퍼스가 도시(圖示)한 〈그림 1〉의 점선부분이 그렇다. 구미 과학기술문명의 이끎을 받을 대상은 과거 기축문명의 소산인 러시아, 이슬람, 인디아, 중국, 그리고 기축문명의 바깥에 있는 흑인(*Negros*)이다.[6)]

〈그림 1〉은 인류가 하나의 기원에서 시작하여 결국 하나로 모아진다는 큰 축을 설정한다. 이 큰 축에 문제를 제기하고 싶은 생각은 없다. 현존 인류가 하나의 단일한 기원에서 비롯되었다는 발상은 오늘날 진화생물학과 고고학, 인류학 등 제반 과학연구의 뒷받침을 받고 있다. 인류의 미래가 공통의 지향으로 모아질 것이라고 하는 이상주의적 전망 자체가 굳이 비판의 대상이 되어야만 하는 것도 아니라고 생각한다. 그러나 〈그림 1〉에 분명히 표현된 것처럼, 하나의 인류에서 하나의 인류로 모아지는 큰 축은, 서구-미국/유럽으로 이어지는 또 다른 축에 의해 이끌어진다. 그리하여 인류의 공통지향이라는 방향성을 지탱하는 사실상의 중심축이 서구-미국/유럽으로 설정된다. 문제의 지점은, 헤겔이 언급하였고, 야스퍼스 자신이 경험사-세속사 차원에서 부정한다고 하였던 기독교 정신의 구현, 외화로서의 '세계사의 축'이라는 상징이, 과학기술시대-과학기술문명이라는 이름으로 슬며시 다시 들어온 것이다. 야스퍼스의 축은 비잔틴(동로마)-러시아(동구, 그리스, 터키)까지도 배제하고, 서로마제국과 그 후예인 서부유럽으로 한정한다. 어떤 의미에서는 헤겔이 말한 그리스도 정신의 구현으로서의 '세계사의 축'보다 그 주체를 더욱 좁게 한정한다.

주체의 한정만이 문제는 아니다. 그림에서 선명히 표시된 여러 화살표들의 단선성, 일방향성은 더욱 큰 문제다. 그것이 '시간의 화살'이라

---

6) 원본에서 몇 가지 부차적인 세부(비문자 종족들, 소멸문명들 등)는 그림이 너무 번거로워져서 생략했다.

〈그림 1〉 야스퍼스가 도시한 인류문명의 흐름 축

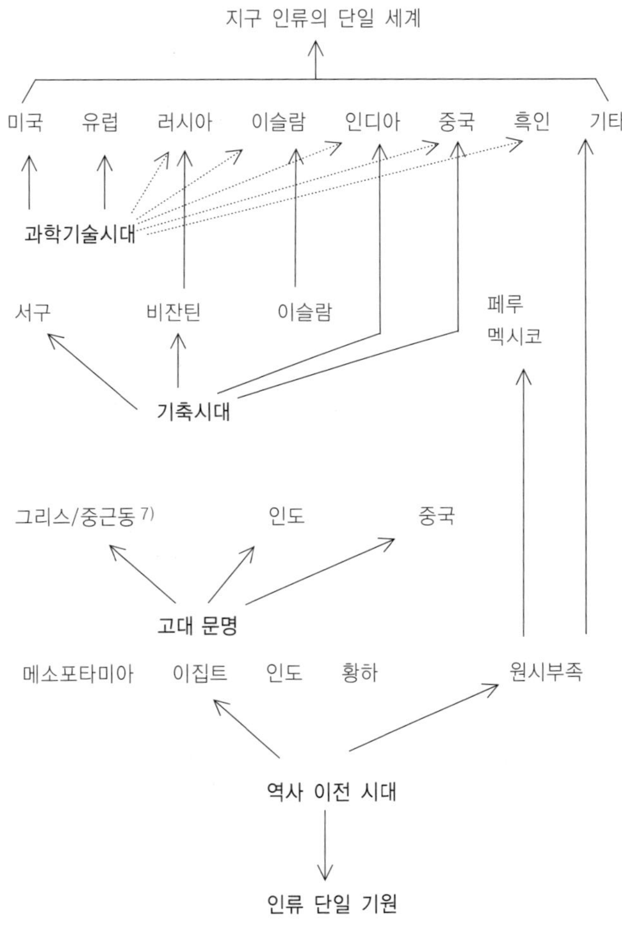

자료: Jaspers, 1953: 27

7) 영역본은 'Orient-Occident'로 되어있다. 야스퍼스는 중근동(팔레스타인, 페르시아)과 그리스를 묶어 Orient-Occident라 하고 이 기축문명이 이후 서구문명으로 발전했다고 본다. 앞의 각주 2) 참조.

면 문제가 없다. 그러나 횡적 화살, 공간적 화살의 일방성이 문제다. 문명 간의 상호영향이라는 인식틀이 거의 보이지 않는다. 유라시아 기축문명 간의 활발했던 상호영향에 관해서는 이미 상당한 지식이 쌓여 있는 상태였음에도 이에 관한 언급이 거의 없다. 사하라 이남 아프리카와 아메리카 그리고 유럽-아시아 문명 사이의 상호영향이라는 주제에 대해서는 발상의 싹조차 보이지 않는다. 야스퍼스의 기축시대론은 분명 유럽중심 단선 근대성 발상을 넘어서는 단초를 담았다. 그러나 그는 그 단초를 그의 책 제 2부에서 다시 지운다.

물론 책의 전체 구도가 헤겔식의 자화자찬은 아니다. 야스퍼스의 과학기술시대론은 헤겔적 '역사의 완성'이 아니라, 오히려 디스토피아에 가깝다. 모든 믿음이 사라진 시대, 역(逆)의 기축시대라고 한다. '역사적 돌파(*break-through*)'가 아니라 '역사의 붕괴(*break-off*)'의 시대라고까지 말한다. 기축시대 이후 로마, 한(漢), 마우리아 등 제국질서가 서고, 이 속에서 기축적 돌파의 순도(純度)가 퇴색해갔듯이, 현대 세계도 범지구적 제국질서를 향해 간다고 했다(Jaspers, 1953: 97~99). 이를 주도하는 과학기술문명은 정신적 공백에 가깝다고 본다. 그럼에도 이러한 공허와 공백을 지탱하는 정신적·문화적 힘의 근거를 결국 서구문명에서 찾는다. 그가 '서구문명의 특별성(*special quality*)'이라고 열거했던 정치적 자유, 합리성(*rationality*), 자아의 내면성 등의 덕목을 그 근거로 내세운다(Jaspers, 1953: 61~66).

4. 나가며: 막스 베버의 비교종교사회학과 슈무엘 아이젠스타트의 기축시대 재조명

막스 베버의 세계종교 비교사회학의 구도를 어느 정도 아는 사람이라면, 야스퍼스의 기축시대 발상이 막스 베버와 매우 흡사하다는 것을 쉽게 느낄 수 있을 것이다. 《프로테스탄티즘의 윤리》에 이은 그의 종교사회학 연작 《중국의 종교》, 《인도의 종교》, 《고대 유대교》는 명백하게 후일 야스퍼스가 '기축시대'라고 불렀던 기원전 첫 밀레니엄과, 그리고 그 시대의 새로운 특징들을 비교사회학적 관점에서 다룬다. 동 시대 그리스와 페르시아도 빈번하게 비교의 대상으로 분석된다. 일례로, 《인도의 종교》에서 인도 브라만 종교사상의 "자연-종교 철학"(*natural and religious philosopy*)이 "정점"(*high point*)에 오르는 시기를 기원전 7세기 초엽으로 보면서(Weber, 1958〔1920〕: 153), 이 대목에 대한 각주를 붙여, "〔이 시기는〕 그리스와 중국의 철학, 그리고 이스라엘의 예언(*prophecy*)이 처음으로 개화(開花)하기 시작했던 때와 거의 동시대다. 이런 특징이 외부 어디에서 빌려온 것이라고 생각되지 않는다(*Almost at the same time as the beginning of the first flowering of Hellenic and Chinese philosophy and the Israelite prophecy. Any particular "borrowing" is not to be conceived*)"(Weber, 1958〔1920〕: 354~5, 각주 25)라고 분명히 서술한다. 또 《경제와 사회》에 실린 종교사회학 부분에서는 이스라엘, 페르시아, 인디아, 그리고 중국에서 기원전 8~7세기에 시작되어 6~5세기까지 이어지는 "예언의 시대"(*prophetic age*)가 있었다고 쓴다(Weber, 1978〔1921~1922〕: 441~442, 447). 야스퍼스의 '기축시대론'은 막스 베버의 '예언의 시대'와 시기와 주체 면에서 사실상 거의 전적으로 합치한다.

그럼에도 불구하고, 야스퍼스는 기축시대를 논하면서 막스 베버를 거의 언급하지 않는다.[8] 묘하다. 《역사의 기원과 목표》에서 두어 차례 이름만 간단히 거론되는 막스 베버는 정치사회학, 경제사회학자로서의 모습일 뿐, 그의 종교사회학은 전혀 언급되지 않는다. 대신 몇 곳에서 지나가는 식으로 '이념형(*type-view*)적 연구'를 사회학적 연구의 방법이라 말하면서 이를 부정적으로 평가한다. 역사적 인과관계를 무시한다는 것이다. '이념형적 연구'가 바로 베버 사회학을 말한다는 것은 학계에 몸담은 사람이라면 거의 누구나가 다 아는 사실이다. 물론 베버 사회학이 역사적 인과관계를 무시한다는 것은 부당한 주장이다. 예를 들어, 야스퍼스는 기축시대의 출현을 당대의 제국들(*empires*)과 주변 세력들 간의 길항관계라는 역사적 맥락 속에서 살펴본다. 막스 베버 역시 마찬가지였다. 무엇보다 그는 경제사가로 그의 학문적 이력을 시작하지 않았던가? 베버는 다만 앞서 야스퍼스의 〈그림 1〉과 같은 (헤겔식의) 큰 그림을 그리는 것을 삼갔을 뿐이다. 막스 베버가 야스퍼스와 진정으로 구분되는 점이라면 이렇듯 거의 동시에 출현한 윤리종교들 각각의 고유

---

8) 야스퍼스는 기축시대 발상의 선구에 관한 언급에서 사실상 별 의미가 없어 보이는, 지금은 어떤 사람이었는지조차 알기 어려운 몇몇의 논의를, 극히 설득력 없는 근거를 극히 어설프게 들면서 거론했을 뿐이다. 그러나 그 중에서도 그가 가장 강조했던 사람은 막스 베버의 동생, 알프레드 베버(Alfred Weber)다. 그 역시 뛰어난 사회학자였다. 야스퍼스의 이 책에서 그가 막스 베버를 전혀 언급하지 않았던 것은 아니다. 몇 곳에서 언급한다. 그러나 '기축시대' 발상의 핵심, 즉 서로 영향 없이 거의 동시대에 중동, 인도, 중국에서 전적으로 새로운 사유가 출현했다는 부분에 대한 발견(주장)의 '지적재산권'을 결코 막스 베버에게 돌리지 않는다. 비슷한 게 있었다는 식으로 알프레드 베버의 선행연구를 언급하는 경우에도, 실은 그 당시에도 많은 반박을 받던 중앙아시아 유목민족 유래 이론을 근거로 든다. 모든 기축사상, 기축문명의 원형은 중앙아시아 유목민족의 공통사상이었다는 것이다. 이 주장은 동시 병렬 발생론이 아니라, 하나의 유일 기원론에 가깝다. 이 이론은 주로 인도-유럽어의 공통기원론에 의지한 이론으로서, 19세기 초 슐레겔이나 헤르더와 같은 낭만주의 이론가들이 주창했던 것인데, 실증적 이론의 뒷받침이 충분하지 못한 상태에서의 직관적 발상에 근거한 이론이었다고 할 수 있다.

성을 이념형적으로 추출해보려 했다는 점에 있을 것이다. 이러한 문명 각각의 고유성에 대한 깊은 분석이 야스퍼스의 기축시대론에서 찾아보기 어렵다. 바로 이 점이 오히려 야스퍼스 논의의 중대한 맹점이라고 해야 할 것이다.

그럼에도 야스퍼스의 기축시대론은 베버의 논의에 비해 진일보한 지점이 있다. 막스 베버의 종교사회학은 한편으로 문명 각각의 고유성을 포착하려 하면서, 동시에 다른 한편에서 그 전체의 비교틀을 근대사회로 발전해가는 내적 가능성의 서열 또는 차등논리로 짜맞추는 이중성을 갖는다. 이 양 측면은 베버 사회학에서 동전의 양면과도 같은 일체다. 이 점은 그의 최후의 저술로 여겨지는 《종교사회학논총》(이 저서는 그의 비교종교사회학 연구의 총화다)에 대한 〈저자 서문〉에서 분명하고 압축적으로, 결코 잊힐 수 없는 표현으로 제시된다. 보편사적 의미를 갖는 근대성은 "서구, 오직 서구에서만"(*in the West, in the West only*) 형성되었다는 것이다(Weber, 1958〔1920〕: 13). 이런 의미에서 서구 문명은 유일-독특(*unique*)하다. 보편성(*universality*)을 유일하게 담지한 독특성이다. 따라서 인도와 중국에 대한 저술, 그리고 이슬람과 조로아스터교에 대한 여러 연구 단편들은 결국, '서구, 오직 서구에서만'을 입증하기 위한 부정적인, 열성(劣性)의 비교사례가 된다. 따라서 막스 베버의 비교종교사회학은 한편으로는 여러 문명의 고유성을 깊숙이 조명한 뛰어난 연구이면서, 동시에 그 고유성들을 서구를 정점으로 하는 근대성의 서열체제로 정렬시킨 서구중심의 보편사 체계가 된다. 결국 베버의 종교사회학은 그의 시대(유럽제국주의 패권시대)를 풍미했던 오리엔탈리즘의 지극히 박식하고 학술적인 한 유형이기도 하였다.

베버 사회학의 이러한 어두운 측면을 야스퍼스가 얼마나 분명히, 그리고 문제적으로 인식했는지는 명확하지 않다. 앞서 언급한 것처럼 야스퍼스의 사유에도 서구중심주의는 존재했기 때문이다. 그럼에도 분명한 것은 야스퍼스의 기축시대론에 베버 종교사회학의 감추어진 차별과 지배의 논리를 일정하게 돌파하는 점이 있다는 사실이다. 야스퍼스는 그가 말하는 세 지역(중근동, 인도, 중국)에서의 기축적 돌파(*Axial breakthrough*)의 근원적 상동성에 주목한다. 존재 전체(*Being as a whole*)에 대한 반성적 의식에 근거하여 자신과 사회를 근원적 한계 속에서 인식하기 시작하였다고 했다. 한계 속의 인식이란 동시에 초월의 계기이기도 하다. 이를 계기로 다양한 정신체계들 간의 활발한 논쟁이 전개된다. 이러한 과정을 야스퍼스는 보편으로의 발걸음이 떼어진 계기라고 말한다. 그리하여 바로 오늘날까지도 우리가 사유하는 근본적 범주들이 이때 탄생했고, 오늘날에도 많은 사람들이 그 속에서 사는 세계종교들이 바로 이때 태어났다고 했다. 이런 의미에서 기축시대는 바로 오늘날의 역사, 우리 자신의 존재의 출발선이다(Jaspers, 1953: 2~6).

이러한 근원적 상동성에 대한 인식은 베버의 종교사회학에도 분명히 존재한다. 그것을 한마디로 집약하자면, 그의 종교사회학 저작 곳곳에 반복적으로 등장하는 '초월과 세속 간의 긴장'(*tension between the transcendental and the mundane*)이 될 것이다. 베버 역시 바로 이 점에서 중국, 인도, 중근동의 윤리종교가 공통적이라고 보았다. 그 긴장의 강도와 양상에 따라 윤리종교의 여러 유형이 나뉜다고 하였다. 이 점은 막스 베버의 빛나는 통찰이고 업적이다. 그러나 '비서구인'의 관점에서 보았을 때, 야스퍼스의 기축시대 논의가 여러 현존 문명들(특히 비서구 기축문명들)의 내적 고유성에 대한 희망의 근거를 주었다면, 베버의 종교유형론은 반대로 비서구 문명들의 내재적 한계에 대한 일종의 운명적 절망감을 주었다고 할 수 있다. 아무리 읽어 보아도 서구문명에 비한 열성(劣性) 문명, 내재적이고 구조적으로 불충분하고 불완전한 합리화, 근대화가 전개될 수밖에 없는 2등 문명일 수밖에 없다는 기조이기 때문이다. 왜 그런가? 베버 서술의 바탕 깊숙이 흐르는 근본적 모티

프(*motif*), 즉 '보편사적 근대성의 유일한 담지자는 오직 서구'라는 배경음 때문이다. 이 점이 베버의 서술들을 빛나는 통찰들과 집요한 지배논리가 항상 복잡하게 꼬인 가닥으로 만든다. 그리하여 윤리종교의 유형론은 서구 근대성의 척도에 따라 정렬하는 서열적 유형론으로 변형되고 만다. 물론 베버 사유를 사로잡던 서구중심적 모티프란 역사를 현재의 관점에서 거꾸로 짜맞추는 '결과주의적 오류'(*resultantist fallacy*)의 소산이다. 서구의 과거는 늘 근대를 향하도록 되어 있었고, 비서구의 과거는 반대로 늘 여기에 미치지 못하도록 되어 있었다는 식이 된다. 그렇다보니 베버의 비서구사회 묘사는 항상 어딘가 겉도는 점이 있다. 그가 비서구사회에 적용했던 여러 개념들도 실상과 정확히 들어맞지 않는다는 이격(離隔)감을 준다. 그 격차는 주제에 따라 클 수도 있고, 작을 수도 있다. 문제는 그러한 격차가 이론이 서 있는 근본전제에서 비롯된다는 점이다. 베버의 시대에 서구에 비해 본 비서구의 낙후는 명백했다. 그러나 그 차이를 오랜 역사적 과거 속에서도 부단히 입증하려고 한 것이다. 식민주의가 절정을 구가하던 시점을 살았던 유럽인 베버의 한계였다. 이 점에서 기축시대론을 쓰던 시점의 야스퍼스는 베버보다 훨씬 많은 것을 보았다. 그는 독일만이 아니라 서구문명 전반의 오만과 과욕(*hubris*), 그 과욕의 한계와 재앙을 두 차례 세계대전을 통해 뼈아프게 체험했다. 그 결과 비서구문명권이 식민지배에서 해방되어 새로운 출발을 하는 모습을 목도했다. 제2차 세계대전 직후 야스퍼스의 시야에 비친 이들 비서구 주요 문명권의 미래는 기축적 돌파의 문명적 저력을 내면에 품은 밝은 미지(未知)였다.

아이젠스타트는 베버 종교사회학의 강점과 한계를 일찍부터 감지했다. 1987년 그가 편집 출간한《근대성의 패턴들》서문에서 베버 사회학이 세계종교가 탄생한 비서구문명의 내적 다이내믹스를 다뤘다는 점이 베버의 큰 기여의 하나라고 인정한다. 그러면서도 그의 기획이 프로테스탄티즘에서 정점에 이르는 서구 문명의 유일성에 관한 관심에 있었기 때문에 이들 비서구문명의 내적 동학을 "축소"(*minimize*) 하고, 대신 이들 문명에서 "동적이지 않은 것으로 보이는 '전통적인 것'을 강조하는 경향이 있었다"고 했다(Eisenstadt, 1987: 2). 문명적 전통의 다이내믹스에 주목해온 아이젠스타트가 근대화 이론과 일찍이 결별했던 것은 자연스러운 일이었다. 근대화 이론은 비서구문명이 서구형으로 수렴(*convergence*) 한다고 주장했다. 그 이론의 주창자들은 이론적 근거로 베버를 내세웠지만, 베버는 오히려 서구문명의 유일성(*uniqueness*) 을 강조했다. 근대화 수렴이론은 베버 사회학을 단선화 · 평면화한 셈이다. 이런 의미에서 아이젠스타트는 베버에 의거하여 근대화론과 결별했다고 할 수 있다. 그러나 베버의 한계 역시 나름대로 분명히 느꼈다. 이러한 상태에서 만나게 된 야스퍼스의 기축시대론은 아이젠스타트에게 숨통 트이는 출구를 제시해준 셈이었다. 아이젠스타트는 야스퍼스의 기축시대론에 막스 베버 비교종교사회학의 옷을 입혔다. 기축시대 개념은 초월과 현세의 긴장과 초월적 비전의 제도화, 세계종교의 담지층(*carrier*) 에 대한 사회학적 분석, 종교적 이단운동과 사회집단, 사회갈등 등 베버 사회학의 언어로 재정리되었다. 여기에다 세계문명의 다원성(*multiplicity*), 각각 고유한 다이내미즘, 상호경쟁을 부가하여 강조했다(Eisenstadt, 1982, 1986).

그러나 베버 근대성론의 난점은 남아 있었다. 제 2차 세계대전 이후 근대화론이 베버를 단순화시킨 것은 사실이다. 그러나 베버의 서구 유일 근대성 입장은 근대화론이 베버를 수렴론의 방향으로 단순화할 여지를 남겨두었다. 근대성 문제를 무언인가 다른 방식으로 다시 정리하지 않으면 안 되는 상황이었다. 이러한 상황에서 아이젠스타트는 '기축시대'를 근대성 논의의 중요한 준거점으로 부각시키고, 이에 기초하여 다중근대성론을 전개하여 나름의 탈출구를 제시한 셈이었다. 그러나 베버의 서구유일 보편근대론은, 그 틀을 더 높은 수준에서, 더욱 높은 수준으로 열린 보편의 차원에서 철저히 깨지 않으면, 결코 빠져나올 수 없는 미로였다. 아이젠스타트가 결국 그 미로를 벗어나지 못했다. 필자가 왜 그렇게 생각하는지 결론적 논점은 이미 다른 글을 통해 밝혀둔 바 있다. 다중근대성론의 한계와 약점에 대한 지적이었다(김상준, 2007; 2011: 제 1장). 남겨둔 문제는 있다. 왜 그러한 한계 안에 머물고, 약점을 남길 수밖에 없었는가? 필자는 아이젠스타트의 입장전환이 시작된 1970년대부터 최근에 이르는 그의 방대한 논저들을 상세히 분석해둔 바 있다. 그의 주요 동료들의 저작에 대해서도 마찬가지다. 그러나 이 자리에 그에 관한 논의까지 포함시키면 글이 너무나 길어질 것 같다. 다른 지면을 기약하고 이 글은 여기서 마감하기로 한다.

참고문헌

국내 연구서

김상준, 2007, "중층근대성: 대안적 근대성 이론의 개요", 〈한국사회학〉 41권 4호, 242~279.

_____, 2011, 《맹자의 땀 성왕의 피: 중층근대와 동아시아 유교문명》, 아카넷.

미야지마 히로시, 2001, "일본 '국사'의 성립과 한국사에 대한 인식: 봉건제에 대한 논의를 중심으로", 《근대교류사와 상호인식》, 아연출판부.

해외 연구서

Anarson, J., 2001, "Multiple Modernities and Civilizational Context: Reflections on the Japanese Experience", The Peripheral Center, the same author, Melbourne: Trans Pacific Press, 132~202

Anarson, J. & Wittrock, B. (ed.), 2004, *Eurasian Transformations, Tenth to Thirteenth Centuries*, Leiden: Brill.

Anarson, J., Eisenstadt, S. & Wittrock, B., 2004, *Axial Civilizations and World History*, Leiden: Brill Academic Publishers.

______, 2005, *Revisiting the Axial Age*, Leiden: Brill.

Arjoman, S. A., 2011, "Axial Civilizations, Multiple Modernities, and Islam", *Journal of Classical Sociology* 11: 327~335.

Bellah, R., 2011, *Religion in Human Revolution: From the Paleolithic to the Axial Age*, Cambridge: Harvard University Press.

______, 2005, "What is Axial About the Axial Age?", *European Journal of Sociology 46, No. 1*, 69~89.

Ben-Rafael, E. & Sternberg, Y., 2005, *Comparing Modernities: Pluralism Versus Homogenity. Essays in Homage to Shmuel N. Eisenstadt*, Leiden, Brill Publishers.

Buck-Morss, S., 2000, "Hegel and Haitii", *Critical Inquiry 26, No. 4*, 821~865.

Dirik, A., 2003, "Global Modernity?: Modernity in an Age of Global Capitalism", *European Journal of Social Theory 6*, 275~292.

Eisenstadt, S., 1981a, "Heterodoxies, Sectarianism and Dynamics of Civilizations", *Diogenes 116*, 1~21.

______, 1981b, "Cultural Traditions and Political Dynamics: the Origins and Modes of ideological Politics", *British Journal of Sociology 32, No. 2*, 155~181.

______, 1982, "The Axial Age: The Emergence of Transcendental Visions and the Rise of Clerics", *European Journal of Sociology 23*, 294~314.

______, 1985, "This Worldly Transcendentalism and the Structuring of the World: Weber's "Religion of China" and the Format of Chinese History and Civilization", *Journal of Developing Societies 1*, 168~186.

______, 1986, "The Axial Age Breakthrough: Their Characteristics and Origins", "The Axial Age Breakthrough in China and India", *Axial Age Civilizations*, Eisenstadt (ed.), Albany: State University of New York Press, 1~28, 291~305.

______, 1987, "Introduction: Historical Traditions, Modernization and Development", *Patterns of Modernity*, Eisenstadt, S. N. (ed.), London: Frances Printer, 1~11.

______, 2000, "Multiple Modernities", *Daedalus 129, No. 1*, 1~29.

______, 2001, "The Civilizational Dimension of Modernity", *International Sociology 16, No. 3*, 320~340.

______, 2002, "Some Observations on Multiple Modernities", *Reflections on Multiple Modernities*, edited by Sachsenmaier, D. & Riedel, J. with Eisenstadt, S. N., 27~41.

______, 2003, *Comparative Civilizations and Multiple Modernities*, edited by Eisenstadt, S. N.

______, 1987, "Macrosociology and Sociological Theory: Some New Directions", *Contemporary Society 16, No. 5*, 602~608.

______(ed.), 1986, *The Origins and Diversity of Axial Age Civilizations*, Albany: State University of New York Press.

______(ed.), 1972, *Post-traditional Societies*, New York: Norton.

______(ed.), 2002, *Multiple Modernities*, New Brunswick, N. J.: Transaction Publishers.

Eisenstadt, S. & Giesen, B., 1995, "The Construction of Collective Identity", *Archives Europeennes de Sociologie 36*.

Jaspers, K., 1953(1949), *The Origin and Goal of History*, London: Routledge & Kegan Paul LTD. New Heaven: Yale University Press.

______, 1948, "The Axial Age of Human History, A Base for the Unity of Mankind", *Commentary 6*, 430~435.

Lambert, Y., 1999, "Religion in Modernity as a New Axial Age: Secularization or New Religious Forms?", *Sociology of Religion 60, No. 3*, 303~333.

Lee, M., 2006, "Reinventing Modernity: Reflexive Modernization vs Liquid Modernity vs Multiple Modernities", *European Journal of Modernity 9, No. 3*, 355~368.

Schmidt, V., 2006, "Multiple Modernities or Varieties of Modernity?", *Current Sociology 54, No. 1*, 77~97.

Schwartz, B., 1975, "Transcendence in Ancient China", *Daedalus, Spring*

1975, 57~68.

Therborn, G., 2003, "Entangled Modernities", *European Journal of Social Theory 6*, 293~305.

Thomassen, B., 2010, "Anthropology, Multiple Modernities and the Axial Age Debate", *Anthropological Theory 10*, 321~342.

Weber, M., 1958(1920), *Religion of India*, New York: Free Press.

______, 1958, "Author's Introduction", *The Protestant Ethic and the Spirit of Capitalism*, New York: Scribners.

______, 1978, *Economy and Society*, Berkeley and London: University of California Press.

Wittrock, B., 1998, "Early Modernities: Varieties and Transitions", *Daedalus, summer 1998*, 19~40, 31~60.

______, 2000, "Modernity: One, None, or Many? European Origins and Modernity as a Global Condition", *Daedalus 120, No. 1*, 31~60.

제 2 부

종교사회학

동양사회 내재적 종교성과
베버의 동양사회론 | 유승무

근대전환기 종교영역의
재구성 | 이명호

막스 베버와 조선,
가산제와 유교가부장제 | 박미해

동양사회 내재적 종교성과 베버의 동양사회론

—《힌두교와 불교》를 중심으로

유승무

1. 들어가며

베버 사회학의 출발점이자 귀착점은 근대 서구의 합리화 과정의 산물인 근대 자본주의의 기원이라는 구체적인 역사적 문제를 해명하는 것이었다(전성우, 1996). 그런데 베버는 이를 해명하기 위해 단지 근대 사회만을 고찰한 것이 아니라, 역사적으로는 고대사회와 중세사회에 대해서도 폭넓은 관심을 가졌으며, 지리적으로는 전 세계의 모든 문명권에로 관심의 폭을 확대해 나가면서 철저한 비교연구를 수행하였다.[1] 그 보편사적 기획의 일부인 《유교와 도교》뿐만 아니라 《힌두교

---

1) 이 점에 대해 전성우(1996)는 다음과 같이 묘사한다. "베버는 그의 짧은 학문적 생애 동안 서양과 동양의 경제사 전반을 섭렵하면서, 근대 자본주의의 기원과 성격에 관한 자신의 문제의식을 지속적으로 확대하고 심화시켰다. 이 섭렵의 길은 그를 메소포타미아에서 이집트를 거쳐 이스라엘로, 헬레니즘에서 로마황

와 불교》에서, 베버는 "왜 동양사회는 서구사회가 보여준 그런 방식으로 합리적 생활양식의 창출의 발전 방향을 취하지 못했는가?"라고 묻고,[2] 맑스와 달리[3] 그 해답을 동양의 종교와 연관시키면서 논의하였다(Weber/전성우 옮김, 2008: 301~302). 그 결과, 베버는 서구 고전 사회학자의 대열 중에서는 보기 드물게 포괄적이고 이론적인 시각에서 동양사회를 분석한 사상가이며 그의 유교-도교 및 불교-힌두교에 관한 연구는 현대 중국학과 인도학의 발전에 지대한 공헌을 한 업적으로 간주된다(전성우, 1992: 17). 따라서 동양사회를 연구할 때 '베버의 동양사회론'은 반드시 검토되어야 할 대상이다.

지금까지 '베버의 동양사회론'의 검토와 관련된 세 유형의 시도가 있었다. 첫 번째 시도는 동양의 역사적 사실에 대한 베버의 오류를 지적하는 것이며, 두 번째 시도는 동양의 종교에서 프로테스탄티즘 윤리에 필적할 만한 등가물을 재발견(혹은 발명?)하는 것이며, 세 번째 시도는 유교문화에 내재한 이른바 아시아적 가치(*Asian values*)를 최근의 동양사회 발전과 연관시킴으로써 간접적으로 베버를 비판하는 것이다. 그러나 불행하게도 이러한 세 가지 시도의 설득력은 크지 않다. 우선 첫 번

제 시대를 거쳐 중세유럽으로, 중국을 거쳐 인도를 지나 다시 이스라엘로 인도한다."

2) 《힌두교와 불교》는 다음과 같은 문제제기에서 시작된다: "여기에서 우리는 이제 인도적 종교성 — 분명히 다른 많은 요인들 사이의 한 계기로서 — 이 어떤 방식으로 (서양적 의미에서의) 자본주의의 발전을 정체시킬 수 있었던가를 연구해야 하겠다"(Weber, 1958: 14).

3) 실제로 베버는 자신과 맑스의 차이를 다음과 같이 분명하게 밝힌다: "칼 맑스는 '아시아 민중 특유의 정체성'이라는 현상이 나타나는 기초로서 인도 촌락 공인들의 독특한 상태 — 시장생산이 아니라 고정된 현물급여에 의존하는 것 — 를 든다. 이 판단은 정당한 것이라고 생각된다. … 그러나 오히려 발전 저지의 핵심은 모든 종교체제의 '정신'에 있었다"(Weber, 1958: 147~148).

째 시도는, 《세계종교와 경제윤리》의 〈서론〉이나 〈종교학논문집 - 서언〉의 여러 곳에서, 베버 스스로가 자신의 이념형적 방법에서 불가피하게 발생할 수밖에 없는 한계라고 정당하게 자백한다. 두 번째 시도의 전형은 벨라의 *Tokugawa Religion*(1957)인데, 이 연구는 베버의 테제를 일본의 사례에 그대로 응용한 이른바 '등가물 찾기'이며, 일본 예외주의를 강조하는 것으로 귀결되어 동양사회일반의 성격을 드러내지 못하는 자기한계를 내포한다.[4] 게다가 '등가물 찾기'의 성공조차도 궁극적으로는 동양사회를 '허수아비'로 가공하는 것에 불과할 뿐이다. 세 번째 방법에 대해 전성우(Weber/전성우 옮김, 2008: 204)는 자본주의의 기원의 문제와 이후 발전의 문제는 다른 차원의 문제라는 점을 들어 최근 동아시아의 발전을 베버 비판의 근거로 활용하는 것은 오류라고 주장한다. 게다가 필자가 보기에 '아시아적 가치론'(혹은 '유교자본주의론')에서 제시된 가치들은 종교적 차원의 가치가 아니라 지극히 세속적 가치에 불과하기 때문에 '장외경기'로 빠질 위험성이 크다.[5]

이에 이 글에서는 '장내경기'를 위한 작업적 합의의 차원에서 종교적 요인과 사회변동 사이의 관계에 대한 베버의 이론적 전제에 철저히 따르되, '허수아비' 동양사회론으로 귀결되지 않도록 하기 위하여 베버의 '등가물'인 아닌 동양사회 내재적 종교성의 잣대를 사용하여, 자본주의 기원의 문제와 최근의 발전의 문제를 동시에 논의해보고자 한다. 그렇다면 왜 하필 《힌두교와 불교》인가? 그 이유는 크게 세 가지이다. 첫째는 베버도 인정하듯이 힌두교와 불교, 그중에서도 필자가 보기에는 특히 불교가 '아시아 가치론'이 제시하는 유교적 가치에 비해 동양사회 내

---

4) 졸저(2010)에서 필자는 벨라의 *Tokugawa Religion*(1957)을 자세하게 분석하고 그 한계를 다양하게 제시한 바 있다.

5) 필자는 졸저(2010)에서 이러한 한계를 포함하여 아시아적 가치론(혹은 유교자본주의론)의 문제점을 자세하게 논의한 바 있다.

재적 종교성을 구성하기에 훨씬 더 적합한 종교라는 판단 때문이다.[6] 두 번째는 이러한 중요성에도 불구하고 베버 연구사에서 《힌두교와 불교》는 주목을 받지 못했다는 판단 때문이다.[7] 세 번째는 필자가 졸저(2010)에서 《힌두교와 불교》 중에서 대승불교 부분에 한정하여 베버의 불교사회론을 비판적으로 검토한 적이 있는바, 이 연구를 통해 베버의 불교사회론 비판을 좀더 확장하고 심화시키고자 하는 의도 때문이다.

6) "아시아에서는 대체로 중국이 근대 서구에서 프랑스가 했던 역할에 필적하는 역할을 하였다. 모든 보편적 교양(품위)이 중국에서 흘러나와 티베트, 일본 그리고 인도 변방지역으로 흘러들어 갔다. 이와 반대로, 인도는 고대 헬레니즘의 중요성에 필적할 만한 중요성을 가지고 있다. … 그리스도교의 역할과 유사한 역할을 아시아에서 수행했다고 할 수 있는 모든 정통파 및 비정통파 종교들은 인도적 종교이다."(Weber, 1958: 329)

7) 실제로 1991년 피터 해밀턴(Peter Hamilton)이 당시까지의 베버 관련 연구논문 중 그 자신이 유의미하다고 생각한 78편을 모아 편집한 *MAX WEBER: Critical Assessments*(Routledge) 속에는 《힌두교와 불교》에 관한 연구 성과가 포함되지 않는다. 물론 한국사회에서도 《힌두교와 불교》는 심도 있게 연구된 바 없다. 일찍이 권규식(1983)이 '막스 베버의 종교사회학'이란 부재를 붙인 자신의 저서 《종교와 사회변동》에서 한 장(*chapter*)을 인도의 사회와 종교에 할애하지만, 그것마저도 예컨대 불교 관련 내용은 두 페이지에도 못 미치는 등 인도의 종교에 대해서는 극히 소략할 뿐만 아니라 그것마저도 본격적인 연구논문이기보다는 몇몇 중요한 구절을 발췌 번역한 것에 불과하다. 그리고 최근 박성환(1992)이 《힌두교와 불교》 중 약 1페이지 분량의 한국 관련 언급을 완역하고 그것을 가산관료제와 연관시켜 해석하고 있을 뿐, 《힌두교와 불교》를 동양사회에 대한 종교사회학적 시각이란 차원에서 논의하지는 않는다.

2. 동양사회 내재적 종교성과 그 잣대

1) 내재적 잣대의 필요성

베버는 서구의 합리화가 보편적 의미와 타당성을 지닌 발전방향이라는 것에 대해 깊은 회의를 품고 동양사회에 관심을 기울이게 되었다(전성우, 1992)고 한다. 그러나 《세계종교와 경제윤리》의 〈서론〉에서 명백하게 알 수 있듯이, 베버에게 서구적 의미의 합리화는 '결과적으로 혹은 여전히' 비교론적 입장에서 세계사의 거시적 맥락을 고찰하는 기준 즉 보편사의 잣대였다. 그리고 그 잣대가 베버의 동양사회론에 그대로 반영되었음은 두말할 나위가 없다. 그런데 이 잣대는 프로테스탄티즘 윤리 특유의 종교성에서 유래되었다는 점에서 '동양사회의 부재적 잣대'였고, 그 잣대로 해석된 베버의 동양사회론은 다음과 같이 부정적 결론으로 귀결되었다: "아시아에서는 근대자본주의를 향한 그 어떤 발전, 심지어 그러한 방향으로의 움직임조차도 없었다. 더욱이 거기에는 금욕적 청교도주의의 특징을 가진 그 어떤 '자본주의정신'도 전개되어 나오지 않았다. … 오직 금욕적 청교도주의만이 구원을 얻기 위한 초자연적 요청이나 주술 — 그 최고의 형태가 지적이고 명상적인 깨달음이다 — 을 제거하였다. 오직 청교도주의만이 홀로 자신의 세속적 직업에 몰두하는 방법을 통해 구원을 얻고자 하는 종교적 동기를 창출하였다. … 이러한 청교도주의와는 대조적으로, 아시아 대부분 지역에서 세상은 거대한 주술의 정원으로 남았다. … 아시아의 비지식인 계층의 신비주의적 종교성으로부터 삶을 합리적이고 질서정연하게 통제할 수 있는 길은 없었다"(Weber, 1968: 630).

문제는 서구적 의미의 합리화가 보편자로 설정되는 순간 동양사회가 취한 발전방향은 자동적으로 특수자로 전락하게 되고, 인간 자신의 내부에 비인격적 초월자인 불성(佛性)이나 천성(天性)을 전제하고 그것과의 합일을 추구하는 동양의 종교성은 서구적 의미의 합리성으로는 도저히 설명할 수 없는 것, 즉 신비주의적인 것[8]으로 해석된다. 게다가 베버는 매우 특이한 조건들의 결합(*highly particular historical constellations*)에 의해 탄생한 서구사회의 예외적 발전경로와 그 역사적 의의를 해명하고자 하였기 때문에, 불가피하게도 그의 비서구연구는 의식적으로 서구문화와 대비되는 요소들을 강조하지 않을 수 없었다(Weber/전성우 옮김, 2008: 302). 그 결과, 그의 동양사회론은 결여된 것을 탐색하는 부정적 문화관으로 귀결되었다는 비판으로부터 자유롭지 않다(전성우, 1992: 65).

이렇게 볼 때 '베버의 동양사회론'을 비판적으로 검토하기 위해서는 "왜 중국 혹은 인도는 자기들 방식대로 발전했는가"(전성우, 1992)라고 묻고 그에 대한 해답을 찾아봐야 한다. 여기에서 '자기들 방식'이란, 베버의 이론적 전제에 따른다면, 동양사회 내재적 종교성과 연관된 방식일 것이다. 그렇다면 동양사회 내재적 종교성은 무엇인가?

---

8) 실제로 베버는 동양의 종교성을 신비주의로 명명하고 프로테스탄티즘의 금욕주의에 대비되는 것으로 설정한다(Weber/전성우 옮김, 2008: 209~212). 그러나 비록 동양의 도나 법이 말로는 충분히 설명할 수 없고 그러한 점에서 이성적 차원에서는 충분히 납득할 수 없다 하더라도, 그것이 곧 마음 및 관념의 차원에서나 또는 실천 및 체험의 차원에서는 납득되지 않는 것은 아니다. 저 유명한 '가섭의 염화미소'가 상징하듯, 동양사회에서는 말을 하지 않고도 상대방의 의중을 읽을 수 있고 또 그 의미를 소통시킬 수 있다.

2) 동양사회 내재적 종교성 : 합심(合心)주의 종교성

절대신에 대한 믿음을 전제하는 종교성과 달리 존재의 연기성(緣起性)에 따르는 불교의 존재론에 의하면, 모든 것은 실체가 없으며(無我) 무상(無常)하게 변화한다. 인간 자신마저도 예외가 아니다. 인간 자신마저도 오온의 결합물에 지나지 않는다.[9] 그렇기 때문에 자기 자신은 물론 대상에 집착하는 삶 그 자체는 이미 고통이다. 그렇다면 이러한 고통으로부터 벗어나는 길은 무엇인가? 사성제의 도제(道諦)를 실천하는 것인데, 그것이 바로 팔정도(八正道)로 통칭되는 마음닦음(혹은 마음비움) 수행이다.[10] 따라서 불교는 인간의 완성과 사회 완성의 궁극적 근거를, 운명, 요행 혹은 신(神) 등과 같은 인간 외부의 그 무엇에서 찾기보다는, 인간 개개인의 마음속에서 찾는다.[11] 이는 불성론으로 발전하여, 모든 인간은 자신의 마음속에 본래 깨끗한 불성을 가지고 있기 때문에 그 마음으로 돌아가는 것(歸一心源), 즉 불성과 합심하는 것이 수행의 목표가 되었다.[12] 유교의 경우도 마찬가지이다. 중용에 따르면, 인간의 성품(性品)은 하늘(天)이 품부해준 것인데[13] 여기에서 하늘은 자

---

9) 김재성(1988)은 연기설과 오온을 중심으로 초기불교의 인간관을 체계적으로 잘 논의한다.

10) 폴커 초츠(김경연 옮김, 1991: 53~69)는 붓다가 수행을 통해 깨달음에 이르는 과정을 객관적 자료에 기초하여 자세하게 기술한다.

11) 맛지마니카야(中部)의 데바다하경(*Devadahasutta*)에 따르면, 붓다는 제자들에게 신, 요행, 운명, 혈통 등을 믿지 말도록 가르쳤다. 이에 대한 구체적 내용은 폴커 초츠(김경연 옮김, 1991: 52)를 참고하기 바란다.

12) 한국불교를 대표하는 사상가로 알려진 원효가 화쟁사상을 통해 당시의 다양한 불교유파들을 통일하고 자비행을 실천할 수 있었던 사상적 바탕이 바로 귀일심원, 즉 일심으로 돌아가는 것이었다.

13) 中庸 章句의 첫 문장 "天命之謂性"에 대해 주자는 '天以陰陽五行으로 化生萬物에 氣以成形而理亦賦焉하니 猶命令也라'고 주석을 붙인다(成百曉 譯註,

기 자신 속에 내재한 최초의 근거지이자 구극처(究極處)이다. 따라서 우리는 일상생활 속에서 가장 완전한 성품을 '순수한 마음', 즉 진심(眞心), 본심(本心), 천심(天心) 등으로 일컫고 그런 진심으로 돌아가는 것이 자기완성의 길, 즉 인(仁)에 도달하는 길임을 암시한다.[14] 이렇게 볼 때, 자기완성의 기반은 세속화된 마음을 자신의 본래 마음(혹은 不動心)과 합일시키는 것, 즉 합심(合心)이다. 다음의 인용문을 보자.

> 안연이 인(仁)에 대해 물었다. 공자가 대답하기를, 자기 자신을 이기고 예(禮)로 돌아가는 것이 인을 실천하는 것이다. … 인을 실천함이 자기 자신에게 나오는 것이지 남으로부터 나오는 것이겠는가?[15]

여기까지는 그 어떤 계층적 차별이 없다. 합심을 추구하는 동양종교는 모든 인간이 천부적으로 진심을 구유한다[16]는 전제 위에 존립하기 때문이다. 그렇다면 행위자가 자신의 진심과 합심을 이루기 위해서는 무엇을 어떻게 해야 하는가? 유일한 길은 마치 거울을 닦듯이 자신의 본심에 낀 때를 닦거나 마음에 가득 찬 번뇌를 비워야 한다. 탐욕, 증오, 이기주의 등을 제거해야 한다. 유교의 경우, '알인욕(遏人欲) 존천리

2003).

14) 한국유학의 최고봉으로 일컬어지는 퇴계 이황도 사사로움이야말로 일심을 갉아먹는 최대의 적이자 만 가지 악의 뿌리로 간주하고 이러한 마음의 적을 제거하고 악한 뿌리를 뽑아 순수한 마음으로 돌아가는 것을 공부의 목표라고 주장했다.

15) 顔淵問仁 子曰克己復禮爲仁 … 爲仁由己 而由人乎哉(《論語》, 〈顔淵〉)

16) 이러한 특성을 전성우는 베버의 그릇 비유를 활용하여 다음과 같이 적절하게 설명한다: "인간은 신의 도구라기보다는 (이 경우 인간과 신 사이에는 뛰어 넘을 수 없는 심연이 있다) 오히려 이 우주적 질서를 자기 자신 내포하는 존재이고 그런 이상 그는 '神的인 것을 담고 있는 그릇'이다"(전성우. 2003).

(存天理)', 즉 자신의 사리사욕을 겉으로 드러나지 않도록 억제하고 천리에 따라 행동하도록 강제해야 하고[17] 극기복례(克己復禮) 해야 한다. 그리고 순수한 마음과 합심에 도달하기 위해서는 구성원 각자의 수행(혹은 수신)을 실천해야 한다. 이를 에밀 뒤르켐도 다음과 같이 적절하게 정리한다: "시간이 흐름에 따라 처음에 인도 사람들이 숭배하기를 배웠던 많은 신들이 비인격적이고 추상적인 일종의 원리로, 존재하는 모든 것의 본질로 용해되었다. 더 이상 신적인 속성을 띠고 있지 않은 이러한 최고 실재를 인간은 자신 속에 포함한다. 달리 표현한다면 인간은 그러한 최상의 존재와 하나가 되었다. … 따라서 그러한 최고의 존재를 발견하고 그 존재와 합일되기 위해서 인간은 자기 존재 밖에서 어떤 외적 도움을 구할 필요가 없다. 자신에 몰입해서 명상하는 것으로 족하다"(Durkheim/노치준·민혜숙 옮김, 1992: 63). 동일한 이유에서 염치와 수치를 모르는 사람은 수양이 부족한 사람일 뿐만 아니라 심지어 금수에 비유하여 경멸의 대상으로 낙인찍었다. 바로 여기에서 수행을 많이 한 사람과 그렇지 않은 사람 사이의 계층적 차이가 발생한다.

이렇게 볼 때, 불교의 수행이든 유교의 수양이든 그 궁극적 목적지는 외적 자극에 휘둘리지 않을 부동심, 즉 본래의 불성 혹은 천성과 합심된 마음이다. 그러나 혹은 그렇기 때문에 사회 전체의 차원에서 볼 때, 사회진보의 관건은 '이러한 합심의 상태를 사회구성원들이 얼마나 공유하는가?'이다. 불교에 따르면 나의 마음과 다른 사람의 마음 사이의 합심의 공통기반 역시도 불성(혹은 부처의 마음)이다. 불교에서 합심의 대상이 타인 및 사물로 확대되는 까닭이다. 그리고 모든 존재가 상호의존적

17) 심지어, 이는 맹자, 사자 계열의 주장으로서 도덕 가치인 천명지성(天命之性)을 높이고 자연 생명에 고유한 기질지성(氣質之性)을 억누르는 데 있으며, 따라서 현대의 과학과 인권이 추구하는 외왕(外王)의 결과를 출현하기 어렵게 만들었다는 비판(추 자오후아, 2011: 35)이 제기되기도 한다.

으로 발생하여 상즉상입한다는 불교의 연기법에 따르면, 합심화의 정도는 인간집단 및 사회의 통합뿐만 아니라 사회발전의 물질적 발전의 척도로 간주되기에 이른다.[18] 그 결과 합심화는 인간의 완성을 넘어서서 문명사회의 조건이자 척도가 되었다. 물론 유교의 수신제가치국평천하(修身齊家治國平天下)도 동일한 이치이다.

바로 이러한 합심주의적 관념이 인간들의 생활방식을 규정지을 정도의 강력한 종교적 힘을 갖게 됨으로써 강고한 합심주의 종교성이 발전했다. 이러한 종교성에 대해 에밀 뒤르켐은 다음과 같이 설명한다: "신이 없는 의식들이 존재한다. 심지어는 그러한 의식에서 신이 파생되어 나오기도 한다. 모든 종교적 능력들이 신적인 성격에서 나오는 것은 아니다. 그리고 인간과 신을 결합하는 것 이외에 다른 목적을 가지고 있는 종교적 관계들도 있다. 따라서 종교는 신이라든가 영에 대한 관념 이상의 것이다. 결과적으로 신이나 영에 대한 관념에 의해서 종교가 정의될 수 있는 것은 아니다. … 세상을 두 영역, 즉 하나는 성스러운 것 다른 하나는 속된 것을 지닌 것으로 분류하는 것이 종교적 사고의 변별적 특성인 것이다. 신앙, 신화, 교리 등은 성스러운 사물들의 본질과 성스러운 것에 부여된 가치나 능력 그리고 성스러운 것들끼리의 관계 혹은 성스러운 것과 속된 것 사이의 관계 등과 같은 것들을 표현하는 표상들이거나 표상체계이다. … 불교가 종교가 될 수 있는 이유가 있다. 불교는 신이 없더라도 거룩한 사물들의 존재를 인정하고 거룩한 4덕목(필자 수정: 사성제)과 거기에서부터 파생된 의례들을 알기 때문이다"(Durkheim/노치준·민혜숙 옮김, 1992: 66~68).

이상의 논의에 근거하여 이러한 종교성을 작업적 정의의 차원에서 합

---

18) 불교에서는 모든 구성원들이 진심으로 화합한 공동체, 즉 상가(sangha: 和合衆)를 이상사회(理想社會)로 간주하고 있을 뿐만 아니라 부처와 부처의 가르침과 함께 삼보로 간주한다.

심주의적 종교성이라 명명하고자 한다.[19] 그리고 합심주의 종교성이란 개념은, 불교와 유교의 마음 개념의 산물이기 때문에, 동양인의 사회적 태도의 형성뿐만 아니라 동양사회의 발전(혹은 저발전)의 조건이기도 하지만 그것을 이해할 수 있는 내재적 잣대로 설정하여도 큰 무리가 없을 것이다.[20]

3) 합심주의 종교성의 양면성과 사회변동의 상변통고(常變通攷)

'모든 승려들의 마음이 하나로 모아지기만 하면 절간에서 소도 잡아먹는다.' 한국불교계의 '뒷방'에 회자되는 대표적인 우스개다. 여기에는 두 가지 중요한 사실이 전제된다. 첫째는 승가의 유일한 의사결정 방식인 만장일치의 합심이 전제된다. 붓다의 연기사상 및 자비사상이나 승가의 불살생 계율을 고려하면, '벼룩 서 말은 한꺼번에 몰고 가도 승려 세 사람은 함께 데려가지 못 한다'고 할 정도로 자유분방한 승려들이, 소 잡아먹는 일에 만장일치의 합의를 이루기란 사실상 불가능에 가깝다. 그러나 두 번째 전제 즉 사람의 마음이 규율이나 심지어 교리보다 더 우선적이고 더 결정적이란 점[21]을 고려하면, 소 잡아먹는 일이 전혀

19) 베버는 이러한 종교성을 가진 종교를 '심정종교'(또는 '신념종교')라고 불렀는데〔(Weber/전성우 옮김, 2008: 215)의 역자 주 8을 참고하라〕, 필자가 보기에는 동양사회의 마음 개념 속에는 심정, 심리, 신념 등이 모두 포함되거니와 합심은 또한 심정에 비해 좀더 구조적 차원을 갖는다는 점에서 합심으로 명명하고자 한다.

20) 김홍중의 최근 저서인 《마음의 사회학》(2009)이 마음을 사회학적 주제로 다루지만 그리고 그 프롤로그를 혜능선사의 '풍번문답'(風幡問答)으로 시작하지만, 저자 자신도 명백하게 밝히듯이 《마음의 사회학》에서 마음은 종교적 의미의 심(心)이 아니며, 그러한 점에서 이 연구의 마음 개념과는 다르다.

21) 이 글의 합심주의 종교성을 베버는 '심정종교'로 표현하는바, 이에 대한 전성우

불가능한 일도 아니다. 부처와 조사의 모범을 따르는 자들에게 '살불살조'(殺佛殺祖)의 반전을 강요하는 종교, 서방정토(西方淨土)가 아니라 그 반대쪽인 동쪽으로 가는 달마를 오히려 칭찬하는 종교가 바로 불교이기 때문이다. 그렇기 때문에 승려와 신도 사이에도 복발(覆鉢)이 가능하다.

유교도 마찬가지다. 인간은 누구나 하늘에서 품부받은 천부적 본성을 갖지만, 맹자와 순자에 따르면 그 본성으로부터 파생되는 것이면서도 외부의 자극이나 상황에 따라 시시각각 변하는 감정(七情)을 가지고 살기 때문에 이를 잘 관리하는 것이 무엇보다도 중요하였다. 또한 불교의 형이상학으로부터 영향을 받은 주자는 이러한 감정을 통괄하는 것이 궁극적으로는 인간 자신의 마음이라는 판단에 기초하여 '심통성정'(心統性情)의 개념을 확립하였고, 이러한 개념을 그대로 계승한 조선의 성리학자들[22]은 이를 이기론으로 꽃피우기도 하였다.[23] 그렇기 때문에 유교에서도 행위자가 하늘로부터 품부받은 자신의 마음속 심성(心性)과 심정(心情)의 관계를 어떻게 설정할 것이냐는 결정적 관건이었다.

그런데 심성과 심정은 상즉상입할 뿐만 아니라 상즉상입이 오랫동안 반복적으로 진행되면서 행위자의 내면에 다소 규칙적이고 구조적인 특성을 갖는 습관(習慣)이 형성되고 그것이 태도로 현상하지만, 이러한 태도는 타자(타인, 집단이나 사회, 대상)와 함께하는 일정한 방식의 사회생활 양식 속에서 또 변화를 겪을 수밖에 없다. 실제로 유교에서는 행

의 역자 주, 즉 "〈심정종교〉(또는 '신념종교')란 외적 의례와 율법의 준수보다는 내적 신앙과 신념('마음' 내지 '심정')이 구원에서 더 중요한 조건이 되는 종교라고 풀이할 수 있다"(Weber/전성우 옮김, 2008: 215)는 정확하게 이 두 번째 특성과 일치한다.

22) 퇴계 이황(李滉)의 저 유명한 심통성정도(心統性情圖)는 이를 단적으로 보여준다.

23) 이에 대한 자세한 논의는 김경호(2011)를 참고하기 바란다.

위자로 하여금 '극기복례'(克己復禮)를 주장하기도 하지만 바로 그 '례'(禮)가 조변석개하는 시(時)와 정(情)을 중시할 수밖에 없었던 까닭이다.[24] 결국 합심주의 종교성은 심성(心性)과 심정(心情)의 양면성(혹은 이성과 감성의 양면성)을 내포할 수밖에 없다. 게다가 합심주의적 종교성이 사회구조에 영향을 미치기도 하지만 사회구조가 이러한 종교성의 양면성 즉 심성과 심정에 각각 영향을 미치기도 한다. 전통사회에서 유교의 합심주의 종교성은 도덕정치를 강제하는 성왕론으로 전개되었는데, 이는 지배층들에게는 이(利)보다는 의(義)를 중시하는 군자의 도(君子之道)로 발현되었다.[25] 더 나아가 이러한 합심주의 종교성이 낳은 마음문화와 그 산물 즉 유교의 수양론은 군주나 지배층뿐만 아니라 일반 평신도들에게도 감정을 통제하도록 강제하는 힘이 되었다.

그렇다면 이러한 특성을 지닌 합심주의 종교성이 지닌 사회변동론적 함의는 무엇인가? 주지하듯이 전근대 동양사회는 심성 중시의 합심주의 종교성이 강하였고 그것이 평신도들의 생활양식은 물론 사회구조에도 영향을 미쳤다. 그러나 오늘날 동양사회는 자본주의적 경제구조를 비롯한 사회구조적 요인들이 감정 통제보다는 감정 중시의 문화를 낳고 그것이 전근대사회의 심성 중시의 합심주의 종교성을 심정(감정) 중시의 합심주의 종교성으로 변화시킨다. 그리고 이러한 변화 역시도 합심주의 종교성의 일부이다. '존천리 알인욕'을 강조한 맹자조차도 다음과 같이 말했다. "항상 된 생산이 없으나 항상 된 마음을 가진 자들은 선비만 가능하다. 백성들이라면 항상 된 생산이 없으면 그로 인해 항산 된

---

24) 이러한 점에서 김상준이 자신의 최근 저서, 《맹자의 땀 성왕의 피》(2011)에서 세속적 삶이 성의 영역 속에 배태되었던 기축시대 이전 인간의 원초적 감정을 원형적 근대성의 단초로 간파한 것은 탁견이며 그것을 '맹자의 말'이 아니라 '맹자의 땀'으로 표현한 것은 예학의 본질을 반영한 절묘한 비유로 생각된다.

25) 이에 대한 사회학적 논의는 김상준(2011)을 참고하기 바란다.

마음을 가지지 못한다. 진실로 항상 된 마음을 가지지 못한다면 방탕하고 멋대로 하는 것을 그만둠이 없을 것인데, 죄에 빠진 연후에 좇아가서 형벌을 가한다면 이는 백성들을 그물질하는 것이다. 어찌 어진 사람이 (왕) 자리에 있으면서 백성들을 그물질할 수 있겠는가?"[26] 마찬가지로 불교에서도 독재자의 전제정치를 성륜(聖輪)의 소멸로 묘사하며 심지어 성륜이 사라지지 않도록 불침번을 서는 데 실패한 군주(지배자)는 교체의 각오를 해야 한다(Ratnapala, 1992). 그렇기 때문에 전통적 규범의 담지자인 전근대사회의 지배계층조차도 오늘날 자본주의적 사회경제구조가 강제한 민중 일반의 생계문제와 그와 연동된 생활윤리를 억제하기보다는 그것을 인정하지 않을 수 없었고, 이는 심정 중시의 합심주의 종교성이 지배적인 경향을 이루는 데 일조했다. 물론 심성 중시의 합심주의 종교성이 지배적인 전근대사회에서도 심정 중시의 합심주의적 종교성이 그림자처럼 잠재되었듯이, 오늘날 한국사회에서 심정 중시의 합심주의가 지배적이 되었다고 해서 심성 중시의 합심주의 종교성이 사라지는 것은 결코 아니다.

합심주의 종교성이 구현된 실제를 보더라도, 유교사회의 질서를 유지하는 규범이자 기제인 예(禮)는 심성만이 아니라 인간의 자연스런 감정을 매우 중시하였고 시대의 변화에 따른 상황의 논리를 적극적으로 반영하였다.[27] 일상생활의 예가 평상적 상례(常禮)만 강조한 것이 아니라 변례(變禮)도 적극적으로 사고하지 않으면 안 되었던 이유다. 한국 성리학의 정체성과 전통성을 가장 잘 간직한 것으로 알려진 퇴계학파의 대표적인 예학서의 제목이 상변통고(常變通攷)[28]인 까닭이다. 이

---

26) 無恒產而有恒心者 惟士爲能 若民則無恒產 因無恒心 苟無恒心 放辟邪侈 無不爲已 及陷於罪 然後從而刑之 是罔民也 焉有仁人在位罔民而可爲也(《孟子》, 〈梁惠王〉).

27) 《국역 상변통고》 제1책에 이에 대한 자세한 근거가 제시된다.

렇게 볼 때, 합심주의 종교성의 양면성을 총체적으로 고려할 수 있는 상변통고의 방법론은 합심주의 종교성과 그로부터 파생된 사회현상을 이해하는 데 적합한 내재적 방법론이라고 생각된다.

3. '베버 불교론'의 비판적 검토

아직까지도 불교에 대한 사회학적 저술이 거의 없다는 점을 고려할 때, 베버의 《힌두교와 불교》는 불교에 대한 기념비적인 사회학적 저술임에 틀림없다. 그럼에도 불구하고 동시에 명백한 점은, 《힌두교와 불교》야말로 부재적 잣대(프로테스탄티즘 윤리의 종교성이란 잣대)로 재구성된 '허수아비' 불교론인 동시에 동양사회의 자본주의 불임(不姙)을 입증하는 동양사회론이라는 사실이다. 이에 여기에서는 우선 그중 일부 즉 베버의 불교론을 비판적으로 검토해보고자 한다.

《힌두교와 불교》에서 베버는 약 3분의 1의 분량을 할애하여 불교 전반을 집중적으로 논의한다. 두말할 나위도 없이 베버는 고대불교로부터 논의를 시작하는데, 그는 고대불교를 두 가지 차별성, 즉 정통파인 힌두교와의 차별성과 대승불교와의 차별성 속에서 논의한다. 무엇보다도 고대불교란 표현이 대승불교와의 차별성을 전제한 표현이며, "고대불교는 … 아트만이나 … '개체성'의 문제에 대해서도 거부하는 입장에

---

28) 상변통고는 '조선시대 예학의 최고봉'이라 일컬어지는 예학서의 명칭인데, 상례와 변례를 통일적으로 종합한 독창적 예론이라는 숨은 의미도 내포한다. 통례 4권, 관례 1권, 혼례 1권, 상례 16권, 제례 3권, 향례 1권, 학교 1권, 국휼례 1권, 가례고의 2권 등 총 30권으로 이루어졌는데, 최근 경성대학교 한문학과 교수들이 주축이 된 한국고전연구회가 2004년부터 5년간 국역과 주석 작업을 하여 《국역 상변통고》(신지서원, 2009)로 출간되었다.

서 있었다"(Weber, 1958: 205)는 진술은 정통파인 힌두교와의 차별성을 전제한 표현이다. 그러나 베버는 구원론의 차원에서 보면 고대불교의 구원론은 대승불교의 구원론뿐만 아니라 힌두교의 그것과도 공통점을 갖는 것으로 전제한다. "이러한 구원의 상태(*certitudo salutis*), 즉 구원받은 자가 현세에서 누려야 할 평안의 향유야말로 인도의 종교가 추구하는 심리적 상태이다. 마치 지반무크티(jivanmukti: 현세해탈)처럼, 인도의 성자들은 지금 여기에서조차(*even here and now*) '세상을 초탈한 삶의 축복'(*the bliss of the world-detached life*)을 향유하고자 할 것이다. … 고대불교 특유의 최후의 목표달성도 바로 이것 그리고 바로 이 목표만을 추구하는 것으로 구성되었다는 사실을 명심하는 것이야말로 고대불교를 평가할 때 매우 중요하다."(Weber, 1958: 205~206)

문제는 이러한 구원론이 현세거부의 윤리로 귀결된다는 것이다. "구원을 방해하는 모든 환상의 근본원인은 소멸되지 않은 불멸의 단위로서의 영혼에 대한 믿음이다. 바로 이러한 불교적 입장 때문에, 이승뿐만 아니라 저승의 삶에 대한 믿음과 관련된 바람, 희망 그리고 모든 혹은 그 어떤 좋아하는 것 등에 집착하는 것은 어리석은 행동일 뿐이다. 이러한 모든 것은 허망하기 짝이 없는 무에 집착하는 것이다. … 따라서 불교에서 추구된 것은 영원한 삶을 지향하는 구원이 아니라 영원히 지속되는 죽음의 평안함을 지향하는 구원이었다."(Weber, 1958: 207) 베버에 따르면 이러한 불교의 구원론은 개신교의 그것과는 근본적으로 다르다. "불교는 통상적인 구원 개념을 부정하였다. 의도성의 윤리에 기초한 죄의 개념은 그것이 힌두교에 부적절했던 것처럼 불교에서도 적절한 것이 결코 아니다. … 죄가 구원을 가로막는 전부는 아니었다. 궁극적으로 구원을 방해하는 힘은 죄에 있지 않았다. '악'이 아니라 무상한 삶 그 자체가 구원의 장애물이었다."(Weber, 1958: 208)

이러한 구원론으로 말미암아 불교에서 구원의 수단은 지혜일 수밖에 없다고 베버는 지적한다. "불교에서도 구원은 지혜를 통해서 확보된다. 이것이 세속이나 천국의 일 혹은 사물(*things*)에 대한 폭넓은 지식이란 의미가 아님은 물론이다. 오히려 그와 반대로 초기 불교는 바로 이 영역에 대한 지식욕에 극도의 억제를 요구했다. … 오히려 구원을 가져다주는 '지혜'는 고(苦)의 본질(*nature*), 기원(*origin*), 조건들(*conditions*), 그리고 그 파괴의 수단들(*means of destroying suffering*)이란 네 가지 위대한 진리(四聖諦)를 실천함으로써 비로소 얻게 되는 깨달음이다."(Weber, 1958: 209) 그리고 이러한 깨달음에 도달하기 위해서는 명상이 필요하다고 지적한다. "붓다는 아트만(*atman*)을 지적 구성물(*intellectualistic constructions*)로 보지 않고 주체의 자원론적 구성물(*a voluntaristic construction*)로 간주하였다. 거기에는 '에고'(*ego*)도 없고 '세계'(*world*)도 없으며, 오직 모든 종류의 감각들, 의지적 노력들, 그리고 표상들 — 이들이 함께 모여 '실재'(*reality*)를 구성한다 — 등의 흐름만이 존재할 뿐이다. 경험되는 개개의 구성요소들도 '하나의 통일체' 속으로 결합될 뿐이다. … '개인성'(*individuality*)도 마찬가지이다. … 따라서 개인성을 지탱하는 의지나 욕망은 무지와 동일시된다. … 그러나 깨달음은 신의 은총의 선물이 아니라 끊임없는 명상의 대가일 뿐이다."(Weber, 1958: 210~211)

베버는 이러한 불교적 구원론이야말로 '이웃의 복지가 아니라 자기 자신의 개인적 구원'으로 특징지으며 그러한 점에서 거의 아무런 사회적 가치를 지니지 않는 것으로 평가한다. "사회적 책임의 감정은 불교적 구원의 교리와는 거리가 멀 수밖에 없다. 또한 독특한 유형의 불교적 이타주의인 자비조차도 단지 삶의 수레바퀴 속에서 살아가는 모든 인간의 생존투쟁을 허망하게 바라볼 때 감성이 통과하는(스쳐지나가는) 단계들 중의 하나일 뿐이고, 점진적인 지적 깨달음의 조짐이기는 하지만 그러나 적극적 형제애(*active brotherliness*)의 표현은 아니다. … 합리적 행위의 세계와 아라한의 이상을 연결할 다리가 없다. 또한 거기에는 적극적 의미의 '사회적' 행위로 이어질 통로도 없다. … 구원은 절대적으로 자력적인 개인의 개인적 수행이다. 아무도, 특히나 그 어떤 사회적 공동체도 그를 도와줄 수가 없다. 모든 신비주의의 반사회적 특성이 바로 여기에서 그 절정에 도달한다."(Weber, 1958: 213)

게다가 베버는 이러한 구원론조차도 계층적 한계성을 지닌다고 주장한다. "구원의 전망을 세속으로부터 초탈한 사람(출가자; 승려)에게 국한시켰던 것은 인도의 전통과 일치한다. 그러나 불교의 경우 그 이유는 불교의 구원 교리의 독특한 본질에서 유래한 것이다. 영원히 윤회하는 개인성의 끝없는 투쟁으로부터 벗어나 구원을 얻어서 영원한 적정상태에 도달하기 위해서는 자기 자신을 불완전한 세계와 생존투쟁에 연결시키는 모든 '갈애'를 포기하는 길밖에 없었다. 따라서 매우 자연스럽게도 그러한 구원상태는 '머무를 곳 없는'(無住) 신분집단, 즉 교리에 따르면 만행하는 제자들(후에 비구라 불렸던 사람들)에게만 허용되었다. 교리에 따르면 재가자집단은 은총의 상태를 열망하는 불제자들에게 보시를 지속할 목적으로만 존재하였다."(Weber, 1958: 214) 베버에 따르면, 바로 이러한 계층적 한계성 때문에 평신도들은 주술에 의존할 수밖에 없게 되었다. 그리고 이는 고대불교가 평신도들의 종교적 욕구를 간족시키기 위한 대승불교로 전형을 이룬 후에도 지속되었다. 그 증거로 베버는 '대승불교의 설립자'(Weber, 1958: 254)라고 간주한 용수(*Nagarjuna*)와 '대승불교의 마지막 보살'(Weber, 1958: 254)이라고 칭한 세친(*Vasubandhu*)의 사례를 든다. 베버는 용수가 수행과 지혜로 공(空)을 깨달은 자에게 주술적 힘이 있음을 인정하였다는 점을 들어, 그리고 그 후 400년 뒤 세친도 삼매의 경지에 도달하면 기적력을 발휘할 수 있음을 인정하였다는 점을 들어, 대승불교조차도 주술성을 극복하지 못하였다고 주장한다.

이렇듯 베버는 고대불교의 근본교리뿐만 아니라 대승불교의 교리적 토대를 마련한 용수의 공사상과 세친의 유식사상마저도 매우 지엽적인 이유를 들어 신비주의로 해석함으로써 사실상 불교 전체를 신비주의로 간주하고 말았지만, 동양사회 내재적 종교성의 관점에서 보면 그리고 오늘날 불교학계의 연구 성과에 따르면, 고대불교의 근본교리는 물론이고 용수의 공사상과 세친의 유식사상이야말로 지금까지의 그 어느 사상보다도 더 합리적이고 논리적인 특성을 내포하는 것으로 판명된다. 이에 다음에서는 이를 중심으로 베버 불교론을 비판해보고자 한다. 특히 용수의 공사상과 세친의 유식학은 동양사회의 합심주의 종교성의 이론적 토대를 제공한다는 점에서, 그 구체적 내용이 결코 신비주의적인 색채를 띠지 않음을 비교적 자세하게 제시해보고자 한다.

무엇보다도 먼저, 앞에서 살펴본 바와 같이 베버는 불교를 초탈적 깨달음을 추구하는 종교로 이해할 뿐만 아니라 그 깨달음은 신비성과 주술성을 수반하기 때문에 그러한 종교성은 세속사회를 합리적으로 변화시키지 못하는 것으로 해석하지만, 합심주의 종교성의 관점에서 보면, 자신의 불성 및 존재의 연기적 본성과 합일하려는 노력은 초탈적 측면만을 갖는 것이 아니라 지극히 현세적인 측면도 동시에 지닌다.[29] 또한 베버가 대승불교의 주술성을 언급하기 위한 대표적인 예로 들었던 용수의 중관사상에 따르면, 만약 어떤 사람이 수행과 지혜로 공(空)의 경지에 도달하였다는 것은 그의 마음이 이기심, 탐욕과 갈애, 증오 등을 완전히 제거하고 모든 존재가 연기적으로 존재함을 깨달았음을 의미한다. 합심주의적 관점에서 보면, 이는 자신의 일상의 마음이 부처의 마음과 합일되었음을 의미할 뿐만 아니라 타인의 진심과도 일치할 수 있는 바탕을 마련하였음을 의미하며, 그렇기 때문에 그에게는 더 이상 적이나 적대세력이 존재하지 않게 된다. 불교에서의 자비무적이란 표현은 바

29) 베일리와 마벳(Bailey & Mabbett, 2003)은 불교경전에 근거하여 이러한 두 가지 측면을 자세하게 논의한다.

로 이러한 마음의 상태를 두고 하는 말이다.[30] 마지막으로 베버가 '마지막 보살'이라고 간주했던 세친(*Vasubandhu*)은 마음의 구조를 표층에서 심층에 이르는 8가지 단계(八識說)[31]와 심층에서 표층으로 향하는 3단계(三能變)의 체계[32]로 구조화함으로써 마음의 구조와 체계 및 그 상호작용을 이론적으로 완성하였다. 그런데 인간들의 마음속에서 일어나는 구체적인 상호작용의 방식은 사람마다 각각 다를 수밖에 없기 때문에 현실 속에서 살아가는 인간의 마음은 매우 다양할 수밖에 없다. 이에 세친은 이를 크게 세 가지 즉 대상과의 관계에 따라 인연대로 살아가는 '의타기성(依他起性)의 마음', 끊임없이 자기중심적 분별의식에 매몰된 '변계소집성(遍計所執性)의 마음', 연기의 실상을 깨달은 '원성실성(圓成實性)의 마음' 등으로 유형화함으로써, 사람들로 하여금 끊임없는 수행을 통하여 자신의 마음을 '원성실성의 마음'으로 가꾸어 나가도록 강제하는 실천적 명령의 의미를 부여하였다. 게다가 세친은 사리분별력과 관련되는 말라야식 즉 제 2능변뿐만 아니라 마음의 바탕이라 할 수 있는 아뢰야식 즉 제 1능변을 발견함으로써 유식학을 완성했을 뿐만 아니라 그 실천적-종교적 의미도 부여하였다. 이렇듯 세친의 유식학은 마음에 대한 철저한 성찰을 통해, 즉 마음의 구조 및 역동성에 대한 이해와 그 이해에 기초한 실천적 명령을 통해, 정확하게 붓다의 가르침으로 귀착한다. 이렇게 볼 때, 세친이 '원성성실의 마음'에 도달한 자에게 종교적 권능을 부여한 것은 당연한 결론임에도 불구하고, 이를 세친이 '기

30) 물론 용수는 신비주의에 관심을 기울인 것은 사실이지만 동시에 자명한 사실은 용수가 그러한 신비주의의 한계 때문에 불교신자가 되었다(아끼야마사도꼬/박희준 옮김, 1992: 30)는 점을 고려하면, 베버의 주장은 사실과도 부합하지 않는다.

31) 전 5식인 안이비설신, 6식인 의, 7식인 말나야식, 8식인 아뢰야식을 말한다.

32) 아뢰야식이 '제 1능변'이고, 말나야식이 '제 2능변'이고, 전 5식과 6식의 상호작용이 '제 3능변'이다.

적'을 수용한 것으로 이해하여 주술성을 벗어나지 못한 것으로 해석하는 것은 명백한 베버의 오해다.33)

이렇게 볼 때, 합심주의 문화 속에서 살아가는 사람들은 자신의 내면에 처음부터 존재하는 비인격적 절대와 합심에 이르는 것을 종교의 궁극적 목표이자 삶의 최고의 경지에 이르는 것으로 간주하며, 거기에 이른 사람을 존경한다. 그렇기 때문에 모범적 예언을 따르는 합심주의 종교성도 소명적 예언을 따르는 종교성만큼이나 세계 종교적 특성을 지니게 되는 것이다. 바로 거기에서 각종 의례와 종교적 실천들이 파생되어 나왔음은 두말할 나위가 없다.

4. '베버 동양사회론'의 비판적 수용

베버는 《힌두교와 불교》의 말미에서 '아시아적 종교의 일반적 성격'을 다음과 같이 논의한다. 즉, 아시아사회는 다양한 컬트, 학파, 종교는 물론이고 그 각각의 내부에도 다양한 분파들이 분화된 다종교사회였다. "한편으로는 그러한 분파들의 원천이 되는 계층이 사회적으로 분화되었으며, 다른 한편으로는 각기 속해 있는 계층의 차이에 따라 그 분파의 추종자들에게 제공되는 구원 가능성의 형태(*form of hope*)도 분화되어 있었다. … 그 첫째 이유는 교양 있는 지식인계층과 문맹 대중 사이의 괴리이다. 둘째 이유는 아시아의 모든 철학과 구원론이 가진 공통적 전제, 즉 문자에 대한 지식이든 초영지이든 현세와 내세에서 최고로 신성

33) 이러한 유식학은 현상학과도 거의 유사한 논리 구조를 가지고 있을 뿐만 아니라 융의 심층심리학과도 비슷하다는 주장(아끼야마사도꼬/박희준 옮김, 1992)을 고려하면, 세친의 유식학을 주술성을 벗어나지 못한 것으로 치부해 버리는 것은 목욕물을 버리면서 아기까지 버리는 우를 범하는 것이나 마찬가지다.

한 경지에 도달하는 단 하나의 절대적인 길은 바로 지혜이라는 전제이다."(Weber, 1958: 330)

물론 베버는 여기에서 지혜는 서구적 의미의 지식과 다름을 잘 인식했다. "여기에서 지식은 이 세속의 사물 즉 일상적으로 나타나는 자연이나 사회생활 및 그 두 가지를 지배하는 법칙에 대한 지식이 아니다. 차라리 그것은 세계의 의미 및 삶의 의미에 대한 철학적 지식이다. 그리고 그러한 지혜는 서구의 경험과학적 수단에 의해 획득될 수가 없다. … 아시아 그리고 인도는 세계의 의미 및 삶의 의미를 둘러싼 지적 투쟁을 전개한 전형적인(유일무이한) 곳이다. … 이러한 환경에 따르면, 오직 지혜만이 자기 자신과 타인을 능가하는 윤리적(혹은 주술적) 힘을 제공해준다. … 가르침을 완수함으로써 획득되는 이러한 지혜는 자기 자신과 세계를 능가하는 신비적이고 주술적인 지배의 수단 즉 초영지이다. 그리고 초영지는 금욕주의나 혹은 엄격한 명상을 통한 몸과 정신의 집중적 수행에 의해 비로소 얻어지는 것이다."(Weber, 1958: 330~331)

문제는 이러한 아시아적 종교성이 낳은 사회적 결과다. 베버는 다음과 같이 말한다. "그러한 지혜가 신비적 특성을 떨쳐버리지 못한다는 사실은 두 가지 중요한 결과는 낳는다. 첫째, 신비적 초영지를 갖는 능력은 거의 모든 사람에게는 허용되지 않은 카리스마이기 때문에, 구원귀족주의로 귀결될 가능성이 있다. 둘째, 비사회적이고 비정치적인 특성을 수반할 수 있다."(Weber, 1958: 331) 그 결과, "이렇듯 초세속화된 구원론은 세속적 실천 활동과 분리되어 버렸고, … 그 빈 공간에 들어선 지극히 반-합리적인 보편적 마술의 세계(*most highly anti-rational world of universal magic*)가 일상의 경제생활에 영향을 미쳤다. 그 세계로부터는 그 어떤 합리적인 세속내적 생활방식을 도출할 방법이 없었다. … 문맹 대중들뿐만 아니라 교양 있는 아시아인들조차도 그러한 (마술적) 수단들을 활용하여 일상생활을 지배하려고 하였다. 이러한 마술의 정원으로부터는 그 어떤 합리적 실천윤리나 생활방법도 도출될 수 없었다"(Weber, 1958: 333~336).

이렇듯 베버는, 아시아적 종교의 구원 유형적 특성에 근거하여, 동양사회에서 근대 서구적 의미의 자본주의를 탄생시킬 수 있는 생활양식이 창출될 수 없었다고 결론짓는다. 물론 베버가 관찰한 것처럼 실제로 전근대 동양사회에서는 서구 근대적 의미의 자본주의가 잉태되지 않았음은 명백한 사실이다. 그러나 그것은, 비록 종교사회학적 측면에 한정하더라도, 당시 동양사회에 청교도 윤리에 필적하는 경제윤리가 없었기 때문이기보다는 동양사회 내재적 종교성과 관련된 결과일 것이다.

무엇보다도 베버 스스로가 다른 이야기도 한다. 베버는 《힌두교와 불교》를 다음의 문장으로 마무리한다: "서구의 경우 그러한 것(필자: 합리적으로 형성된 계시적 예언이 평신도들에게 윤리를 제공한 것)의 출현은 매우 특수한 역사적 결정체(*highly particular historical constellations*) 들에 의해 조건 지어졌는데, 만약 그러한 결정체가 없었다면 서구에서의 발달도 아시아, 특히 인도의 전형적 발전 코스를 답습할 수밖에 없었을 것이다"(Weber, 1958: 343). 이는 서구가 극히 예외적으로 자본주의정신과 친화력을 가진 이념적 특징만이 아니라 자본주의 발흥에 유리한 조건을 갖추었음을 암시하는 동시에 인도나 중국은 두 가지 모두 결격사유에 해당하는 경우였음을 암시하기도 한다. 실제로 가산제적 통일국가로 특징짓는 베버의 중국사회론은 유교가 가진 종교성만이 아니라 그것이 실현될 수 있는 조건 즉 교권주의적 구조를 가진 자율적 교회의 부재, 시민층이 중심이 된 자율적 산업도시의 부재, 그리고 신분구조에 바탕한 봉건제도의 부재에 기초한다.[34] 그리고 또 하나, 당시 동양사회에서는 이 글에서 강조하는 이념적 요소 즉 '심성을 중시하는 합심주

34) 전성우(2003)은 이에 대해 매우 자세하게 논의한다.

의 종교성'이 지배적이었다. 복잡하게 얽힌 무수한 조건들이 영향을 미쳤을 것이기 때문에 특정한 몇 가지 조건들을 확정할 수는 없지만, 이념적 요소에만 한정하여 말한다면 당시의 심성 중심의 합심주의 종교성이 개인의 욕망을 과도하게 억압하는 등 합리적 행위의 발전에 부정적이었을 것이라는 점은 분명하다. 이렇듯 사회구조적 요인과 이념적 요인을 종합해볼 때, 결과적으로 전근대 동양사회에서 서구 근대적 의미의 자본주의가 잉태되지 않은 것은, 청교도 윤리에 필적하는 경제윤리가 없었기 때문이라기보다는 '심성을 중시하는 합심주의 종교성'이 지배적인 이념적 요소였을 뿐만 아니라 그러한 종교성을 '심정을 중시하는 합심주의 종교성'으로 전환시켜 줄 수 있는 사회구조적 조건도 갖추어지지 않았기 때문으로 해석할 수 있을 것이다.

그렇다면 최근 동양사회의 자본주의적 발전을 어떻게 이해해야 하는가? 이와 관련하여 여기에서는 지면의 한계상 매우 시론적 차원에서 한국의 사례를 합심주의 종교성의 잣대로 해석해보고자 한다.

주지하듯이 1960년대 이후 한국사회는 역사적으로 '압축적인' 자본주의적 성장을 경험한다. 1960년대 이후 한국사회는 산업화와 도시화를 통하여 자본주의적 발전에 유리한 조건을 갖추었을 뿐만 아니라 심성 중시의 합심주의 종교성도 심정이나 욕망의 실현을 중시하는 합심주의 종교성으로 전환되었다. 그렇다면 이러한 전환은 어떠한 사회적 함의를 지니는가? 우리가 앞에서 '절집의 우스개'를 통해 언급했듯이, 합심주의 사회에서는 그 대상이 변하더라도 그 변한 대상보다는 그에 대한 합심에 도달하는 것이 더 결정적인 의미를 갖는다. 실제로 합심주의사회에서 가장 힘든 것은 상대방의 마음을 정확하게 읽고 상호 마음을 맞추는 일이다. 유교의 예학은 바로 그 정신에서 탄생한 것이며[35] 그러한 예학

35) 이와 관련한 논의는 하곱 사르키시안(2011)을 참고하기 바란다.

의 종교문법이 바로 '상변통고'이다. 그렇기 때문에 합심주의사회에서는 마음에 맞으면 마음에 들게 되고 마음에 들면 모든 것을 다 얻을 수 있다. 심지어 마음을 얻는 자는 천하를 얻을 수도 있다. 더욱이 합심의 당사자는 연기적 관계에 놓여 있기 때문에 일단 합심이 되면 행위의 주체는 무한한 정열과 에너지를 발산한다. 그렇기 때문에 상대방의 진심을 알아차리고 거기에 나의 마음을 합일시키는 것이야말로 성공적인 사회생활의 지름길이었다. 동시에 사회구성원들의 마음이 모두 진심에서 하나가 되는 상태를 심금(心琴)이 우는 것으로 표현하는데, 마치 유명한 음악가가 거문고의 현을 탈 때 거문고가 울듯이, 합심이야말로 수많은 청중의 마음을 울리거나 움직일 수도 있다. 물론 심금을 울리지 못하면 한국인은 특정한 대상에 대한 동원을 철회하고 다른 대상으로 마음을 옮겨갈 준비가 되어 있다. 이러한 합심주의적 종교성의 특성 때문에 합심주의사회의 인간관계는 항상 상변통고의 방법으로 해석하지 않으면 안 된다. 그리고 바로 그렇기 때문에 합심주의 속에서 서구적 의미의 합리주의는 얼마든지 배태될 잠재성도 존재한다. 만약 모든 사람들이 그리고 행위자 자신이 합심의 차원에서 서구적 의미의 근대적 합리주의를 수용한다면, 그것이 곧 합리 중시의 합심주의를 구성하게 된다. 이렇게 볼 때, 마음문화가 발전된 사회의 경우 사회구성원들의 합심의 대상이 무엇이었는가의 문제는 사회발전에 결정적 함의를 가질 수 있다. 그런데 1960년대 이후 한국인에게 합심의 대상은 오직 하나, 경제발전이었다. 이는 합심주의 종교성도 산업화라는 특정한 역사적 계기를 통해 자본주의발전과 모종의 친화력을 가질 수 있음을 암시한다.

5. 나가며

베버의 《세계종교와 경제윤리. 중간고찰》을 번역한 전성우는 그 글의 저술배경을 언급한 짧은 지면에서, 베버 자신이 중국인의 적응능력이 모방의 귀재로 알려진 일본인들보다 오히려 높다고 지적했음을 언급한다. 그럼에도 불구하고 베버나 전성우도 왜 중국인이 그러한 적응능력을 갖추었는지는 분명하게 밝히지 않는다.

비록 가설적 차원이지만, 이 글의 발견에 따르면 다음과 같은 조심스러운 해석도 가능할 것이다: 어쩌면 그러한 적응능력은 대상에 행위자 자신의 마음을 합하려는 이념적 요소 즉 유교와 불교의 합심주의적 종교성에서 유래했을 가능성도 배제할 수 없다. 물론 합심주의적 종교성은 자본주의적 적응에 유리한 '심정 중시의 합심주의 종교성'의 얼굴도 갖고 있지만 그 변색 이전의 얼굴 즉 '심성 중시의 합심주의 종교성'의 얼굴도 가진바, 바로 후자는 전근대 및 1960년대 이전 한국사회의 자본주의 불임 및 저발전의 이념적 요인으로 작용한 것으로 추측된다.

그렇다면 이러한 발견의 의의는 무엇인가? 두말할 나위도 없이 동양사회 부재적(不在的) 요인에 의한 베버의 동양사회론을 비판적으로 검토해보려는 시도 그 자체에서 찾을 수밖에 없다. 그러나 그것마저도 이 연구의 후속과제, 즉 이러한 비판의 도구로 활용한 합심주의 종교성과 동양사회의 변동 사이의 관계를 본격적으로 탐색해보는 후속 과제를 완성한 다음에야 충분히 이루어질 것이다.

참고문헌

국내 연구서

권규식, 1983, 《종교와 사회변동: 막스 웨버의 종교사회학》, 형설출판사.
김경호, 2011, "한국유학: 도덕정감", 《유교·도교·불교의 감성이론》, 경인문화사, 37~58.
김상준, 2011, 《맹자의 땀 성왕의 피》, 아카넷.
김홍중, 2009, 《마음의 사회학》, 문학동네.
류장원 원저, 2009, 한국고전의례연구회 역주, 《국역 상변통고》, 신지서원.
막스 베버, 2008, 전성우 옮김, 《막스 베버 종교사회학 선집》, 나남.
박성환, 1992, "한국의 가산제 지배구조와 그 문화적 의의", 《막스 베버와 동양사회》, 나남, 359~392.
아끼야마사도꼬, 1992, 박희준 옮김, 《깨달음의 분석》, 우리출판사.
에밀 뒤르켐, 1992, 노치준·민혜숙 옮김, 《종교생활의 원초적 형태》, 민영사.
유승무, 2010, 《불교사회학》, 박종철출판사.
전성우, 1992, "막스 베버의 근대사회론", 유석춘 편, 《막스 베버와 동양사회》, 나남, 17~72.
______, 1996, 《막스 베버의 역사사회학 연구》, 사회비평사.
______, 2003, "막스 베버의 유교론", 〈남명학연구〉 16호, 299~334.
추 자오후아, 2011, "순자: 정감과 가치", 정용환 등저, 《유교·도교·불교의 감성이론》, 경인문화사, 19~36.
폴커 초츠, 1991, 김경연 옮김, 《붓다》, 한길사.
하곱 사르키시안, 2011, "공자: 정서의 안과 밖", 정용환 등저, 《유교·도교·불교의 감성이론》, 경인문화사, 3~18.

해외 연구서

Bailey, G. & Mabbett, I., 2003, *The Sociology of Early Buddhism*, Cambridge University Press.
Bellah, R. N., 1957, *Tokugawa Religion: The Values of Pre-industrial Japan*, New York: Free Press.

Hamilton, P., 1991, *Max Weber: Critical Assessments*, Routledge.

Ratnapala, R., 1992, *Buddhist Sociology*, Sri Satguru Publication, Delhi-India.

Weber, M., 1958, *The Religion of India*, translated by Gerth, H. H. & Martindale D., The Free Press.

______, 1968, *Economy and Society*, Guenther & Wittich, C. (eds.), Bedminster Press.

論語.

孟子.

大學·中庸 集註(成百曉 譯註), 2003, 전통문화연구회.

근대전환기 종교영역의 재구성

— 베버의 '가치영역의 분화' 명제를 중심으로

이명호

1. 들어가며

한국사회의 근대적 전환을 다루는 여러 연구들이 다양한 분과학문에서 다양한 주제로 이루어지고 있다. 교육제도·의료체계·규율체계 등과 같은 제도에서부터 시민·인권·종교 등과 같은 개념에 이르기까지 근대전환기에 수용되었거나 변화된 거의 모든 대상이 연구주제에 포함된다. 하지만 모든 대상들이 연구되는 것은 아니다. 연구자의 관심과 학계의 경향, 사회적 요구 등에 의해 연구주제들이 제한된다. 대표적으로 이 논문의 분석대상인 종교영역(*sphere of religion*)에 관한 연구는 그리 많지 않다. '무관심하다'라고 정리할 수 있을 만큼 종교 관련 연구를 찾기 힘들다. 종교학과 불교사학, 기독교사학 등 일부 분과학문에서 종교의 근대적 전환이 관심 있게 다루어질 뿐이다. 그리고 이 성과들은 분과학문의 테두리에서만 머물고 인접한 분과학문들과도 연계되지 않고 있다. 때문에 근대전환기 한국사회의 구조변동을 종합하는 연구들에서 종교영역은 '구색 맞추기' 정도의 자리를 차지하며, 그 이해의 정도도 타 영역에 비해 그리 깊지 않다.

전통사회에서 근대사회로의 전환과정에서 '종교'가 지닌 중요성을 고려하면 현재와 같은 무관심은 중요한 핵심요인 중 하나를 배제하고 한국사회의 근대적 구조변동을 이해하는 것과 같다. 이 글은 이러한 문제의식에 기초하여 한국사회의 종교영역을 분석하며 크게 세 부분으로 구성된다. 첫 번째로 본격적인 전개에 앞서 종교영역의 일반적 구조를 정리하였다. 베버의 '가치영역의 분화' 명제와 가치영역의 일반적 구조도 함께 다루었다. 두 번째 단계에서는 한국사회의 사회구조와 종교영역을 근대 이전과 근대전환기로 구분하여 검토하고 그 구조를 분석하였다. 마지막으로 두 번째 단계에서 정리한 전통사회와 근대전환기 종교영역의 구조를 비교하여 종교영역의 재구성이 가진 의미를 분석하였다.

2. 가치영역의 분화와 종교영역

1) 가치영역의 분화

베버는 '근대'를 '가치영역의 분화'로 이해한다. 이때 가치영역(*Wertsphäre*)은 인간의 다양한 정신적-실천적 활동영역을 뜻하며, 정치・경제・예술・에로틱・과학・종교 등이 대표적 예이다. 베버는 단일한 그 무엇으로 존재하던 사회적 공간이 다양한 가치영역으로 분화되는 과정을 합리성(合理性, *rationality*) 또는 합리화(合理化, *rationalization*)라는 개념으로 설명한다. 또한 베버는 각각의 가치영역이 하나의 합리적 통일체로 구성된다고 이해하고, 이 구성물이 표현하는 합리성이 사람들에게 영향력을 행사한다고 주장한다(Weber, 2008: 206~208).

여기에서 중요한 점은 '가치영역의 분화'가 종교에서 시작되었다는 점이다. 익히 알려져 있듯이 근대 이전 사회적 공간은 특정 종교/이념을 준거로 총체적으로 통제되었다. 사회구성원의 활동은 지배적 종교/이념에 종속되었다. 베버는 가치영역들이 분화되는 과정을 세밀하게 분석하지는 않지만, 〈중간고찰〉에서 가치영역의 분화를 종교의 합리화 과정과 이와 연관된 가치영역들 간의 긴장관계로 정리하였다.

두 번째로 가치영역은 그 자체 고유한 가치와 규범, 의무 등을 포괄하는 자율적 영역이다. 정치, 경제, 문화 등은 자기 이해와 운영원리를 가진 영역으로 분화되었고, 각 영역의 가치들은 다른 어느 것으로 환원되지 않는다. 정치영역, 종교영역, 경제영역 등은 다른 영역의 운영원리로 환원되지 않는 독립성을 갖는다. 물론 가치영역들은 서로 영향을 주고받으며 사회일반의 성격과 그 역사적 전개와도 영향을 주고받는다. 베버는 가치영역들 간의 '상호작용'을 강조하며, 특정한 현상은 다양한 현상들과의 상호작용에 의해 '함께 결정'(*co-determine*) 된다고 이해한다.

근대 이전에 절대적 지위를 가진 종교에서 분화되어 독자적 영역으로 독립한 개별 영역들의 운영원리는 근대 관련 연구에서 주요한 분석대상이다. 앞서 언급한 개별 가치영역의 합리성이 운영원리와 구조로 구체화되기 때문이다. 사회적 공간을 구성하는 경제영역, 정치영역, 사회·문화영역 등 각각의 영역별로 세분화된 연구를 진행하여, 개별 영역의 운영원리와 구조를 분석할 필요가 있다. 개별 영역들은 긴밀하게 연결되어 있으며 사회일반의 규정력을 크게 이탈하기 어렵기 때문에 사회일반에 대한 분석과 이해도 중요하다. 하지만, 특정한 역사적 조건과 환경에서는 개별 영역의 운영원리(또는 구조)가 사회일반의 규정력을 뛰어넘어 그 자체가 사회일반을 규정할 수도 있다. 근대적 전환이 진행되는 시기는 더욱 그러하다.

'가치영역의 분화'와 관련된 세 번째 특징은 종교에서 독립된 정치공동체의 구성이다. 이는 국민국가(*nation-state*)의 출현과 국민국가의 네트워크로서 세계사회의 등장을 의미한다. 서구의 경우 근대 이전에 정치공동체는 오늘날과 같이 단일한 형태를 띠지 않았다. 지역과 민족 등에 따라 다양한 형태로 발전하였고 이렇게 발전한 여러 형태들이 공존하였다. 베스트팔렌조약을 계기로 서구에서 근대국민국가가 출현하고 이들 국민국가의 체계로서 유럽이 등장하였다. 조선이 속한 유교문화권도 서구보다는 정치체의 다양성 정도가 약했지만 사회와 민족에 따라 그 형태는 다양하였다. 서구의 진출과 함께 그리고 제3세계의 독립으로 근대국민국가는 세계사회의 표준이 되었고, 대부분의 민족들은 제2차 세계대전을 계기로 이를 형식적으로 완성하였다. 또한 경제적 측면에서 시장의 위치 변화도 중요하다. 근대 이전의 사회에서 시장은 독립된 영역으로 존재하기보다는 공동체와 구성원들의 생존을 위한 영역으로 공동체 내에 존재하였다. 하지만 근대적 전환을 통해 시장은 독립된 영역으로 분화되었다.

이러한 '가치영역의 분화'는 근대화 후발국가에서도 유사하게 진행되었다. 그러나 이러한 변화가 서구에서는 약 200년이란 시간에 걸쳐 발생하였지만 비서구에서는 이보다 짧은 시간에 사회 자체의 역사적 발전경로가 아닌 외부의 충격에 의해 발생하였다는 차이가 있다.[1)]

1) 물론 일본과 같이 해당사회의 지배계층에 의해 자발적으로 수용된 사례도 있으며, 남아메리카나 유럽의 이주식민지처럼 유럽인들이 이주와 함께 근대적 제도를 함께 이식한 사례도 있다. 하지만 원주민의 입장에서 그리고 일본도 세 가지 변화는 갑작스런 사건이었다는 점에서 충격을 동반하였다.

2) 근대사회로의 전환과 종교의 위상 변화

이 논문은 근대사회와 근대 이전 사회를 구분 짓는 가장 큰 특징이 가치영역의 분화이고, 각각의 가치영역은 고유한 운영원리를 갖는다고 전제한다. 근대 이전 사회는 특정 종교/가치/이념에 의해 총체화된 사회였다. 종교는 일상생활을 규제하는 가장 강력한 사회적 힘 가운데 하나였다. 종교적 규범과 교리(지식) 체계는 사회구조, 세부적으로 정치제도, 경제제도, 가족제도, 계층제도 등과 연관되었다. 근대적 전환으로 이러한 총체성이 붕괴되었다. '도그마를 상실한 종교'와 '종교에서 해방된 사회'가 가치영역이 분화된 근대의 모습이다.

베버가 탈주술화 개념으로 분석했듯이, 근대 이전 사회를 지배했던 종교적 권위는 종교개혁을 계기로 해체되었다. 종교 안에 머물던 다양한 가치와 행위들이 분화되는 과정에서 종교의 세속화 명제가 등장하였다. 세속화론은 근대 이전 사회에서 모든 사회문화적 현상들을 하나로 묶는 통합적 기능을 담당했던 종교가 근대 이후에는 그 기능을 상실했다는 사실에 주목한다. 세속화론에서는 종교가 서구에서 18세기 계몽주의 시대를 거치면서 사회발전의 원동력으로서의 기능을 상실했고 19세기에는 정치와 경제, 그리고 근대적 사회문화 현상들에 모든 기능을 양보하며 단순한 전통으로 머무른다고 주장한다(나인호, 2003). 이 세속화론의 영향으로 근대 일반 연구에서 종교는 중요하게 다루어지지 않았다.[2)]

---

2) 한때 세속화 명제가 정설로 받아들여지던 시기가 있었다. 정기적으로 교회에 다니는 교인의 수가 줄어드는 현실과 기성종교들의 사회적 영향력 축소 등이 그러한 사례로 제시되었다. 하지만 오늘날에도 종교가 소멸되지 않고 종교적 믿음과 제의의 자율성이 여러 사회에서 재확인된다. 여전히 많은 사람들이 종교적 신앙을 견지하며 제도로서의 종교를 선택한다. 제도 종교를 선택하지 않더

베버는 종교를 주술(*magic*)로부터 나온 것이며, 부·건강·장수·풍년 등과 같은 인간의 세속적 소망을 획득하는 수단이란 성격을 지녔다고 분석한다. 주술은 이후 자체의 합리화 과정을 거쳐 '구원의 종교'로 이행되었다. 이 합리화 과정을 거쳐 종교는 다른 세속적 '가치영역'들과 구별되고 대립되는 독자적 가치영역으로 변화되었다. 하나의 사회적 공간에 용해되어 있던 가치들이 여러 가치영역으로 분화되면서 가치들 간의 '긴장'(*tension*)이 발생하고 강화된다. 베버는 이 긴장관계를 종교를 중심으로 정리한다. 이러한 긴장관계는 종교·경제·정치·예술·에로틱·과학 등 개별 가치영역에서 나름의 독자성이 강화되고 심화될수록, 종교가 점차 '진정한 구원의 종교'(*true religious of salvation*)에 가까워질수록 가치영역 간의 긴장은 증가한다. 물론 종교는 경제적·정치적·지적 또는 성적 '이해관심'(*interest*)에 기인하는 세속적 요구들을 끊임없이 수용하면서 나름대로 적응한다. 하지만 이 긴장관계 자체가 해소되지는 않는다. 일시적으로 약화될 뿐이다.

종교영역을 본격적으로 다루기 전에, 근대적 전환과정에서 종교와 정치가 분리된 과정을 살펴볼 필요가 있다. 가치영역이 분화되는 실제적 사례를 종교와 정치의 분리가 가장 극명하게 보여주기 때문이다. 고대 중국에서 정치적 질서는 종교적 질서에 대응하여 정립되었다. 유교적 원칙에 입각해서 사회구조가 조직화되었고, 그 영향으로 관료주의가 다른 지역에 비해 이른 시기에 정착하였다. 이와 같이 근대 이전에 권력의 정당성은 일정부분 종교로부터 부여되었고, 종교가 그 정당성을 확인한 권력만이 신성한 토대 위에서 안정될 수 있었다. 고대 이집트의 파라오는 자신들이 신의 후손이며 신이 자신들에게 왕의 자격을 부

라도, 영혼·영성·신성 등과 유사한 종교적 체험과 마음수련·명상수련 등과 같은 종교적 수행에 관심을 갖는 사람들도 증가하고 있다.

여했다는 식으로 권력과 종교를 결합시켰다. 이러한 관계는 근대로 접어들면서 해체되기 시작하였다. '가톨릭교회의 장녀'라 불리던 프랑스에서 가장 격렬한 방법으로 종교와 정치의 분리가 이루어졌다. 프랑스의 교권반대주의는 1795년 대혁명 직후 1차로 교회와 국가가 분리되는 형태를 취했다. 하지만 가톨릭교회가 다시금 권력을 장악하는 데 성공하자 19세기 내내 격렬한 저항운동이 이어졌으며, 결국 세속주의자들은 1870년 이후부터 비로소 자신들의 입장을 점진적으로 관철시켜나갈 수 있었다. 교육이 종교로부터 분화된 것을 시작으로 하여, 뒤이어 정치도 종교의 통제에서 분리되었다. 이러한 일련의 일들은 페리법들(1880년 종파에 관한 법, 1882년 세속화법, 1886년 교사에 관한 법)로 인해 가능해졌다. 이들의 노력은 1905년 드디어 국가와 교회의 분리를 선언하는 법이 선포됨으로써 완전한 성공을 거두었다(오다비다, 2007).

3) 종교영역의 이해

(1) 종교영역의 특성

종교영역의 특성을 이해하기 위해 '가치영역'의 일반구조에 대해 간략히 살펴보았다. 사회적 공간을 구성하는 가치영역은 해당 영역에서 추구하는 가치와 활동이 객관화된 제도와 참여자들로 구성된다. 제도를 매개로 이루어지는 실천(*practice*)은 지속적으로 취향과 성향의 체계로 축적되어 가치영역 특유의 문화(또는 분위기)로 현현된다. 이때 실천은 정치적이거나 종교적 입장의 선택처럼[3] 의식적인 행위에서부터 몸놀림이나 말투처럼 거의 무의식적인 일상적 행동에 이르기까지 일상생활에서의 갖가지 차원의 행동을 포함한다. 중요한 점은 '실천' 그 자체가

---

3) 이러한 측면에서 가치영역에서의 '실천'은 전략적 의미도 내포되어 있다.

참여자들이 가치영역의 고유한 법칙을 이해하고 가치영역의 운영원리를 받아들이고 있음을 보여준다는 사실이다. 때문에 실천은 그 의도성 여부와 무관하게 가치영역에서 추구하는 목표를 달성하기 위한 행위이다. 이처럼 가치영역은 제도와 참여자, 실천으로 분석할 수 있다.

종교영역은 종교제도, 종교영역 참여자, 종교적 실천인 신앙활동 등으로 구분된다. 종교제도에는 종교별 신앙조직과 규범, 종교 관리를 위한 법률과 행정 등이 포함된다. 또한 개별 종교들이 가진 교리체계를 구현하기 위한 활동과 신앙조직과 신앙공동체의 재생산을 위한 활동도 종교제도에 포함된다. 이 종교적 활동은 조직, 법률, 행정처럼 고정되어 있지 않고 시기와 사회에 따라 다양하다. 베버의 주장과 같이 종교는 일차적으로 특정한 담지자(*Träger*) 계층의 이데올로기나 물질적 또는 이념적 이해관심의 '반영'일 수 있기 때문이다. 담지자 계층의 사회적 조건과 이해관심에 따라 종교적 활동의 형식과 내용이 달라진다. 하지만 종교가 이해관심의 '단순한 함수'이거나 기계적 '반영'은 아니다. 베버에 의하면 종교(이념을 포함한)는 이해관심을 대변하는 '이데올로기'이지만 동시에 항상 이 이해관심을 넘어서는 의미를 지닌다. 이것은 무엇보다 베버가 가진 인간관과 연관된다. 베버는 인간이 세 가지의 이해관심, 첫째 권력이해, 둘째 물질적 이해, 셋째 정신적 구원이해를 가지고 있다고 규정한다. 이 세 가지 이해관심은 상호 밀접히 연관되고 또 상호작용하지만 이들은 서로 환원될 수 없는 고유성을 갖는다. 따라서 베버는 종교를 하나의 진정한 인간적 경험이 표출되는 (집단적 그리고 개인적) 상징세계로 보면서 이 세계를 상대적으로 고유한 법칙을 가진 독자적 세계로 인정한다. 종교의 힘은 상당 부분 종교적 원천 그 자체에서 그리고 종교적 욕구에서 생성된다(전성우, 2001: 375~376).

(2) 종교영역 참가자

담지자 계층은 특정 종교적-철학적 이념체계나 사회운동 또는 조직을 주도적으로 이끄는 계층이다. 베버의 사회학적 분석은 이 담지자 계층에 초점이 맞추어져 있다. 종교의 경우는 종교적 활동과 이에 기반을 둔 생활양식(*Lebensfürung*)의 형성을 주도하는 계층이 담지자 계층이며, 그들의 성격은 종교에 따라 상이하다. 유교는 문자해독이 가능한 문인계층, 불교는 종교 전문가 집단인 탁발승들이었다. 초기 힌두교는 베다교육을 받은 브라만들이 담지자였지만, 인도 중세기에는 하층민들이 담지자 계층으로 나타나면서 힌두교의 변화를 이끌기도 하였다. 유대교는 천민 계층의 종교였으며, 중세에는 지식인 계층이 유대교를 주도하였다(Weber, 2002: 167~174).

이를 고려하면 종교 담지자 계층의 분석에서는 해당 계층이 종교 전문가 집단인지 또는 평신도 집단인지도 중요하다. 뛰어난 종교적 감수성과 지식을 준거로 종교영역을 주도하는 전문가 집단은 그들이 특정한 시간과 장소에서 특정한 규범의 지배에서 이루어지는 신앙의 정규조직과의 관련성에 따라 성직자와 예언자로 구분된다. 성직자는 정규신앙조직에 소속되어 종교적 신앙활동을 이끈다. 예언자는 순수하게 개인적 카리스마에 의지해 종교적 교의나 신의 섭리를 주장·전파한다. 성직자 계층이 예부터 전해 내려오는 성스러운 전통에서 권위를 부여받지만, 예언자는 개인적 소명(召命)에 근거하여 스스로의 권위를 주장한다. 논문에서 다루는 전환기에는 예언가와의 관련성이 높아진다. 모든 예언은 기존의 전통에 저항하고 인간의 삶과 행위를 보다 규범적으로 통제하고 체계화하려 하기 때문이다(양영진, 1990: 16~18). 종교적 전문가들에 비해 종교적 감수성이 낮은 일반사람들은 '평신도' 집단을 이룬다. 평신도들은 교리의 이해와 해석, 종교활동을 전문가 집단에 의존한다. 신비한 종교적 경험이나 종교적 의례를 위해서 평신도들은 성직자나 예언자들이 필요하다.

평신도 집단과 성직자 계층의 분화는 종교영역의 출현과도 맥을 같이한다. 서구에서 종교영역의 출현은 도시출현과 노동분업과 관련된다. 도시가 출현하고 노동이 분업화되면서 교화(*moralization*)의 필요성이 증가하였다. 그리고 이를 위해 종교적 신념과 실천을 보다 체계화(*systematization*)해야 한다는 요구도 증대하였다. 이에 따라 정교하게 조직된 경전과 비전(秘傳)의 생산과 재생산에 필요한 특수한 능력의 배타적인 보유자로서 사회적으로 인정된 종교 전문가 집단이 '구원재'(*salvation goods*)를 독점하게 되었고 이들은 성직자 집단으로 재구성되었다. 그리고 종교자본을 박탈당한 평신도 집단은 성직자의 지도와 보호가 필요한 존재가 되었다. 이러한 과정은 유일신의 종교에서 보다 분명하게 진행되었다(최종철, 1996: 65).

(3) 종교적 실천

종교영역은 구원 수단을 중심으로 구성된다. 이때 '구원'은 모든 인간사회에 존재하는 근원적 문제, 예를 들면 사회적 불평등에서부터 현재 직면한 고통과 가난, 그리고 질병과 죽음에 사회구성원들이 받아들일 수 있는 정의로운 답을 제시하는 일이다.[4] 답의 지향에 따라 구원은 현세지향과 내세지향으로 구분된다. 현세지향적 구원은 현세에서 자신에게 부족/부재한 부(富), 건강, 권력 등을 기원하는 형태에서부터 현세에서의 행복을 중시하고 이를 추구하는 공리적 형태까지 다양하다. 내세지향적 구원도 내세에서는 보다 나은 곳에서 태어나길 추구하는 믿음과 고통의 현세에서 자신을 구원할 메시아에 대한 믿음, 메시아가 있는

4) 베버의 종교사회학도 이러한 문제에 대한 세계 종교들의 다양한 답을 추적하는 과정이라 할 수 있다(전성우, 2001).

곳에 태어나길 바라는 믿음 등으로 구분할 수 있다.

종교적 실천은 특정 사회 내에서 일정규모 이상의 집단이 지속적으로 따르는 체계적인 종교적 태도를 뜻한다. 종교적 실천은 개인적 수준의 종교적 취향이나 종교적 관습과 깊이 연관되며, 종교적 취향이나 종교적 관습이 사회구조와 상호작용하면서 구조화된 결과라는 성격도 지닌다. 종교적 생활양식은 특정한 신앙(종교적 실천과 종교적 전략)을 따르는 특정 집단의 구성원들이 사회에 적응해가면서 나타나는 특유한 행동양식 및 사고방식을 의미한다. 종교영역에서 발현된 행동양식과 사고방식은 다른 가치영역에도 영향을 주기도 한다. 이 경우에 종교적 의미와 이유는 옅어지는 특성이 있다.

3. 사회구조의 근대적 전환과 종교영역의 재구성

종교영역의 재구성은 근대전환기의 여러 변화 중 하나이다. 한국사회에서도 18세기 중반 이후 기존의 사회구조가 변화되기 시작하였고, 19세기 중반 이후 개항을 계기로 근대적 전환은 본격화되었다. 이 과정에서 주목할 점은 근대 이전 한국의 사회구조는 유교를 중심으로 총체화된 사회였으며, 둘째 이 사회구조가 근대적 전환과정에서 급격하게 변화되었다는 점이다. 이로 인해 유교의 위상은 급격하게 붕괴되었고, 종교는 사적 영역으로 그 활동범위가 제한되었다. 이러한 과정을 거치면서 종교영역도 가치영역으로 재구성되었다.

1) 사회구조의 근대적 전환

(1) 조선의 사회구조

① 가산관료제

가산제(家産制, *patrimonialismus*)는 베버가 이념형적 방법론에 의해 구성한 개념으로 일반적으로 일체의 관계를 개인적 특권 및 은총 부여로 규제하는 지배구조이다.[5] 가산제적 국가에서 관료의 직위는 지배자의 은총에 의해 수여되는 관료 개인의 권리로 인식되어 사법(私法)적인 지배권의 성격을 띠게 되었고 사적 영역과 공적 영역의 구분이 존재할 수 없었다. 때문에 행정수단이 마치 자기의 개인적 소유물이나 권리인 것처럼 매도, 세습 가능하게 전유(專有, *appropriation*)됨으로써 가산적 성격을 띠게 된다. 이러한 행정 수단의 전유 여부가 역사적으로 유효한 가산제적 국가의 유형을 구분하는 결정적 기준이다. 가산제적 국가에서는 특히 행정수단과 행정권이 지배자〔王權〕와 관료〔臣權〕 중에서 누구에 의해, 어떤 형태로 그리고 어느 정도나 전유되느냐에 따라 권력구조에 차이가 나타나기 때문이다. 행정수단과 행정권을 지배자가 확보하는 경우에는 순수가산제의 유형이 나타난다. 그리고 신분가산제는 지배자의 권력이 귀족적 신분층에 의해 제한되고 분권화되어 가산적 성격을 상당히 상실한다. 대다수 전통적 형태의 국가는 두 가지 유형 사이에서 그 정치구조가 성립된다. 조선사회는 이 두 유형 사이에서 "가산관료제"적 특징을 보인다. 가산관료제는 가산제 국가의 규모가 증대하여 지배자가 효과적인 지배를 위해 행정 간부에게 의존하게 되고 이들의

---

5) 가산제에 대한 논의는 베버의 《경제와 사회 I》(문학과 지성사, 2003b)를 중심으로 정리하였고, 추가로 박성환(1999)와 박미해(2010) 등을 참고하였다.

충원이 가신외적(家臣外的)으로도 확대될 때 나타난다. 가산관료제에서 행정은 근대적 유형의 관료제에서나 볼 수 있는 '합리적' 요소를 갖추고 있다.[6] 하지만 지배의 근거는 여전히 '전통적 정당성'에 근거한다. 이런 측면에서 가산 관료와 지배자의 관계는 전통적 지배관계에 전형적인 공순(恭順, *pietät*)을 기반으로 한다(박성환, 1999).

가산관료제의 성격을 띤 조선사회에서는 지배자인 왕은 공순을 바탕으로 한 관료층의 도움으로 권력의 중앙집권화를 유지했고, 그 대가로 양반 관료층은 왕으로부터 독점적 신분권을 획득할 수 있었다(박성환, 1999: 55). 조선사회의 가산제적 특징은 대략적으로 두 가지로 확인할 수 있다. 첫 번째는 왕권과 신권의 상호견제장치이고 두 번째는 전통주의적 공순의 에토스의 확립이다. 여기에서는 정치지배적 차원에서 왕권과 신권의 상호견제장치를 정리하였다. 참고로 조선사회의 통치 이데올로기였던 성리학은 부모에 대한 자녀로서의 순종과 복종이라는 덕목이 가족관계를 넘어 정치, 사회적 윤리로 변형되었다는 점에서 가산제와 밀접한 관계가 있다.

조선은 이념적으로 유교를 받아들였던 신진유학자에 의해 수립되었다. 고려 중기 이후 관료로 진출한 신진유학자층은 관료사회를 장악하고 다양한 유교적 개혁을 추구하였다. 이러한 개혁이 궁극적으로 조선의 건국으로 이어졌다. 이들은 조선사회에 주희의 유교사상에 기반을 둔 이상사회를 실현하고자 하였다. 이러한 배경에서 조선은 왕권과 관료세력 사이의 상호 이해관계가 초기부터 형성되었다.

---

6) 하지만 여전히 근대적 관료제와 달리 가산관료제에는 즉물적 규칙에 따른 고정된 관할권, 확고한 합리적 위계서열, 자유로운 계약에 의하여 규제되는 임명과 일정한 규칙을 통해 규제되는 승진, 규범으로서의 전문교육, 그리고 때로는 고정 봉급이나 화폐로 지불되는 봉급 등이 일반적으로 다소 결여되어 있다(박미해, 2010: 17).

조선의 정치제도는 임진왜란 이전에는 국왕을 중심으로 의정부와 육조가 국가행정을 총괄하고 국정 현안은 그 중요도에 따라 국왕이 의정부 대신 및 소수의 고위관료와 의논해 정하거나 당상관 이상의 여러 관원 및 사헌부 사간원의 관원까지 참여해서 의논해 결정했다. 이 시기에는 관료에게 국왕에 대한 충성이 강요되었고 관료들의 집단적 활동은 금기사항이었다. 그러나 조선 중기에 들어서서는 초기 제도의 큰 골격을 유지한 채 삼사가 의제를 설정하고 논의하는 일이 많아졌고 16세기 말엽 사림정치가 본격화되면서 관료들이 붕당(朋黨)을 이루어 공공연하게 집단적 의사를 표명하였다(오종록, 2009: 23).

붕당정치는 왕권과 신권의 관계에서 왕권견제를 우선하는 정치세력과 왕권강화를 지향하는 세력이 붕당을 이루어 정국의 주도권을 놓고 대립·경쟁하는 구조이다. 붕당의 대립·경쟁에는 중앙과 지방의 유학자들이 상소 등의 방법으로 참여하였다. 때문에 붕당정치는 유교적 교양이 넓게 확산되고 과거제도가 완전히 정착되어 정치가 유학자들에 의해 완전히 장악되었을 때 가능한 현상이다(김상준, 2011: 191). 앞서 언급한 바와 같이 지배자가 행정관료들에게 의존하는 관계가 형성된 상태이다. 임진왜란을 겪는 동안 비변사가 의정부의 기능을 대체하면서 고위관료와 붕당의 정치적 의사가 폭넓게 반영되었다.

조선 중기 이후 삼사(三司)[7]를 중심으로 국정이 운영되었다. 조선의 삼사는 언론삼사라 부르기도 하는데, 이들의 언론활동에서 가장 높은 권위를 행사했던 홍문관의 관원들은 경연을 담당하는 것이 주된 임무였다. 이들이 조강에서 얻는 경험은 곧 국가운영을 담당할 동량이 될 교육으로 간주되었다. 때문에 홍문관 관원 후보가 된 것만으로도 당상관에

---

7) 조선시대, 사헌부(司憲府), 사간원(司諫院), 홍문관(弘文館)을 아울러 이르는 말. 언관(言官)의 기능을 수행했다.

오를 자격을 갖춘 것으로 인식되었다. 홍문관을 뺀 양사의 관원은 각각 관원의 비리감찰과 국왕에 대한 간쟁이 주된 임무였고 관료의 인사에도 관여했다. 관찰사와 수령 등의 주요 관직에 대한 추천권과 국왕의 중하급관원 인사에 대한 추인권이라 할 수 있는 서경권 등이 그것이다. 삼사의 관원은 일종의 회전문 인사처럼 돌아가면서 삼사의 관직을 맡는 것이 보통이었다. 이상과 같은 이유로 삼사의 관직은 재물은 별로 생기지 않지만 국가적으로 매우 중요한 직책이라 하여 청요직(淸要職)이라 하였고 이를 맡은 관료들은 중간급 문신이면서도 정치적 영향력이 웬만한 고관을 능가했다(오종록, 2009).

② 소농경제체제

농업경영의 주체로서 가족노동에 기반을 둔 소농경영은 16세기 즈음에 집약적인 논농사 기법의 확립과 함께 일반적 경영형태로서 성립하였다. 하지만 조선정부는 건국 초기부터 특권적 토지소유자가 존재하지 않는 토지정책을 운영하였다. 특권적 토지소유는 대농장 경영으로 이어지고, 대농장은 세습귀족층의 물질적 기반이 되기 때문이다. 고려 말 귀족들의 대토지소유를 개혁한 과전법은 당시 신진사대부들의 물질적 기반이 되었고 조선 건국의 중요한 바탕이었다.

왕토사상은 《시경》(詩經)의 "하늘 아래 왕의 땅이 아닌 데가 없고 온 세상에 왕의 신하가 아닌 자가 없다"는 데서부터 발달한 관념이다. 조선 건국세력은 왕토사상에 입각하여 균전제를 시행하고 자영소농층을 확보함으로써 국역체제를 안정적으로 운용하고자 했다. 조선정부는 사전(私田)의 주인〔수조권자〕이 해당 토지의 실질적 경작권자로부터 토지를 빼앗지 못하도록 하여 소농을 보호하는 정책을 취했다. 또한 토지를 타인에게 빌려주고 그 대가로 지대를 수취하는 병작(竝作)은 특별한 경우를 제외하고는 금지되었다. 처분권은 제약되고, 사용권과 수익권의 분리도 금지된 것이다. 이는 조선정부의 왕토사상이 포기되지 않았음을 보여준다(배항섭, 2010: 211). 그리고 16세기 이래 19세기까지 자립적 소농을 안정적으로 정착시키려는 노력, 즉 소농에게 부칠 땅을 주어 생산을 계속하도록 하는 '항산'(恒産)이 기본 정책방향으로 유지되었다(김상준, 2011: 382~383).

또한 소농 중심의 경제체계는 조선사회의 양반계층의 특이성과도 관계된다. 조선사회에서는 과거제도가 안정적으로 정착되면서 관료들은 영지가 아닌 봉급을 받았다. 물론 이들은 봉록(俸祿)만으로 생계를 유지하지는 않았다. 양반계층은 농지를 소유한 지주들이 대부분이었다. 과거공부는 이러한 경제력을 기반으로 하였다. 그러나 양반계층은 귀족과는 그 성격이 다르다. 양반은 토지소유에 관해서는 타 계층과 비교하여 별다른 특권이 없었다. 김용섭은 경자양안에 나타난 '직역'과 토지소유를 연관시켜 분석하여, 직역과 토지소유 규모 간의 상관관계를 도출하였다. 그러나 경자양안에서 무엇보다 주목되는 것은 '유학'과 같은 양반 '직역'의 보유자도 양인이나 노비와 같이 '기주'로서 일률적으로 파악된다는 점이다. 즉, 양반계층도 토지소유의 측면에서는 타 계층과 동등하였다. 물론 토지소유 면적에서 양반은 다른 계층보다 대체로 많은 토지를 소유했다. 하지만 양반이 아닌 다른 계층에서 양반보다도 대규모의 토지를 소유한 사례도 있었다. 양반은 조선사회의 지배계층이었으나 특권적 토지소유자는 아니었다(미야지마 히로시, 2009: 297~303).

하지만 조선시대 토지소유에 대한 통설적 이해는 토지의 사적 소유권이 성장하고 매매의 필요성이 증대되어 왕토사상에 입각한 정책 구상을 포기하고 토지 매매를 자유롭게 허용했다고 주장한다. 그리고 이로 인해 부호들의 토지소유가 급격하게 증대하여 토지소유가 심각하게 양극화되었다고 주장한다. 이러한 양극화론은 농업생산력의 발달과 논농사의 특이성을 간과한 측면이 있다.

동아시아의 논농사는 토지에 대해 노동력을 투입하면 할수록 토지생산성이 높아진다는 특징이 있다. 이앙법과 모내기법이 보급될수록 이러한 특징은 강화되었다. 토지의 한계생산성을 높이기 위해서는 주어진 한정된 토지의 개량을 위한 부단하고 집중적인 노동투여가 요구된다. 이 수도작(水稻作) 농업에서는 3대 또는 2대 가족 정도의 소규모 단위가 가장 효율적이었다. 더불어 가뭄이나 수해, 또는 국가의 과도한 착취에 대응하기 위해 마을 공동체 단위의 상호 협력과 부조의 망이 형성되었다. 가족노동이 사회적 생산의 안정적 거점이었다(미야자마, 2004; 김상준, 2011). 강한 가족 유대, 노동집약적 소농 논농사 전통, 그리고 이 전답 소농과 다양한 수공업 부업의 결합은 동아시아 유교권 경제의 오랜 특징이었다(김상준, 2011: 385). 또 하나 앞에서 언급한 논농사 기법은 양반계층에 의해 주도되기도 하였다. 중앙정부의 관료이자 지방지주였던 이들도 수도작 농법을 전파하고 적극적으로 활용한 생산주도층이었다. 이들은 생산성이 높은 이모작 농법을 권장하고 황무지 및 산간 농지 개간과 강변 및 해안 농지 간척을 주도하였다(김상준, 2011).

(2) 근대전환기 사회구조의 특징

① 신분구조의 해체

근대전환기 사회구조의 특징 중 하나는 신분구조의 해체이다. 조선시대 신분질서는 임진왜란과 병자호란 등의 대규모 전쟁을 계기로 일부 와해되었지만[8] 이는 전쟁으로 일한 일시적인 것이었고, 본격적인 신분

8) 전쟁 당시 전화(戰禍)로 인한 노비문서 소실과 피역 및 도망으로 신분해방을 이루는 길이 확대되었다. 또한 조선 정부는 정부군을 확보하기 위해 천역층을 군역에 충당하였고, 이들의 사기를 높이기 위해 전공(戰功)에 따라 양반신분으로 상승할 수 있는 합법적인 경로를 상으로 제공하였다.

구조의 해체는 19세기 세도정치 아래에서 급진전되었다. 신분구조의 해체는 크게 세 가지 양상으로 전개되었다. 첫째, 양반계층의 분화, 둘째, 양반층의 증가, 셋째 노비계급의 신분해방이다.

첫째, 양반계층의 분화는 16세기부터 시작되었고, 경제적 차원과 정치권력의 차원에서 진행되었다. 문벌가문, 향반(鄕班), 몰락양반이란 일부의 범주구분이 대표적 예이다. 양반의 일부만이 중앙권력의 핵심을 이루며 특권을 강화하였다. 다른 일부는 권력의 주변에서 경제적·정치적·사회적 지위를 확보했다. 그러나 대다수의 양반들은 정치적으로나 경제적으로 일반 농민층과 거의 다름없는 상태로 몰락해갔다. 하지만 역설적으로 양반층의 규모는 지속적으로 증가하였다.

둘째, 양반계층의 증가이다. 이는 조선의 양반계층이 법제적 기준과 사회적 기준이 느슨하게 중첩되어 그 범위가 넓어질 수 있는 특이한 신분이어서 가능했다. 조선정부도 양반층 확대에 관용적 정책을 펼쳤다(김상준, 2011: 500~501). 양반층의 확대는 평·천민층의 감소와 함께 신분제 해체의 근거로 설명된다.[9] '양반층의 증가'를 다루는 대다수의

---

9) 그러나 구체적인 설명은 매우 다양하다. 우선 '양반층의 증가'라는 현상이 갑자기 일어난 것이 아니라 여러 세대를 거치면서 누적된 결과라는 점과 양반으로의 신분상승 이동이 그리 빈번하지 않았다는 점, 노비호의 도망·이거율이 높았다는 점 등을 근거로 양반호 자체의 확대재생산이 그 주된 요인이라는 주장, 양반층의 재생산 외에 충의위(忠義衛), 이족유업자(吏族儒業者) 및 기술직 중인(中人)의 유학호칭, 유역하층민(有役下層民)의 모칭유학 등 다양한 요인을 거론하고 그중 모칭유학이 유학층 증가의 주된 요인이었다는 견해, 또는 평민·노비층 인구의 수다(數多)한 누적(漏籍)과 신분별 인구증가율의 차이에서 찾는 연구, 향임(鄕任)의 자연증가와 적서(嫡庶) 구분이 호적상 무시된 측면을 강조하거나, 향리와 서얼로 대표되는 중서층(中庶層)의 광범위한 등장과 성장에 주목한 논고, 시기별로 직역과 신분의 일치여부를 고려하면서 19세기 유학 증가가 국가의 호구파악을 통한 인신지배가 불가능해지면서 신분판별기능이 크게 약화된 점에서 비롯되었다는 연구 등 다양한 견해가 존재한다(송양섭,

연구들은 중앙권력의 핵심을 차지하는 벌열양반은 일정한 규모를 유지하였지만, 권력의 주변부와 지역에서 양반계층은 지속적으로 증가했다는 점은 합의한다. 이에 대해 일부에서는 모칭유학(冒稱幼學)과 같은 '가짜양반'들의 존재는 신분제의 해체와는 거리가 있는 신분제의 유지 혹은 강화로 해석해야 한다고 주장한다. 유학을 모칭한 이들 중에는 직접 과거시험을 보아 모칭·참칭에 그치지 않고 실제 양반이 되고자 하는 경우도 있었다. 이러한 사례들은 양반이 되고자 하는 하층민의 신분상승 욕구가 일상적이었고, 그 실현 가능성도 높아졌다는 점을 보여준다. 이러한 측면에서 조선 후기 양반층의 증가는 신분구조의 엄격성이 그만큼 이완되었다고 해석할 수 있다. 모든 계층이 공식적·비공식적으로 양반을 표방하면서 신분구분이 모호해졌다.

셋째, 노비계급의 신분해방이다. 조선 초기에는 노비신분에서 해방되는 방법은 엄격하게 통제되었지만, 신분해방을 위한 노비들의 노력은 지속되었다. 이에 따라 후기로 갈수록 신분해방을 위한 다양한 합법적 조치들이 늘어났다. 이와 함께 사회경제적 변화에 따라 노비의 저항과 노비 혁파에 관한 논란이 증가하였다. 그 결과 1801년에는 관노비 중에서 궁노비(宮奴婢)와 각사노비(各司奴婢)가 해방되었다. 이때 같은 관노비인 역노비(驛奴婢)는 제외되었다. 비록 일부 관노비에 제한된 해방이기는 하지만 노비들의 정치·사회·경제적 지위 향상과 노비들의 신분해방 투쟁이 합치된 결과였다. 1886년에 노비의 신분세습제가 폐지되었고 1894년 갑오개혁이 실시되면서 사노비(私奴婢) 제도까지 혁파되어 법제상으로는 모든 노비의 신분해방이 이루어졌다.

2005: 참조).

② 경제구조의 변화

근대전환기 경제구조 변화의 핵심은 '농업의 상업화'이다. 19세기 후반 조선사회에 새로운 변화를 가져온 요인으로는 농업의 상업화가 가장 눈에 띈다. 농산물이 시장에서 상품화되는 농업의 상품화는 거의 모든 농업사회에서 근본적 사회변동의 충격으로 작용했는데 이는 조선에서도 예외는 아니었다. 1876년 개항과 함께 조선의 농산물이 일본으로 수출됨으로써 본격화된 농업의 상업화는 조선사회의 여러 측면에서 급격한 변화의 씨앗이 되었다. 개항을 계기로 농업의 상업화가 대규모로 진행되면서 조선의 전통적 농업경제는 근본적인 변화를 겪었다(김동노, 2009: 17, 158).

조선 중기부터 생산성은 지속적으로 성장했다. 특히, 농업의 직접 생산 담당자인 농민층에 의해서는 농업 생산기술의 개선이 이루어졌다. 논농사에서는 직파농법을 이앙법(移秧法)으로 전환시키고, 밭농사에서는 농종법(壟種法)을 견종법(畎種法)으로 대체하였다. 이와 같이 농업생산력이 급속하게 발달하였다. 이러한 조건 아래에서 전통적 상품교역 장소였던 장시(場市)는 양적으로 증가하였고, 장시들 사이의 상호연계도 만들어졌다. 1730~40년대 장시가 급격하게 발달하기 시작하여 18세기 후반에는 전국에 1,000여 개의 장시가 개설되었다. 이러한 전통적 시장경제는 개항 이후 급격하게 변화되기 시작하였다. 개항을 계기로 외국의 원거리 시장으로 대외무역이 시작되었고 쌀과 콩의 주곡이 수출을 통해 시장교역 상품으로 등장하였다. 조선에서는 이러한 변화에 정부가 적극 참여하였다. 화폐제도의 정비와 조세의 금납화를 포함한 조세제도의 합리화, 도량형의 통일 등을 통해 근대적 경제제도의 도입을 추진하였다(김동노, 2009: 94).

③ 식민의 경험

근대전환기 논의에서 식민의 경험은 매우 중요하다. 조선은 1910년 불법적으로 체결된 한일합병조약에 의해 식민지[10]로 전락하였다. 식민 본국인 일본은 병탄 이래로 '내선일체'(內鮮一體)로 상징되는 동화정책[11]을 식민통치의 근본방침으로 표방하였다. 일본은 1909년 〈한일병합에 관한 건〉이라는 각의결정(閣議決定)에서 한국을 '제국판도의 일부'로 규정하였다. 여기에서 일본은 침략 명분으로 한국과 일본은 역사적으로 동조이므로 분가가 본가에로 복귀하는 것이라고 주장한다. 또한 1919년 3·1 독립운동 직후(8월 19일)에 발표된 일왕 조서의 모두에는 "짐(朕) 일찍이 조선의 안녕을 바라고 그 민중을 애무(愛撫)함에 있어 일시동인(一視同仁), 짐의 신민으로서 추호의 차이 있지 않고…"라고 하였다.

하지만 실제 일제의 식민정책은 강력한 물리력에 의존하였다. 일본은 현역 장군을 총독으로 임명하였다. 총독은 주둔군 사령관을 겸하였

---

10) 식민지를 가장 광의로 사용하는 경우는 영토, 즉 '토지' 개념을 포함하지 않고 특정 사람들의 이주로만 정의되기도 한다. 하지만 일반적으로는 특정 사람들이 어느 일정한 지역에 이주하여 사회적·경제적 활동을 하는 경우를 뜻하며, 식민본국과의 정치적 종속관계도 식민지를 정의하는 요소이다. 따라서 식민지란 특정 국가의 본래 국토 이외에 새로이 영유한 토지로서 국법상 이를 본 국토와 동일하게 취급하지 않고 특별한 형식에 의해 통괄하는 지방을 의미한다. 식민지는 대체로 식민본국에 의한 폭력이 동반되는 강제지배력에 의해 성립된다.

11) 식민정책의 방향은 크게 종속, 동화, 자주 이렇게 세 가지로 구분된다. 종속주의는 식민지의 이익을 무시하고 오로지 식민본국의 이익만을 위해서 식민활동을 규제한다. 정치적으로 정복된 식민지로서 주민의 참정권을 인정하지 않고 경제적으로는 본국의 이익에 적합하도록 산업과 무역에서 제약을 가한다. 동화주의는 식민지에 대하여 식민본국과 완전히 동일한 대우를 부여하여 식민지를 본국의 연장으로 만드는 정책이다. 이에 반해 자주주의는 식민지의 자주적 발전을 중심으로 하는 식민정책이다.

고 천황에 직속되었다. '대권(大權: 천황권)의 대행자'로서 사실상 근대 입헌 민주주의의 삼권 분립 원리를 초월하여 존재한, 행정·입법·사법권을 통합한 절대권력자였다. 식민본국의 중앙정부에 구속되지 않고 군사와 경찰을 지배할 수 있었다. 총독은 당시 '조선왕'으로 불릴 정도로 '일인지하 만인지상'의 권력을 가졌다. 그러다 한국에서 3·1 독립운동이 일어나자 그 수습과정에서 "문화정치"가 심화되었다. 그동안 총독이 보유했던 군대지휘권과 총독을 현역 육해군 대·중장으로 제한하였던 자격제한이 삭제되었다. 그러나 일본의 식민정책은 식민본국의 절대주의 천황제 지배체제에서 일사불란한 복종이 강요된 군사독재적이며 침략을 위한 병참기지의 성격을 지녔다. 특히 대만, 관동주 및 한국의 영유(領有)는 천황제 권력의 영토적 기반의 확장이라는 의미를 가졌고, 한국은 만주와 중국대륙 침략을 위한 군사거점이란 기능도 있었다. 이와 같이 일본의 식민지는 일본제국주의의 정치적·경제적 침략을 목적으로 운영되었다.

사회문화적 차원에서 식민경험은 근대로의 전환과정에서 개인의 영역을 비정상적으로 확대시켰다. 개항 이래 진행된 국권의 소외 및 국가의 소멸로 인해 사적 영역(가족)의 역할은 비정상적으로 확대되었다. 국가가 담당해야 할 통합의 역할을 사적 영역이 떠맡아 발생하였다. 이는 근대화 과정에서 발생하는 사적 영역의 분리와 발달이라는 일반적 변화와는 무관하다. 두 번째로 전통적 생활양식과 그를 뒷받침하는 규범·인식체계의 비동시적 붕괴이다. 망국이란 상황에서 경험한 일본과 서구의 문명과 비교되며 전통적 제도, 규범, 윤리, 인식체계 등은 부정되었다. 대표적으로 성리학은 지난 시대의 지배 이데올로기로서 더 이상 주도적 가치로 기능하지 못했고, 종교로서 유교는 기독교와 여러 신흥종교로 대체되었다. 그러나 한국인의 삶을 규율하던 생활양식은 여전히 유지되었다.

근대전환기 한국인들은 비대해진 사적 영역으로 내몰렸다. 그들은 이민족의 지배에서 사회 바깥으로 내쫓긴 채 상처와 소외를 일상적으로 경험할 수밖에 없는 주변인이었다. 따라서 국가를 상실한, 사회의 중심적 가치체계와 권위로부터 소외된, 내적인 정신유산도 갖지 못한 식민지 주민들은 모든 가치와 도덕을 사유화하는 동시에 사적 영역의 기준과 도덕률에 따라 행동하였다(유선영, 1998: 447~448).

2) 종교영역의 근대적 전환

(1) 조선사회의 종교

① 유교

유교는 베버의 논의에서 제시되었듯이 온전한 지배계층의 종교였다. 천리(天理)를 체득하고 이를 사회에 구현하는 것이 목표였던 유교에서는 조상숭배의례인 제사가 곧 종교활동이었으며, 양반이 성직자였다. 조선의 양반은 원칙적으로 관직에 기초한 신분이다. 양반의 기준을 규정한 구체적 규정은 없지만 일반적으로 양반의 기준은 본인의 관직 획득과 4조(부, 조부, 증조부와 외조부)의 관직 보유 여부였다. 하지만 실제의 사회적 관계에서 양반으로 인정되는 기준은 '지역유지'로 인정받는 것이었다(지승종, 1989; 김필동, 1999). 유교사회였던 조선에서 유교적 예법실천과 학문수련에서 어떤 가문이 지역사회에서 어느 정도의 사회적 인정 또는 위신을 획득했느냐의 여부가 관건이었다(김상준, 2011: 500).

때문에 유자(儒者)로서 양반의 목표는 자신의 덕과 인을 쌓아 천리를 체득한 성인(聖人)이 되는 것이었다. 하지만, 현실에서는 자신이 가진 지위를 유지하고 이를 자손에게 물려주는 것이었다. 복된 현실의 유지와 보다 나은 현세를 지향했다는 측면에서 양반은 현세공리적 종교적 욕구를 지녔다. 즉, 유교의 '자신을 수양하여 사람을 다스리는 도리'(修己治人之道)는 양반중심의 사회질서를 유지하려는 지배층의 논리로 기능한다. 유교는 인간관계의 가장 기초가 되는 가족 내에서의 윤리를 기본으로 하여 이웃, 사회와 국가에 적용될 수 있는 윤리를 포괄한다(김동춘, 2002: 101). 유교의 가족, 지역사회, 국가 내에서의 규범, 가치는 대체로 인의예지용충신(仁義禮智勇忠信)으로 구성되며, 인륜관계로서 삼강오륜이 존재한다. 삼강오륜 중에서 신(信)을 제외하고는 모두가 수직적 관계 속의 규범이다. 가족, 혈연집단, 친족이 가장 중요한 사회단위였던 전통사회에서 유교의 윤리는 양반계층의 기득권을 옹호해주었다. 유교도에게는 현세를 초월한 신과 내세를 굳이 상정할 필요가 없었다. 유교에서 강조하는 세계관, 전통의 신성함, 초월적 신을 부정하는 것, 조상정령에 대한 믿음, 일반적 교양 습득의 강조 등도 이와 관련된다. 이처럼 유교는 일반적으로 신(神)과 내세에 대한 관념이 없다고 인식된다. 하지만 원시유교에서는 상제(上帝)라는 명칭으로 잘·잘못을 판결하고 잘못을 벌하는 주재자가 있었다. 이후 원시유교가 정주와 주희에 의해 신유학으로 발전하면서 상제의 위상은 낮아졌고, 상제보다는 스스로를 통제하는 방식이 보다 우월한 방식으로 인정되었다. 성리학이 지배 이데올로기였던 조선시대 내내 상제는 거의 논의되지 않았지만, 천주교의 도래 이후 상제는 재등장하였고, 천주로 대체되었다.

② 무교와 습합한 불교

유교 중심의 조선사회에서 불교와 무교는 공식적으로 배척되었다. 이러한 상황에서 삼국시대 이래 한국사회에 상존했던 무교와 불교는 보다 적극적으로 습합하며 그 민중적 성격을 강화하였다. 유교적 가치규범 속에서 민중은 종교적 욕구를 불교에서 해소할 수밖에 없었고, 불교 또한 그런 민중의 종교성을 수용하면서 그 명맥을 유지하였다. 이 과정에서 불교는 무교를 흡수하였다. 수명과 생산, 복덕을 바라는 기복적인 칠성신앙이나 산신신앙이 불교 안에 공존하게 되었다. 승려가 민간(民間)에서 민중들을 대상으로 점이나 관상을 보거나 택일을 하는 등의 행위가 더욱 성행하였고 이를 통해 대중과 보다 밀착되었다(이이화, 1988: 251).

여러 불교신앙 중에서 현실적 고난을 구제하는 관음신앙, 현세는 물론 내세의 안락을 희구하는 미타(정토왕생)신앙, 석가불신앙, 약사여래신앙 등이 민간에 자리를 잡았다. 이 중에서도 민중들은 현실의 불행과 빈곤을 벗어나 내세에는 안락한 생활을 누리고자 하는 정토신앙[12]에 크게 의존하였다. 또한 불교는 민중들의 의례를 담당하였다. 장례, 사망 후의 기원, 질병을 고치는 등 불교의례를 통해 불교신앙이 민중들 사이에서 전승되었다. 사찰은 재(齋), 불공, 기복, 위안처 등의 의식이 이루어지는 곳으로 이해되었다.

종교적 욕구를 불교신앙으로 해소하는 경향은 민중들뿐 아니라, 왕실과 일부 양반들에게서도 발견된다. 불교는 공식적으로 배척되었지만, 개인적 신앙의 대상으로 신봉되는 것은 용인되었다. 이는 왕실에서도 마찬가지였다. 억불과 폐불을 결행하였던 왕들의 재위기간에도 왕실에서는 불교행사가 행해지기도 하였다. 왕실의 대표적 불교의례인 수륙재(水陸齋)[13]는 조선 전기에 국상제(國喪祭)의 성격을 지녔고 선

12) 아미타불은 뜻으로 옮겨서 무량수여래라고도 한다. '미타'라 약칭되는 이 여래는 10겁 이전에 성불하여 현재 이 세계에서 10만 억 국토를 지난 서쪽에 자리하는 극락세계의 주불이다. 이 미타불의 이름을 지극히 염불하면 현재 세상에서도 편안하고 죽은 뒤에는 극락세계에 태어나게 된다는 것이다. 극락은 죽음·아픔·괴로움·가난·굶주림이 없는 절대안락만이 있는 정토이므로, 그곳에 태어나기를 희원하는 신앙을 정토신앙이라 하며 아미타불을 칭념하기 때문에 미타신앙이라고도 한다.

13) 수륙재는 물과 땅에 퍼져 있는 혼령이나 귀신의 고통을 구제하기 위한 제의로

왕이나 왕실과 관련된 능침사(陵寢寺)와 원당(願堂) 사찰에는 특혜가 주어졌다. 불교 재회와 기도를 통해 국왕과 왕실, 국가의 안녕과 번영을 기원하며 그 대가로 경제적 후원과 특혜를 베푸는 왕실불교의 전통은 조선시대 내내 지속되었다.

(2) 근대전환기 종교영역의 특징

① 유교의 절대적 지위 상실

근대전환기 종교영역에 일어난 변화 중 가장 중요한 변화는 유교의 도그마 붕괴이다. 유교의 도그마 상실은 두 가지 경로, 근대로의 전환과 국권 상실 과정에서 동시에 발생하였다. 두 경로가 가진 문화적·정치적 의미는 상이하지만 유교가 가진 기존의 절대적 권위를 상실했다는 결과는 동일하다.

첫 번째, 국권 상실의 과정에서 유교의 위상이 붕괴되었다. 지배계층의 이념적 배경이었던 성리학적 가치체계는 19세기 이후 세도정치기에 기존 사회구조가 더 이상 작동하지 않고 모순이 심화되면서 그 권위를 상실하기 시작하였다. 그리고 개항과 함께 서구문물이 본격적으로 수용되고, 기독교가 새로운 가치체계로 발견되면서 유교의 권위상실은 가속화되었다. 개항초기에는 동도서기론(東道西氣論)과 같이 서구의 문물을 받아들이면서도 성리학적 가치를 보존하려는 논의들이 있었지만, 사회에서 유교의 영향력은 급격하게 약화되었다. 유교의 위상 약화를 보여주는 가장 극명한 사례는 국가 관리임용인 과거제의 철폐이다. 이는 지배 이데올로기라는 유교의 지위가 공식적으로 폐지되었음을 의미한다.

서 망자의 사후 명복을 비는 불교의례이다.

두 번째로 근대적 전환의 가장 큰 변화인 '가치영역의 분화'의 결과로서 유교의 위상은 하락하였다. 가치영역의 분화를 통해 정치, 사회, 문화 부문들이 분리되었고, 그 결과 종교도 하나의 영역으로 재구성되었다. 이러한 재구성 과정에서 전통적 삶의 지속성을 담보해온 종교적 질서도 해체되었다. 전통사회의 지배적 종교는 개인에 대해 가졌던 기존의 규범적 기능과 정당화 기능을 상실하였다. 또한 해석틀로서의 기능과 정체성 구성 기능은 부분적으로 상실하거나 질적 변화를 겪으면서 사회적 공간 내에서의 기반을 상실하였다. 조선사회의 지배적 종교였던 유교도 이와 동일한 과정을 거쳐 기존의 기능과 위상을 상실하였다(유선영, 1998).

② 기독교의 수용

조선 후기부터 천주교가 청에서 전래되었고, 개항을 계기로 서구에서 개신교 선교사들이 본격적으로 조선에 들어왔다. 이들 외래 종교를 수용한 한국인의 수는 특정 지역을 거점으로 삼아 급격하게 증가하였다. 일반적으로 기독교의 수용은 유교에서 부재한 내세관과 신의 관념을 기독교가 제공했기 때문이라 이해된다. 기독교(개신교와 천주교)에서는 현세와 완벽하게 분리된 저 세상 천국(天國)이 존재하고, 죽음 이후 천국에서 부활하기 위해서는 신의 선택이 중요하다. 그 선택의 기준은 '얼마나 신의 존재를 믿고 있는가'와 '신의 가르침에 따라 삶을 영위하는가'이다. 때문에 기독교에서 신의 가르침은 신도들에게 절대적 기준이 되며 그만큼 그들의 삶에 내면화된다.

천주교는 18세기 말에 서학이란 명칭으로 남인계열의 사대부들에게 학문으로 수용되기 시작하였다. 이후 이들 중 일부가 서학을 종교로서 받아들이기 시작하였다. 진산사건으로 수용계층이 하층민으로 변화되기 전까지 천주교는 지배계층인 양반이 수용계층이었다. 이처럼 서구의 종교인 천주교가 선교사들의 포교가 아닌 자발적 학습과 교화로 수용된 이유는 신유교의 교의체제에서 배제된 내세관을 제공했기 때문이다. 천주와 천당에 대한 신념으로 이들은 혹독한 박해도 견딜 수 있었다.

19세기 전래된 개신교는 모든 계층에서 수용되었다. 19세기에 이미 조선왕조의 몰락은 눈에 띌 정도로 진행되었고, 서구문물의 진출도 여러 영역에서 이루어졌다. 또한 서구의 조약을 통해 종교의 자유는 보장된 상황이었다. 외국의 원조를 통해 개신교는 의료와 교육 부분을 중심으로 선교활동을 전개하였고, 이를 통해 개신교는 현세적 가치를 충족시켜주는 강한 종교로, 능력이 많은 신을 가진 종교로 한국인들에게 인식되었다. 선교사들도 이러한 한국인의 인식을 선교에 이용하였다. 이들은 서구문명으로 표상된 물질과 경제적 풍요에 대한 욕망을 부추기는데 앞장섰으며 이를 통해 한국을 기독교 국가로 개종시키고자 하였다.

③ 신흥종교의 출현

신흥종교들은 기성종교들이 민중들의 절실한 문제를 해결하지 못해, 민중들이 그들의 정신적 위안이나 구제의 희망을 기성종교 밖에서 찾아야 할 때 발생한다. 사회적으로는 기존 사회질서의 지배적인 가치・믿음의 체계가 무너져서 사회적 통합력이 약화되었을 때, 그리고 불안과 고통에 시달리는 사람들이 사회적 긴장에 대한 새로운 인식체계와 현실적 고통으로부터 구제되는 방안을 찾게 될 때 이러한 욕구를 충족하기 위해 나타난다. 조선 후기부터 등장한 신흥종교들도 19세기 삼정문란과 민란으로 점철된 19세기 사회혼란의 시기에 발생하였다. 동학, 대종교 등과 같은 당시 신흥종교들은 양반계층과 외세를 향한 민중의 원망과 이상사회를 향한 의지를 수렴하였고, 이는 조선 후기 민중운동과 민란으로 이어졌다. 이러한 이유에서 신흥종교들은 지속적으로 금지되고 박해받았다. 특히 동학은 개항 후 반봉건・반제국의 기치를 높이 들고

농민을 동원하여 '갑오농민전쟁'을 일으켰으나 정부의 토벌정책에 몰려 다수의 동학교도가 희생되었다.

3) 소결: 종교영역의 근대적 재구성

(1) 조선시대의 종교영역: 이중구조

중세 서구사회는 기독교적 전통에 근거한 종교적 보편주의에 의해 통일된 세계였다. 하지만 조선사회는 그렇지 못했다. 서구 기독교와 같이 사회의 가치와 질서, 그리고 윤리를 지탱하는 기둥과 같은 '신의 섭리'(*divine providence*)가 존재하지 않았다. 기독교에서 '신의 섭리'는 세상과 우주 만물을 창조하고 주관하는 신의 뜻이기 때문에 고통마저도 신의 의지와 선의와 뜻을 깨닫게 하는 도구로 활용되었다. 이러한 맥락에서 신이 자신의 피조물을 구제하기 위해 세운 계획과 이를 계획한 신의 의지는 모든 사회적 공간에 적용되었다. 정치영역에서는 통치질서와 지배층의 정당성 근거로 활용되었고, 민중들의 삶을 규제하는 윤리/규범을 정당화하기도 하였다. 하지만 조선사회에서 유교는 그러한 기둥의 기능을 수행하지 못했다. 유교의 종교적 성격은 지배계층의 현세공리적 욕구는 충족시킬 수 있었으나, 민중들의 종교적 욕구를 만족시킬 수 없었다. 유교는 구복양재(求福禳災), 죽음에 대한 심리적 해소방법, 보다 나은 내세에 대한 희망을 제공하지는 못한다. 이런 이유에서 유교의 종교적 기능/역할은 불교와 무교의 종교적 기능/역할을 넘어서지 못하는 한계를 보였다. 조선사회에서는 종교적 기능/역할은 불교와 무교에 주로 의존하였다.

다른 한편으로 조선사회의 종교에서 이중구조적 특성이 발견되는 것은 지배계층의 노력에도 불구하고 유교적 생활양식이 일반민중 속으로 온전히 침투하지 못했음을 의미한다. 이는 베버가 개신교를 제외한 대다수의 종교적 윤리가 사회일반의 윤리로 전환되지 못했다고 주장한 것과 유사하다. 그 이유는 두 가지로 정리된다. 첫째, 유교윤리는 하나의 신분윤리로서, 이 윤리의 담지자들은 대중의 의식과 관행에서 일상화된 주술의 근절을 자신들의 목표로 전혀 삼지 않았다. 오히려 주술을 공박하는 것은 유교도 자신의 권력을 위태롭게 하는 것으로 생각하였다. 둘째, 유교윤리는 주술의 근원적 의의를 삶의 전 영역에 걸쳐 부인하는 것은 아니다. 물론 주술은 덕에 대해서는 무력하다는 것은 유교의 핵심적 명제 중의 하나이다. 그럼에도 주술은 심지어 정통 유교에서마저도 일정 정도 공인되었다(전성우, 2003: 30).

이는 유교의 사상체계에 내재된 2분화된 세계관에 기인한다. 유교에서는 세계가 서로 상반되는 두 개의 커다란 영역으로 구성된다고 여겼다. 유교에서 세계는 지고의 궁극적인 것, 곧 '이'(理)와 이가 실현되는 또는 전달하는 '기'(氣)라 불리는 물질적 세계로 이루어져 있다. 그리고 이 '기'의 세계는 '음'(陰)과 '양'(陽)으로 나누어진다. 이 음과 양은 서로 상반되는 성질을 지니지만 상호의존적이며 보완적인 세력으로서 어둠(暗)과 밝음(明), 고요하고 정적인 것(靜)과 역동적이며 변화하는 것(動), 차가움(冷)과 따뜻함(溫), 여자와 남자, 땅과 하늘 등과 같은 폭넓은 범위의 이원성을 대표한다. 우주 속의 모든 구체적 존재들이 이 양과 음의 세계에 포함된다. 이 2분화된 세계관을 유학자들은 내면화하였다(김성건, 1992: 231~232).

이 논문에서 제안하는 이중구조는 일찍이 베버의 연구에서 주장되었다(Weber, 2003a). 중국의 역사를 통해서 볼 때 유교는 유일한 지배종교는 아니었으며, 도교나 그와 유사한 미신 혹은 불교와 합해진 이중구조를 이루었다고 분석한다. 베버는 중국연구에서 유교는 주로 가산관료층에 적합하고 그에게만 영향을 주는 종교였으며, 민중들에게는 도교가 영향을 주었다고 주장한다. 지배계층이었던 유교도들은 현 질서의 유지와 그들의 특권을 유지하기 위해 정통과 이단의 병립을 선택하였다는 것이다. 종교나 윤리 사상은 깊은 내적 요구에서 온 것이 아니라 외부 질서에의 적응 수단에 불과했다. 이러한 이중구조적 종교구조는 중국에서뿐만 아니라, 힌두교나 불교와 같은 다른 종교에서도 볼 수 있는 현상이고 오히려 종교의 일반적 경향이라고 볼 수 있다.

(2) 근대전환기의 종교영역: 다원구조

앞에서 정리했듯이 조선시대에 종교는 이중구조로 구성되었다. 지배계층의 종교인 유교가 민중에게 제공할 수 있는 종교적 기능은 거의 없었고, 무교와 불교에 기반을 둔 종교적 활동은 비공식적 행위로 치부되었다. 계층과 종교적 기능을 기준으로 종교는 2개로 구획되었다. 그리고 구분된 두 공간 사이에 적극적 교류는 없었다. 유교는 양반의 사회윤리로 민중에게도 강요되었다. 때문에 지배적 이념으로서 전체 사회를 규율하는 것은 유교였다. 때문에 조선 후기 불교는 충효와 같은 윤리와 성리학적 명분을 수용하면서 유교와의 공존을 추구하기도 하였다(김용태, 2010: 353). 하지만 민중들에게 실질적으로 영향력을 미친 종교는 불교와 무교였다. 담지자 계층의 종교적 욕구를 수용하고 이를 정당화하는 것이 우선시되었다. 불교의 민중성은 점차 강화되었고, 유교에서는 명분과 예(禮)가 강조되었다.

이러한 한국사회의 종교는 근대로의 전환과정에서 다원구조로 재구성되었다. 개항과 함께 종교의 자유가 허용되면서 전통사회에서 종교들 사이에 존재하였던 구획들이 없어지고 하나의 종교영역이 생성되었다. 이 공간에서 유교・불교・천도교・대종교・천주교・개신교 등의 종교들이 상호작용하기 시작하였다. 그리고 한국사회와 한국인이라는 동일한 대상을 놓고 선교/포교활동을 하기 시작하였다. 장기적으로 안정적이었던 구조가 경쟁이 치열하고 변화가 빠른 구조로 변화되었다.

이러한 종교영역의 급격한 변화는 흔치 않은 사례이다. 비서구사회 중에서 남미의 여러 종족들은 자신들의 종교적 전통과 의례, 종교에서 유래한 민속을 유지하면서 가톨릭과 서구의 문명화에 타협해왔다. 전통적 종교는 근대로의 전환과정에서도 강력한 종교적 기반으로 기능했다(유선영, 1998: 448). 한국사회에서 나타는 이러한 종교영역의 변화는 유교의 급격한 몰락에 기인한다. 유교는 근대전환기 한국사회에 정신적 기반을 더 이상 제공하지 못했다. 국권이 상실되는 과정에서 조선사회의 공식적 지배 이데올로기였던 유교는 망국의 책임을 지고 거부되었다. 그리고 불교는 새로운 변화에 적응할 역량을 갖추지 못했다. 조선시대 내내 지속된 억불정책으로 불교는 사회변동을 분석하고 이에 대응할 수 있는 체계적 조직을 갖추지 못했다. 이처럼 유교와 불교의 위상은 크게 약화되어 다른 종교들의 출현과 성장이 자유로웠다.

민중들의 염원을 반영하는 신흥종교들은 그 세력을 급격하게 확장하여 천도교와 대종교 등과 같이 종교영역의 한 구성으로 자리하였다. 천주교와 개신교는 선교의 자유를 획득하고 전국 곳곳에서 자유롭게 선교활동을 하였다. 근대전환기에 천주교는 소극적 선교정책으로 성장세가 다소 주춤하였다. 그러나 개신교는 외부의 정치적·물질적 지원에 기대어 적극적 선교정책을 펼쳤고, 그 결과 교세는 급격하게 확장되었다.

4. 나가며

근대 이전 조선은 양반을 중심으로 하는 신분제 사회였으며, 양반의 현세공리적 종교 욕구를 정당화하는 유교를 준거로 정치지배구조와 경제구조가 형성되었다. 가산관료제와 소농경제체제가 그것이다. 그리고 종교는 계층을 준거로 2개로 구획되었다. 다소 안정적으로 유지되던 조선사회는 17~18세기 태평성대기 이후 급격하게 쇠퇴기로 접어들었다. 이 시기에 청국을 경유한 근대적 문물이 들어오기 시작하였고, 일본과 서구로 대표되는 외세에 의한 국부와 국권 침탈도 본격화되었다.

이처럼 한국사회에서는 가치영역의 분화가 국권 상실의 과정과 동시에 진행되었다. 이로 인해 사회의 사적 영역이 과다하게 팽창되었고, 전통적 생활양식을 지지하던 전통종교와 사회제도들이 무력화되었다. 이러한 전환의 결과로 종교영역은 다원구조로 재구성되었다. 근대전환기에 유교라는 지배종교가 붕괴되었지만, 이를 대체하는 지배종교로 성장한 종교는 등장하지 못했다. 전통종교였던 불교, 새롭게 수용된 천주교와 개신교, 신흥종교 등이 근대전환기에 활동하였지만, 강압적 지배체제였던 식민지 환경에서 지배종교로서의 역할을 담당할 수 있는 역량을 키우지 못했다.

당시 종교들이 생활양식의 정당성을 제공하는 역할을 제대로 수행하지 못하면서, 생활양식은 더 이상 정당성의 지지를 받지 못하게 되었다. 그 결과 생활양식은 그 정당성을 개인의 선택, 취향, 욕망, 경험 가치에 의존하게 되면서 근대전환기 생활양식은 일관성 있는 통일체로 구성되지 못하고 사적 영역으로 파편화되었다. 이러한 과정을 거치면서 자신과 가족만이 생활양식의 유일한 정당성 기반으로 남게 되었다. 이러한 사례는 양반계층에게서 찾을 수 있다. 양반은 조선사회를 주도한 지배신분으로 다양한 특권을 향유하였고 망국의 책임을 떠안았다. 그렇지만 이들의 사회적 조건에 근본적인 변화가 발생하지는 않았다. 갑오개혁으로 과거제가 폐지된 이후 새로운 관료 임용제도가 시행되었지만 이들은 신식교육기관에 입학하는 등의 변화를 통해 새 임용제도에 적응하였다. 갑오개혁 이후 하층양반이 중소상인의 길을 택하기도 하고, 고위관료 출신이 근대적 기업이나 은행 설립에 자본가로 참여하여 기업가로 변한 사례들이 발견된다. 근대적 전환과정이 양반의 사회적 위상에 변화를 야기하는 결정적인 타격은 되지 못했다. 양반들에게 정당성을 제공하였던 유교가 급격하게 몰락한 점과는 매우 상반된 결과이다. 전통적 생활방식이 파편화되는 과정에서 이들은 생활양식의 정당성을 가족의 중요성을 강화하는 것으로 대응하였다.

이상과 같이 이 논문에서는 근대 이전 한국사회의 종교영역이 근대적 전환과정에서 어떤 모습으로 변화되었는가를 살펴보았다. 이러한 연구에서 중요한 점은 역사적 과정에서 발생한 일들을 추적 · 분석하여 당시의 모습을 재현하는 것에 그쳐서는 안 된다는 것이다. 개별 영역들의 운영원리는 근대 이전의 운영원리와 외형적으로 뚜렷하게 구분되기 때문에 그 외형적 모습에 대한 묘사만으로도 충분한 의의를 지닐 수 있으며 오늘날의 사회에 대해 갖는 의미도 도출할 수 있다. 하지만 표피적으로 보이는 모습의 묘사만으로는 당시 역사적 경험을 공유했던 사람들에게 다가왔던 근대성의 의미와 그것이 실제로 역사에 남겼던 그리고 현재에도 영향을 미치는 지점에 대한 탐구는 어렵다. 이후 추가 연구를 통해 보다 심층적이며 입체적인 연구가 보충되기를 기대한다.

참고문헌

김동노, 2009, 《근대와 식민의 서곡》, 창비.

김동춘, 2002, "유교(儒教)와 한국의 가족주의", 〈경제와 사회〉 통권 55호.

김명구, 2001, "1910년대 도일유학생의 사회사상", 〈사학연구〉 64호.

김성건, 1992, "한국 종교문화의 특성에 관한 일고찰", 〈사회와 역사〉 35권.

김성우, 2001, 《조선중기 국가와 사족》, 역사비평사.

______, 2008, "'조선 중기'를 바라보는 두 개의 시선", 〈한국사연구〉 143호.

김상준, 2011, 《맹자의 땀, 성왕의 피: 중층근대와 동아시아 유교문명》, 아카넷.

김용태, 2010, 《조선후기 불교사 연구》, 신구문화사.

김필동, 1999, 《차별과 연대》, 문학과 지성사.

나인호, 2003, "근대적 사회 문화 현상으로서 종교: 최근 독일에서의 19세기 종교사 연구", 〈서양사론〉 77호.

리오넬 오바디아, 2007, 양영란 옮김, 《종교》, 웅진지식하우스.

막스 베버, 2002, 전성우 옮김, 《막스 베버 선집 I. '탈주술화' 과정과 근대: 학문, 종교, 정치》, 나남.

______, 2003a, 이상률 옮김, 《유교와 도교: 중국종교의 정통과 이단》, 문예출판사.

______, 2003b, 박성환 옮김, 《경제와 사회 I》, 문학과 지성사.

______, 2008, 전성우 옮김, 《막스 베버 종교사회학 선집》, 나남.

미야지마 히로시, 2003, "동아시아 소농사회론과 사상사연구", 〈한국실학연구〉 5호.

______, 2009, "유교의 제민사상과 소농사회론: 조선후기 대구 조암방의 사례", 〈국학연구〉 14집.

배항섭, 2010, "조선후기 토지소유구조 및 매매관습에 대한 비교사적 검토", 〈한국사연구〉 149호.

박미해, 2010, 《유교 가부장제와 가족, 가산》, 아카넷.

박성환, 1999, 《막스 베버의 한국사회론》, UUP.

박찬승, 2003, "1910년대 도일유학과 유학생활", 〈호서사학〉 34집.

서재용, 2003, "민족불교와 불교적 보편주의", 〈불교평론〉 3·4호.

송양섭, 2005, "19세기 유학층의 증가양상", 〈역사와 현실〉 55권.

심재우, 2006, "조선후기 사회변동과 호적대장 연구의 과제", 〈역사와 현실〉 62호.
양영진, 1987, "막스베버에 있어서 종교와 기타 사회제도간의 관계", 〈한국사회학〉 21집.
______, 1990, "종교집단의 일고찰: 베버와 뒤르켐의 비교", 〈한국사회학〉 23집.
오종록, 2009, "조선시대 정치·사회의 성격과 의사소통", 〈역사비평〉 통권 89호.
유선영, 1997, "황색 식민지의 문화정체성", 〈언론과 사회〉 틍권 18호.
______, 1998, "홑눈 정체성의 역사", 〈한국언론학보〉 43-2호.
이이화, 1988, "민중 그들은 누구인가", 〈수원대 문화〉 4호.
지승종, 1989, "조선후기사회와 신분제의 동요", 《조선후기의 체제위기와 사회운동: 한국의 사회와 문화 제10집》, 한국정신문화연구원.
전성우, 2001, "막스 베버 종교사회학의 이론적 틀", 〈민족과 문화〉 통권 14호.
______, 2003, "막스 베버의 유교론: 비판적 재구성", 〈남명학연구〉 16집.
정광호, 1992, "일제의 종교정책과 식민지불교", 《근대한국불교사론》, 민족사.
정재식, 1980, "Ⅳ. 동양 사회의 인식: 비교 역사적 종교 사회학의 시작", 〈현상과 인식〉 4권 4호.
최종철, 1996, "한국 개신교 문화의 형성에 대한 사회사적 고찰(1)", 〈기독교사상〉 통권 446호.

막스 베버와 조선, 가산제와 유교가부장제

박미해

1. 들어가며

현재 한국사회에서 가부장제는 일상생활의 용어로 자리매김하였다. 현대의 불평등한 남녀관계를 푸념하거나 그에 대한 혜택을 칭찬하는 어휘로서 가부장제라는 용어는 이제 일상화되었다. 1970년대를 기점으로 활발해진 한국의 가부장제 연구는 여성학에서 빈번히 연구되었으나 자료를 실증적으로 살핀 연구는 진행되지 않았다. 통념적으로 가부장적 억압이 조선조에서 비롯되었다고 믿지만 어떠한 경로를 거친 것인지에 대하여서는 밝혀진 바가 없다. 가장 많이 언급되는 서구의 가부장제(家父長制, *patriarchy*)라는 단어가 번역을 거쳐서 우리사회에서 쓰이기까지, 가부장제에 대한 용어의 검토가 필요한 시점이다.[1] 21세기에 나타

1) 전성우(2010)는 이것을 가치판단 이전에 사실판단이 필요한 것이라고 지적한 바 있다.

나는 여러 현상들은 현재의 시점에서 가부장제를 역사사회학적으로 연구해야 하는 필요성을 제기한다. 가령, 남녀동등권을 향해가는 현대사회에서 재산이 아들과 딸에게 골고루 상속되는 현상이나 기혼여성이 육아나 경제면에서 친정으로부터 도움을 받으며, 모계중심의 모임이 보다 빈번해지며, 처가살이하는 사위가 늘어나고 있는 현대가족의 모습은 조선 중기 이전의 가족의 모습과 매우 닮았다. 조선조 가부장제에 대한 이해는 곧 현대 한국 사회의 가부장제의 연원을 밝히는 작업이기도 하다.

조선조 가부장제의 역사적 성격에 대한 규명은 그 사회적 이데올로기와 그 이념을 떠받치는 물질적 기초와도 연관시켜 밝힐 필요가 있다. 그러므로 구체적인 물적 토대[2] 와 추상적 이념이라는 두 단계로 나누어서 가부장제를 분석하는 접근이 필요하다. 이런 점에서 사회경제적 시각으로 대표되는 베버의 지배 사회학에 깔린 기본 입장은 매우 유용해 보인다. 베버에 따르면 모든 정치사회적 지배체제의 형성과 발전은 이념적 요소와 사회경제적 요소의 상호작용에 기반한다는 것이다.[3] 이러한 관념론과 유물론의 유기적 통합은 물적 토대로서의 경제적 체제를 기초로 하고 그 토대 위의 사회구조를 분석하게 함으로써 대상을 치우치지 않게 볼 수 있게 하는 장점을 가지고 있다. 아울러, 서구의 가부장제 연구들, 특히 동양을 대상으로 한 서구학자들의 의견에 귀기울여볼 필요가 있다. 가령, 서구의 가부장제는 점점 쇠퇴하였지만, 중국의 가부장제는 명청제국주의를 거치면서 친족단위로 더욱 강해졌다고 한다. 같은 유교문화권인 중국과 조선의 경우는 어떻게 다른지를 살펴보는 것도 동서양의 가부장제를 비교해본다는 점에서 의의가 있으리라고 본다.

---

2) 가부장적 질서와 부인권을 살펴본 조은(2004)의 연구는 여성 지위의 물적 측면을 살폈다는 점이 돋보인다.

3) 전성우(2010) 참조.

이 글에서 필자는 베버의 가산제와 가부장제 이념형에 대한 서구가족의 역사적 상황을 중국과 대비하여 이해하고 이를 바탕으로 조선조의 가산제와 가부장제를 살펴보고자 한다.

2. 중세 서구의 가정공동체, 가산제, 가부장제

영화 《하얀리본》[4] 은, 제 1차 세계대전이 일어나기 전 1913년, 독일의 작은 마을에서 일어나는 일들을 아이들을 중심으로 전개하고 있다. 순결과 복종의 상징으로 하얀리본을 달게 되는 아이들은, 어른들의 기대와는 달리, 매우 하얗지 않은 행동들을 보여준다. 아들의 잘못에 대하여 회초리로 아이가 죽을 지경으로 매질을 하는 목사의 모습에서 강건한 독일의 가부장을 그려볼 수 있다. 마을의 명망 있는 홀아비 의사는 자신이 고용한 산파에게, 그리고 자신의 딸에게 절대적인 성적 권한을 행사한다. 가족구성원들을 극단적으로는 아버지가 소유하는 물건 정도로 여기는 가부장의 모습은 로마의 절대적 가부장권을 연상케 한다. 노예와 여성, 아이들에 대한 생사여탈권이 보장되었던 로마의 가부장권에 대한 근거는, 처는 남편의 육체적, 정신적 힘보다는 열등하며, 어린이는 클 때까지는 도움이 필요하고, 노예는 어릴 적부터 주인의 권력에 복종하는 태도가 생활에서 길러졌기 때문이라고 한다.[5]

서구 가부장제의 역사에 관해서는 학자들 간에 이견이 있다. 해밀턴 (Hamilton, 1990) 은 기독교가 전파되고 로마제국이 멸망하면서, 서구가족은 점차적으로 부계제적 요소를 잃어갔으며, 중세 이후에는 점점

---

4) 미카엘 하네케 감독, 2009, 62회 칸 영화제 황금종려상 수상.

5) 막스 베버 저, 금종우 · 전남석 옮김 (1981: 74) 참조.

약해졌다는 것이다. 이에 반해서 중세 가족 내의 가부장은 매우 강한 권한으로 재산상속과 관리를 총괄하고 가족을 대표하는 법적 주체권을 가지고 부인에게 혼인에서의 절대적 정절을 요구했다는 것이다.[6] 전성우(2000)는 강력한 교황권이 정립되었던 시기, 봉건제라는 세속적 권력체계가 확립되었던 시기, 그리고 가족 내에서 가부장권의 확립과 장자상속제가 성립된 시기가 일치한다고 보았다. 11세기에 봉건체제가 정착되어 유럽이 안정되어가자, 봉건영주들은 봉토와 장원이 분산되지 않고 친족집단 내에서 세습되는 장자상속제에 기반한 가부장적 가족구조를 선호하게 된다. 이 시기에 교황권과 교회는 가족에 적극적으로 개입하여 일부일처제의 준수, 7촌에서 4촌 미만 친족과의 결혼 금지, 이혼 금지, 결혼 당사자들 간의 동의요구 등을 관철시킨다. 12세기에 들어서 가부장적 가족제도는 유럽의 전형적 가족형태로 정착되어 평민층에서도 장자상속제가 보편화된다. 이것은 12~13세기부터 평민층에서도 성(姓)을 가지고 부계를 통하여 혈연과 재산이 상속되고 친족결속이 강화되는 것으로써 알 수 있으며 이로써 전반적인 유럽에 가부장적 사회구조가 형성되었다.

이러한 중세가족의 가부장제는 가정공동체에서 그 속성을 찾을 수 있다. 베버(2009)가 말한 가정공동체는 공경(*pietät*)과 권위를 기반으로, 대외적으로는 연대하고, 대내적으로는 재화의 사용과 소비를 공동으로 하는 가정공산주의를 형성한다. 중세의 도시들, 즉 북부 및 중부 이탈리아에서 자본주의적 기업을 경영하는 가정공동체는 공동 주거, 족외혼, 그리고 근친상간 금기를 우선시한다. 주로 부모와 자녀, 그리고 하인이나 친척들로 구성되어지나 노동 집약적 농경이 필요하거나 귀족이나 부자계층에서는 가정공동체가 대가족을 이루는 것을 볼 수 있다. 이

6) 홍성표(1998), 전성우(2000: 54~55) 재인용 참조.

러한 가정공동체는 자본주의적 경영체로 탄생하든지 아니면 내적구조화를 거쳐서 자급자족적 대가계인 오이코스(Oikos)로 확대 발전된다. 서구에서 가부장의 엄격한 통제에서 노복을 부려서 운용되는 오이코스는 요역과 공납의 의무가 있는 정치단체의 성격을 가지며, 지배자의 수요를 충족하려는 대규모의 권위적 가계를 말한다. 그 예로 중국, 그리스의 노예장인가구, 로마의 노예집단들, 그리고 고대이집트의 파라오의 가구 등을 들 수 있다.[7] 이집트 파라오의 가구에는 자체적 생산뿐 아니라 대외무역에 의존하기도 하였으며, 이러한 자급자족적 대가계는 가산제적 지배로 발전하였다.[8]

베버가 사용한 이상형적 구조개념인 가산제(*patrimonialism*)는 물질적 기초는 자급자족적인 대가계로 이루어지는 가내경제에, 이념적 기초는 가부장적 권력을 기초로 하는 가부장제에 둔다. 베버는 지배유형이 전통적 지배에서 합리적 지배로 넘어가는 과정에서 전통적 지배의 유형으로 원로제와 원시가산제(가부장제), 그리고 가산제를 들고 있다. 베버는 가부장제를 가정 내에서 세습규칙에 따라 정해지는 개개인이 지배를 행사하는 상태로 보았으며, 개인적인 행정간부가 있게 되면 가부장제(원시가산제)가 가산제로 변화한다는 것이다. 가산제적 지배에서 지배와 복종의 관계는 공순관계였으며 이러한 가부장적 지배구조는 가정공동체 내부의 공동운명과 공동의식주 생활에서 비롯한 것이다. 가산제적 국가에서는, 가부장제나 원로제와 다르게, 전통에 의한 속박보다는 우두머리에 의한 자의(*arbitrariness*)의 비중이 컸다.

서구에서 역사적으로 가산제가 강화되는 것에 비해서 후기제국주의 중국의 경제는 가산제적 성격을 덜 띠는 것으로 알려졌다. 송대 이전

---

7) Weber, Max, *Economy and Society*, p. 1012; Hamilton(1990)에서 재인용.

8) 막스 베버 저, 박성환 옮김(2009: 209~263) 참조.

의, 당나라와 한나라, 그리고 제국주의 전 시기에는, 의존적 노동력과 대가계, 즉 유럽의 오이코스와 유사한 형태가 많았으나, 명대에는 의존적 노동력이 떨어지면서, 청대에서는 자유계약적 농부가 등장하게 되었다. 16세기 이후 중국은 자유로운 물물교환에 기반한 시장경제가 더욱 활성화되면서, 정부나 지주들이 통제하기보다는 상인들이 시장을 통제하였으며, 중국의 명청시기 동안에 오이코스경제와 관련된 여러 지표들이 사라지기 시작하는 동시에 가부장적 법률이 강해졌다고 한다.[9] 베버는 가부장제가 쇠퇴한 서구와 달리 후기제국주의 중국에서는 개인들은 약했지만 전통적인 가부장적 가족은 강하게 남아있었다고 한다. 중국어에는 서구의 가부장권에 해당하는 개념이 없다. 비슷한 개념인 'hsiao'(孝)는 자녀의 의무 또는 복종을 의미하며 이러한 아버지의 권력은 모든 부계 종족집단에까지 확장된다는 것이다.[10] 중국의 상례를 예로 들면, 부자, 군신, 부부 등의 역할을 잘 따라야 전체의 하모니를 유지할 수 있다는 믿음에 의해 탈개인화된 가부장제는 정당화되며 법률적 코드로 명시되었다. 역사적으로 볼 때 서구 가부장제는 이미 오래전의 것이라면, 중국의 가부장제는 상당히 현대적이다. 가령, 고대 로마법에서는 가부장이 자신의 아이를 죽일 수도 있었으나, 공화국에 들어

9) 로마법과 중국법은 부계제로서의 가족, 계승과 상속에 대해서는 매우 일치하나, 로마법이 입양한 이방인에게 계승권을 주는 데 반하여, 중국법은 이방인을 허용하지 않는다는 것이다. 또한 서구의 가부장권은 patria potestas로 표현되며 우두머리의 개인권력에 주안점을 두며, 이러한 법제화된 가부장제는 초월적 능력인 종교나 마술로 정당화된다고 한다. George Jamieson, 1921, *Chinese Family and Commercial Law*, Shanghai, Kellly and Walsh(Hamilton, 1990 재인용).

10) 베버 또한 hsiao(효)를 언급하나, 재미슨(Jamieson)과 달리 hsiao와 patria potestas가 같은 개념이라고 말한다. 그러나 해밀턴은 두 개념의 차이는 개념적으로도 역사적으로 입증된다는 입장이다(Hamilton, 1990).

서 희석되면서 공화정 말기 또는 제국 초기에는 범죄시되었다. 콘스탄틴은 자기의 아이를 죽이는 것을 근친살인(*parricide*)이라고 여겨서 평범한 살인보다 더 나쁘다고 하였다. 중국에서도 후한제국(202 BC ~ AD 220)에서는 오직 황제만이 생사여탈권을 가졌으며, 당(618~906)대와 송(960~1279)대에서도 아들을 죽이는 것은 법적으로는 범죄였으나 명과 청 왕조에서는 아버지가 효성스럽지 않은 아들을 죽였을 때는, 설사 잔인하게 죽였더라도 벌을 받지 않았다.[11)]

중국과 서구 가부장제의 공통점은 가부장이 가지는 모든 가족구성원과 재산에 대한 독재적 통제, 조상들과의 상징적 연계, 가족사제로서의 역할, 그리고 국가법에서의 가장권의 증명이라는 점에 있다. 베버는 중국의 가부장제가 로마나 중동, 특히 고대 이집트와 같은 유형이지만 중국이 더 가부장적이라고 주장하였다. 그 이유는 중국에서는 통치자와 특히 관리들은 가부장적 원리를 더욱 정교화해서 국가에 이바지하도록 하였기 때문이라는 것이다. 가산제가 가부장의 권위를 향한 자식들의 '공순'(*piety*)에 기원을 두는 것처럼, 베버에 따르면, 유교는 신하의 군주에 대한, 낮은 지위의 관료의 높은 지위의 관료에 대한 복종관계를 자식의 효(*filial piety*)라는 덕성 위에 바탕을 두고 있다는 것이다. 중국 및 동유럽의 특이한 국부(*father of the country*)라는 가산제적 개념이나, 가부장제적 루터주의에서 자식의 효제가 일체의 정치적 덕성의 기초로서 작용하는 것은 같지만, 유교는 이러한 사상들을 더욱 지속적으로 훨씬 철저하게 효에 기반을 둔다.[12)] 결과적으로, 베버는 중국에서는 국가권위가 가족권위와 같이 순수한 형태에 도달하여, 효의 개념은, 가부장제와 가산제와 공통적 선으로서, 가장 높은 경지에 도달했다고 보았다.[13)]

---

11) Hamilton(1990) 참조

12) 막스 베버 저, 금종우·전남석 옮김(1981: 131~132) 참조.

13) Hamilton(1990) 참조.

이러한 서구와 중국의 가산제와 가부장제를 비교해본 것은, 중국보다 더 진지하게 주자학을 받아들였다고 평가되는 조선조에서는 가부장제가 어떤 모습으로 나타날지가 궁금하였기 때문이었다. 중국 가부장적 가족의 이념형은, 조상숭배에 입각한 가(家)의 영속성을 중시하며, 강한 가부장권을 가지며, 가부장을 정점으로 존비, 장유유서, 남녀유별이라는 지배, 복종의 상하 위계질서가 확립되어 있고, 그리고 가산(家産)을 기초로 가부장권이 강화 유지된다는 특징을 가지고 있다.[14] 유교를 국시로 한 조선사회의 가부장제는 이러한 중국가족의 모습에서 어느 정도 떨어져 있는가를 가늠해볼 수 있을 것이다. 그것은 조선조 관료들이 중국과 자국을 제도문물과 관습적인 면에서 차별적으로 인식했음에도 조선의 사회질서에서는 중국과 유사한 점을 많이 발견할 수 있기 때문이다. 조선조 관료제는 구조적으로 중국에서와 같은 가산제적 특징을 지니고 있었는데, 가령, 우두머리에 의해 언제라도 파면될 수 있었던 유교 관료에게 지배자인 왕에 대한 유교적 공순이라는 가산제의 덕목은 조선조의 모든 정치와 사회윤리에서 반영되고 있었다.

3. 조선의 가산제와 가부장제

베버가 가부장제를 원시가산제의 개념으로 쓰고, 이것이 확대된 지배체제를 가산제로 보았다면, 필자는 가부장제를 하나의 큰 틀로서의 정치지배체제로 보고, 가산제적 속성을 띠는 경제체제(이하 '가산제적 경제체제')와 가부장적 지배로 구성된다고 본다. 그러므로 필자에게는 가부장제는 다소 추상적인 의미체계이고, 가산제적 경제체제는 더욱 구

14) 박병호(1988: 149) 참조.

체적이면서도 실질적으로 검증 가능한 물적 기초에서 파악되는 체계이다. 이 체계를 통해 조선조의 가부장제에서 베버의 가산제적 속성이 어느 정도 반영되는가를 검토할 수 있으리라고 본다.[15] 한국 사회가 아직도 가산제적 성격을 띤다는 점을 전제로 하면, 베버 방법론의 매력은 이 논문에서 의도하는 가산제의 물질적 기초와 이념적 지배구조를 구분해서 역사구조적인 맥락에서 이론적 성찰을 가능케 해준다는 점에 있다.

가부장적 지배구조를 보기 위하여 조선조 양반가의 추상적 권한(權限)을 살펴볼 것이며 이것은 결국 가족관계의 근간을 이루는 것들이다. 즉, 가부장권, 여성권, 부권(夫權), 부권(婦權), 장자권(長子權) 등을 분석하여 가부장제의 성격을 파악하려는 것이다. 다른 한 축은 가산제적 경제체제로서 이는 혼수준비와 혼례식, 거주율, 천장례의 준비와 천장례의 절차, 아들과 딸의 부모봉양과 일가부양을 통하여 살펴본다. 이것은 가부장제의 물적이자 구체적 측면을 이루는 가산체제가 어떻게 운용을 보기 위한 것으로 이 연구에서는 유교적 의례와 유교적 부양에 중점을 두었다. 베버의 가산제 개념과 연관하여서는 조선조 관료들의 경제생활의 내부, 특히 오이코스와 가내경제, 그리고 의리를 기반으로 한 관리들 간의 부조, 생활에서의 모든 종류의 기회를 전유(*appropriation*)하는 관료신분의 특권을 다루고자 한다. 조선조 양반가의 유교적 의례와 상속 등을 살펴보면서 아울러 이러한 가산제적 경제체제를 통해 가부장적 지배구조인 남녀, 노소, 상하관계에서 어떤 특성이 나타나는가를 보고자 한다.[16]

---

15) 함재봉(2000: 91)은 베버가 가부장제에 대하여 실제적이면서도 가치판단을 한다고 지적한다. 베버는 가부장제가 합리성이 결여되고 무조건적인 복종을 하게 하므로 가부장제가 다른 사회적 기제보다 열등하다고 본다는 것이다.

16) 이 절은 박미해(2010)의 《유교가부장제와 가족, 가산》의 제 2부와 3부를 중심으로 요약·발췌한 것이다.

이 글에서 중점적으로 조명하는 16세기 한국사회는 통상적으로 남귀여가혼, 처가살이, 균분상속, 윤회봉사를 특징으로 하고 있었다. 남자가 여자집에서 혼례를 올리고, 아이들이 클 때까지, 혹은 종신토록 처가에 거주하며, 때로는 처가의 선산에 같이 묻히기도 하는 시기였다. 상속에서는 남녀를 구별하기보다는 대체로 균등하게 배분하고, 형제간에 조상제사를 돌아가면서 지내는 윤회봉사가 행해졌다고 보고 있다. 이러한 당시 조선사회의 특징은 《조선왕조실록》에서도 언급된다. 기후나 풍토가 중국과는 다르고 문물이 상이하며, 중국의 대가족제도와 친영제도가 수용되지 않았고, 중국에 없는 양반제도와 노비세전법, 여묘제 등이 조선에는 존재한다는 것이다.[17] 이러한 사실들로 미루어 보면 조선 중기는 중국의 영향이 아직 크지 않았고 조선조만의 내재적 고유성이 상당부분 존재하던 시기라고 할 수 있다. 이 글에서 조선 중기에 주목하는 이유는 조선 중기가 전기와 후기를 나누는 전환적 시점이라는 특이성 때문이기도 하며,[18] 또한 탈유교화하는 현대가족의 모습이 조선 중기 가족의 실상과 닮아있기 때문이다.

이 글에서 조선조 가부장제 연구에 주로 활용한 자료는 《미암일기》(眉巖日記), 《묵재일기》(默齋日記), 《쇄미록》(瑣尾錄) 등으로 양반가의 일기들이다. 《미암일기》는 성리학자이자 선조의 스승이기도 하였던 미암 유희춘(柳希春: 1513~1577)이 을사사화로 유배되었다가 해배된 이후를 기술한 것으로, 맏손자가 혼인한 후의 1년간과 븐인이 사망

---

17) 명종실록 권 17, 명종 9년(1554년) 9월: 이수건(1995: 88)에서 재인용 참조.

18) 조선조의 시기 구분은 학자들의 관심과 주제에 따라서 차이가 있다. 대체로 조선 전기는 조선 건국 후에서 임진왜란 전까지의 14세기 말에서 16세기 말까지, 중기는 16세기와 17세기를 포함해 사림의 세기 또는 사림적 가치가 우세한 시기로, 그리고 조선 후기는 18세기와 19세기를 포함해 명명하기도 한다. 기존의 조선 전기와 후기라는 구분 외에 '조선 중기'를 따로 설정하고자 하는 학계의 움직임은 1990년대 이래 진행 중이다.

하기 전까지의 일기기록이다. 1535년부터 1567년까지 일상생활을 정리한 《묵재일기》는 청요직인 이조좌랑에 추천되기도 했던 성리학자 묵재 이문건(李文楗: 1494~1567)이 쓴 것이다. 《쇄미록》은 해주 오씨 오희문(吳希文: 1539~1613)이 임진왜란이 일어나기 전인 선조 24년(1591년) 11월부터 사회가 안정되어가던 동왕 34년(1601년) 2월까지 피난하면서 쓴 일기이다.

1) 조선 중기 가부장적 지배구조와 가족관계

조선조 가족에서 이상시되었던 유교적 덕목은 가장에 대한 공순, 가족 간의 화목과 형제우애, 가문의 명예에 관련된 남녀의 내외 등이었다. 조선조 가부장제의 이념적 기초를 이루는 가부장적 지배구조가 실제적으로 양반가의 생활에서 어떻게 나타나는가를 보기 위해 가부장의 권한행사와 구성원들의 공순의 정도에 기초한 가부장적 지배구조를 부부관계, 친족관계, 젠더 정체성의 자료를 중심으로 보고자 한다.

16세기 중후반의 뛰어난 성리학자로 꼽는 미암 유희춘 부부의 부부관계와 친족관계는 그의 일기자료에서 나타난다. 유희춘은 슬하에 1남 1녀를 두었으며 손자들을 데리고 딸 내외와 담양에서 거주했다. 그는 금슬 좋은 부부로 알려져 있고 친족관계에서도 매우 세심한 배려를 하는 것으로 나타난다. 미암이 부인과 자신의 생일 중간 날짜로 공동생일을 치르는 것은 뛰어난 문인이었던 부인에 대한 동지애를 보여주며, 이웃에게도 이 부부의 사이는 널리 알려져 있었다. 그 일례로 혼인식에서 촛불을 켜는 것을 권유받은 유희춘이 첩이 있다고 사양하자 그런 첩은 있어도 없는 거나 마찬가지라며 결국 유희춘이 촛불을 켜게 된다. 비교적 사이좋은 이들 부부에게도 갈등이 있었는데, 이것은 주로 남편으로 인해 발생되었다. 미암이 부인이 고대했던 친정부모에게 잘하는 사위노릇을 못 보여주었다거나 외지에서 여성편력을 보인 것이 주된 이유였다.

유희춘의 부부관계에서 나타나는 부권(婦權)은 자율적이고 능동적인 데 비해 부권(夫權)은 상징적이며 포괄적이었다. 부인의 권한이 주로 집안 내에서 살림과 가솔 관리에 한정되는 반면에, 남편의 권한은 대외적이거나 중요한 사항을 결정할 때 쓰였다. 남편이 유배 가 있는 동안 부인 송덕봉은 살림을 주관하였다. 다른 사람을 시켜 집을 고치거나 남편의 옷도 지어 보내며, 첩을 통제하고 하인들을 다스리는 것도 안주인의 역할이었다. 반면에 남편 유희춘은 겉보기에는 크게 드러나지 않지만 물품의 출입과 최종허가 및 관리를 담당한다. 유희춘이 귀양 가 있을 동안이나 한양에서 벼슬할 동안은 부인으로부터 보고를 받지만, 해배 후에는 직접 집안 노비를 매를 들고 때리는 것 등을 담당한다. 현직 고위관료로서 경제력을 지닌 남편은 부인이 나들이할 때 행차를 보호해주기도 한다. 유희춘 집안에서 보이는 가부장권은 명목적으로는 남편의 주도, 부인은 추종하는 가부장적 지배구조를 보이며, 여기에는 남편의 경제권과 부인의 칭송받는 부덕이 자리했다. 유교적 도리를 다하는 아내의 역할을 수행하고서 가능한 부권(婦權)의 존재는 남편의 성적 방종을 감내해야 하는 고통을 수반했다.

유희춘이 가장으로서 외가나 처가들, 기혼누이들과 갖는 지속적인 유대는 부계나 모계에 치우치지 않는 균등한 친족관계를 보여주며 가부장권(家父長權)은 구성원들에게 강요 없이 온화하게 행사되었다. 아들과 며느리, 사위와 딸, 손자녀들에게 자상한 가부(家父)로서, 혼인한 누이와 조카들에게는 가장(家長)으로서 도움을 주며, 죽은 형을 대신하여 조상 제사와 위선사업을 하는 장자(長子) 역할을 맡아 한다. 가부장권이 영향을 미치는 친족의 범위는 친가와 처가의 8~9촌 이내였으며, 이들과는 빈번히 왕래하며, 제사에 참여하며 관직진출과 군역면제를 도모하며 경제적인 상호부조를 한다. 아들이 뛰어난 인물은 아니어서 유희춘은 기대를 많이 하지 않지만 친구 김인후의 딸인 며느리는 아껴주었다. 친구 윤항의 아들인 사위에게 더 배려를 하며, 뛰어나지 못하지만 사위의 구직과 면신례를 도와주며 교육을 맡아서 한다. 한편 손자들의 교육은 할아버지인 유희춘이 도맡아서 하지만, 같이 사는 외손녀에게는 공부에 대한 많은 기대를 하지 않는다. 가장으로서 유희춘은 기혼의 누이들과 조카들에게 공경을 받으며 그들을 경제적으로 도와주고 관직에 천거해준다. 미암과 이종형제들은 최부(崔溥)[19]의 외손이라는 정서적 공감대를 나누며 처가형제들보다도 가까운 관계로 지낸다. 당시에 미암이 장자로서 가진 권한이나 위치가 확고하지 않은 것은 그가 여러 이유로 제사를 연기하거나 융통성을 보인다는 점에서 알 수 있다. 이러한 유희춘이 가부로서, 가장으로서, 장자로서 가족 성원에게 행하는 역할과 권한들은 강압성을 띠지 않으며, 조선 중기의 정형화되지 않은 가부장권의 일면을 보여준다.

서로 다른 집안의 여성과 남성들을 중심으로 각각의 성에 대응되는 정체성은 어떠한 모습을 보이는지 살펴본다. 즉, 통념적으로 조선조 여성들에게 씌워진 순종과, 남성들에게 덧붙여진 강압의 모습은 실제로 양반가의 생활에서는 어떻게 나타나는지를 실증해보고자 하였다. 일기자료에 따르면, 조선 중기 여성들은 활동적이면서 적극적이었던 반면에 남성들에게서는 감성적이며 수동적인 이미지와 함께 따뜻한 부성을 지닌 모습도 볼 수 있었다. 가령, 유희춘의 딸은 대리적 실현을 통하여 남편을 출세시키고 집안을 꾸려나가는 활달함을 보인다. 비록 이것이 남편과 친정아버지, 오빠를 통한 능동성이었다고 할지라도 조선조의 통념적 여성상과는 거리가 있었다. 여성만의 특징으로 생각되던 감성적인 면이 양반 남성에게서도 보이는데, 가령, 아들이 부모 방문을 마

19) 1454~1504. 연산군 4년에 상소를 올려서 좌천되었다. 《표해록》의 저자이다.

치고 떠나자 아버지인 오희문이 눈물 흘리며 슬퍼하는 모습을 일기에 남기고 있다. 비록 남성들이 주관하는 유교식 제례가 더 가치 있는 것으로 여겨, 무속과 불교의식은 여종이나 집안여성들에 의해 행해졌지만, 여성은 집안의 종교적 지주 역할을 맡고 있었다. 이러한 여성의 적극성은 성리학적 이데올로기의 수용에서도 발휘되어, 조선 중기 여성들 사이에서는 자율을 인정하는 현명한 여성상이 이상시되다가 결국 후기로 갈수록 여성들도 승순의 개념을 적극적으로 내면화했을 것이다. 특히 친정에서 시집으로 생활기반이 옮겨감에 따라 여성들은 개체성보다는 집단을 향한 순응적 정체성과 공순적 태도를 가지게 되었을 것이다. 간혹 개인의 성적 욕망을 감추지 않는 양반여성들이 일부 있기도 했지만, 지속적인 성리학적 이데올로기의 주입은 여성의 종속과 남성의 주도라는 유교적 젠더 정체성을 구조화시켰을 것이다. 극단적으로 정절의 이념화가 여성에게 강요되고 여성의 성적욕망은 억압되는 데 비해 남성의 성적 방종은 묵인되었다. 그러므로 현대사회에서 우리가 가진 통념적인 조선조 여성과 남성에 대한 이미지는 성리학적 교화에 따라 형성되어져 온 것이라고 생각된다.

조선 중기 가부장적 지배구조는 남편과 부인, 남성과 여성 또는 아들과 딸의 권한을 대비해보는 데서 더욱 선명하게 드러난다. 부인의 발언권과 비교적 자유로운 나들이, 재산소유와 처분, 남편을 대신한 구직활동과 적극적 성애표현 등은 가부장의 지배가 제한될 수밖에 없었던 상황을 설명해준다. 그럼에도 성적권한과 사회활동에서 이미 기득권을 가진 남성의 지위와 그를 옹호하는 유교적 이데올로기는 남성의 자유를 가져왔으며, 남편, 가장, 아버지, 장자로서 행사하는 가부장권은 온화하면서도 강고하게 그 자리를 지키고 있었다.

2) 조선 중기 가산제적 경제체제와 유교적 의례

필자가 베버의 가산제와 가산제의 태생인 자녀의 공순(*piety*)을 유교와 결합시켜서 '유교적 공순'(*confucian piety*)으로 표현한 것은 유교적 의례를 베버의 이론으로 실증해보려는 의도에서였다. 조선조에서 부모에 대한 복종인 효(孝)는 사회적 공순인 충(忠)의 척도로 인식되어, 효자인지의 여부는 충성스런 신하로서의 자질을 가늠할 수 있었다. 유교적 공순에 기반한 가산제적 경제체제의 특징이 조선 중기 양반가의 생활에서 혼례와 천장례, 가족부양에서 나타나는 모습을 보고자 한다.

혼인 예식을 준비하는 과정을 살펴보면 가산제적 경제체제의 운용을 알 수 있다. 유희춘의 장손인 유광선(柳光善)은 1676년 병자년에 김일손(金馹孫)[20]의 후손을 아내로 맞아 혼인식을 치른다. 혼수는 집안에서 직접 제조하거나 친척과 지인들의 도움을 받아 마련되었으며 신랑집에서는 납채와 전안의 예식에 필요한 물품만을 준비한다. 나머지는 친지를 비롯해 관료로 있는 지인들이 보통사람들이 얻기 힘든 혼수물품을 관권을 이용해 도와준다. 고위관리들이 산기러기를 보내고 신랑 집안을 빛내려고 전현직 관료들이 위요(圍繞)를 서는 것은 유희춘이 조정에서 지낸 경력으로 쌓은 인맥이 있었기에 가능하였다. 혼반에 의한 사족 간 혼인은 가산의 상속을 염두에 둔 것이었으며, 사족들은 혼인 후에도 인척 간 선물수수로 그 유대를 다졌다. 상대방의 부조를 담보로 교환과 수증이 이루어지는 증답경제(贈答經濟)가 당시 양반들의 경제생활 운용체제였다고 보여진다.

이러한 가산제적 경제체제는 천장례를 준비하는 과정에서도 나타난다. 명종 때의 묵재 이문건은 아버지의 천장을 위하여 3개월에 걸쳐서

---

20) 1464~1498. 본관은 김해, 호는 탁영. 연산군 때 무오사화로 처형되었다.

준비했다. 이문건의 효성은 매우 지극하여 관곽준비에서 비석에 글자 새기는 것까지 모든 천장준비에 정성을 다하는 지극한 공순을 보여준다. 이문건가의 천장준비를 위해 상주를 중심으로 집 안팎에서 조카, 노비, 목수, 친지, 고위관료들이 동원되었는데, 이들의 관계와 부조를 통해 당시의 가산제적 경제체제와 가부장적 지배구조를 알 수 있다. 상주인 이문건은 천장을 언제 할 것인가를 결정하고 천장에 필요한 물품들은 노비들과 장인들을 부려서 만든다. 부인과, 고모와 누이들에게서도 음식과 의복을 도움받는다. 관곽의 제조와 구입, 관판의 수송, 목수와 톱의 확보 등은 서로 연관된 일들이었다. 관의 제조와 더불어 관곽을 수송하는 데에는 관료들의 도움을 받았다. 관청에서는 천장례에 필요한 물품들을 지원하기도 하였으며, 일군들의 식량이나 탄, 송진, 석회들을 지원하거나 필요한 제사상을 보내기도 하였다. 이문건가의 천장을 돕기 위한 일군과 식량을 관료들이 지원하는 것은 사대부들이 의리를 기반으로 한 증답경제의 일면을 보여주는 동시에 국가의 재원을 사사로이 쓰는 전유의 형태를 보여준다. 당시 이문건은 부친의 천장을 거행하면서 유교적 상례의 예식을 철저하게 준수해 국가가 주입하려던 유교적 질서에 순응하는 모습을 보여준다.[21)]

조선 중기 선조조 오희문의 《쇄미록》에는 전쟁으로 힘든 시기에 가족부양을 사위와 아들이 내리 맡아서 하고 있음을 보여준다. 이러한 사위의 일가부양은 관권을 동원하여 이루어졌으며 공사가 혼재되는 양상은 조선 중기 사회의 가산제적 특징을 드러낸다. 남편의 관력을 이용한 것이기는 하지만 여성들이 혼인 후에도 친정을 부양하고 사위가 아들과 같이 처부모를 봉양했다는 사실도 보여준다. 이것은 부계친족만 강조

21) 양반가에서의 이러한 유교적 예의 준수는 이후 예송논쟁으로 가는 17세기를 향한 전조를 보여준다.

되기 이전의 상황, 즉 사위도 처가의 구성원으로서 의무를 다하는 친족관계가 16세기 말, 17세기 초에도 지속되었음을 보여주며 가부장권에 영향을 미치는 여성의 권한도 나타내는 것이라 하겠다. 특히 예송(例送)은 관(官)에서 정례적으로 처가에 보내는 주곡으로서 수령으로 있는 사위가 가난한 처가를 부양한 공식적 수단이었음을 밝혔다. 명절이나 행사를 위해서 사위가 보내는 증송(贈送)이라는 형태의 실질적 처가부양을 더하면 사위가 오희문 집안을 전적으로 부양했음이 나타난다. 딸이 보조적으로 보내는 별송(別送)은 조선 중기까지도 기혼여성의 부모부양 의무와 이를 통한 친정에의 경제적 기여가 있었음을 보여준다. 딸의 친정부양뿐 아니라 오희문가 며느리와 아들의 첩이 시댁에 독자적으로 봉양물을 바치는 것과 노모가 딸 집에 갈 때 아들과 손자를 통해 양식을 조달받는 것은 당시 여성의 사회경제적 지위를 나타낸다고 볼 수 있다. 맏아들인 오윤겸(吳允謙)은 평강수령으로 부임하면서 본격적으로 부모를 봉양하고 다른 친족들을 부양하는데, 아들이 하는 부모봉양은 딸의 봉양에 비해 그 범위가 가족전체로 확대되어 넓고 품목 역시 다양하다. 아들이 부모를 봉양하는 때는 생신, 병문안, 행자마련, 근친 등의 경우이며 인맥을 통한 간접적 봉양부터 관권의 활용과 이웃의 청탁까지 그 범위가 넓은 것이 특징이다. 물질적 부양은 아들이 수행하나, 식량을 재분배받는 부계 4촌까지의 범위에서는 오희문이 여전히 상징적인 가부장의 역할을 수행한다. 아들들은 부모를 중심으로 자급자족적 생활을 하며 모여 살았으며, 떨어져 살더라도 항상 서로의 의식 속에 가(家)로 자리 잡은 혈족이었다.

3) 조선의 유교가부장제

조선 중기 가부장제를 양반가의 가산제적 경제체제에서 확인하면, 자급자족적 경제생활은 집안에서 혼수와 천장에 필요한 물품을 직접 제조하거나 주문 생산에 의해 제조하는 것으로 나타난다. 나머지 필요한 물품들은 대부분 친지들에게서 빌리거나 여유 있는 쪽에서 보내주는 것으로 충당한다. 유교적 예식에는 친지들 간의 부조보다는 고위관료 간의 부조가 많이 나타나는데, 이는 예식을 준비하는 혼주나 상주가 중앙관료라는 신분을 충분히 활용할 수 있었기 때문이다. 관권을 이용해 물품을 제공하는 것은 한편으로는 국가를 대신해 부조한다는 의미도 있었으나 공적 자원을 사적으로 전유했다는 해석도 가능하다. 이러한 가산제적 경제체제는 다른 한편 물질적 호혜를 통한 심리적 유대와 지배구조를 나타낸다. 시혜자와 수혜자 간, 가부장과 가족구성원 간, 왕과 신하 간, 상전과 일꾼 간, 남성과 여성 간의 위계질서를 반영한다. 사족들은 혼인 후에도 인척 간 선물수수로 그 유대를 다졌으며, 관리들은 서로 부조받고 부조한다는 기대와 의리에 따라 사대부가의 혼상제례에 일꾼을 동원하고, 수령의 부모를 봉양하는 물자를 도와준 것으로 보인다.

조선 중기 가부장제는 여성, 손아래 사람들, 하층민들이 지배층과 기본적으로는 공순에 입각한 관계를 형성하지만, 저항도 할 수 있는 다소 느슨한 구조였다. 그리고 국가가 부모로서 자식 같은 신하를 돌볼 의무가 있음을 빌미로 삼아 신하인 양반들은 국가의 시혜를 전유할 수도 있었다. 그리하여 이 같은 분위기 속에서 종법이나 부계적 질서가 엄격하게 준수되지 않았고, 피지배층의 자율성도 어느 정도 허용되었다. 일상생활의 유교적 예식과 가족부양에 자원을 동원하고 가산을 운용하는 주체는 가부장이었지만, 그 권한은 강하지 않았다. 그 이유는 부인권 또는 여성권의 존재와 무관하지 않으며, 유교화하지 않은 혼속, 종자의 위치가 확립되지 않은 사회적 여건에서도 그 이유를 찾을 수 있다.

조선 중기 여성들의 당당함과 독자성, 주체적 행동들은 매우 특이하게 나타난다. 이것은 부인과 남편의 관계에서 성립되는 주부권의 범위와 균분상속을 기초로 한 여성들의 물적 기반에서 비롯되었을 것이다. 혼인한 딸이 친정에 머물면서 발휘하는 남편을 위한 내조는 비록 아버지의 이름을 빌려 하는 것이었지만 매우 적극적이었다. 출가외인의 관념이 아직 덜 익숙하였던 이 시기에는 남자, 여자를 떠나서 사위도 처부모를 봉양했고, 딸과 사위가 보내는 정례적 양식인 예송의 존재는 사회적으로도 처가부양이 기대되고 있었음을 나타낸다. 기혼 누이는 심리적 가(家)의 범위에 있었으며, 이종이 처족보다 가깝게 지내고 있었다. 조선 중기 가부장제의 운영원리는 대외적 남성권에 비해 약하게나마 존재하는 여성권을 대비함으로써 유추할 수 있다. 조선 중기 당시 부인의 권한은 가부장인 남편의 권위와 이름을 빌려서 발효되는 제한된 자율이었지만, 여성의 권한이 존재했다고 볼 수 있다.

조선 중기의 여성권과 더불어 가부장제 성격을 대표하는 것으로 반친영의 혼인풍속을 들 수 있다. 전래적 혼인풍습인 남귀여가혼(男歸女家婚)에서 주자가 주장하는 친영(親迎)의 중간적인 방법인 반친영(半親迎)은 조선의 독특한 혼례예속을 대변한다. 유희춘가에서도 맏손자의 혼인을 반친영으로 치렀다. 당시에 양반들이 반친영을 택했던 이유는 경비가 많이 들지 않는다는 이점 이외에도 혼인 후 처가에 머물던 풍습을 반영하기 때문이다. 신부의 거주지로 본다면 남귀여가혼의 요소가 많으나 신랑이 네 차례 처가에 들렀다가 1년 후에 거주를 본가로 옮기는 것을 보면 거주율로는 이미 친영적 성격이 있다. 16세기 신혼부부의 이러한 거주율은 일종의 해묵이 형식으로 전래적인 여성이 가졌던 지위를 반영하는 것으로 신랑도 처가에 적응해야 하는 쌍방적인 상황이었다. 이것은 신랑의 출세와도 관련이 있기 때문인데, 만일 신랑이 할아버지

보다 더한 권세가를 처가로 두었다면 굳이 본가에서 신랑의 성공에 유리한 고위권력자들과의 교유, 공부, 제사, 견문확장들을 통한 장손에 대한 배려를 받지 않았을 것임은 자명한 사실이다. 이러한 사회적 배경은 전래적인 여성의 지위와 재산상속권 등과 더불어 가부장권을 제한하는 요인으로 작용하였을 가능성이 크다.

조선 중기 남성들이 이상시하던 군자와 헌헌장부의 모습은 서구 가부장의 전제적 모습과는 거리가 있었으며, 종법적 가족에서의 엄격한 가장의 모습과도 달랐다. 종법을 철저히 따를 수 없었던 이유는 당시 이념보다는 실리를 추구했기 때문이라고 생각된다. 부계친에 의지하기보다는 아는 이웃이나 관직을 통해 도움을 받는 경우가 대부분이다. 부계친 위주의 제사도 덜 진지하게 준수하거나 종자를 덜 철저하게 예우하는 것이 그 예이다. 이문건의 천장례의 경우에 다소 철저하게 준수되고 있었던 데 비해서, 유희춘가의 혼례는 반친영의 절충적 형태로 거행되는 것이 신랑의 출세와 혼비 절약이라는 실리가 작용한 결과라 할 수 있다. 16세기 중후반, 종자나 제사에 대한 관념이 비교적 철저하지 않은 유희춘 집안에 비하면 그 후대인 16세기 말, 17세기 초 오희문 집안에서는 난리 중에도 제사를 철저히 지키려는 모습을 볼 수 있다. 아울러 종손에 대한 관념이 형성되어 종법질서가 점차적으로 사회에 정착해가는 모습도 볼 수 있다.

이처럼 공순을 기반으로 한 조선왕조 특유의 유교적 지배구조 및 문화변동은 서구와 다른 가부장제의 성격을 형성했으며, 이것은 치국의 수단으로 활용되었다. 즉, 조선왕조에서 유교 이념은 가(家)를 통해 구현되었는데, 이것이 양반가의 예식을 통해 구체적으로 실행됨으로써 유교와 가부장제는 친화력을 갖게 되었다. 조선 중기 이후의 가족과 친족생활은 유교화한 가부장제로 도약하였다고 보여진다. 17세기 중반 인조 때 원친양자가 조부모 이상을 봉사하는 것이 인정되었고, 이것이

현종 때 법제화된 것은 적장자 우대 상속이 확립되었음을 보여준다. 이것은 조선조의 가부장권이 본격적으로 강화되는 이념적·물적 기반을 마련해주는 데에 기여했다. 장자에게 주어지는 증가된 봉사조 재산은 종가를 중심으로 한 동성촌의 부계세력을 강화시켰으며, 이러한 물적 역량의 증가는 양자를 꾸어와서라도 가계를 이어가려는 가의식의 확산을 의미하였다. 결국 이러한 적장자 우위의 상속제의 정착은 다른 한편으로 그동안 존속했던 남녀균분상속의 파기, 모계친족과의 약화, 그리고 여성지위의 저하를 뜻하며, 조선 중기 이후의 가부장제는 더 강한 유교가부장제로 넘어가게 될 것으로 예상된다.[22]

4. 나가며

이 논문은 조선 건국 후 150~200년이 지난 시점인 16세기부터 17세기 중반까지의 조선조 가부장제를 베버의 이념형에 비추어서 살펴보고자 하였다. 가부장제의 분석은 경제적 물적 토대를 이해하는 작업과 이념적 의미체계를 이해하는 것으로 나누어 진행하였다. 양반가의 혼례와 천장례, 집안부양 등에 동원되는 가산의 기제들을 살펴보고 이러한 유교적 의례와 봉양에 기본이 되는 가장의 권한, 부인의 권한, 그리고 젠더 정체성 등을 살펴보고자 하였다. 이 연구의 의도를 전성우(2010)는 《유교가부장제와 가족, 가산》의 서평에서 다음과 같이 밝힌다.

> 조선조 가부장제의 이념 기반은 유교이며, 유교의 핵심덕목이자 교조인 '공순'(*piety*)의 원칙은 이 이념체계를 떠받치는 기둥이며 그것은 가족을

22) 17세기 중반 양자의 상속은 박미해(2010) 보론 참조.

중심으로 한 혈연공동체적 위계질서의 신성화를 통해 정당화된다. 물적 기초인 가산제는 '자급자족적 가내 경제'로 압축될 수 있는데, 이 두 가지 구성요소를 미시적 차원에서 재구성한다. 이로써 유교, 가족, 가산이 조선조 가부장제를 떠받치는, 상호 유기적으로 연계된 일종의 개념적-이론적 삼각축임을 확인하게 된다.[23)]

조선 중기에 형성된 남녀, 노소, 상하 간의 가부장적 지배구조에는 다소 유동적이고 느슨한 면이 있었다. 조선 중기의 가부장은 집안의 어른으로 가족과 친족 관계의 중심에 있으면서 노비 사역을 하고 관료 신분을 활용해 관(官)의 인적·물적 자원을 전유하는 등, 가산제적 경제체제를 배경으로 유교적 혼·상례와 일가부양에 필요한 물자를 동원하고 경영하는 가산관리자의 면모를 보인다. 하지만 이처럼 가족의 대소사를 책임지면서도 강력한 통제보다는 화목을 도모하는 역할을 하고 있다. 조선 중기 가부장적 지배구조의 운영원리는 위계에 따라 규율되었지만 다소 평등한 면이 있어서, 실리를 추구하고 감성을 브전하며 애정을 표현하고 혈연을 중시하는 경향이 있었다. 이러한 가부장적 지배구조는 유교 자체가 가진 위계적 질서와 함께 비위계적인 평등성까지 보여준다. 피지배층으로 볼 수 있는 여성, 평민, 상민, 노비들에게서 이러한 불순(不順)을 읽을 수 있다. 조선조 사회는 이념적으로는 확실히 상하가 존재하는 사회였으나 실제에서 가부장적 지배구조가 그리 경직되지 않았던 것으로 보인다. 가부장인 남편에게서 보이는 온화함, 중(中)을 중시하는 유교적 특성이 그것이다.

이것은 당시에는 남귀여가혼, 균분상속, 윤회봉사가 행해지던 사회였던 것과 종법적 사고, 권위, 지배구조가 경직화되지 않았던 당시 상

23) 전성우(2010) 참조.

황과도 연관이 있다. 예식을 치르는 데 있어 부계친보다는 이웃이나 지인에게서 도움을 받고, 제사를 덜 엄격하게 준비하고 종자에 대한 예우를 덜 철저하게 한 것 등이 그 예이다. 천장례는 다소 철저하게 준비되나, 혼례는 반친영의 형태로 거행되어 주자의 가르침을 철저히 실천하고 있다고 보기는 어렵다. 아들과 딸을 구별하기보다는 형편이 되는 사람이 부모를 봉양하고 혼인한 누이와도 가깝게 지내고 있는 아직까지 혈연 중심의 사회였다. 조선 중기는 이러한 덜 종법적인 사회였으므로 여성들이 동등하지는 않지만 주체적인 활동과 언동을 보여준다는 점에서 역사적으로 매우 의미 있는 시기이다. 다른 한편 이 시기는 조선 고유의 내재적 특징이 잔존하고 있으면서도, 다음 시기로의 징후들이 배태되어 있었던 때였다. 요컨대 조선 중기 가부장제는 유교적 이념의 틀 안에서 여성·남성의 구분과 역할까지 규정하고 있으며, 조선 중기 여성과 남성은 이러한 틀을 서서히 내면화하고 있다. 조선 중기 여성들의 당당함과 독자성, 주체적 행동들 안에서 함께 발견되는 것은 부덕, 내외관습, 정절에 대한 이상 등의 유교 이데올로기들이다. 남편이 일방적으로 행사하는 성적 권한은 부인 편에서는 감내해야 하는 것이었으며 부인은 소극적으로 저항하는 정도였다. 이러한 유교적 내면화의 모습은 남성과 여성 양쪽 모두에 유교적 정체성을 가져왔으며, 부자, 부부, 군신, 남녀, 노소, 상하의 관계와 그에 따른 각자의 역할을 규정하게 하는 것이었다. 여성들에 대한 성적 억압과 구성원들의 자발적 복종을 포함해서 내외관습과 정절 이념들이 체화되었고, 가(家)를 계승하는 아들에 대한 집착이 강해지면서 종손의 역할이 점차 드러나는데, 이는 가부장적 가족이 서서히 실현되고 있었음을 보여준다. 조선 중기 이후 양자의 제사와 재산상속의 법제화는 가부장제의 이념적이고 물적인 토대가 구축되면서 가부장제가 강화되는 방향으로 나아갔을 것이다.

조선 중기의 가부장권은 생사를 좌우할 수 있었던 로마의 가부장권이나 친족과 가산을 지배할 수 있었던 중국의 가부장권보다는 약화된 형태로 나타난다. 가부장적 지배구조에서의 공순이 조선 중기 사회에서는 부모와 자녀, 상전과 노비의 관계에서 나타났으며, 때로는 공순이 농경사회에서 의리를 바탕으로 한 상호부조의 형태로 조선 관료들 사이에서 전유되었던 점은 조선조 특유의 가산제적 특징이라고 하겠다. 서구에서 시장경제가 발달하기 전에 나타난 가산제적 경제체제인 가내제조, 주문생산, 자급자족의 형태를 양반가의 혼례, 천장례, 가족부양 등에서 보여주고 있으나, 이는 다소 소규모의 가내경제였다고 생각된다.[24] 그럼에도 불구하고 베버의 이념형을 조선조에 구사해본 것은 유용한 시도였다고 자평해본다. 친족 중심의 가부장권이 강화되었던 경험을 가지고 있는 중국과 같이 유교를 국시로 한 조선의 경우에도 시간이 지나면서 더 강한 가부장권으로 나아갔을 것이라 예상된다. 마치 중세 교회권력이 가족에 침투하여 가족생활을 규율하였던 것처럼, 조선조 성리학은 부모와 자녀사이의 효(孝)를 기반으로 한 공순(恭順) 관계를 군신 상하에서의 충(忠)의 관계로 확장시켰을 것이기 때문이다.

유교에 기반한 효를 중심으로 하고 개인은 공순에 근거한 집단적 가부장제에 순응한다는 면에서는 중국과 조선은 유사하지만, 중국 명청조에서의 가부장의 모습과 조선사회의 가부장의 모습은 조금 다를 것으로 생각된다. 중국과 달리 조선조에서는 가부장제가 한국 여성의 전래적 지위와 유교 자체의 특성에 의해 견제되었다고 생각된다. 조선조 여

24) 이 글에서 필자는 조선의 유교적 의례와 가족부양에 한정하여 살펴보았으나, 2010년에 이재혁 교수와도 나눈 대화지만, 가산제의 규모나 내용이 서구와는 다를 수 있다고도 생각한다. 프랑스의 베르사유 궁전을 보았을 때의 그 규모와 예술성에 놀랐고, 궁전을 짓기 위해 유럽지역의 예술가와 장인들을 총동원하였다는 사료를 보고 놀랐다. 루이 14세라는 프랑스 군주를 위해 이탈리아의 조각가와 미술가가 따라왔을 것이고 그 문하생들도, 시중드는 하인들도 왔을 것이라는 상상을 해보았다. 과거에도 활발한 상호왕래가 있었음을 알 수 있었다.

성들의 독자적 지위와 권한은 서구나 중국에 비하여 조선조에 강력한 가부장제를 정착시키지 못하게 하는 요인으로 작용했을 가능성이 있다. 중국보다 더 철저한 유교적 이상국가를 건설하려고 했던 조선조에서 유교 이데올로기화의 정책은 아이러니컬하게도 유교가 가진 온화한 성격으로 인하여, 가부장제의 속성을 중재 또는 희석시키는 방향으로 가지 않았나 하는 생각이 든다. 이후 성리학의 심화와 더불어 전개되는 조선 후기 가부장제의 속성은 앞으로의 연구들에서 심도 있게 밝혀져야 할 것이다. 더불어 반(半) 주자학적인 조선 중기의 모습은 탈유교화되어가는 현대 가족의 모습과도 유사성을 보이지만, 여성의 권한 증대와 더불어 앞으로 어떤 모습으로 변해갈지에 대해 더 연구되어야 할 과제라고 본다.

참고문헌

국내 연구서

막스 베버, 1981, 금종우·전남석 옮김, 《지배의 사회학》, 한길사.

______, 1997, 박성환 옮김, 《경제와 사회 I》, 문학과지성사.

______, 2009, 박성환 옮김, 《경제와 사회: 공동체들》, 나남.

박미해, 2010, 《유교가부장제와 가족, 가산》, 아카넷.

박병호, 1986, "한국 가부장권 법제의 사적 고찰", 〈한국여성학〉 2권, 50~84.

이수건, 1995, "조선 전기의 사회 변동과 상속제도", 역사학회 편, 《한국친족제도연구》, 일조각.

전성우, 2000, "서양 중세의 가족", 〈전통과 현대〉 겨울호, 45~61.

______, 2010, "서평: 역사학과 사회학의 상호보완적 접목", 〈한국사회학〉 44권 2호, 224~231.

조 은, 2004, "가부장적 질서화와 부인권의 약화", 최홍기 외, 《조선 전기 가부장제와 여성》, 아카넷.
함재봉, 2000, "조선시대 家", 〈전통과 현대〉 겨울호, 73~114.
홍성표, 1998, "제 2장 영국 봉건사회 구조와 여성의 불평등론", 《서양 중세사회와 여성》, 느티나무.

해외 연구서

Hamilton, G., 1990, "Patriarchy, Patrimonialism, and Filial Piety: a Comparison of China and Western Europe", *British Journal of Sociology 41, No. 1.*

제 3 부

문화사회학

음모론, 신정론의 세속적 후계자?
— 문화적, 정치적 쓸모를 중심으로

전상진

1. 들어가며: 음모론, 위험한 연구주제

내가 음모론을 연구한다고 할 때 주변의 반응은 거의 동일했다. 약간은 비릿한 웃음으로 시작하지만 결국엔 걱정과 우려로 끝난다. '시간 많나봐. 대체 왜 그런 이상한 것에 관심을 갖지. 그러다 음모론에 빠지는 것 아냐?' 사실 비릿한 웃음은 예상했던 바다. 하지만 주변의 걱정은 생각보다 강했다. 마치 치명적인 위험물질을 다루는 사람을 걱정하는 것과 비슷했다. 나를 걱정해주는 것이기에 당연히 감사한 일이지만, 그런 걱정이 오히려 호기심을 더 키웠다. 사람들은 그것에 관심을 두는 것을 왜 두려워할까? 왜 음모론자와 음모론 연구자를 동일시할까? 비릿한 웃음과 걱정 모두 사실은 음모론이란 딱지가 얼마나 강력한 검열 장치인지를 보여준다(Husting & Orr, 2008). 음모론은 정말 위험한 연구대상이다.

"음모의 주류화"(Goldberg, 2001), 즉 음모에 대한 신념이 소수의 '오타쿠'와 문화산업의 수준을 넘어 전 사회, 특히 정치적 영역에로 확대되는 것을 뜻하는 음모의 주류화는 전 세계적 현상이다(Fathi, 2010). 그런데 한국에서는 이에 대한 학술적 관심이 지극히 희소하다. 정말 의아하다. 나를 이 주제에 주목하도록 만들었던 2008년의 '촛불'은 차치하더라도(전상진, 2010), 최근 있었던 여러 사건들을 고려한다면 음모와 음모론에 대해 관심이 없다는 것이 오히려 경이롭다. 예를 들어 2011년의 선거관리위원회 서버에 대한 '디도스 공격'은 터무니없는 음모론이 현실이 되는 세상임을 압도적으로 보여준다. 더 어이없는 일은 국가의 기틀을 뒤흔드는 그런 엄청난 일이 몇몇 '피라미'들의 공모로 확정, 공인, 봉인되는 과정이다. 어떻게 그런 믿을 수 없는 일이 가능할까? 어떤 '거대한 힘'이 모든 것을 관장한다는 느낌을 떨칠 수 없다. 무력감, 조종당하고 쫓기는 느낌, 끝없는 의구심, 이런 느낌과 감정은 음모론의 임상심리학적 버전인 편집증의 전형적 증상이다(Hofstaedter, 1965; Groh, 1992). 현 정부가 들어선 이래 편집증 환자들이 늘고 있다. '종북세력'의 체제 전복을 두려워하는 사람들도 있지만, '지배블록의 조율된 행위'를 걱정하는 사람도 있다. 이렇게 우리는 정파와 입장에 상관없이 집단적 편집증에 시달린다. 그렇다. 우리는 분명 음모의 시대에 살고 있다.

우리가 사는 이 시대를, 이 세계를 해석하고 설명하는 일은 사회학자의 주된 임무다. 그래서 이 글은 시작되었다. 주변의 비웃음과 걱정에 아랑곳하지 않으면서 혼자 힘으로 "단단한 널빤지를 강하게 그리고 서서히 뚫는 작업"(《정치》, 141)[1]은 고단하다. 해서 나는 내 "삶을 조종하는 데몬을 좇아 그에게 복종"하는 방법을 쓰기로 했다(《학문》, 87).

---

1) 아래에서 매우 빈번히 베버의 작업들이 인용되기에, 편의를 위해 다음의 약어들을 사용할 것이다. 《직업으로서의 정치》(2007)는 《정치》, 《직업으로서의 학문》(2006)은 《학문》, 《종교사회학 선집》(2008)은 《종교 선집》.

여기서 나의 데몬은 막스 베버다.[2] 내가 막스 베버의 종교사회학, 그것도 신정론(神正論)이라는 주제를 다루려 마음먹은 까닭은 그의 유산이 지닌 '불멸'의 가치에 감읍했기 때문만이 아니라 지극히 실용적인(*pragmatic*) 이유 때문이다.[3] 이 정도 인물을 버팀목으로 쓴다면 비웃음이나 걱정, 무엇보다 낙인을 없애거나 줄일 수 있겠지.

의도는 불순했지만 결과는 고상해보인다. 의외로 조합이 잘 어울린다. 나는 음모론이 세속적 신정론의 한 유형이 될 수 있다는 것을 세 단계를 거쳐 주장할 것이다. 첫 번째로 음모론과 신념윤리의 유사성을 밝힌다(2절). 신정론에서 비롯한, 조금 조심스럽게 말해서 그것과 밀접히 연결된 신념윤리가 음모론자에서도 발견된다는 주장이다. 두 번째로는 신정론과 음모론의 유사한 문화적 쓸모(3절)를, 세 번째로는 정치적 쓸모의 등가성(4절)을 밝힌다. 신정론의 문화적, 정치적 쓸모를 음모론도 제공한다는 것에 기초해서 음모론을 세속적 신정론으로 볼 수 있다는 주장이다.

본격적인 논의에 앞서 음모론을 간략히 정의하고자 한다(더 상세한 내용은 전상진, 2010 참조). 일반적으로 음모는 '다수의 사람들이나 집단, 또는 조직이 비밀스럽게 계획하는 불법적 행위'를 말한다. 음모론은 "당대, 혹은 역사적 사건들이나 집합적 경험, 또는 한 사회의 발전을 음모의 결과로 해석하는 일상생활의 신념 체계"(Schetsche, 2005: 115)나 지식 체계(Anton, 2011)를 뜻한다. 대체로 음모론에 대한 인식은 매우 부정적이다. 다음에서 살필 칼 포퍼(Karl Popper)나 리처드 호프스태터

---

2) 신정론과 관련된 베버의 논의를 살피는 데 전성우 선생님께서 도움을 (일종의 단기속성반) 주셨다. 말할 것도 없이 잘못된 해석이나 과장은 오로지 내 '책임'이다.

3) 나는 이것이 최고의 베버 전문가이면서도 그것에 얽매이지 않으려는 사회학자 전성우 스스로의 '분투'이자 후학들에 대한 가르침이라 확신하다.

(Richard Hofstaedter)는 음모론을 광신과 맹신의 산물이거나 정신적, 감정적으로 문제가 있는 주변인의 병리적 신념 체계로 본다. 음모론에 대한 이런 주류적 견해는 그러나 실제 음모와 음모론이 역사적으로 변한다는 사실에 부합하지 않는다.

최근 논란이 된 '인혁당' 사건을 보자. 당시에 인혁당은 '실제 음모'로 간주되었다. 이에 대한 비판적 견해, 예컨대 정부의 조작이라는 견해는 '음모론'으로 탄압되었다. 하지만 오늘날 독재정권의 조작이 밝혀지면서, 당시 국가와 법원의 '실제 음모'라는 판단은 '음모론'이 되었고, 당시 재야에서 외치던 '음모론'은 이제 '실제 음모', 곧 사실이 되었다. 최근 어떤 세력은 이른바 "두 개의 해석"이란 말로 현재 '음모론'으로 판단되는 것을 다시금 '실제 음모'로 몰아가려 노력한다. 이렇게 볼 때 음모론은 상황에 따라서 거짓일 수도 있지만 정당한 비판일 수도 있다. 따라서 음모론을 비정상적인 것으로 일괄 처리하는 것은 분명 문제다. 왜냐하면 실제 음모와 음모론은 사회적 "인정" 여부로 판가름나기 때문이다(Schetsche, 2005: 115). 실제 음모와 음모론을 가르는 기준은 진실이나 진리가 아니라 '인정 투쟁'과 '해석 투쟁', 따라서 '권력 투쟁'의 결과다. 요컨대 "다수의 사람들이나 사회의 주도적 미디어〔정부, 사법부, 언론 등〕가 음모에 대한 지식〔이나 신념〕을 사실로 인정하면" 실제 음모가 되고 그렇지 않으면 음모론이 된다(115; 〔 〕은 인용자). 이렇게 음모론이 변화하는 권력관계를 고려하는 구성주의적 입장을 반영하여 나는 음모론을 '사회적으로 인정받지 못하는 음모 담론'으로 정의할 것이다.

2. 신념윤리와 음모론

음모론에 관심을 두는 내가 그 유명한 베버의 연설인 《정치》에 주목하는 이유는 일단 다음의 문장 때문이다. "현실의 세계에서는 신념윤리가가 갑자기 **종말론적 예언자**(*chilialistische Propheten*)로 변신하는 것을 흔히 경험할 수 있습니다."(《정치》, 124; 강조 표시와 원어 표기는 인용자) 종말론적 예언자는 음모론 문헌에서 자주 발견되는 표현이다. 음모론에 대한 가장 체계적이며 열정적인 비판자인 포퍼가 《열린사회와 그 적들》의 2부 제목을 "현혹하는 예언자인 맑스, 헤겔, 그리고 그 결과"로 한 것은 의미심장하다. 일단 그의 얘기를 들어보자. 사회 음모론(*conspiracy theory of society*)[4]의 "사회현상에 대한 설명이 수행해야 할 것은, 그 현상의 일어남에 관심을 가지고 (때로는 처음으로 밝혀져야 할 숨은 관심이기도 하다) 그것이 일어나도록 계획하고 음모를 꾸미는 사람이나 집단을 발견하는 작업이라는 이론이다"(Popper, 1982: 140).

맑스나 헤겔이 정말로 예언자, 그것도 현혹하는 예언자인지는 내 관심사가 아니다. 단지 음모론자를 예언자로 보는 관점에 주목한다. 음모론자는 음모를 밝히고 알리는 자다. 그런데 왜 포퍼는 음모론자를 예언자로 칭했을까. 전쟁, 실업, 빈곤과 같은 사회 문제를 "어떤 강력한 개인과 집단의 직접적 계획의 결과"(140)로 보는 음모론은 일종의 "종교적 미신의 세속화된 (…) 결과"다. 세상사를 관장하던 신들이 차지하던 자리를 이제는 독점가, 자본주의자, 제국주의자와 같은 권력자들이 차지했다. 인간이 시달리는 모든 고통스러운 악은 이 음모집단에서 비롯한다. 요컨대 포퍼는 세 가지 이유로 음모론자를 예언자의 후계자라고 주

4) 《열린사회》의 번역자는 음모론을 음모설로 번역한다. 양 번역어의 차이가 크지 않다고 보기에 그냥 음모론으로 번역한다.

장한다. 첫째, 종교적 예언자들의 역할을 이제 음모론자가 수행한다. 둘째, 음모론은 종교적 미신이 세속화된 결과다. 셋째, 음모집단은 마치 신처럼 세상의 모든 것을 관장할 수 있다.

음모론자와 음모론의 특성은 베버가 밝힌 신념윤리가와 신념윤리의 그것과 많은 부분에서 놀라울 정도로 비슷하다. 신념윤리는 "선한 것에서는 오로지 선한 것만 나올 수 있고 악한 것에서는 단지 악한 것만 나올 수 있다는 명제"에서 출발한다(《정치》, 125). 신념윤리가의 행동은 마치 기독교도가 "올바른 행동을 하고 그 결과는 신에게 맡"기는 것과 같다. 바로 그렇기에 "종말론적 예언자"로 변신하는 경우가 생긴다. 왜냐하면, 그들의 신념의 순수성은 "세계의 윤리적 비합리성을 견디지 못"하기 때문(125), 즉 의도나 신념과 다른 현실을 용납할 수 있기 때문이다. 이런 이유로 신념윤리가와 음모론자는 같은 계열에 속한다. 자신의 신념의 순수함이나 우월함을 지키기 위해, 더 정확히 말하면 신념이 현실에 우선하기에 그들은 자신의 그것에 부합하지 않는 세계의 비합리성을 거부할 수밖에 없다. 이런 방식의 거부는 많은 경우 정형화된 책임귀인(*responsibility attribution*) 양식 안에서 이뤄진다(전상진, 2010). 음모론은 바로 그런 정형화된 책임귀인 양식이다. 탐탁지 않거나 고통스럽고 불행한 사태의 책임을 이미 설정된 음모집단에게 돌린다.

신념윤리와 음모론의 유사성은 그 쓸모에서도 나타난다.[5] 멜리(Melley, 2000: 8)는 음모론의 매력을 "설명되지 않는 사태, 매우 복잡한 사건에 대한 설명을 단순한 방식으로 제시"하여 "불확실성의 시대에 편안함을 제공"하는 것이라 주장한다. 즉, 음모론은 복잡하며 예측하기 힘든 현대사회를 해석하고 설명하는 단순한 틀이다. 이 틀의 또 다른 쓸모는 일종의 방어기제로 사용될 수 있다는 점이다. 열악한 상황의 책임

5) 다양한 쓸모에 대한 상세한 논의는 3절과 4절을 보라.

을 타인에게 '전가'하여 나를 정당화한다(Haubl, 2005: 77). 이렇게 음모론은 귀인이론의 근본적 귀인오류를 답습한다(Clarke, 2002). 특정한 사태의 원인을 상황(맥락, 구조)이 아니라 개인(음모집단)에서 찾는 귀인오류가 음모론의 핵심 요소다. 이것은 신념윤리가에서 발견할 수 있는 책임 전가와 회피의 모습과 일치한다.

> 만약 순수한 신념에서 나오는 행위의 결과가 나쁜 것이라면, 신념윤리가가 보기에 이것은 행위자의 책임이 아니라 세상의 책임이며, 타인들의 어리석음의 책임이거나 또는 인간을 어리석도록 창조한 신의 의지와 책임입니다(《정치》, 122).

포퍼의 현혹하는 예언자, 곧 음모론자와 베버의 종말론적 예언자들의 유사성은 이에 그치지 않는다. 양자 모두에서 종교의 냄새가 난다. 그러나 종교에 대한 포퍼와 베버의 후각은 결정적으로 다르다. 포퍼는 악취를 느낀다. 그에게 종교와 미신은 현실을 왜곡하는 요인이다. 과학은 악취와 현실 왜곡을 제거하는 유일한 도구다. 베버는 포퍼와 달리 흥미를 느낀다. 그에게 종교와 미신은 제거해야 할 대상이 아니라, 인간과 사회에 의미를 제공(*sinnstiftung*)하고 행위를 하도록(*handlungsleitend*) 하는 문화적 현상이며 장치다.[6] 베버는 이 맥락에서 종교라는 문화적 장치의

---

6) 문화 개념 자체가 그렇지만, 특히 막스 베버의 문화 개념을 정리하는 일은 거의 불가능한 임무라 할 수 있다. 한 베버 입문서는 종교를 예로 삼아 문화의 특성을 다음과 같이 정리한다(Müller, 2007: 12). "종교는 지구상에 있는 생활영위방식에 영향력을 행사하는 가장 중요한 권력(*Lebensführungsmächte*)의 하나였고 여전히 그렇다. 그것은 인간에게 해야 할 것과 하지 말아야 할 것을 구분하고, 바라야 할 것과 원해야 할 것을 정해주고, 고통스런 일상생활에 대처해야 하는 방식과 목적 달성 방식을 알려주고, 궁극적으로는 '낙원'에 도달할 수 있는 방법을 알려준다." 나는 문화의 이와 같이 다양한 면모와 쓸모를 의미 창출과 행위를

사회적 쓸모와 내용을 연구한다.

종교에 대한 포퍼와 베버의 상이한 자세에서 음모론을 대하는 서로 다른 태도를 가늠할 수 있다. 포퍼가 대표하는 과학철학, 그것도 자연과학의 이상을 사회과학에서 실현하려는 과학철학의 관점은 사회학, 정확하게는 문화사회학적 시각과 서로 다르다. 전자가 진위 여부라는 기준에서 음모론을 탐구한다면, 후자는 진위 여부에 둔감하다. 문화사회학적 관점은 오로지 첫째, 문화 현상의 쓸모와 다양한 쓰임새, 둘째, 그 효과만을 조준한다. 쓸모와 쓰임새 관점은 무슨 이유로 음모론을 믿는지, 혹은 음모론자들은 무엇을 위해 음모론을 만드는지와 같은 질문에 답하는 것이다. 쓰임새에 대한 관심은 '음모론이 모든 이들에게 동일하게 쓰이지는 않을 것이며, 그 이유는 그들 자신의 사회적 위치와 음모론의 내용과 관련될 것이다'를 따진다. 효과 관점은 음모론이 그것을 믿는 사람들에게 어떤 의미를 제공하고 어떤 행동을 부추기는지, 그리고 그 결과를 탐색한다.

어떤 태도와 접근이 사회학적으로 유의미한 것인지를 판별하기는 쉽지 않다. 과학은 분명 '진리'를 향해 나아가는 숙명을 지녔기 때문이다. 그런 의미에서 포퍼의 접근이 적합해보인다. 다만 문제는, 그것도 결정적인 문제는 두 가지다. 첫째, 사회학을 포함한 과학이 음모론의 진실 여부를 판별할 능력이 있는지 의문이다. 앞서도 언급한 디도스 공격의 경우, 그것의 출발은 '음모론'이었지만, 결과적으로는 '실제적 음모'로 판정되었다(1절의 마지막 단락 참조). 음모론과 실제적 음모의 판정은 아쉽고 안타깝게도 과학자의 실험실이나 연구실, 또는 학회 토론장에서 내려질 수 없으며, 강제적 수단(수사권, 강제력, 권력, 여론주도) 을 동원

인도하는 것으로 요약하였다. 이 글의 3절에서는 이것을 조금 더 정교하게 할 것이다.

할 수 있는 법원, 정부, 국회, 언론, 공론장에서 규정된다. 이 사항이 중요하기에 또 다른 예를 들어보자. 아마도 현재 가장 파괴력 있는 음모론은 '천안함'의 침몰 원인이라 할 수 있다. 그런데 이에 대한 정부의 공식 이론(*official theory*)과 실험실에서 제출된 연구결과들은 대립한다(〈한겨레신문〉, 2012. 08. 27).[7] 정부와 족벌 언론들은 '과학적 연구결과'를 전적으로 무시하거나 음모론으로 간주한다. 이 사례에서도 알 수 있듯이 실험실은, 따라서 과학은 정치적으로 매우 중요한 사실 판정에 큰 영향력을 발휘하지 못한다. 포퍼가 요구하는 과학자의 "대심문관"(《정치》, 125) 역할, 즉 과학적 옳고 그름의 잣대로 사회적이며 문화적 현상의 진위 여부를 판별하는 대심문관의 역할은 전혀 현실적이지 않다.

둘째, 현실성보다 더 중요한 것은 사회학자가 '복종'하고 찾아야 하는 진리의 속성이다. 예를 들어 사회학자가 과학을 연구할 때 관심을 두어야 할 것은 연구대상의 과학성이 아니다. 과학기술사회학에서 기념비적 연구로 평가받는 *Laboratory Life: The Construction of Scientific Facts*의 연구자(Bruno Latour & Steve Woolgar)들은 실험실에서 연구되는 과학의 진위 여부를 따지지 않았다. 그것이 중요하지 않아서가 아니라 그렇게 할 수 없기 때문이다. 그들이 올곧이 추적한 것은 과학자들이 실험실에서 과학적 지식을 '생산'하는 방식, 더 정확히 말하면 자신들이 생산한 지식을 과학적으로 믿을 만한 것으로 만들어 가는 방식(*construction*)이다. 앞의 예나, 다른 무엇보다 베버가 종교를 연구할 때 보여주었던 바처럼 사회학자가 찾아야 하는 진리는 연구대상의 진리가 아니다. 연구대상이 갖거나 미치는 사회적 의미와 영향과 효과들에 대한 진리다.

---

7) 한겨레신문, 2012. 08. 27, 〈국제학술지 '천안함, 한국군 기뢰 폭발 가능성'〉, http://www.hani.co.kr/arti/science/science_general/548809.html. (2012년 10월 8일 인출)

이제껏 종말론적 예언자라는 베버의 문구를 포퍼와 연결하여 신념윤리와 음모론, 신념윤리가와 음모론자의 연결을 살폈다. 또 다른 연결점을 '종말론'(*Chilialismus*)에서 찾을 수 있다. 빌헬름 E. 뮬만에 따르면 종말론은 '현세를 낙원으로 만들고자 하는 집합적 열광상태'를 말한다(Mühlmann, 1959: 230). 그의 논의에서 한 가지 흥미로운 점은 '신념윤리와 책임윤리'의 대립(결론에서 재론)을 '종말론적인 것과 현실적인 것'의 대립으로 본다는 점이며, 또한 종말론이 고통스런 "현 상태를 부정"하는 낮은 사회계층에게 매력적인 것일 수밖에 없음을 지적한다. 이는 다음 절에서 상세히 살펴볼 "고통의 신정론"과 종말론이 연결되어 있음을 시사한다.

베버의 연구와 독립적으로 종말론, 구체적으로는 현세에서 구원받고자 하는 집합적 열광상태를 음모론과 연결하는 정치(사회) 학적 논의들이 여럿 있다. 예를 들어 추케테(José Pedro Zúquete)는 최근 남미와 유럽에서 크게 힘을 얻고 있는 포퓰리즘을 "선교 정치"(*missionary politics*)라 정의하면서, 그것의 "정치 종교"로서의 특성을 강조한다.

> 선교 정치는 카리스마적 지도자가 중앙에 위치하는 독특한 형식의 정치 종교다. 카리스마적 지도자는 선택받은 사람들을 하나의 도덕적 공동체로 인도한다. 도덕적 공동체는 '전능하며 음모를 꾸미는 적들'과의 투쟁을 수행하며, 속죄와 **구원을 향한 선교**에 참여한다(Zúquete, 2008: 92; 강조는 인용자).

말하자면, 선교 정치는 현세에서의 '구원'을 희구하는 종말론적 특성과 '전능하며 음모를 꾸미는 적들'과의 투쟁을 결합하는 정치 종교다. 종말론, 정치, 음모론의 연결은 음모론 연구에서 매우 친숙한 논제다. 호프스태터(Hofstaedter, 1965)는 "편집증적 스타일", 더 정확히는 편집증적 정치 스타일 개념으로 이를 처음으로 지적했다. 이 개념은 '극단적 불신과 의구심'에 빠진 개인이나 집단이 자신의 열악한 상황의 책임을 음모세력에게 돌리는, 이를테면 음모론을 이용하여 문제의 책임을 음모집단에게 전가하고 회피하는 정치 스타일을 말한다. "가열된 과장과 의심, 그리고 음모론적인 판타지의 인식과 감정"(29) 을 구성요소로 하는 편집증적 스타일은 "세계를 바라보는 방식이며 스스로를 표현하는 방식"(4) 이다. 스타일에 '감염'된 사람들은 "종말론적" 방식과 신념으로 세계를 바라보고 스스로를 표현한다. "중재와 타협"은 없으며, 궁극적으로 승리를 통해 '구원'되리라. 절대적으로 선한 '우리'는 절대적 악의 현신인 '그들'과 타협할 수 없다. 죽을 때까지 싸워 승리해야 구원받을 수 있다. 요컨대 음모론자는 신념윤리의 일종인 음모론을 체화한 신념윤리가다.

3. 신정론과 음모론의 문화적 쓸모

우리는 앞서 신념윤리와 음모론의 공통점을 책임귀인의 독특한 양식에서 찾았다. 책임귀인은 문제가 되는 사안과 사태의 책임을 음모집단에게 돌리는 방식이다. 신념윤리가와 음모론자가 이런 독특한 양식에 의존하는 까닭은 세계의 윤리적 비합리성을 참아낼 수 없음에 기인한다. 이미 앞에서도 언급했지만 세계의 윤리적 비합리성이 뜻하는 바는 구체적으로 무엇일까. 베버는 이를 《세계종교의 경제윤리. 중간고찰》(이하, 《종교 선집》) 에서 세계가 종교윤리의 주문 사항을 충족하지 못하기 때문이라 말한다(《종교 선집》, 269). 종교와 그 신봉자들은 "자연-인과성의 코스모스와 윤리적 응보 인과성"의 코스모스가 서로 "무관"함을 인정치 않는다. 아니, 못한다. 자신의 "합리적 종교윤리"에 부합하지 않는 현실 세계를 "비합리"적으로 "경험"할 뿐이다(《정치》, 126). "모든 종교 발전의 원동력"이기도 한 비합리적 경험은 다음의 질문으로 요약된다. "어떻게 전지전능하면서 동시에 자비롭다고 믿어지는 신의 힘이 그렇게도 비합리적 세계, 다시 말하여 부당한 고통, 처벌받지 않는 불의, 그리고 개선의 여지가 없는 어리석음으로 가득 찬 비합리적 세계를 창조할 수 있었는가?" 이에 답하는 것이 신정론이다.

전성우가 "고통, 악, 그리고 죽음과 같은 현상을 종교적으로, 신의 존재에 의거하여 정당화하려는 믿음 체계"(《종교 선집》, 134: 역주 13)라고 정리한 신정론을 베버는 신학적 차원(신학적 신정론)만이 아니라 사회학적 차원(사회적 신정론)에서도 활용한다.[8] 그것의 형식이 어떠하던 신정론은, 지베르트(Siebert, 2005: 67)가 명료하게 표현한 바와 같이 "지구상의 고통을 설명하는 모든 이론적 노력"이다.[9] 공교롭게도 음모론 역시 그런 노력이다. 선한 사람에게 왜 불행이 닥칠까(*why do bad things happen to good people*)? 신정론의 핵심적 문제의식을 표현하는 욥(Job)의 절규를 디터 그로(Dieter Groh)는 음모론을 추동하는 원동력으로 본다. "음모론적 표상은 기독교 신학의 토양에서 곧바로 신정론의 문제로 빠져든다."(1992: 268) 선한 사람에게 "불행이 닥친다면, 그것은 신이 아니라 음모자(*Verschwörer*)들, 예를 들어 악마와 결탁한 음모

---

8) 캠벨(2010: 197의 주 31)은 신정론의 문제를 세 차원으로 구분하는데 이 연구는 그중 하나의 차원인 "이데올로기 측면"에 집중한다. 신정론의 이데올로기 측면은 악의 불공정한 분배와 "연관된 사회적으로 구조화된 불평등과 부정의의 문제와 어떤 종류의 초자연적 정당화가 그 문제들을 정당화하기 위해 취해질 수 있는가 하는 문제"다.

9) 물론 베버는 고통에만 관심을 두진 않는다. 그는 '행운과 고통의 분배', '업적과 현실적 처지의 일치/불일치' 모두에 관심이 있다. 베버는 업적과 현실적 처지의 불일치를 정당화하는 방식(행운의 신정론)과 그것을 문제로 삼는 방식(고통의 신정론)을 구분한다. 다음 절에서 상술한다.

자들에게 책임이 있는 것이다.” “아우구스티누스의 기독교적 플라톤주의에서 비롯한 두 개의 왕국론”은 음모론적 구조를 따라 세계의 불완전성을 설명하는 데 활용된다. 두 개의 왕국론에 기댄 ‘기독교적 음모론’, 아니면 ‘음모론적 신정론’의 개연성을 강조하는 그로의 주장은 논란의 여지가 있다. 왜냐하면 음모론은 기독교 전통에서만 나타나지 않기 때문이다. 어쨌든 여기서 주목할 바는 신정론과 음모론이 불합리한 세계 경험을 이해, 해석, 설명하는 데 사용된다는 점이다.

앞의 논의를 기반으로 양자의 문화적 쓸모의 등가성을 주장하는 것은 아직은 무리다. 베버와 버거(P. L. Berger)의 논의로 무리를 순리로 바꿀 수 있다.[10] 익히 알려진 바처럼 베버는 종교의 쓸모를 “정신의 형이상학적 욕구”(《종교 선집》, 84)에서 찾는다. 인간의 문화적 욕구, 의미에 대한 욕구에 대한 설명을 버거의 신정론 해석에서도 찾을 수 있다. 불합리한 세계에서 납득할 수 없는 고통에 시달리는 종교인은 신정론을 통해서 ‘고통에서 탈출’하고자 한다. 신정론이 제공하는 바는 그것만이 아니다. 종교인은

> 이러한 재난이 ‘왜’ 자기에게 닥쳐왔는지 그 ‘이유’를 똑같이 알기 원한다. 비록 그의 고통과 재난을 해결해 줄 것이라는 〔약속, 즉〕 현세나 내세의 행복이라는 약속을 신정론이 제공하지 않더라도, 만일 그것이 이러한 방식으로라도 의미의 문제에 답변을 줄 수 있다면 고통을 받고 있는 그 사람에게는 대단히 커다란 위안이 될 것이다. 이러한 이유로 신정론을 단순히 그것의 ‘구속적’(救贖的) 잠재력의 견지에서만 고찰한다면 그것은 커다란 오류를 범하게 될 것이다. 실로 어떤 신정론은 의미 그 자체를 회복시켜 준다는 보장을 제외하고는 구원의 약속을 전혀 내포하지 않은 것도 있다(Berger, 1981: 73; 강조 표시와 〔 〕는 인용자가 재번역).[11]

10) 이에 더불어 기어츠(2009)의 도움도 받을 것이다. 후에 상술.

이렇게 버거는 신정론이 "일차적으로 제공하는 것은 행복이 아니라 의미"(72) 라고 명백히 말한다. 신정론이 고통의 의미, 말하자면 "왜" 내가 고통을 받아야 하는지를 알려 주면 나는 고통을 참을 수 있다. 불합리한 고통을 치유할 수는 없더라도, 의미를 알려줌으로써 위안받고 그것을 참을 만한 것으로 만들어준다. 요약하면, 의미를 필요로 하는 존재인 인간에게 의미를 제공하는 것이 바로 신정론이다. 베버는 인간이 "세계를 유의미한 우주로 파악하고, 이 세계에 대해 입장을 정립하고자 하는 자기 자신의 내적 강박 관념"(《종교 선집》, 84) 을 가진다고 말한다. 즉, 문화는 인간의 내적 요구, 곧 세계 속에서 나름의 방향을 정하려는 욕구(세계 정향에 대한 욕구) 를 충족한다.

베버와 버거는 공통적으로 사회적 행위를 이끄는 의미의 중요성을 강조한다. 하지만 아쉬운 점은 — 물론 내가 부족해서 찾지 못한 것일 수 있겠다 — 그것의 구체적 내용들, 즉 어떤 방식으로 행위 결정에 영향을 미치는지, 어떤 기준이나 지침을 제공하는지를 명확히 알려주지 않는다는 것이다. 그런 까닭에 나는 기어츠(2009) 의 도움으로 이 곤경에서 벗어나려 한다. 기어츠는 "우리가 제일 참을 수 없는 것은 우리의 개념의 힘에 대한 위협이"라 말한다(125). 이 위협은 다음과 같은 명제 즉 "모든 인생은 이해 가능하며 우리는 사고를 통해서 그 안에서 효율적으로 우리 자신을 위치 짓게 할 수 있다는 명제에 대한 근본적 도전"이다(126). 그 명제가 도전받으면 "인간은 매우 심각한 (…) 불안에 휩싸이게" 되는데 기어츠는 이를 "혼돈"(*chaos*)[12] 이라 칭한다. "해석만이 아니

---

11) 버거(1981) 의 번역자 이양구는 신정론이 아니라 변신론을 택한다. 같은 의미이기에 인용에서 이 글이 사용하는 번역어인 신정론을 활용할 것이다.

12) 여기서 다른 용어도 아니고 바로 '혼돈'이라는 개념을 기어츠가 활용한 이유를 쉽게 짐작할 수 있다. 혼돈은 앞서 인용한 베버의 우주(*Kosmos*), 즉 '유의미한, 그래서 조화로운 우주'의 반대말이다. 의미의 혼돈은 세계를 조화로운 우

라 해석 가능성이 결여된 사건의 혼란", 그래서 인간을 심각하게 위협하는 혼돈은 의미의 '속사정', 즉 의미의 다양한 기준 혹은 차원들을 찾을 수 있는 기회가 된다.

기어츠는 인간을 위협하는 혼돈을 세 요인으로 정리한다(126). 첫째, 인간의 분석능력의 한계를 넘어서는 경험이다. 설명할 수 없는 사건들이나 사태, "이상하고 섬뜩한 것은 설명되어야만 한다"(128). 그럴 때 의미는 그것을 "그려내고 설명"할 수 있는 "설명장치"를 제공한다(126, 127). 둘째, 감정적 인내력의 한계를 뛰어넘는 경험이다. 고통이 제기하는 의미의 문제는 "어떻게 고통을 회피하느냐가 아니라, 어떻게 고통을 당하느냐, 어떻게 육체적 고통, 개인적 상실, 세속적 패배, 또는 타인의 고뇌를 무기력하게 바라볼 수밖에 없는 것을 참을 만하고, 견딜 만한 것(…)으로 만드느냐이다"(131). 말하자면, 의미는 고통스런 경험을 "이해〔할 수 있도록 만들어서〕 그들의 느낌에 정확성을 부여하여, 침울하게 또는 즐겁게, 엄격하게 또는 호탕하게, 그것을 견딜 수 있게 하는 정서에 정해진 형태를 부여한다"(131f.). 셋째, 도덕적 한계를 넘어서는 경험이다. 세계가 도덕과 무관하게 전개될 때 느끼는 경험이다. 특히나 그 경험이 고통으로 가득한 것이라면 세계는 혼돈에 빠진다. 요컨대 혼돈에 빠진 인간은 인지적 설명 장치이자, 감정을 가공할 수 있는 형식이자, 도덕적 잣대인 의미를 찾게 된다.

기어츠는 신정론의 문제를 도덕적 차원과만 연결하지만(133), 내 생각에는 다른 두 차원, 즉 인지적이며 감정적인 것과도 연관된다. 앞서 인용한 버거(1982: 73)를 반복하면 종교인은 신정론을 통해서 고통이 '왜' 자기에게 닥쳐왔는지 그 '이유'를 알기 원한다. 신정론의 감정적 쓸모는 "정당화"를 통해 불안감을 진정하거나 위안, 예를 들어 "구원의 약

주로 '유의미하게' 만들 수 없는 상태를 뜻한다.

속"이 보장하는 "복수"와 "보상"에서 찾을 수 있다.[13] 요컨대, 불합리한 세계의 경험에도 불구하고 신을 정당화하기 위해서는 '도덕적'으로 자신의 고통이 올바른 것이며, 그 원인과 이유를 '인지적'으로 파악할 수 있도록 해야 하며, '감정적'으로 고통 자체를 감내할 수 있도록 해야 한다. 이렇게 신정론은 의미의 세 가지 차원 모두를 포함한다. 신정론의 쓸모는 결국 의미적 혼돈, 곧 인지적, 감정적, 도덕적 혼돈에서 벗어날 수 있도록 하는 데 있다.

베버, 버거, 기어츠의 논의에서 추출한 신정론의 쓸모, 특히 그것의 문화적 쓸모를 이렇게 요약할 수 있다. 문화는 인간이 세계 속에서 방향을 정할 수 있는 기반인 의미를 제공하며, 의미는 인지적, 감정적, 도덕적인 것으로 나뉜다. 이것을 우리는 음모론의 문화적 쓸모에서도 확인할 수 있다. 음모론은 신정론과 마찬가지로 세계 정향의 쓸모를 지닌다. 그로에 따르면 음모론은 "인간에게 깊숙이 내재된 세계 정향(*Weltorientierung*)에 대한 욕구"를 충족한다(1992: 284). 음모론이 세계를 둘러보고 그 속에서 자신의 위치와 나아갈 바를 정한다는 뜻의 세계 정향을 향한 인간의 욕구를 해결한다는 주장의 근거를, 그로는 음모론의 "보편적 확산"과 "편재성"에서 찾는다. 즉, 음모론은 원시문명에서 오늘날에 이르기까지, 엘리트와 대중 모두에서, 정치적 입장이나 사회 영역에 상관없이 발견된다.

더불어 음모론은 기어츠가 말한 의미의 세 가지 혼돈을 감당하는 데 쓰인다. 먼저 인지적 혼돈과 관련하여 음모론은 인지부조화를 줄여주며, 복잡성을 감축한다. "음모론의 매력과 확산은 스트레스 상태에 있는 집단이나 개인들에게 현실의 압박을 경감하는 기능에서 비롯한다. 선인

---

13) "구원"과 "복수"와 "보상"은 신정론 논의에서 매우 중요한 위치를 차지하는데 다음 절에서 상세히 살필 것이다.

들에게 나쁜 일이 일어나면, 세상이 무엇인가 잘못된 것일 수 있다는 것이고, 이 불일치를 음모론이 설득력 있게 해석해 줄 수 있다."(Groh, 1992: 273; Melley, 2000: 8 참조) 음모론이 창궐하는 배경으로 지목되는 "해석의 위기"(Melley, 2000)나 "인과성의 위기"(Furedi, 2009)도 같은 맥락에서 이해할 수 있다. 즉, 음모론은 해석이나 인과성에 대한 불신과 의혹을 잠재우는, 따라서 인지적 혼돈을 제어하는 역할을 한다. 감정적, 도덕적 혼돈에도 음모론은 중요한 역할을 한다. 호프스태터(1965)가 이미 오래 전에 지적한 바처럼 음모론의 매력은 감정적 상처(분노, 열패감, 시기심 등)와 손상된 도덕적 자긍심을 치유하고 복원하는 데 있다. 그로(1992) 역시 음모론의 감정적이며 도덕적인 쓸모에 주목한다. 음모론은 감정적 "방어 기제"(275)로서 그것을 주장하고 추종하는 자들이 "하나의 공동체를 형성하여 자신의 두려움을 경감"해주고, 더 나아가 도덕적으로 선한 '우리'를 핍박하는 악한 '그들'을 선명하게 보여줌으로써 도덕적 의미를 복원해준다. 이상의 내용을 다음의 〈표 1〉과 같이 요약할 수 있다.

앞의 내용을 종합해볼 때 우리는 신정론과 음모론이 적어도 문화적 쓸모와 관련하여 기능적으로 같다고 말할 수 있다. 루트 그로(Groh, 2001: 38)는 논의를 조금 더 확장하여 문화적 쓸모에서 음모론이 신화, 종교, 이데올로기와 큰 차이가 없다고 주장한다.

> 음모론은 무엇인가 발생했을 때, '그것을 이해하는 방식'과 '우리가 할 수 있는 바와 해야 할 바'를 알려준다. 의미창출과 행위정향(*sinnstiftenden und handlungsorientierenden*)의 기능에서 음모론은 신화와 종교와 온갖 종류의 이데올로기의 유비(*Analogon*)를 형성한다. 음모론은 (…) 목적론적 세계해석(*teleologische Weltdeutung*)의 특수한 형식이 되었다.

〈표 1〉 신정론과 음모론의 문화적 쓸모의 등가성

	신정론	음모론
출발점	욥의 질문, "선한 사람에게 왜 불행이 닥칠까?" 윤리적으로 불합리한 경험, 예컨대 죽음, 질병, 불평등, 부정의(不正義)의 의미를 알고자 하는 욕구	
세계 정향	세계 속에서 나름의 방향을 정하려는 욕구를 충족(베버)	세계 속에서 나름의 방향을 정하려는 욕구를 충족(그로)
인지적 쓸모	신의 섭리를 밝혀줌으로써 사태를 파악할 수 있도록 도움	원인 제공자인 음모집단을 밝혀줌으로써 인지부조화 해결 및 복잡성의 단순화
감정적 쓸모	구원의 약속(복수와 보상)을 통해서 고통을 감내하거나, 자신이 누리는 바를 정당화함으로써 불안에서 벗어남	감정적 상처(분노, 열패감, 시기심 등)와 손상된 도덕적 자긍심을 치유하고 복원
도덕적 쓸모	자신의 고통과 처지를 도덕적으로 정당화	도덕적으로 선한 '우리'를 핍박하는 악한 '그들'을 선명하게 보여줌으로써 도덕적 의미를 복원

4. 사회적 위치, 신정론, 음모론

앞서 우리는 음모론이 일종의 방어기제 및 전략으로 활용될 수 있다는 점을 지적했다(Groh, 1992; Haubl, 2005). 문제가 되는 사건이 발생하면, 패턴화된 음모론을 통해서 자신이 속한 집단을 방어하는 것이다. 여기서 패턴화란 음모집단의 존재와 그들의 활동 방식이 하나의 고정된 유형으로 고정되어 있음을 말한다. 이렇게 음모론은 내집단(*in-group*)과 외집단(*out-group*)의 구분에 기초한 권력관계와 연결된다. 신정론도 사정이 크게 다르지 않다. 신정론 용어를 해설하면서 역자 전성우는 베버의 분석이 "사회계급에 따라 달리 표출되는" 신정론을 조준했다고 지적한다(《종교 선집》, 134: 역주 13).

사회계급과 신정론의 연결에 본격적으로 주목한 이는 피에르 부르디

외다. 그에 따르면 “신정론은 언제나 사회정론(社會正論)이기도 하다”(2011: 57). 사회정론은 신이 차지하던 위치를 사회가 차지했다는 것을 말한다. 신정론이 신의 존재가 의심되는 상황에도 불구하고 신의 정당성을 옹호한다면, 사회정론은 여러 문제에도 불구하고 기존 사회의 정당성을 옹호한다. 부르디외는 이렇게 신정론이 단순히 종교적 관심사가 아니라 사회적 관심사라는 것을 강조한다. 더 명료하게 말해서 종교를 주도하는 자(*Träger*)와 주된 클라이언트의 ‘사회적 위치’에 따라 제공하는바, 즉 쓸모가 다르다(54~62). 같은 맥락에서 브라이언 S. 터너(Turner, 1996: 170)는 베버의 신정론을 권력관계, 즉 내집단과 외집단의 권력관계와 분리할 수 없다고 주장한다. 신정론은 인간이 실존적인 문제에 대응하는 방식을 보여주는 것일 수 있지만, 그것은 또한 “배제와 사회적 폐쇄(*social closure*)의 정치의 한 차원”을 보여주는 것이다.

베버는 신정론을 사회적 위치와 연관된 욕구 내지는 쓸모와 관련하여 크게 두 가지, 즉 행복과 고통의 신정론으로 나눈다(《종교 선집》, 39~84; 131~150; 265~268). 고통의 신정론은 고통, 더 구체적으로는 “왜 우리의 업적과 우리의 현실적 처지는 일치하지 않는가라는 문제에 (…) 합리적으로 만족할 만한 답을 주는 사고체계”다(143). “현세 내에서 불평등하게 분배된 개개인의 행복에 대한 공정한 보상”(265)을 요구하는 고통의 신정론은 “고통과 불의에 대한 보상책으로 (…) 미래의 더 나은 삶에 대한 희망”(142f.), 정의가 구현될 것이라는 희망을 제공한다. 그것이 구원이다. 구원의 약속이다. 하지만 안락한 현실, 행복한 현실에서 구원 욕구가 생길 리 없다. “모든 구원욕구는 하나의 ‘곤궁’의 표현이며, 따라서 사회적 또는 경제적 압박상태는 구원욕구 발생의 — 유일한 원천인 것은 결코 아니지만 — 매우 효과적 원천인 것은 당연하다.”(67) 구원을 약속하는 고통의 신정론은 “보상과 복수”(77)를 내포한다. 나처럼 독실하고 착한 사람에게 고통과 불행이 닥친 이유는 신의 뜻이다. 그러나 분명히 현세나 내세에 "보상"받을 것이다. 신을 믿지도 않고 악한 일을 자행하는 자들이 이 땅의 온갖 재화와 행복과 평안함을 누리는 것은 가당치 않다. "복수"가 이뤄질 것이다. 언젠가는 모든 것을 잃을 것이며, 내가 겪은 고통과 불행보다 더한 것을 경험할 것이다. 보상과 복수를 약속하는 고통의 신정론은 바로 그런 의미에서 "사회혁명적 종교윤리"(79)다.

행복의 신정론은 구원과 거리가 멀다. "사회적 그리고 경제적으로 긍정적 특권을 가진 계층이, 만약 다른 조건들이 같다면, 스스로 구원욕구를 느끼는 경우는 드물다. 오히려 이들은 종교에서 자신들의 생활양식과 삶의 상황을 '정당화'해주는 역할을 요구한다."(67f.) 왜냐하면,

> 복을 가진 자는 자신이 복을 소유하고 있다는 사실 그 자체로 만족하는 경우〔가〕 드물〔기 때문이〕다. 여기서 더 나아가 그는 이 복에 대한 '권리'도 가지고 싶어 한다. 다시 말해서 그는 자신이 이 복을 당연히 가질 자격이 있다는 확신, 특히 다른 사람들과 비교할 때 바로 자신이 이 자격을 가지고 있다는 확신을 원한다. 즉, 그는 복을 덜 받은 자가 자신과 같은 복을 소유하지 못하는 것은 원래 이 사람에게 배당된 복이 그것밖에 없기 때문이라고 믿고 싶어 하는 것이다. 복은 '정당하고자' 한다. 우리가 '복'이라는 일반적 표현을 영예, 권력, 소유 및 향락에 관련된 모든 재화로 이해한다면, 위의 명제는 모든 지배하는 자들, 부유한 자들, 승리한 자들, 건강한 자들, 한마디로 행복한 자들의 외적 그리고 내적 이해관계에 대해 종교가 수행한 정당화의 역할을 집약하는 가장 일반적 공식이 될 것이다. 이 역할을 우리는 행복의 신정론으로 공식화할 수 있다(134; 〔 〕은 인용자).

'모든 지배하는 자들'이 '권리'와 '자격'으로만 자신의 행복을 정당화하지는 않는다. 그들은 "자신에게 내재하는 하나의 특별한 자질, 대부분의

경우 혈통이라는 자질을 중심으로 전문적 신화를 지어내는 경향이 있다. 그래서 자신의 (실재적 또는 가상적) '존재' 그 자체가 이들의 자존심에 자양분을 주는 것이다"(145). 지배를 받는 자들의 사정은 사뭇 다르다.

> 사회적으로 억압받거나 또는 신분상으로 부정적(아니면 적어도 긍정적이지 못한) 평가를 받는 계층은 자신의 자존심을 자신에게 맡겨진 하나의 특별한 '사명'에 대한 믿음에서 도출하기 십상이다. 그래서 이 계층에게 자신의 가치를 구성하는 것은 〔자신의 존재 그 자체가 아니라〕 자신이 〔윤리적으로〕 '마땅히 해야 할 바, 즉 '당위' 또는 자신의 직무상의 '성취' 그 자체이다. 이로 인해 이 계층 구성원들의 존재가치는 인간을 초월한 어떤 것, 즉 신이 그들에게 부여한 '임무'에 기반하게 된다(145; 〔 〕은 역자).

두 신정론의 차이는 명백하다. '모든 것을 가진 자들', 혹은 내집단의 행복의 신정론은 현 상태를 정당화한다. 이에 반해 가지지 못한 자들, 아니면 외집단의 고통의 신정론은 현 상태의 변화, 즉 구원을 기원한다. 요컨대 빈자의 신정론은 혁명적 함의를, 부자의 그것은 보수적 함의를 지닌다(Turner, 1996: 168). 이를 신정론의 정치적 쓸모라 할 수 있다. 신정론의 두 가지 정치적 쓸모가 사회적 권력관계에서의 위치와 연결되듯 음모론의 그것도 마찬가지다.

음모론의 권력관계와 연관된 두 가지 정치적 쓸모가 주목받은 것은 비교적 최근의 일이다. 정치 공학적 의도와 목적으로 음모론을 사용한 것은 파시즘과 전체주의가 등장한 이래 많이 연구된 사안이다(Pfahl-Traughber, 2002). 이를 현상 유지, 지배, 통치의 음모론이라 할 수 있다. 통치의 음모론의 최근 예로는 레이건의 통치 방식을 분석한 로진(Rogin, 1988)을 들 수 있다. 그는 "정치적 악마학"(*political demonology*)이란 용어로 통치의 음모론을 다룬다. 정치적 악마학은 정적의 힘을 "과장하고" 그들을 악마로 "낙인찍고, 비인간으로 묘사"하는 것을 말한다(xiii). 특히 레이건 시절에 "악마학자"(*demonlogists*)들은 세계를 두 진영으로 나누고, 악의 음모적 중심은 마술적 권력을 지닌다고 주장한다(Rogin, 1988). 즉, 악마학은 정치적 엘리트들이 권력획득과 유지를 위한 목적으로 음모론을 활용하여 정적들을, 또는 소외집단을 희생양으로 삼는 정치적 술수다. 같은 맥락에서 팔-트라우버(2002: 38)는 "조작과 정당화 수단"으로서 통치 음모론의 특성을 강조한다. 음모론은 첫째, 문제가 되는 사건이나 사태의 책임을 전가하려는 목적으로 "적(敵)의 상(像)"(*Feindbild, enemy image*)을 만들어 유포하거나 둘째, 지배나 억압 혹은 파괴의 조치를 정당한 것으로 만들고자 하는 목적으로 쓰인다. 일반적으로 음모론의 평판이 부정적인 이유도 바로 이와 같은 통치의 쓰임새에서 비롯한 것이라 할 수 있다.

하지만 신정론과 마찬가지로 음모론이 언제나 지배의 욕구를 반영하고 현상유지를 겨냥하지는 않는다. 의사결정과 재화분배에서 "소외"되고(Heins, 2007) 두려움에 떠는(Melley, 2000) 기층 민중의 기원과 바람을 음모론은 반영하기도 한다. 이에 대해 본격적으로 주목한 이는 펜스터(Fenster, 1999)다. 펜스터가 자신의 논의를 진행하기 위해 설정한 논적은 호프스태터(1965)다. 하필 호프스태터인 이유는 관련연구의 대다수가 그의 업적에 근거를 두기 때문이다(더 자세한 연구 상황에 대해서는 Wexler & Havers, 2002 참조). 펜스터는 특히 호프스태터의 두 가지 문제를 겨냥한다. 첫째, 호프스태터는 음모이론이 지닌 '민중주의적 잠재성'을 백안시했다(Fenster, 1999). 음모이론은 "현재적 정치질서의 진실성에 근본적 의문을 제기하는 민주주의 문화를 당대 문화의 곳곳에 유포하는 민중주의적인 표현양식"이다(xiii). 저항이론으로서 음모론은 "거의 모든 사회적 삶의 측면들을 통제하는 (…) 지배적 개인, 집단, 혹은 연합세력의 권력"(xiv)의 모습을 고발하여 — 그것의 실재여부는 중요치 않다 — "불균등한 자원과 강제력의 분배"에 대한 관심을 촉발시킨다. 그렇게 음모론은 권력에 저항하는 민주주의적 가능성을 표현한다.

둘째, 호프스태터는 정치적 편집증, 즉 음모론을 병리적인 것(*the pathological*)으로 본다. "다원주의적 합의의 외부에 존재하는"(Fenster, 1999: 3) 사람들의 잘못된 음모론, 무엇보다 종말론적인 '심리적 에너지'가 전체 민주주의의 질서를 파괴할 수 있다는 두려움 때문이다. 문제는 호프스태터가 과정보다 결과에 관심을 둔다는 점이다. 그는 정치적 타자(*the political Other*)들이 '왜' 그리고 '어떻게' 정치질서의 외부로 밀려났는지, '어떤 방식으로' 그런 낙인이 찍혔는지에 대해서 관심이 없다(Husting & Orr, 2008). 다만 배제되고 축출된 그들의 존재가 사회의 위협이 된다는 사실에만 관심을 둔다. 결국 호프스태터는 민주주의 질서에 병리적 현상인 정치적 편집증이 "정상적인 지배적 주류사회"(Hofstadter, 1965: 20)를 위협한다는 사실만을 직시한다. 이렇게 현존 질서를 비판 없이 정당화한다.

지금껏 정리한 문헌들은 그러나 정치적 음모론의 한 가지 쓰임새에만 집중한다. 그것의 통치적 쓰임새나 민주주의적 가능성으로서의 쓸모 하나에만 집중한다. 이와 달리 두 가지 쓰임새, 즉 통치와 저항의 쓰임새를 모두 보려는 연구들이 있다. 예컨대 멜텔링(Melteling, 2009)은 국가의 비밀정치(*arcana imperii*)와 시민의 음모로 나눈다. 더 정교한 구분을 우리는 웩슬러와 헤이버스(Wexler & Havers, 2002)에서 찾을 수 있다. 그들은 "편집증자의 이야기(*paranoid's story*)인 음모"와 "쓸 만한 발견적 방법(*viable sense-making heuristic*)인 음모"를 구분한다. 나는 이를 단순하게 통치의 음모론과 저항의 음모론으로 번역한다. 웩슬러와 해이버스는 양자의 차이를 세 가지로 정리한다(2002: 262). 첫째, 통치수단인 음모론에서 음모집단은 상대적으로 힘이 없는 범주('희생양')로 구성된다. 나치 독일에서의 유대인, 미국의 아프리카계 미국인이나 좌파, 1970~80년대 한국의 '전라도 사람들'이나 '빨갱이'는 모든(!) 문제들의 원인으로 지목되었다. 이에 반해 저항의 음모론은 권력 엘리트(자본가, 정치인, 전문가 등)를 문제의 원인으로 간주한다.

둘째, 전문가들의 견해와 역할이다(261). 통치적 음모론에서 전문가는 중요한 역할을 수행한다. 왜냐하면 전문가들은 사태에 대한 '객관적'이며 '신뢰'할 수 있는 '공식적' 견해를 대변하기 때문이다. 이에 반해 저항적 음모론은 전문가들의 견해와 역할을 상대화한다. 셋째, 음모론의 공신력 차이다. 통치적 음모론이 "이론"이라면, 저항적 음모론은 "설명"이다(261). 이 표현의 차이는 의사(*pseudo*) 객관성과 진실성에서 비롯한다. 전자의 지지자들은 음모론을 객관적이며 신뢰할 수 있는 이론으로 간주한다. 후자는 단지 "추정"일 뿐인, 따라서 더욱 "탐사되고" "조사"되어야 하는 설명이다. 이 사안은 중요하기에 좀더 살피자.

앞서 우리는 실제 음모와 음모론의 차이가 인정 여부에 다라 다르다고 했다(1절의 마지막 단락). 권력 엘리트는 자신의 음모론을 쉽게 인정받을 수 있는 역량이 있다. 말하자면 이들은 터무니없는 음모론도 실제적 음모로 탈바꿈시킬 역량이 있다. 반대로 권력이 없는 사람들은 의심을 검증, 확정, 인정받을 역량이 상대적으로 없거나 적다. 따라서 이들은 단지 추정하고 설명할 수 있을 뿐이다. 효과에서도 양 음모론은 다르다. 추정이나 설명에 불과한 저항의 음모론은 특정인, 즉 설명이 지목하는 희생양(문제의 원인 제공자)을 "위험하게"(*jeopardize*) 만들지 않는다. 이유는 두 가지다. 첫째, 희생양으로 지목되는 집단이 "권력자"(*power wielder*)이기 때문이다. 둘째, 그것은 추정이기에 앞으로 계속적인 탐사와 조사, 그리고 논쟁을 요청하기 때문이다. 이에 반해 통치의 음모론은 두 가지 이유로 희생양을 위험하게 만든다. 첫째, 그것은 더 이상의 탐사와 조사가 필요치 않은 확정된 판단이기 때문이다. 둘째, 희생양 집단은 일반적으로 힘이 없기 때문이다. 법률적 용어로 저항과 통치의 음모론의 책임귀인의 대상자를 구분하면, 전자는 혐의자, 후자는 유죄 판결이 확정된 범죄자라 할 수 있다. 이런 차이 때문에 전자는 후자보다 '느슨'하다고 할 수 있다.

저항 음모론의 '느슨'한 특성은 펜스터(1999)가 지적한 민중주의적 음모론의 속성, 즉 "놀이"(*play*)와 "흥밋거리와 게임"(*fun and game*)의 속성에서 확연히 드러난다. 그에 따르면 음모론은 "흥미 있는 이야기 형식"으로서 "현재적 정치질서의 진실성에 근본적 의문을 제기"한다(xiii). "거의 모든 사회적 삶의 측면들을 통제하는 (…) 지배적인 개인, 집단, 혹은 연합세력의 권력"(xiv)의 모습 — 그것이 실제로 그렇든, 상상의 산물이든 상관없이 — 을 고발하여 "불균등한 자원과 강제력의 분배"에 대한 관심을 촉발시킨다. 이 관심은 대중적 문화 정치의 실천으로서 음모 놀이의 "카니발적인 관습 위반"으로 표현된다(218). 그것의 전형이 바로 미국의 연속극 〈엑스파일〉(*The X-Files*)이다. 주인공 멀더와 철천지원수인 '담배 피는 사나이'의 대결은 보통사람이 사악하며 전능한 음모집단, 그것도 '외계인과 결탁한 그림자 정부'에 대항하여 벌이는 영웅적인 전쟁이다. 담배 피는 사나이가 결국엔 멀더의 아버지로 밝혀지면서 카니발적 관습 위반의 절정을 보여준다. 엑스파일이 거의 매회 폭로하는 정부, 그림자 정부, 자본 모두를 포함한 권력자의 거대한 음모와 완벽한 은폐 공작에 전 세계 사람들이 열광한 이유는 모든 삶을 통제하는 권력자들의 모습을 고발하여 불균등한 자원과 강제력의 분배에 대해 저항하고 '싶은'(!) 우리들의 모습을 투사하기 때문이다.

저항적 음모론에 대한 이야기를 마무리하기에 앞서 그것의 "권력이론"으로서의 한계를 지적할 필요가 있다. 그것은 대안적 권력을 창출할 능력이 없다(Fenster, 1999: xiv). 이것은 터너(Turner, 2011)가 현재의 지구적 분노가 저항과 반역의 동기나 동력이 되지 못한다고 지적한 바와 흡사하다. 터너에 따르면 오늘날 분노는 집합적 연대를 만드는 계급적 분노가 아니라 개별적으로 배설될 뿐이다. 펜스터가 말한 저항적 음모 놀이를 이러한 배설의 수단이라 할 수 있다. 단지 그것은 "주변화된 시민들"의 "도피처"에 불과하다(Fenster, 1999: 266). 음모와 관련된 정보를 수집하고, 공식적 설명의 불일치와 변칙을 발견하고, 숨겨진 의도를 추측하고, 이런 작업의 결과로 드러난 '그들'의 사악한 면모를 패러디하고, 조롱하고, 희화하는 재미! 결국 그것은 이해를 공유한 집단들의 연대를 만들어내기보다 단지 "정보를 수집하고 해석"하여 비판과 비난의 대상이 되는 권력자들을 흠집 내고, 조롱하고, 힐난하는 것에 집착한다. 때문에 음모론은 "권력 창출을 돕는 권력이론"이 아니라 '권력을 방해하는 권력이론', 즉 "권력 불능화 이론"(*power disabling theory*) 일 가능성이 높다(xiv). 불능화는 두 뜻, 곧 기성 권력에 반발하여 그것을 불능상태에 빠뜨리지만 나름의 권력을 구축하지 못한다는 두 뜻을 담는다. 물론 그것은 분명 "생산적이고 도전적인 문화적이며 정치적인 실천"이지만 "심연에 깔린 정치적 현실들을 냉소적으로 포기"하게 만들 확률이 높다(219).[14] 현실의 냉소적 포기는 종국에는 지배적 정치질서를 다시금 긍정하는 역할을 한다. 그것은 그렇게 "민중주의적 즐거움"(*populist pleasure*) 을 제공하지만, "정치적 행동주의와 희망을 전능한 음모집단에

14) 여기서 각주가 길어지는 부담에도 불구하고 "2008년 촛불"을 간략하게 언급하려 한다. 나는 촛불의 여러 동인의 하나로 저항의 음모론이 중요한 역할을 했다고 생각한다(이에 대한 더 상세한 논의는 전상진, 2009 참조). 《그대는 왜 촛불을 끄셨나요》의 저자들은 순식간에 타오른 촛불의 초라한 진화를 여러 각도에서 살폈다(〈당대비평〉 기획위원회, 2009). 나는 촛불의 동력이 권력 불능화 이론으로서의 음모론과 음모 놀이였기 때문이라 생각한다. 앞서 인용한 펜스터의 얘기로 표현하면, '촛불은 생산적인 문화 실천으로서 정보를 수집하고, 공식 이론의 불일치와 변칙을 발견하고, 숨겨진 의도를 추측하여 기성 권력을 조롱, 희화하여 그것을 불능상태로 만들었지만, 음모 놀이에 심취하여 나름의 권력을 구축하지 못한 주변화된 시민들의 도피처였다'.

〈표 2〉 신정론과 음모론의 정치적 쓸모

	행복의 신정론	통치의 음모론	고통의 신정론	저항의 음모론
목적	현 상태('행복')의 정당화		고통의 '구원'	
효과	현 상태 혹은 지배질서의 유지 (불평등의 유지, 부정의의 지속)		'복수'와 '보상' 혹은 변화와 혁신 (불평등의 감소, 정의 구현)	
	현상 유지의 이데올로기		"사회혁명적 종교윤리"와 혹은 권력 불능화 이론	
음모집단, 혹은 적의 상(像)	체제 전복 및 현실 불만 세력 (자격도 권리도 없는 자)		체제 수호 세력 (모든 것을 지닌 자)	

대한 공포로 대체"할 뿐이다.

〈표 2〉는 지금껏 논의한 바를 정리한 것이다. 행복의 신정론과 통치의 음모론의 정치적 쓸모는 동일하다. 그것의 목적은 "행복", 즉 현 상태의 정당화다. 그 효과는 지배질서의 유지이며, 그것을 현상 유지의 이데올로기로 표현할 수 있다. 목적에 반하는 도전세력은 정당성이 결여된, 말하자면 "자격"도 "권리"도 없는 세력이다. 고통의 신정론과 저항의 음모론의 목적은 "구원"이다. 곤궁과 고통에서 구원을 약속하는 이들의 효과는 종교적으로는 "복수"와 "보상"의 약속이며, 세속적으로는 변화와 혁신을 통해 곤궁과 고통의 원인이랄 수 있는 불평등을 감소하고 정의를 세우는 것이다. 정치 이데올로기적 측면에서 양자는 두 효과를 만들 수 있다. "사회혁명적 종교윤리"에 준하는 현실변화의 동인이 될 수도 있고, 또는 종교적 위안(종교는 아편이다) 이나 음모 놀이의 즐거움만을 제공하는 것일 수 있다. 고통의 신정론과 저항의 음모론이 상정하는 적의 모습은 "모든 것을 지닌 자", 즉 체제수호 세력이 될 것이다.

5. 나가며: "불신하지 않으면서 의문을 품기"

지금껏 나는 세 가지 사항을 중심으로 신정론과 음모론의 관계를 살폈다.[15] 이를 정리하면 다음과 같다. 첫째, 음모론의 문화적 쓸모는 신정론의 그것과 큰 차이가 없다(3절, 특히 〈표 1〉 참조). 양자는 모두 세계 정향에 근거가 되는 의미를 제공하며, 더불어 인지적, 감정적, 도덕적 혼돈에서 벗어날 수 있는 의미를 제공한다. 둘째, 음모론은 신정론과 마찬가지로 내집단과 외집단의 권력관계를 반영하는 정치적 쓸모를 지닌다(4절, 〈표 2〉 참조). 통치의 음모론은 행복의 신정론처럼 현상 유지를 위한 수단으로 쓰이며, 고통의 신정론에 상응하는 저항의 음모론은 변화를 꾀하는 도구로 사용된다. 음모론이 문화적, 정치적으로 신정론의 기능적 특성과 유사하다는 것은 결국 음모론이 신정론의 세속적 後계자의 하나로 간주될 수 있음을 뜻한다.

나는 이 시도가 손상된 족보를 복원하는 것 이상의 의미를 지닌다고 생각한다. 제프리 알렉산더(2007: 34)를 따라 나는 이 시도를 문화사회학적 접근이라 판단한다. "베버의 종교사회학의 통찰력"을 "세속적 사회의 비종교적인 영역"에 "적용"하는 문화사회학, 구체적으로 "급박한 사회적, 실존적 문제"인 "구원의 방식"이 낳는 "환상과 신화", 곧 문화의 구조를 "성찰과 비판의 기초"(35)로 삼아 이를 "이해"하는 작업인 문화사회학, 더 나아가 그런 이해를 통해 "지식과 권력을 분리할 수 있으며, 권력에 종속되지 않을 수 있"도록 돕는 문화사회학을 나는 음모론이라는 사례를 빌려 실행했다. 이를 이 글의 맥락에서 풀어보면, 베버의 신정론을 음모론에 적용하는 것, 사회적이며 실존적인 문제인 구원과 정당화의 방식이 낳은 음모론("문화구조", 26)을 성찰과 비판의 기초로 삼

---

15) 세 번째 사항은 이 절의 마지막 단락에서 다룬다.

아 이를 이해하는 것, 그 이해를 통해서 음모론에 깔려 있는 권력 구조와 관계를 밝히는 것, 바로 이것들이 이 글의 행한 바다.

음모론을 문화사회학적으로 이해하려는 이 글의 더 협소한 목표는 음모론에 내재된 비판의 잠재력을 부각하고, 그럼으로써 그것에 찍힌 부당한 낙인을 지워내는 것이다. 물론 나는 음모론이 권력 이론의 측면에서 보이는 결정적 한계, 즉 '권력 불능화'의 한계를 무시해서는 안 된다고 생각한다. 그러나 '초라해진 비판의 위상'(Bauman, 2009)을 상기할 때 음모론의 비판적 잠재력을 무시하는 것은 너무 경솔하다. 음모론을 경솔하게 다루지 않아야 할 이유는 두 가지다. (1) 음모론의 낙인은 효과적인 지배의 방법이 될 수 있다. (2) 음모론, 특히 저항적 음모론에 대한 탄압은 생산적인 공공영역을 파괴한다. (1)과 관련해서 뤽 볼탄스키(Luc Boltanski)의 말에 귀 기울일 필요가 있다. "어떤 요구를 거부하는 데 가장 효과적인 방법은 반박하지 않고 비정상적인 것의 영역으로 몰아가는 것이다."(Boltanski & Honneth, 2009: 85) 폭로와 고발의 형식으로 나타나는 저항적 음모론은 "반박"되지 않는다. 오히려 "비정상적인 것"으로 낙인찍히고 "미친 것, 변태적인 것, 아니면 편집증적인 것으로" 내몰린다. 이런 상황 속에서 비판의 과업은 프랑크푸르트학파의 창설세대가 했던 그것에 기대는 것이 되었다. 즉, 그 "세대가 그랬던 것처럼 사회적 부정의와 비판은 정신의학의 질문과 연결될 수밖에 없다". 오늘날 편집증과 음모론을 사회비판의 교두보로 삼아야 하는 까닭을 여기서 찾을 수 있다.

(2)와 관련해서 루머에 대한 파인(Gary Alan Fine)의 평가를 경청할 필요가 있다.

> 루머〔와 음모론〕[16]는 신뢰의 모양을 만드는 데, 신뢰는 루머〔와 음모이론〕의 윤곽을 만드는 데 중요한 역할을 한다. 양자의 적절한 균형은—불

> 신하지 않으며 의문을 품기(*questioning without distrusting*) — 생산적인 공공영역의 기초를 창출한다. 루머[와 음모론]와 신뢰가 균형을 이룰 때 그것은 시민사회의 번성을 위한 기초를 제공할 것이다(Fine, 2007: 17; 각주와 [ ]는 인용자).

루머와 음모론은 모두 아직 확인되지 않은 사항을 담는다. 그럼에도 파인은 그것이 생산적인 공공영역의 기초를 창출한다고 본다. 그러기 위해서는 일정 정도의 신뢰를 필요로 한다. 그런데 신뢰를 위해서는 루머와 음모론이 제시한 의문에 대해 탐사와 조사를 해야 한다. 신뢰는 의문에 대한 적절한 탐사와 조사로 담보된다. 루머나 음모론을 무조건 잘못된 것으로 낙인을 찍어 '비정상적인 것'으로 밀어내지 않고, 적절한 절차를 통해 그것의 진위 여부를 판정하는 것이 필요하다. 이는 4절에서 다뤘던 "쓸 만한 발견적 방법"인 음모론의 가치를 '인정'하는 것이다(Wexler & Havers, 2002). '디도스'이든, '천안함'이든, 아니면 '국정원의 선거개입'이든 그것에 대한 루머와 음모론을 '종북주의자'와 같은 정형화된 음모집단의 조작과 선동의 결과로 낙인찍지 말아야 한다. 시민의 신뢰를 얻기 위해 공정한 절차를 통해 따지는 것이 활성화되어야 한다. 그것이 전제되어야 비로소 불신하지 않으면서 의문을 품을 수 있다(Fine, 2007: 17). 불신하지 않으며 의문을 제기할 수 있어야, 공공영역은 조작과 정당화의 경연장이나 극단적 루머와 음모론의 놀이터가 아니라 생산적인 긴장과 경쟁의 장이 될 수 있다.

이 글이 다뤘던 세 번째 사항을 정리하면서 글을 마무리하겠다. 음모론과 음모론자는 신념윤리와 신념윤리가와 같다. 비록 음모론, 특히 저항의 음모론의 비판적 잠재력을 강조하더라도 그것의 맹점은 명확하다.

---

16) 루머를 덜 정교하고 덜 체계적인 음모론이라고 볼 수 있기에 루머를 음모론과 등치했다.

즉, 인간의 "평균적 결함"(《정치》, 122)을 부정하고 책임을 전가, 회피한다. 모든 종류의 음모론은 음모집단의 전능함과 고발자인 자신의 완전함을 전제한다. 우연은 없으며, 모든 것이 계획되어 있다. 저편에 있는 진실(*Truth out there*, 엑스파일)을 아는 '예언자'인 나를 믿어라. 내 예언이 잘못된다고 문제될 것은 없다. 예언자들은 "아래와 같은 구호"(《정치》, 138)로 변명하기 때문이다. "세상이 어리석고 비열하지 내가 그런 것은 아니다. 결과에 대한 책임은 나한테 있는 것이 아니라 다른 사람에게 있으며, (…) 나는 이들의 어리석음과 비열함을 뿌리 뽑을 것이다." 이런 자기 확신(확증 편향)과 책임 전가와 회피는 두 종류의 음모론자들, 또 그들의 추종자들에게서 공통적으로 나타난다. 신념윤리의 폐해는 베버가 살았던 시기나 오늘날에나 여전히 문제다. 특히 음모론을 기득권의 정당화를 위해 적극적으로 활용하는 지배 엘리트들의 신념윤리는 더욱 그렇다. 왜냐하면 위험하기 때문이다(4절의 끝에서 세 번째 단락 참조). 예나 지금이나 책임윤리가의 자세가 필요하다. "인간의 선의와 완전성을 전제할 어떠한 권리도 없다"는 것을 인정하고 자신이 "예측할 수 있는 한도 내에서의 자신의 행동의 결과를 다른 사람에게 뒤집어씌울 수 없다고 믿는" 자세! (《정치》, 122) 다만 "비할 바 없이 감동적"(《정치》, 139)인 "비극적 영웅"(Schwaabe, 2002) 막스 베버의 포효가 오늘날 얼마나 유효할지 모르겠다. 왜냐하면 지금 시대는 "탈영웅적 시대"이기 때문이다(전상진, 2012).

참고문헌

국내 연구서

당대비평 기획위원회 엮음, 2009, 《그대는 왜 촛불을 끄셨나요》, 산책자.
막스 베버, 2006, 전성우 옮김, 《직업으로서의 학문》, 나남.
______, 2007, 전성우 옮김, 《직업으로서의 정치》, 나남.
______, 2008, 전성우 옮김, 《종교사회학 선집》, 나남.
전상진, 2009, "2008년 촛불에 대한 음모(론)적 독해. 통치와 저항의 프레이밍의 충돌을 중심으로", IT 정치 연구회 6월 세미나(2009. 06. 12.).
______, 2010, "한국 정치의 편집증적 스타일? 한국 정치커뮤니케이션과 음모론", 〈경제와 사회〉 85권 3호, 152~182.
______, 2012, "2040이 보수를 혐오하게 된 이유", 〈철학과 현실〉 92호, 30~40.
제프리 C. 알렉산더, 2007, 박선웅 옮김, 《사회적 삶의 의미》, 한울.
지그문트 바우만, 2009, 이일수 옮김, 《액체근대》, 강.
칼 포퍼, 1982, 이한구·이명호 옮김, 《열린 사회와 그 敵들 2권》, 민음사.
콜린 캠벨, 2010, 박형신·정헌주 옮김, 《낭만주의적 윤리와 근대 소비주의 정신》, 나남.
클리포드 기어츠, 2009, 문옥표 옮김, 《문화의 해석》, 까치.
피터 L. 버거, 1981, 이양구 옮김, 《종교와 문화》, 종로서적.

해외 연구서

Anton, A., 2011, *Unwirkliche Wirklichkeiten. Zur Wissenssoziologie von Verschwörungstheorien*, Berlin: Logos Verlag.
Boltanski, L. & Honneth, A., 2009, "Soziologie der Kritik oder Kritische Theorie? Ein Gespräch mit Robin Celikates", Jaeggi, R. & Wesche, T. (eds.), *Was ist Kritik*, Frankfurt a. M.: Campus, 81~114.
Clarke, S., 2002, "Conspiracy theories and conspiracy theorizing", *Philosophy of the Social Sciences* 32, *No.* 2, 131~150.
Fathi, S., 2010, "Einleitung", Fathi, S. (ed.), *Komplotte, Ketzer und*

Konspirationen: Zur Logik des Verschwörungsdenkens - Beispiele aus dem Nahen Osten, Bielefeld: Transcript, 7~16.

Fenster, M., 1999, *Conspiracy Theories: Secrecy and Power in American Culture*, Minneapolis: University of Minnesota Press.

Fine, G. A., 2007, "Rumor, Trust and Civil Society: Collective Memory and Cultures of Judgment", *Diogenes 213*, 5~18.

Furedi, F., 2009, "The politics of the hidden agenda", *The spiked review of books*.
http://www.spiked-online.com/index.php/site/reviewofbooks_article/7080(2011년 9월 27일 인출)

Goldberg, R. A., 2001, *Enemies Within: The Culture of Conspiracy in Modern America*, New Haven: Yale University.

Groh, D., 1992, "Die Verschwörungstheoretische Versuchung Oder: Why Do Bad Things Happen to Good People?", Groh, D., *Anthropologische Dimensionen der Geschichte*, Frankfurt: Suhrkamp, 267~306.

Groh, R., 2001, "Verschwörungstheorien und Weltdeutungsmuster. Eine anthropologische Perspektive", Caumanns, C. & Niendorf, M. (eds.), *Verschwörungstheorien: Anthropologische Konstanten - historische Varianten*, Osnabrück: Fibre Verlag, 37~45.

Haubl, R., 2005, "Vertrauen in Mißtrauen. Über paranoide Gruppenprozesse", *Jahrbuch für Gruppenanalyse 11*, 77~95.

Heins, V., 2007, "Critical theory and the traps of conspiracy thinking", *Philosophy & Social Criticism 33, No. 7*, 787~801.

Hofstadter, R., 1965, *The Paranoid Style in American Politics and Other Essays*, NY: Alfred A Knopf.

Husting, G. & Orr, M., 2007, "Dangerous Machinery: 'Conspiracy Theorist' as a Transpersonal Strategy of Exclusion", *Symbolic Interaction 30, No. 2*, 127~150.

Melley, T., 2000, *Empire of Conspiracy: The Culture of Paranoia in Postwar America*, Ithaca & London: Cornell University Press.

Melteling, A., 2009, "Verschwörungstheorien. Zum imaginären des Verdachts", Ellrich, L., Maye, H. & Melteling, A. (eds.), *Die*

Unsichtbarkeit des Politischen: Theorie und Geschichte medialer Latenz, Bielefeld: Transcript, 179~211.

Mühlmann, W. E., 1959, "Chiliasmus, Nativismus, Naticnalismus: Das soziologische Fazit", *Soziologie und moderne Gesellschaft* (Verhandlungen des 14. Deutschen Soziologentages vom 20. bis 24. Mai 1959 in Berlin), Stuttgart: Ferdinand Enke, 228~242.

Müller, H. P., 2007, *Max Weber: Eine Einführung in sein Werk*, Köln: Böhlau.

Pfahl-Traughber, A., 2002, "'Bausteine' zu einer Theorie über 'Verschwörungstheorien'. Definitionen, Erscheinungsformen, Funktionen und Ursachen", Reinalter, H. (ed.), *Verschwörungstheorien: Theorie - Geschichte - Wirkung*, Innsbruck: Studien Verlag, 30~44.

Rogin. M., 1987, *Ronald Reagan, the Movie and Other Episodes in Political Demonology*, Berkeley et al.: University of California Press.

Schetsche, M., 2005, "Die ergoogelte Wirklichkeit. Verschwöungstheorien und das Internet", Lehmann, K. & Schetsche, M. (eds.), *Die Google-Gesellschaft. Vom digitalen Wandel des Wissens*, Bielefeld: Transcript, 113~120.

Schwaabe, C., 2002, *Freiheit und Vernunft in der unversöhnten Moderne*, Max Webers kritischer Dezisionismus als Herausforderung des politischen Liberalismus, München: Wilhelm Fink Verlag.

Siebert, R. J., 2005, "The critical theory of society: The longing for the totally other", *Critical Sociology 31, No. 1-2*, 57~113.

Turner, B. S., 1996, *For Weber: Essays on the Sociology of Fate*, 2nd., London: Sage.

______, 2011, "Max Weber and the Spirit of Resentment: The Nietzsche Legacy", *Journal of Classical Sociology 11, No. 1*, 75~92.

Wexler, M. N. & Havers, G., 2002, "Conspiracy: A Dramaturgical Explanation", *International Journal of Group Tensions* 31(3): 247~266.

Zúquete, J. P., 2008, "The Missionary Politics of Hugo Chávez", *Latin American Politics and Society 50, No. 1*, 91~121.

한국 여성사회학자에게 있어 직업으로서의 학문
— 여성사회학자들의 '무성화/유성화', '경력의 경로화' 그리고 '중층적 소수성'*

천선영

1. 들어가며

독일에서 박사학위 과정을 밟고 있던 때, 생각지도 못했던 '도전들'에 직면했었다. 그중 하나의 도전은 당시의 지도교수가 한국에 대한 논문을 쓰면 어떻겠냐고 제안을 해온 것이었다. 요지는 "학생 본인이 잘 아는 곳이기도 하니 보다 쉽게 쓸 수 있을 테고, 이곳(독일)에도 필요한 연구가 되지 않겠냐"는 것이었다.[1] 그런 생각을 해본 적이 없었기에 적잖이 당황했었다. 곰곰 생각해보니 물론 한국에 대해 논문을 쓴다면 아무래도 정서적으로 편안한 면은 조금 있을지 모르겠다 싶었지만 내 나라에 대한 글 쓰려고 남의 나라까지 와서 공부하는 것은 아니라는 생각이 확고했던 터라 그 제안을 '거절'했다: '당

* 이 글은 〈사회와이론〉에 게재 확정된 상태에서 출판 일정상 책에 먼저 소개됨을 밝혀둔다.

1) 결국 지도교수를 바꾸었기 때문에 '한국에 대한 논문'은 쓰지 않아도 되었다!

신네 나라에 뭔가 배울 게 있다고 생각했으니까 여기까지 온 거 아니냐. 내가 아프리카 수단으로 사회학 공부하러 갔을 가능성은 희박하지 않겠나. 그러니 나는 우선 당신들의 생각, 당신들의 학문적 전통 열심히 배워서 가련다!' 뭐 그런 생각을 했던 것 같다. 꽤 당돌하게 보였을지도 모르겠다. 결국 나는 지도교수를 바꾸는 우여곡절 끝에 '(후기)근대성에 대한 성찰적 인식'을 기반으로 하는 문화이론에 대한 논문을 간신히(!) 쓰고 돌아왔다.[2)]

다른 하나의 도전은 "쓸모 있는 것 좀 하라"는 요구로 요약될 수 있는 것이었다. 사회학을 전공하더라도 적어도 실용적, 정책적 연구'처럼' 보이는 논문을 쓰면 취직에 도움이 되지 않겠느냐는 논리였는데 그 부분에서는 사실 약간 흔들렸었다. 공부를 마치면 '밥벌이'는 해야지 않겠나. 그런데 고집불통인 나는 결국 본래의 내 생각자리로 돌아왔다. '보다 많은 돈, 보다 많은 명예, 보다 많은 권력이 목적이었으면 애당초 사회학 같은 거 공부하러 독일까지 오지도 않았다!'는 기본 생각이 있었던 데다 '기왕 나 좋아서 하는 공부인데, 전공 하나 내 맘 가는 대로 정하지 못하고 취업환경 신경 써가며 선택한다는 것은 있을 수 없는 일'이라는 '배부른' 결론에 도달했기 때문이었다.

그리 어찌어찌 학위를 마치고 돌아온 나에게 또 다른 도전적 질문이 다가왔다! 너는 왜 여성학을 전공하지 않았냐는 질문이었다. (생물학적으로 여성이며 사회학을 전공했으며 '어쩌다' 문화 · 이론 분야를 주전공으로 하게 되었지만 그것이 사회학계 내에서 '이중적 소수성'을 의미할 수도 있다는 사실을, 공부할 당시에는 정말 몰랐다!) 물론 누구도 대놓고 말하지 않았지만 …. 온몸으로 알 수 있었다. 생물학적으로 여성인 사회학자들 다수가 여성학 내지는 가족사회학 관련 전공자라는 것을, 다른 전공으로 분류되는 사람이더라도 그 분야에서 '여성' 관련 작업을 하고 있는 경우가 태반이라는 것을. 그리고 나는 '소수자'라는 것을! 공부를 하는 과정에서 한 번도 그쪽 전공을 해봐야겠다는 생각을 한 적이 없던 터라 당혹스럽기 짝이 없었다.[3)]

---

2) 나중에야 알았다. 외국에서 학위를 딴 사람들 중 적잖은 이들이 한국에 대한 논문을 썼다는 사실을…. 그 구체적인 이유야 다종다양하겠지만 말이다.

이 글은 앞에 기술된 체험적 사실 위에 기초해 있다. 오른손잡이가 이 세상 거의 모든 물건이 오른손잡이를 기준으로 해서 만들어졌다는 것을 알아챌 가능성보다 왼손잡이가 그것을 알아챌 '구조적 가능성'이 높은 것처럼[4] '여성학자'가 아닌 '여성'사회학자인 글쓴이는 본격적으로 '학문시장'에 뛰어들게 되면서, 생물학적 여성이라는 이유만으로(?) '여성학 강의'[5]를 해야 하는 상황에 놓이게 되면서, 직관적으로 자신이 처한

---

3) 젠더 문제에 관심, 있다! 특정한 '성'을 가지고 세상을 살아가면서, 그것도 명색이 사회학자라는 업을 갖고 살면서 어떻게 그 문제에 관심 자체가 없을 수 있겠는가. 하지만 학문적 전공으로서 고려한 적이 없었다는 것이다. 아무튼 당시에 '왜 나는 아예 그 사실 자체를 인지하지 못하고 있었던 걸까? 다수의 '여성'사회학자들의 전공이 '편향'되어 있다는 사실을 …. ' 그런 생각을 하면서 한때는 내가 정말 '트렌드'를 읽지 못하는, 어딘가 약간 모자란 인간 아닌가 하는 고민까지 꽤 심각하게 했던 것 같다. 사실 글쓴이는 멍청한(?) 결정을 한 '전력'이 많다. 많은 사람들이 현실 사회주의 붕괴 이후 상황에 몰입해서 논문을 쓰던 시기에 글쓴이는 종교지도자들의 정치 참여에 대한 뜬금없는(?) 석사논문을 썼는데 나중에서야 알았다! 내가 '좀 다른 이상한' 아이였다는 것을 …. 미국박사가 대세인 건 그때도 이미 어렴풋이 알았다! 그래도 고집 부리고 독일로 간 것도 기능적으로 영악한 선택이었던 것 같지는 않다. 후회하지 않을뿐더러 되레 고맙게 생각하는 측면도 있지만 말이다. … 뒤에서 중층적 소수성을 이야기하는 과정에서 이에 관한 얘기를 좀 덧붙일 수 있을 듯하다.

4) 물론 그건 오른손잡이들이 못나서가 아니라 구조적 입장 때문이다. 내가/우리가 어떤 측면/사안에서 주류인지 비주류인지를 알아채는 방법 중 하나는 그것에 대해 내가/우리가 질문해본 적이 있거나 질문당해본 적이 있느냐는 것을 생각해 보는 것이다. 예컨대 오른손잡이가 '왜 오른손잡이인가'에 대해 스스로 질문하거나 타인으로부터 질문받을 가능성은 희박할 것이기 때문이다. 그 '정상성'이야말로 바로 세상이 오른손 위주로 돌아간다는 것을 오른손잡이가 눈치채지 못하게 만드는 중요한 이유 중 하나일 것이다. 또 하나의 예를 들어보자. 결혼을 한 사람이 왜 결혼을 했는지 질문'당할' 가능성이 높을까, 결혼을 안 한 사람들이 왜 결혼하지 않았는지 라는 질문에 노출될 가능성이 높을까. 이런 질문을 통해 우리는 기혼자가 '인지적 강자'라는 것을 알아챌 수 있고, 이때 그들이 질문당하지 않는 이유는 '정상성'의 대변자이기 때문이라는 것도 짐작할 수 있다.

환경을 알아차리게 된 것이다. 그런데 여기서도 '직업의식'이 발동하여 그것 자체가 개인적 차원을 넘어 대단히 흥미로운 사회학적 주제라는 생각을 하기에 이르렀다.[6]

'직업으로서의 학문'과 관련해서 여러 가지 질문이 떠올랐다: 우리는 어떤 경로를 통해 학문세계에 진입하게 되는 것일까? 전공 선택의 과정들은 어떻게 이루어지고 학문적 경력은 어떤 방식으로 쌓아지는 것일까? 그 과정에 작동하는 중요한 요소들은 무엇일까? 사회학자들은, 여기선 특히 여성사회학자들은 어떤 과정을 통해 전공을 선택하게 되며, 어떤 학문적 경력을 어떤 방식으로 쌓아가게 되는 것일까? 여성 또는 남성 사회학 전공자들에게 여성학[7] 전공이란 어떤 의미를 가지는가? 생물학적으로 여성이지만 젠더 전공자는 아닌 사회학자들은 어떤 직업적 체험을 하게 되는가?

그런 생각을 하게 된 지 꽤 많은 세월이 흘렀다. 그 기간 동안 여성학자는 아닌 여성사회학자로서 살아온 글쓴이는 이제 자신의 학문적 여정에 대해 사회학적 개념화를 시도함으로써 그 과정을 보다 객관적으로 성찰하는 기회로 삼고자 한다.[8] 이 글에서 앞 단락에 서술된 모든 질문

---

5) '여성학' 강의도 재미있다. 그러나 여성학자가 아닌 글쓴이가 '여성학'이라는 과목명으로 강의를 한다는 것은 여전히 부담이다. 해서 강의제목을 개인적으로 '젠더와 사회'라고 바꾸어 사용하고 있다. 그래야 할 수 있는 얘기도, 하고 싶은 얘기도 많아지는데 어쩔 것인가!

6) 이런 주제와 관련한 사회학자로서의 첫 번째 답이 천선영(2003)의 글이다.

7) 이 글에서 여성학과 젠더사회학, 페미니스트적 관점 등은 의미상 별 차이가 없는 것으로 간주하며, 여성학(자)이란 용어를 대표적으로 사용하기로 한다.

8) 글쓴이가 좋아하는 학자 중 한 명인 피터 버거가 자신의 학문적 여정을 기록한 《어쩌다 사회학자가 되어》(*Adventures of an Accidental Sociologist*)라는 책을 냈을 때 참 반갑고 유쾌했다. 학자로서의 경험 자체를 자신이 몸담아 온 학문적 도구를 사용해 관찰하고 성찰할 수 있다는 건 얼마나 큰 복인가! 물론 사회학자가 된 것은 'accidental'한 것이었다지만 ….

들에 답을 할 수는 없겠지만 사회학이라는 학문을 직업으로 삼는 여성 사회학자들이 사회학이라는 학문분과 내에서 어떤 위치를 점유하고 있(었)고 어떤 특성들을 가지고 있(었)으며 어떤 구조적 경험을 해왔는가/하는가라는 것에 대해 무성화(無性化, *Invisibilization of Gender*)/유성화(有性化, *Visibilization of Gender*), 그와 관련된 '경력의 경로화'(經路化, *Canalization of Career*) 그리고 '중층적 소수성'(重層的 少數性, *Multi layered Minority*)이라는 개념을 중심으로 대략의 이론적 지형도를 그려봄으로써 일정한 단면 정도는 살펴볼 수 있지 않을까라는 기대를 갖고 있다.

이 작업은 그간 여성학적 시각을 지닌 학자들에 의해, 예를 들자면 조순경(1992), 이재경(2000), 조주현(2000), 이나영·정민우(2010) 등에 의해, 논의되어 온 것과는 또 다른 지점에서 한국 사회학계에서 '여성'의 위치를 점검해볼 수 있는 기회가 되리라 믿는다. 다른 생각의 자리, 다른 구조적 위치에서 쓰이는 글이기 때문이다.

자료로는 앞에 언급한 논문들에 많은 빚을 졌고, 〈한국사회학 45년〉(1990)과 〈사회학회 회원 명부〉(1994, 2000, 2004, 2012년 발간) 등을 참고자료로 사용했다.[9] 이 글은 기본적으로 '여성학 논문'이 아니다! 이 글은 직업으로서 학문을 하는 학자들의 학문적 경로 형성과정에 대한 지식사회학적 개념화를 시도해보는 작업이며 그렇게 읽히기를 희망한다.

---

9) 사회학회 주소록은 '수면 위로 드러나 있는' 거의 모든 사회학자'군'을 포괄하는 거의 유일한 자료이고 본인이 제출한 주전공이 '명시'되어 있다. 성별 구분이 되어 있지는 않지만 큰 문제는 없었다. 많은 경우 글쓴이가 성별을 확인할 수 있었고, 그렇지 않은 경우 개별 학교에 확인을 했다. 인터뷰 자료를 부가적으로 활용하고 싶었으나 시간의 제약과 게으름이 겹쳐 그러지 못했다. 이후 보완할 기회가 있기를 바란다.

2. 한국 여성사회학자에게 있어 직업으로서의 학문

1) 막스 베버의 《직업으로서의 학문》[10]

'직업인'[11] 으로서 학계에 종사하고 있지만 '직업'으로서의 '학문'에 '학문적'으로 관심을 갖게 된 글쓴이에게 막스 베버의 《직업으로서의 학문》이라는 글은 또 다시 새롭게 다가왔다. 그 전에는 내가 공부한 독일 뮌헨에서 발표된 (그래서 개인적으로 조금 더 가깝게 느껴졌던) 그저 아주 유명한 연설문 정도였는데 말이다. 또한 직접적으로까지는 아니어도 간접적으로 이 글이 담고 있는 질문은 분명 베버의 글, 《직업으로서의 학문》에 닿아 있다.

베버는 이 강연에서 직업으로서의 학문이라는 주제를 근대 문화 일반적 구조와의 연관성 안에서 논하면서 학자라는 직업에 필요한 외적 조건, 학문을 천직으로 여기는 자가 갖추어야 할 내적 자질, 근대 학문의 본질, 근대 문화에서 학문이 차지하는 위상, 학문과 정치의 관계에 이르기까지 포괄적인 내용을 다룬다. 막스 베버 연설문의 핵심적 주제인 '탈주술화된 근대사회에서 학문의 위상과 기능' 전반을 이 글과 억지로 관련시킬 생각은 없다. 다만 이 작업과 관련된 생각을 발전시키는 데 베버의 글이 길잡이 역할을 한 것은 분명하므로 "사람들은 어떤 경로를 통

10) 이 부분이 글의 전개상 꼭 필요한 부분인가에는 의문이 있을 수도 있겠다. 하지만 글의 이론적 배경이 된 것은 분명하고 무엇보다 별도의 '후기'에 적은 대로 베버에게 '영혼이 매인' 전성우 선생님과의 인연이 이 작업의 직접적 동기가 되었으므로 그리 혜량하고 읽어주시길 바란다.

11) "어느 고대 필사본의 한 구절을 옳게 판독해내는 것에 자기 영혼의 운명이 달려 있다는 생각에 침잠할 능력이 없는 사람은 아예 학문을 단념하십시오"(2006: 33) 라는 베버의 말은 섬뜩하기까지 하다. 이 글을 미처 읽지 않고 공부를 했기 망정이지 안 그랬다면 학문의 길에 들어설 엄두도 내지 못했지 싶다.

해 학문세계에 진입하게 되는 것일까? 학문적 경력은 어떤 방식으로 쌓아지는 것일까? 그 과정에 작동하는 중요한 요소들은 무엇일까?"라는 이 글의 배경적 질문과 관련된 부분 중 일부를 간단히 정리하고 넘어가고자 한다.

앞의 질문들과 관련해서 베버의 연설문 앞부분에 흥미진진한 예들이 많이 등장하는데, 백 년 전(1917) 먼 남의 나라에서 쓰인 글이라는 것이 믿기지 않을 만큼 현실적으로 읽히는 부분도 많다. 그중 가장 재미있는 부분은 아무래도 새로운 학문적 구성원의 충원과정과 관련된 것이지 싶다.

> 대학교수 **경력**이 가진 특유한 상황 하나는 아직도 존속하고 있으며 오히려 훨씬 더 악화되었습니다. 즉, 이에서 말한 바와 같은 사강사가, 더구나 조교가 언젠가 정교수나 심지어 연구소 소장의 자리에까지 오를 수 있을지는 그야말로 **요행**(*Hasard*)에 속하는 문제라는 상황 말입니다. 물론 요행(*Zufall*)만이 지배하는 것은 아닙니다, 그렇지만 요행이 엄청날 정도로 크게 지배하는 것은 사실입니다. 나는 요행이 그 정도로 큰 역할을 하고 있는 직업경력이 이 세상에 또 어디 있을까 싶습니다(Weber, 2006: 25~26).[12)]

당시의 독일과 지금의 한국에서 대학교원이 충원되는 방식에 분명한 차이가 있을 수밖에 없지만 그럼에도 불구하고 어떤 식으로든 '요행'이 작용하고 그 요소가 다른 직업군에 비해 클지 모른다는 것은 변하지 않은 사실 아닌가 싶다. 각자 서로 다르게 잘난 예비학자들을 하나의 잣대를 가지고 한 줄로 세우는 일은 거의 불가능해 보이고 그렇다고 똑같은 토익시험을 보고 900점 합격, 899점 불합격 … 이리 할 수 있는 일도 아니지 않은가.

---

12) 베버(Weber, 1988)의 원문 참조해서 괄호 안 독일어와 첫 번째 요행 고딕 굵은 글씨 추가, 마지막 요행 〈 〉 표시 삭제.

이와 같이 학자의 길은 거친 요행의 세계입니다. 젊은 학자들이 교수자격 취득에 관해 조언을 구하러 올 때, 그들에게 이 길을 가도록 격려하는 것은 거의 무책임한 일이라고 볼 수 있습니다. 만약 이 젊은 학자가 유태인이라면[13] 사람들은 그에게 당연히 〈모든 희망을 버려라〉라고 말합니다. 그러나 유태인이 아닌 다른 모든 사람에게도 다음과 같이 그의 양심에 대고 묻지 않으면 안 됩니다. "당신은 평범한 인재들이 해마다 당신보다 앞서 승진하는 것을 보고도 내적 비탄이나 파멸 없이 견딜 수 있다고 생각하느냐?"(Weber, 2006: 31)

100명을 뽑아 10명 키워내면 되는 기업과는 다르게 1명을 뽑아 — 특별한 일이 없는 한 — 수십 년 같이 갈지도 모른다는 것을 계산에 넣어야 하는 대학이 가능한 '리스크'를 최소화하려는 경향성을 보일 가능성이 있다는 것, 그래서 대학교원 채용과정이 일반적인 기업 인사에 비해 '더 보수적'으로 진행될 가능성이 높다는 점을 고려하면 — 물론 그렇다고 위험부담이 실질적으로 줄어든다는 보장은 없지만 말이다! — 채용과정에서 '튀는' 선택보다는 '무난한' 선택이 선호될 수 있다는 가정을 할 수 있다.

더구나 대학전임교원 선발은 동일한 때 동일한 조건으로 실시되는 운동경기도 아니다. 때문에 대학전임이 된 사람이 어떤 면에서건 그렇지 않은 학자들보다 낫다는 것은 증명되지 않는/증명할 수 없는 사실로 남아 있다! 베버 스스로 본인이 다른 사람들보다 빨리 '출세'한 것이 몇 가지 개인적이고 절대적인 우연 덕분이었다고 얘기한다(Weber, 2006: 26). 한편으로 베버는 요행에 많이 의지하는 '안정지향적' 충원과정의

13) 유태인 대신에 여성이든 장애인이든 다른 말을 넣어 봐도 좋겠다. 베버 생존 당시 독일의 교수직은 거의 특정 계급의 '세습적 성격'을 갖고 있었다고도 한다. 근대 초기의 한국 상황도 썩 많이 다르지 않았을 성싶다.

'우연적' 결과가 많이 나쁜 것만은 아니라고 우리 모두를 '위로'하면서 다른 한편으로 이런 교원 충원과정에서의 우연성이 선발자들의 인격적 결함이나 선발방식의 결함에만 있지 않다며 그 일차적 책임은 "여러 단체의 — 이(당시 독일의) 경우에는 추천권을 가진 교수진과 문교당국자들의 — 공동작업의 법칙 자체"에 있다고 적고 있다(Weber, 2006: 27~28). 사회학자답게(!) 이런 상황이 결정 참여자들의 개인적 성향과 이해관계보다는 근본적으로 '구조적 조건'에 연유한다고 이야기하는 셈이다.

지금까지 베버의 논의를 따라 교원 충원과정의 사회구조적 성격에 대해 잠시 살펴보았는데 여기에 덧붙여 사회변화의 흐름, 학계의 구조적 상황 등이 직업으로서 학문을 영위하는 사람들에게 분명 계속해서 어떤 '신호'를 보내고 있으며 그것에 대해 예비학자들이 직간접적으로 반응하리라는 것도 생각해보아야 할 것이다. 예를 들어 학문분야 중에서도 또는 동일한 학문분야 내에서도 이른바 '뜨고 지고' 분야들이 있고 그에 따라 수요와 공급이 불균형을 이루어 생기는 명암은 많이 경험해온 바가 아닌가. 사회과학계에선 최근 심리학의 굉장한 약진이 관찰 가능한데 이런 현상 또한 '지식사회학적'으로 이해, 설명될 수 있는 부분이 있을 것이다. 외부적 요인으로는 전두환 정권 시절 실시되었던 대학 졸업정원제가 교원 임용과정에 미쳤던 엄청난 영향도 떠올려볼 수 있을 것이다. 덧붙여 학계 내 교육 내지는 훈련과정에서 다양한 방식으로 학습되는 분위기와 관습, 사유와 행위양식, 포함과 배제의 메커니즘 등에 대한 적극적인 고려가 함께 되어야 학문세계 내 경력형성에 관련한 균형잡힌 논의를 할 수 있으리라 생각한다.

논의를 다음과 같이 정리해볼 수 있겠다: 어떤 한 개인이 직업적으로 어떤 학문여정을 걷게 되고 그 과정에서 어떤 경험을 하게 되는지는 분명 베버가 '요행'이라고 표현한 구조적 우연성과 더불어 학계 내외의 제도적, 일상사적 요소들과 관련해 그들의 경험이 특정한 경향성을 띠게 되는 측면에 대한 속 깊은 관찰이 필요하다. 이런 관점을 전제로 다음에서는 한국 사회학계 내 여성사회학자들을 대상으로 그들에게 '직업으로서의 학문'에 대한 의미의 단면을 재구성해보고자 한다.

2) 한국 사회학계에서 여성사회학자들에 있어 직업으로서의 학문

한국 사회학계에서 여성사회학자들은 직업으로서의 학문, 즉 사회학을 어떻게 경험해왔는가? 이 문제를 글쓴이는 무성화/유성화와 경력의 경로화 그리고 그 결과 중 하나로서의 중층적 소수성[14]이라는 개념으로 읽어 보고자 한다. 이때 무성화는 성별적 변수가 '잠재화'되는 것을 표현하고자 했는데 '탈젠더화' 개념과도 유사한 점이 있겠으나 젠더 변수를 벗어나거나 넘어선다는 의미보다는 성별적 요소 자체가 다른 요소들에 묻혀 무화(無化)되는 과정을 묘사하고 싶었다. 그에 반해 유성화는 성별적 변수가 가시화되는 과정을 의미할 수 있겠다. 이 역시 젠더적 사유를 한다거나 젠더적 틀을 도입한다거나 하는 차원보다는 성별적 변수가 (비)의도적으로, 개인적/집단적으로 중요한 맥락에 놓이게 되는 과정 자체를 표현하고자 써본 말이다.

한국 사회학계에서 여성사회학자들이 무성화에서 유성화로의 과정을 경험해왔으며 미래적으로 다시 '다른 차원'의 무성화를 경험하게 되지 않을까 하는 것까지 고려하여 그 전반적 흐름을 하나의 '학문적 경로의 구조화'로 읽어보고자 하였다. 중층적 소수성은 이 과정에서 여성학을 전공하지 않는, 스스로를 페미니스트로 이해하지 않는 여성사회학자들이 놓이게 되는 구조적 위치[15]를 이해하고자 사용해본 개념이다.

14) 비슷한 맥락에서 생각될 수 있는 개념으로 '내부적 이방인'이 있겠으나 '중층적 소수성'이라는 개념을 통해 조금 다른 맥락에서의 강조가 가능하다고 생각한다. 해당 단락 논의 참조.

(1) 무성화(無性化)

한국 사회학 초창기부터 1980년대 중후반 정도까지를 이른바 여성사회학자들에게 '무성화의 시대'라고 볼 수 있지 않을까 한다. 이화여대에 한국 최초의 여성학과 대학원 과정이 생긴 것이 1982년, 〈한국여성학〉 창간호가 나온 것이 1985년, 여성학 강좌 개설이 급격히 팽창된 1차 시기가 1985년에서 1990년 사이(조형, 1990: 199)이니 말이다. 여성학이 1970년대 후반부터 고등교육체계 안에 자리 잡기 시작(조주현 1996, 2000)했으나 '여성' 학자들과 학생들의 수가 확연히 증가한 것은 1990년대 이후(조순경, 1992)이고[16] 1980년대 전반에 사회학 분야에서 석사학위를 받은 여성의 수가 5명(이재경, 2000: 100)에 불과했음을 고려한다면 한국사회에서 '여성학'이라는 관점과 그 관점을 '대변'하는 담지자들의 본격적인 가시화는 1990년대에 접어들어서라고 보는 게 맞지 않겠나 싶다.

그런데 그 이전에 전임교원으로 학계에 진입한 사람들은 개인적 차이가 있겠으나 여성 '대표성'을 갖고 있었다고 보기는 어려울 듯하다. 당시, 특히 다른 분야들과 마찬가지로 사회학 초창기에 성별은 변수조차 되지 않았던, 즉 여성의 채용은 극히 '개별적이고 예외적'인 현상이 아니었겠냐는 추측이 가능하기 때문이다. 무엇보다 앞 단락에 언급된 것처럼 당시 석사 이상의 학위를 받은 여성의 존재 자체가 희귀한 일이었다! 여성의 고등교육 자체가 일반적이 아니었던 상황을 고려해보면 당시에는 계층적 요인이 더 중요하게 작용하지 않았을까 싶고, 어떤 면에서건 성별은 오히려 다른 변수들에 의해 '잠재화' 내지는 '무화'될 수 있었을 때 긍정적으로 작용할 수 있지 않았겠나 싶은 것이다.

---

15) 당연한 얘기겠지만 개인적으로 그리 느꼈다, 느끼지 않았다는 차원과 혼동되어서는 안 될 것이다.

16) 이 과정에 물론 졸업정원제의 영향도 있었을 것이다.

또한 1990년대 이전 시기는 한국사회학계에서 여성학 내지는 여성학적 관점이 본격적으로 논의되기 전이고 여성전임 채용이 어떤 '선구적'인 것으로 이미지화될 수 있었을지는 몰라도, 꼭 그리해야 한다는 '사회적 압력'이 존재했던 것으로 보기도 어렵다. 채용 당사자들 스스로도 여성을 대변 내지 대표한다는 입장보다는 개별적 차원에서 충원된 것으로 보는 것이 맞을 것 같고, 채용과정에서 성 변수는 적어도 '잠재화'되었어야 하는 상황이었을 것이라 추론한다.[17]

이런 시각에서 관찰해보면 1990년 발간된 〈한국사회학 45년〉이 더욱 흥미롭게 읽힌다. 그중 하나는 1990년 이전에 채용된 사회학과 여성전임교원들의 전공이 지금보다 훨씬 다양하게 분포되어 있다는 것이다.[18]

여성(사회)학을 본인의 전공으로 표시하는 사람 중에도 그것을 제 1순위로 언급하는 경우는 없었다. 물론 '가족' 전공자를 잠재적 '여성' 전공 관련자로 읽을 수도 있겠으나 그렇다고 하더라도 1990년대 또는 2000년대 이후와는 차별화된 모습을 보여주는 것은 분명하다.

(2) 유성화(有性化)와 경력의 경로화(經路化)

1990년대 이후 여성학(적 관점)이 학계로 대거 유입되면서 여성학 또는 여성학적 관심을 가진 학자들은 이재경(2000), 조주현(2000) 등이 말하는 것처럼 짧은 시간 안에 성공적으로(!) 제도권 안에 진입한다. 이는 그만큼 그들이 사회적 요구를 적실하게 받아내고 있었다는 뜻도 될 것이다.

---

17) 인터뷰를 통한 추가적 확인과정이 있었으면 하는 아쉬움이 남지만 논리적 추론의 결과가 달라질 것 같지는 않다.

18) 물론 당시 여성·젠더 전공 자체에 대한 인식이 높지 않았던 점도 고려해야 할 것이다.

그런데 여성학 전공자들 스스로 지적하듯이 이때부터 대학 전임인 여성사회학자들의 전공이 급격히 편향되기에 이른다. 이 과정을 설명하는 데 물론 무엇보다 여성학(적 관점)에 대한 사회적 필요성과 학내외

〈표 3〉 1990년 사회학과 여성전임 수와 전공

순번	학교 명	여성전임 수	전공
1	경남대학교	1	사회변동, **여성사회학**
2	경북대학교	1	산업사회학, 사회조사방법
3	경상대학교	1	정치사회학, 사회변동론
4	경희대학교	1	사회조직, 사회이론, 방법론
5	계명대학교	1	농촌사회학, 가족사회학, **여성학**
6	국민대학교	1	가족, 사회심리, 사회복지
7	대구대학교	1	사회이론, 도시, 가족
8	덕성여대	1	사회변동론, 산업사회학
9	동국대학교	1	변동론, 계층론, 가족사회학
10	부산대학교	1	사회심리학, 조사방법론
11	서강대학교	1	경제인류학, 농촌, **여성학**
12	성심여대	3	경제사회학, 종교사회학
			사회인류학
			사회인류학, 변동론, 사회사상사
13	연세대학교	1	문화인류학
14	이화여대	3	사회심리학, 가족사회학
			사회계층, 정치사회학
			의료사회학
15	청주대학교	1	사회방법론, **여성사회학**
16	충남대학교	1	사회계층론, 산업사회학
17	충북대학교	1	인구학, 사회통계, **여성사회학**
18	한국정신문화연구원	1	사회인류학
19	한양대학교	1	사회일탈, **여성사회학**
20	한양대학교(안산)	1	사회노년학, 조사방법론
21	효성여대	2	지식사회학, 계층, 종교
			사회변동론, 발전사회학

자료: 〈한국사회학 45년〉

수요의 증가가 중요한 요인으로 지적되어야 할 것이다. 그러나 남성이 절대 다수였던 제도권 학문의 '게으른' 대응 또한 기억되어야 한다. 즉, 여성학 분야는 절대 다수의 사회학과 남성전임이 선택하지 않는 전공이기 때문에 기존 교원의 이해관심과 충돌 가능성이 기본적으로 존재하지 않는 분야(였)다. 속된 말로 여성학을 전공으로 하는 여성사회학자 선발은 '두 마리 토끼를 한꺼번에 잡을 수 있는 카드'였(이)다. 일종의 약자보호정책으로서 시행된 적극적 조치(*Afformative Action*)의 결과인 여성교수 채용이 사회학계에서는 여성과 관련된 연구를 하는 여성학자를 채용하는 방법으로 '발현'되었다고 할 수 있겠다.[19]

> 대학에서 여성 교수를 채용할 때에는 여성사회학 또는 가족사회학 전공자를 선호하며, 전공이 다른 경우에도 여성들은 일단 임용되면 여성과 가족에 관한 교과과정을 책임질 것으로 기대된다. 이처럼 강의나 연구영역에서 '여성영역'을 규정함으로써 여성사회학뿐만 아니라 여성사회학자들을 주변화시키는 결과를 가져온다(이재경, 2000: 102).

이렇게 여성학적 관점이 사회학 안으로 유입, 확산되는 과정은 '여성사회학자 영역' 인식을 본격적으로 '가시화'시켰고 이와 더불어 게토화가 진행되어 온 것으로 판단된다. 2010년 10월 현재 "'젠더 사회학' 전공자가 전체 여성전임 교원 40명 중 27명(전체의 10.8%, 여성전임 중 67.5%)이라는 사실"은(이나영 · 정민우, 2010: 193) 그간 여성사회학자들의 '유성화'와 특정한 방향으로의 '경력 경로화'가 급격하게 진행되어 왔음을 보여준다. 이는 물론 앞에서 언급한 바와 같이 한편으로 "생물학

19) 구자순(2007: 22)도 이런 의도하지 않은 부작용에 대해 문제를 제기한다. 일반적인 맥락에서 적극적 조치, 긍정적 조치(*Positive Action*) 등에 대해선 마주르(Mazur, 2002) 등 참조.

적 '여성'과 '젠더 연구자'를 동일시하는 사회학(자들)의 통념을 보여주며, '여성' 교원을 충원함으로써 '젠더 연구'에 대한 필요성 또한 충족시키고자 하는 전략이 실재한다는 사실"(이나영 · 정민우, 2010: 193)도 재확인시켜주는 측면이 있다.

생물학적으로 여성인 학자들의 특정한 전공 쏠림현상은 인문사회계를 통틀어 사회학계에서 제일 심하게 나타났던 것 같은데 아마도 이는 적잖은 수의 '여성학' 전공자들이 사회학과라는 제도적 틀 안에서 훈련, 양성되어 온 때문일 것이다.[20] 어느새 여성사회학자는 거의 여성학자가 되었고, 여성사회학자는 여성학자일 것이 거의 당연히 요청되는 상황에 이르렀다. 글쓴이는 이 시기를 '유성화의 시기'로 이름 붙이고자 하며 이러한 진행과정을 일종의 '경로화'로 해석하고자 한다. 이 과정에서 여성사회학자들의 확고한 영역이 확보된 측면이 있는 반면 (스스로 원했든 그렇지 않았든) 게토화된 측면 또한 분명히 확인된다.

이 과정은 천선영(2003)이 "다층다면적이고 복합적인 차별과 부정적 배제의 미묘한 성격"(2003: 101)을 지적하며 말했듯이 또 다시 여성을 여성으로'만' 호명하는 결과를 낳았다. 그러한 점에서 그것이 '긍정적' 호명이라고 해서 차별과 배제의 메커니즘이 아닌 것은 아니다.[21)]

> … 관심을 집중하고자 하는 문제는 사회가 여성을 여성으로 '부정적'으로 호명하면서, 그것이 결과하는 단순 차별과 배제를 넘어 존재하는, 여성이 여성으로 '긍정적'으로 호명되면서 결과되는 또 다른 차원의 차별과 배제

---

20) 이는 사회학이라는 학문분과의 특수한 상황이다. 다른 사회과학 분야에서도 여성학적 관점의 도입 필요성이 꾸준히 증가해왔지만 그렇다고 해서 '여성심리학' 전공자들이 양산되거나 하지는 않았다.

21) 거의 모든 계몽적 근대론자들의 주장이 결과적으로 성 차이의 양극화, 젠더질서 강화에 기여한 역설에 대해서는 파세로(Pasero, 1994) 참조.

의 메커니즘이다. 후자의 논리는 정치적 진보성으로 포장되어 있음에도 불구하고, 논리적으로는 계속 여성을 여성으로'만' 호명하는 보수성에서 벗어나지 못한다(천선영, 2003: 101).

따라서 여성사회학자들의 '유성화'와 '경력 경로화'의 전 과정은 '배제적 또는 부정적 승인'(*Exclusive/Negative Acceptance*) (천선영, 2003: 116)의 한 예로 이해될 수도 있을 것이다.

(3) 중층적 소수성

이나영·정민우도 언급하듯이 현재 사회학에서 훈련받았거나 사회학과에 자리 잡은 '여성' 학자들의 상당수는 '여성학자/페미니스트'라고 말할 수 있다(2010: 178). 그런데 이러한 사실은 여성(사회)학이 사회학과 내에서 아직도 여전히 비주류적인 상황에 있다고 볼 수 있음에도 불구하고 여성사회학자들 중에서는 '다수'의 입장에 서있음도 동시적으로 말해준다. 여성학적 관점이 상대적으로 '진보적'인 것으로 자리매김되는 상황 또한 여성학 전공 여성사회학자(도)들을 '인지적 강자'로 위치지을 수 있게 하는 요인 중 하나이다.[22)]

이런 상황에서 생물학적으로 여성인 사회학자이나 여성학자가 아닌 여성사회학자들은 표면적으로 드러나지 않는, 가시화되지 않는 소수성

---

22) '사회적 강자/약자'와 '인지적 강자/약자'가 구분될 필요가 있다고 생각한다. 예컨대 오늘 우리사회에서 동성애자가 이성애자에 비해 사회적 약자임은 분명하나 동시에 그들을 인지적 강자로 볼 수 있는 측면이 있다. 동성애에 대한 인정은 '진보적 가치'의 바로미터 중 하나이며 거스를 수 없는 사회적 대세다. 이미 적어도 공론장에서는 동성애(자)에 대한 명시적 비난이 더 이상 수용되지 않는다. 이런 환경에서 '인지적으로' 수세에 몰리는 쪽은 오히려 이성애자, 동성애 불인정론자 내지는 동성애 혐오론자들이다. 당분간 그들이 사회적 강자의 자리는 유지하겠지만 말이다.

을 경험하고 담지하는 주체로 읽힐 수 있는 측면이 있다고 생각한다.[23)]

이렇게 담론의 주된 전선(戰線)으로부터 비껴나 있어 인식되지 않는, 그럼에도 불구하고 이중적 소수성(*Duplicated Minority*)을 경험하게 되는 상황을 '중층적 소수성'(*Multi layered Minority*)이라 이름 붙여 보았다. 드러나 있는, 주류적 소수성 아래 감춰진 소수성(*Hidden Minority*), 비주류적 소수성(*Minor Minority*)을 표현해보고자 한 것이다. 이런 맥락은 이중(적) 소수성, 내부적 소수성(*Inner Minority*) 등 상황에 따라 보다 적절한 용어로 설명가능하지 않겠나 싶다.

이 글의 예를 들자면 '비주류' 페미니즘적 입장에서 '주류' 사회학을 때리는 것은 의미 있게 평가되는 '전선'(戰線)이어서 이 전선을 형성하는 여성학 전공자인 여성사회학자들과 남성사회학자들의 구조적 위치는 전면에 드러나는 반면 여성이지만 여성사회학자가 아닌 이들의 상황은 그 전선 아래 감춰지게 된다. 이때 그들이 놓이게 되는 구조적 위치를 중층적 소수성이라 명명할 수 있겠다. 미국 박사와 한국 박사라는 '주(主)전선' 사이에 끼인 유럽 박사들도(윤상철, 2003: 197)[24)] 비슷한 구조적 상황에 놓이게 되는 주체의 예라고 할 수 있겠다. 성매매종사자 하면 거의 자동반사적으로 여성을 떠올리게 된다면 성매매남성이 그러한 구조적 위치에 놓이게 될 수 있는 것처럼, 여성이며 여성학자인데 흑인이어서 백인여성학자와는 또 다른 소수성을 경험하게 되는 것처럼 말이다.

여성사회학자들 중 여성학자 내지는 여성학적 관점을 가진 사회학자들

---

23) 이는 브루어(Brewer)가 흑인 여성 페미니스트 사회학자를 '궁극적인 지적 타자'(*Ultimate intellectual Other*, 1988: 66)라 명명했던 그런 차원과 같기도 하고 다르기도 하다. 복합적 소수성을 가진 주체를 명명한다는 점에서 같지만, 그 주체의 소수성이 '가려져 있음'을 강조한다는 점에서 다르다고 생각한다.

24) 윤상철은 "미국사회학의 지적·인적 지배와 '한국적 사회학'의 지체"(2003)라는 논문에서 박사학위 취득지를 미국, 한국, 기타, 미확인으로 분류한다. 이 분류에 따르면 글쓴이는 '기타 박사'인 셈인데 기분이 묘했던 기억이 난다!

은 그들 내에서는 '주류'로 읽힐 가능성이 있다고 생각한다. 마치 1980년대 학생운동권이 사회 전체적으로는 대항세력, 비주류였을지 모르나 적어도 대학(생) 내에서 당시의 '주류'로 읽혀야 할 부분이 있는 것처럼 ….

앞부분 각주에서 잠시 언급했지만 '질문하는가 + 질문되는가' 하는 것은 이를 판가름하는 데 아주 중요한 지표 중 하나가 될 수 있을 것이다. 어떤 부분에 대해 스스로 생각하지도 않고 생각하기를 강요받지도 않는다는 것은 적어도 그 부분에서 나/우리가 주류임을 나타내는 표징일 수 있다. 이 글과 관련해서 보자면 현재 시점에서 여성사회학자가 여성학 전공이거나 페미니즘적 관점을 가진다는 것은 이상한 일이 아니고 어찌 보면 '당연함을 넘어 그래야 마땅한' 일이지만 여성사회학자이면서 여성학을 전공으로 하지 않았거나 페미니즘적 관점에 서있지 않은 것으로 여겨지는 이들은 직접적/간접적으로 '질문' 속에 놓여있다는 점을 떠올려야 한다: 왜 사회는 나/우리를 일차적으로 사회학자가 아닌 여성(사회)학자로 호명하는가! 교육 내지 훈련과정에서 (재)생산된 특정한 사유, 가치와 행위양식, 그리고 포함과 배제의 메커니즘을 작동시키는 '규율 효과'(*Discipline Effects*) (Messer-Davidow, 2002)[25]는 여성사회학자이나 여성학 전공자가 아닌 이들에게 스스로 질문하게 한다: "여성이며 사회학자인 그대는 왜 페미니스트가 아닌가", "여성이면서 왜 젠더연구를 하지 않는가?"

그들은 '여성이며 젠더사회학자인 이들'과는 또 다른 위치에서 '구조적 소수성'을 체험(*Erlebnis*)할 수밖에 없다.[26] 그들은 일종의 '숨겨진

---

25) 메도 올랜스와 윌리스(Meadow Orlans & Wallace, 1994)는 미국의 경우에 한정되어 있긴 하지만 다양한 측면에서 여성사회학자들의 경험을 고찰한다.

26) 이런 체험은 이나영·정민우(2010)가 서술하는 제도적 조직체로서의 '사회학과' 내에서 '여성학'하는 사람들의 경험과 다르지만 같은 맥락에서 해석될 수 있는 여지가 있다고 생각한다. 비주류적인 상황이 그것에 대한 고민을 촉구하는

이방인'(*Hidden Outsider*), '내부적 이방인'(*Outsider Within*) (Collins, 1986) 이다. 이러한 문제의식은 우리에게 단선적이 아니라 중층적, 복합적으로 형성되는 소수성에 대한 이론적 관심을 촉구한다.

3. 나가며: 새로운 '긍정적 무성화'의 시대를 기다리며

대략적으로 1990년대 이전의 한국사회학계에서 여성사회학자들은 '예외적이고 개별적인' 경우로 제도권 학문에 편입된 것으로 보아야 할 것 같다. 이때, 즉 채용이 이루어졌던 경우 성별적 요소는 특별히 부정적 변수로 작동하지 않은 것으로 보아야 할 것이다. 물론 채용이 되었다는 것 자체가 아주 간단히 이를 증명하지만, 여성 전문인력 자체가 극히 희귀한 경우여서 '구색주의'라는 인식조차 존재하지 않았던 것으로 생각되는 당시, 여성이어서 안 된다는 인식이 '결과적으로' 작동하지 않았던 것으로 본다면 성별 변수가 역할을 한 것으로 봐야 하지 않겠나 라고 생각할 수도 있겠으나 당시의 시대적 상황을 고려한다면 오히려 계층적 요인의 작동가능성이 더 높아 보이고 이 과정에서 오히려 성별 변수는 '무시될 수' 있었다라고 보는 것이 보다 설득력 있어 보인다.

그러나 이후 여성사회학자들은 한편으로는 (개인적 차원에서건 집단적 차원에서건) 여성학 내지는 여성학적 관점이라는 강력한 요청에 다른 한편으로는 시대적 변화와 맞물린 구조적, 제도적 조건에 대처하는 과

것이다. 앞에서 오른손잡이/왼손잡이 얘길 잠시 했지만 아마 글쓴이가 이런 글을 쓰는 이유도 '여성'사회학자이면서 '여성학'자는 아닌 상황적 요인이 컸을 것이다. 이성애자가 왜 세상은 이성애자 중심적으로 굴러가는가에 대해서 고민할 확률보다 양성애자/동성애자/무성애자들이 그것에 대해 고민하게 될 확률이 높은 것처럼.

정에서 적극적으로 원했든 원하지 않았든 '유성화' 전략을 구사하게 된다. 이 전략을 수용해야 했던 측과도 상호 묵인이 이루어질 수 있는 상황이었다는 것도 앞에서 설명되었다. 이 과정에서 여성사회학자들의 학문적 경력은 급격하게 특정한 경로화를 경험한 것으로 보인다.

이런 구조적 맥락의 외곽에서 우리는 여성사회학자들의 '주류 전공'인 여성학 또는 젠더연구를 주전공으로 하지 않는 여성사회학자들의 또 다른 차원의 내부적 이방인성을 보고할 수 있었다. 분명 사회학 전체로 볼 때는 '여성'이 소수자이고, '여성학' 또한 소수자의 위치에 있(었)다 할 수 있지만 생물학적으로 '여성'이며 동시에 '여성학을 하지 않는 사회학자'인 사람들은 — 명시적이든 비명시적이든 — '여성 + 젠더사회학자들'과는 또 다른 위치에서 구조적인 '중층적 소수성'을 경험하게 되었다 하겠다.

그러나 이제 우리는 아마도 긍정적으로 새롭게 규정될 수 있는, 지금까지와는 다른 '무성화'의 새 시대를 기대해도 되지 않을까. 물론 그것은 사회학자/사회학계 종사자들의 개인적인 성향 변화에 대한 기대가 아니라 시대적 변화양태를 읽는 사회학적 전망과 기대이다.[27]

---

27) 2000년대 초, 독일 뮌헨대학교에서 남성인 젠더사회학자가 정교원으로 채용되는 과정에서 '이 분야까지 생물학적으로 남성인 사람이 차지하게 되면 …'이라는 논리가 고개를 들었고 현지 주요 언론에서 비중 있게 다루어진 적이 있었다. 21세기 독일에서 이런 일이 불거졌던 것을 보면 아직 갈 길이 멀긴 한 듯하다. 남성 신진학자들 중 성 · 젠더 연구자를 거의 찾아볼 수 없다는 것(특히 전임 중엔 거의 전무)도 이 맥락에서 많이 실망스러운 일이다. (가족사회학 분야도 마찬가지인데 초창기 적잖은 가족 전공자가 남성이었지만, 지금은 상황이 완전 역전되었다. 한국사회학회 1994~2012 회원 명부 참고.) 이런 상황은 서구 사회학계도 별반 다르지 않은 듯하다. 거의 모든 직업군에서 성별적 요소가 힘을 잃어가는 상황에서 사회변화를 '선도'해야 할 것 같은(?) 사회학계에서 영 '후진적인' 양태가 잔존하는 것 같은 모양새지만 글에서 설명했던 대로 이런 상황이 나타나게 된 것 자체는 제도로서의 사회학과 여성학의 '특수한 관계'에 연유한 바 크고, 넓게는 과도기적 현상으로 이해될 수 있을 것이다.

2012년 한국사회학회 주소록에 따르면 여성학(젠더, 가족) 전공자는 전체 여성전임 교원 39명 중 23명, 약 59%이다.

조금 다른 자료출처에서 조사된 결과이지만 이나영・정민우의 2010년 자료(인터넷 홈페이지 조사)에서보다는 비율이 약간 줄어든 것인데 이를 새로운 '긍정적 무성화'의 출발로 읽어도 좋을까. 여성사회학자들이 어떤 다른 이름으로가 아닌 1차적으로 '사회학자' 그리고 그의 다양한 전공으로 호명되는 그날을 향한 작은 신호로 봐도 좋을까. 어떤 의미에서건 '약자적 위치'를 점유하는 사람들에게 그 약자성(弱性)의 담지자로서가 아닌 '개별자'로서의 우선적 호명은 늘 간절한 소망이다.

사회학자로서 내/우리가 하는 경험은 당연히 그저 개인적 경험일 수만은 없을 것이다. 이 글에서 글쓴이는 자신의 개인적 경험을 개인적이지만은 않은 지식사회학적 성찰로 발전시켜보고자 했다. 학문적 경로를 설명할 수 있는 하나의 방식을 제시해보고자 했고, 소수성 개념에 역동성을 부여하고 그 개념을 조금 더 풍부하게 해보고자 했다. 글쓴이 자신의 개인적인 상황으로부터 시작된, 내면으로부터 던져진 질문을 내가 종사하고 있는 학문적 도구를 사용해 글로 써낼 수 있었다는 것이 '직업으로서 학문을 하는 자'로서 유쾌했다. 이 글이 여성학 전공이 아닌 여성사회학자의, 미국 박사도 한국 박사도 아닌 '기타 박사'의 개인적 '한탄'으로 읽힌다면 '슬픈' 일이다! 여기서 논의된 상황, 특히 중층적 소수성에 대한 이야기는 많은 다른 경우에서 '구조적 동일성'을 확인할 수 있다고 생각하며, 이 작업에서 제기된 주장이 소수성에 대한 논의를 보다 역동적으로, 그리고 풍부하게 하는 데 작은 도움이 될 수 있지 않을까 하는 기대를 갖고 있다.[28]

---

28) 그리고 그럴 의도를 갖고 있지는 않았지만 이 글이 '결과적으로' 약간의 페미니즘적 관점을 생산하는 부분이 있다고 생각한다.

〈표 4〉 2012년 사회학과 여성전임의 수와 전공

순번	학교 명	전공 명	전체 전임 수	여성 전임 수(%)	여성전임의 전공
1	가톨릭대학교 (구 성심여대)	사회학	4	1 (25%)	성의사회학
2	강원대학교	사회학	7	0 (0%)	–
3	경남대학교	사회학	5	1 (20%)	사회변동과운동, 여성사회학
4	경북대학교	사회학	7	3 (43%)	산업사회학, 조직사회학 / 문화사회학 / 정보사회학
5	경상대학교	사회학	7	1 (14%)	정치사회학
6	경희대학교	사회학	6	1 (17%)	사회심리학, 조직사회학, 여성사회학
7	계명대학교	사회학	6	1 (17%)	사호 학
8	고려대학교	사회학	13	1 (8%)	섹슈얼리티
9	고려대학교(세종)	사회학	4	0 (0%)	–
10	국민대학교	사회학	7	0 (0%)	–
11	대구가톨릭대학교 (구 효성여대)	정보사회학	4	1 (25%)	성 사회학
12	대구대학교	사회학	5	1 (10%)	정치사회학, 젠더사회학
13	덕성여자대학교	시회학	3	1 (33%)	가족사회학
14	동국대학교	사회학	4	0 (0%)	–
15	동아대학교	사회학	7	1 (14%)	사회인구학
16	배재대학교	미디어정보 · 사회학	4	2 (50%)	노동사회학, 이민연구 / 보건의료사회학, 사회심리학, 가족사회학
17	부산대학교	사회학	6	1 (17%)	노동사회학, 젠더사회학, 일본 지역연구
18	서강대학교	사회학	8	1 (13%)	문화인류학, 질적연구방법, 젠더연구
19	서울시립대학교	도시사회학	7	1 (14%)	문화인류학, 심리인류학
20	서울대학교	사회학	15	3 (20%)	사회사, 여성사회학, 일본사회론 / 인구학, 노년학, 사회통계학 / 성의사회학, 한국사회사, 페미니즘이론

〈표 4〉 계속

순번	학교 명	전공 명	전체 전임 수	여성 전임 수(%)	여성전임의 전공
21	성공회대학교	사회과학부	6	0 (0%)	–
22	성균관대학교	사회학	5	0 (0%)	–
23	숭실대학교	정보사회학	5	0 (0%)	–
24	아주대학교	사회학	6	2 (33%)	사회심리학, 가족 · 여성사회학 / 인구학, 고령사회
25	연세대학교	사회학	10	0 (0%)	–
26	영남대학교	사회학	7	0 (0%)	–
27	울산대학교	사회학	7	1 (14%)	성의사회학
28	이화여자대학교	사회학	9	5 (55%)	조직사회학 / 인구사회학 / 가족사회학 / 산업사회학 / 문화사회학
29	전남대학교	사회학	7	0 (0%)	–
30	전북대학교	사회학	9	1 (11%)	성의 사회학, 가족사회학
31	제주대학교	사회학	6	0 (0%)	–
32	중앙대학교	사회학	8	3 (37%)	정치사회학, 젠더사회학 / 젠더사회학 / 보건사회학, 의료사회학
33	창원대학교	사회학	4	0 (0%)	–
34	청주대학교	사회학	4	1 (25%)	여성과 취업, japanese Studies
35	충남대학교	사회학	7	1 (14%)	산업사회학, 노동사회학
36	충북대학교	사회학	5	0 (0%)	–
37	한림대학교	사회학	7	2 (28%)	여성사회학 / 가족사회학
38	한신대학교	사회학	4	1 (25%)	사회학이론, 사상
39	한양대학교	사회학	5	1 (10%)	여성사회학, 범죄사회학, 여성과 평화
40	한양대학교(안산)	정보사회학	4	0 (0%)	–
합 계			254	39 (15%)	여성학 전공 전임 수 23 (여성전임 수의 약 59%)

자료: 〈한국사회학회 회원 명부〉 재구성.

“누구도 변방이 아닌 사람이 없고, 어떤 곳도 변방이 아닌 곳이 없고, 어떤 문명도 변방에서 시작되지 않은 문명이 없다. 어쩌면 인간의 삶 그 자체가 변방의 존재이기도 하다. 그런 점에서 변방은 다름 아닌 자기 성찰”(신영복, 2012: 13)이라는 신영복의 말을 빌려 중층적 소수성의 입장에서 쓰인 이 글이 숨겨진, 감춰진, 억눌린 ‘변방적 요소’들을 계속해서 새로 드러내는 일에, 그리고 그것들에 대해 발전적으로 성찰하는 일에 작은 도움이 되길 바라는 희망을 전하고 싶다. 학문의 입장에서 다시 이야기하자면 학문의 변방들이, 학문의 변방자에 선 자들이 그 변방성을 살아 숨 쉬는 것으로 만들 때에만 변방이 새로운 중심성‘들’을 창조하며 변화해 갈 수 있을 것이기 때문이다.

《직업으로서의 학문》에서 베버는 “학문상의 모든 〈성취〉는 새로운 〈질문〉을 뜻”(2006: 41)한다고 했다. 이 부족한 글에서 약간의 새로운 질문이 하나 던져졌기만을 희망한다. 그리고 다행이다. 베버가 그 질문이 ‘알 가치가 있’(Weber, 2006: 56)는지 여부는 학문의 수단으로는 증명될 수 없는 것이라고 이미 말해주었으니 …! 이 글의 처음과 끝을 함께 해준 베버에게 감사를!

참고문헌

국내 연구서

구자순, 2007, “여성교수의 지위와 현황을 통해 본 대학사회의 성정치”, 〈교육정치학연구〉 14권 2호, 7~28.

막스 베버, 2006, 전성우 옮김, 《직업으로서의 학문》, 나남.

신영복, 2012, 《변방을 찾아서》, 돌베개.

윤상철, 2003, “미국 사회학의 지적·인적 지배와 ‘한국적 사회학’의 지체”, 학술단체협의회 엮음, 《우리 학문 속의 미국》, 한울, 184~209.

이나영·정민우, 2010, “한국 ‘사회학(과)’에서 ‘여성학하기’란?: 페미니스트

학문 후속세대의 경험을 중심으로", 〈한국사회학〉 44권 5호, 176~223.
이재경, 2000, "사회학에서의 페미니즘의 수용과 영향", 〈여성학논집〉 17호, 93~114.
조순경, 1992, "여성학의 발전과 한국 사회학의 변화", 〈여성학논집〉 9호, 1~28.
조주현, 1996, "여성 정체성의 정치학: 80~90년대 한국의 여성운동을 중심으로", 〈한국여성학〉 12권 1호, 138~179.
______, 2000, "한국여성학의 지식생산구조와 향방: 〈한국여성학〉을 중심으로", 〈한국여성학〉 16권 2호, 145~174.
조 형, 1990, "전국 대학 여성학강좌 실시현황에 관한 조사연구", 〈한국문화연구원논총〉 57호, 199~225.
천선영, 2003, "성을 매개로 한 차별과 부정적 배제: 그 낡음과 새로움에 대하여", 〈사회이론〉 23호, 105~129.
피터 L. 버거, 2012, 《어쩌다 사회학자가 되어》, 책세상.
한국사회학회, 1990, 〈한국사회학 45년〉.
______, 1994, 2000, 2004, 2012, 〈사회학회 회원 명부〉.

해외 연구서

Brewer, R. M., 1989, "Black Woman and Feminist Sociology: The Emerging Perspective", *The American Sociologist 20, No. 1*, 57~70.
Collins, P. H., 1986, "Learning from the Outsider Within: The Sociological Significance of Black Feminist Thought", *Social Problems 33, No. 6*, 14~32.
Mazur, A. G., 2002, *Theorizing Feminist Policy*, NY: Oxford University Press.
Meadow Orlans, K. P. & Wallace, R. A., 1994, *Gender and the academic Experience: Berkeley Women Sociologists*, Lincoln, Ne: University of Nebraska Press.
Messer-Davidow, E., 2002, *Disciplining Feminism*, Durham, NC: Duke University Press.
Pasero, U., 1994, "Geschlechterforschung revisited: konstruktivistische und systemtheoretische Perspektiven", Wobbe, T. & Lindemann, G.,

Denkachsen: *Zur theoretischen und institutionellen Rede vom Geschlecht*, Frankfurt a. M: Suhrkamp.

Weber, M., 1988, *Gesammelte Aufsaetze zur Wissenschaftslehre*(7판), Tübingen: J. C. B. Mohr, 582~613.

제 4 부

정치사회학

정당성 정치의 구조와 동학 | 신진욱

정당성 정치의 구조와 동학

— 막스 베버 정당성 이론의 관계론적, 행위론적 재구성

신진욱

1. 들어가며

'정당성'(*legitimacy*)은 현대정치의 핵심 문제다. 현대정치에 관한 많은 연구들은 정치세력들의 성공과 몰락, 정치권력의 행위능력, 나아가 정치체제의 안정성과 불안정성을 설명해주는 하나의 결정적 요인으로서 정당성 문제를 주목했다. 또한 정치현상을 다루는 역사학과 사회학 영역에서도 정당성 개념과 관념의 변화, 정당성의 사회적 기초에 관한 연구가 계속되었다. 개념사적으로 서구적 기원을 갖는 정당성 개념은 이미 고대와 중세 시기에 체계적인 법률적 지위를 갖고 있었지만, 이 개념이 보다 일반적인 정치사회적 중요성을 갖게 된 것은 근대사회의 성장과 맥을 같이 한다. 이는 무엇보다 정치적 민주화와 인민주권 관념의 발전, 가치와 규범의 다원화에 기인하는 바 크다.

현대에 와서 시민사회의 정치적 영향력이 커짐에 따라 질서와 지배의

정당성은 더 이상 전승된 것, 주어진 것, 자명한 것일 수 없게 됐다. 정당성은 언제나 '문제적'이고 '논쟁적'인 것이 되었고, 명목적인 권력의 원천인 시민들의 인정을 끌어내고 유지해야 지탱될 수 있는 것이 됐다. 그러나 사회문화적 세속화와 다원화가 진행되면서 시민사회의 정당성 관념은 영구불변한 하나의 실체를 갖지 않게 되었으며, 사회 내적인 차이와 갈등, 변화에 따라 정당성의 원천과 사회적 기초는 역동적으로 움직이게 됐다. 정당성은 단지 통치를 위한 전제가 아니라, 그 자체로서 치열한 정치적, 상징적 경쟁과 투쟁의 장이 됐다.

현대의 정치이론들은 이처럼 이질적이고 가변적인 가치들과 이익들에 의해 사회의 질서 자체가 해체되지 않게끔 해줄 궁극적 정당성 원리를 모색했는데, 무엇보다 큰 중요성을 부여받았던 것은 실질적 정의를 둘러싼 정당성 정치의 형식적 규칙, 즉 법치국가의 합법성 원리와 민주주의의 제도적 절차들이었다. 그래서 현대의 정치사상과 법학, 사회과학에서는 현대사회의 정당성을 합법성(*legality*)의 원리, 즉 입법과 법집행의 절차적 정당성과 동일시하는 경향이 지배적이었다. 규범이론의 영역에서는 법실증주의(*legal positivism*) 사상이 이 흐름을 대표했다면, 현실과학의 영역에서도 현대의 정치학과 사회학은 합법성과 절차적 합리성을 현대사회의 가장 중요한 정당성 기초로 간주하는 경향이 강했다.

하지만 현대사회에서는 합법성의 원리로 환원되지 않은 다양한 정당성 요구들이 사회운동이나 집단행동의 형태로 종종 분출되었으며, 특히 최근에 들어 법치국가와 대의민주주의의 형식적 원리들이 훼손되지 않았음에도 불구하고 통치집단과 지배질서의 정당성에 심각한 의문을 제기하는 사회적 흐름들이 고조되었다. 자유민주주의의 기본요소들이 유지되면서도 실제로는 거대 경제권력이 정치적 결정을 좌우하는 '포스트민주주의'(Crouch, 2004)의 문제들에 대한 전 지구적인 시민적 저항들이 대표적 사례다. 한국에서도 2000년대 들어 선출된 정권에 대한 지지도가 빠른 시기에 급락하고, 국회 등 대의기구의 결정에 이의를 제기하는 아래로부터의 저항이 빈번해졌다. 규범적으로 이를 어떻게 평가할 것인가와는 별개로, 이런 현실은 합법성, 절차성의 원리를 넘어서 현대의 정당성 정치의 동학을 보다 복합적으로 분석할 이론적 도구를 요구한다.

현대 사회과학에서 정당성에 관해 가장 깊고 오랜 영향을 미친 이론은 흥미롭게도 정치학이 아니라 사회학에서 탄생했다. 바로 막스 베버다. 현대의 지배체제에 대한 베버의 이론으로 가장 널리 알려진 것은 '법적-합리적 지배'(*legal-rationale Herrschaft*)의 이론이었으며, 이는 현대사회의 정당성을 합법성과 동일시하는 전통적 관점들에 큰 영향을 줬다. 하지만 먼저 언급해야 할 것은, 베버의 카리스마적, 전통적, 합리적 지배유형이 단선적으로 연속되는 역사적 단계들로만 해석되어선 안 된다는 점이 이미 베버 수용의 초기부터 분명히 인식되었다는 사실이다(Bendix, 1977〔1960〕: 285~297; Parsons, 1968〔1937〕: 661~669). 그래서 이미 일찍부터 현대정치의 카리스마적 요소(Bendix, 1967; Shils, 1960)나 전통사회의 관료제적 지배(Eisenstadt, 1963)에 대한 연구들이 이뤄졌고, 최근까지 (포스트) 모더니티 연구라는 보다 확장된 관심에서 합법성, 관료제, 카리스마 등의 동시대적 상호작용에 대한 연구가 계속되고 있다(Gebhardt, Zingerle & Ebertz, 1993; Kalyvas, 2008; Luke, 1987; Turner, 2007). 베버는 정당성에 관한 사회과학적 연구의 가장 중요한 고전적 원천으로 남아 있다.

그럼에도 불구하고 베버의 한계, 혹은 베버 수용의 한계는 분명하다. '정당성에 대한 믿음'이라는 일차원적 접근에 의존하여 그의 지배유형론을 창조적으로 적용하는 것만으로는 정당성을 둘러싼 개인, 집단, 조직, 제도의 복잡한 관계구조와 역동적 상호작용을 분석할 수 없기 때문이다. 이 논문은 이 문제의 핵심이 그의 이해사회학과 지배사회학 간의 불화에 있다는 관찰에서 출발한다. 그의 이해사회학은 개인들의 의미 있는 행위와 주관적 지향에 초점을 맞췄고, 정치사회학에서 이는 '정당성에 대한 믿음'을 중심에 놓는 이념형으로 반영되었다. 하지만 다른 한편으로 베버의 역사적, 경험적 분석들은 사회질서의 유지에서 강압적 제도와 조직, 세력관계의 중요성을 전면에 부각시켰다. 이 불화는 "그의 '정치적 저작들'에만 국한된 것이 아니라, 그의 법사회학과 카리스마 분석, 사회학적 기초개념의 '형식 사회학'에서도 근본적이었다"(Turner, 1992: 200).

이런 이유로 1970~80년대의 베버 르네상스를 주도했던 연구자 중 한 명인 비담은 베버의 정치사회학이 현대정치의 정당성 동학을 분석하는 도구가 될 수 없다는 결론을 내리기에 이르렀다(Beetham, 1991). 그러나 이 논문은 베버의 저작들 내에 지금까지의 베버 수용을 훨씬 넘어서는 더욱 분화된 개념체계와 높은 복잡성 수준의 이론구조가 내재한다고 주장한다. 만약 이 주장이 옳다면, 그의 이론에 대한 재해석과 발전적 재구성은 현대사회의 정당성 정치에 대한 보다 정밀한 사회학적 분석에 기여할 수 있을 것이다. 이 논문은 먼저 제 2절에서 베버 정치사회학에 대한 기존의 해석들이 그의 복합적 이론틀의 어느 한 측면을 절대화했음을 밝힌 뒤에, 제 3절에서 권력과 지배의 이중성을, 제 4절에서는 정당성 정치의 관념적, 조직적 차원을 개념화, 이론화하고, 끝으로 제 5절에서는 정당성의 내적, 외적 동기를 창출하고 유지하는 데서 그러한 복합적 요인들이 작용하는 기제를 서술할 것이다.

2. 문제제기와 선행연구

1) 정당성 연구의 활성화

정당성의 가장 기본적 의미는 바로 '통치할 권리'(*the right to rule*)이며, 그러한 통치권 주장은 통치되는 집단의 '인정'과 만날 때 비로소 현실에서 타당성을 획득할 수 있게 된다(Coicaud, 2002). 정당성은 근본적으로 통치집단과 피통치집단 간의 정치적, 경제적, 문화적 관계에 의해 구성되는 관계적 개념이며, 그런 의미에서 제도적으로 고착된 구조의 측면과 집단 간 상호작용에 의해 끊임없이 변화하는 과정의 측면을 함께 갖고 있다.

서구에서 정당성 개념은 이미 고대와 중세 시기에 법률적, 정치적 문헌에서 체계적인 지위를 가지고 있었다. 하지만 이 개념이 중요한 법적 지위를 획득하고 정치적 '문제'로 등장하게 된 것은 근대에 들어서였다. 17세기 이후 프랑스어로 쓴 법적, 정치적 문헌들에서 '정당한'(*légitime*), 혹은 '정당성'(*légitimité*)이라는 개념이 빈번히 등장하기 시작했고, 독일에선 19세기에 와서 법률적 문헌과 국가학(*Staatslehre*) 분야에서 '정당성'(*Legitimität*) 개념이 체계적 위치를 차지하기 시작했다(Würtenberger, 1973: 23~24). 이렇게 현대에 와서 정당성 문제가 부상하게 된 것은 정치적 민주화와 인민주권 관념의 확산, 그리고 가치와 규범의 다원화, 세속화에 따라 더 이상 어떤 질서와 지배권력도 자명한 것으로 남아 있을 수 없게 되었다는 점과 깊은 관련이 있다.

이처럼 다양한 정당성 관념과 정당성 요구가 공존하는 현대사회에서, 가장 보편적인 타당성을 갖는 정당성 기준은 바로 법치국가의 합법성 원리와 민주주의의 제도적 절차라는 데 대해 오랫동안 폭넓은 동의가 존재했다. 다원주의 정치이론의 영향력 있는 이론가인 로버트 달은 비록 가설적 개념인 ‘민주주의’의 이념과 그것의 부분적 구현인 ‘다두제’ 현실 간의 간극을 반복해서 강조했지만(Dahl, 1971: 1~8; 1998: 37), 현실의 민주주의는 결국 “소수집단들의 지배”(*minorities rule*)며 이들 간의 개방적 경쟁을 정당성과 동일시하는 “〔다두제〕 정체에 대한 저변의 동의”가 폭넓게 존재한다는 그의 초기 입장(Dahl, 1956: 132~3)은 많은 정치학자들에 의해 수용되었다. 사회학자 루만 역시 “합리적-법적 정당화란 것이 한계가 있음에도 불구하고, 구속력 있는 결정들이 정당한 타당성을 갖는다는 데에 의문을 제기하지 않는다는 것이 현대 정치체계의 전형적 특징이라는 것에 대해 기본적인 동의가 존재한다”고 주장했다(Luhmann, 1983〔1969〕: 29).

하지만 최근에 와서 정당성은 또다시 합법성 원리로 환원할 수 없는 복잡한 ‘문제’로서 쟁점화되었는데, 여기엔 크게 두 가지 역사적 맥락이 작용한 것으로 보인다. 하나는 지구화와 지역화가 진행됨에 따라 전통적으로 국민국가를 단위로 삼았던 정당성 개념과 이론이 도전에 직면하게 됐다는 점이다. 따라서 지구화된 환경에서 정당성 개념을 재정의하기 위해 어떤 새로운 규범적 원리와 제도 환경이 요구되는지를 논하는 연구들이 활발히 진행되고 있다(Brunnée & Toope, 2010; Falk, Juergensmeyer & Popovski, 2012; Hurrelmann, Schneider & Steffek, 2007; Merle, 2012; Schliesky, 2004). 이 논문이 특히 주목하는 또 하나의 맥락은 많은 선진 민주주의 사회에서 정당정치와 대의기구에 대한 불신과 저항이 확산되고 있다는 점이다. 선거를 통한 선출이라는 최소민주주의적 기준만으로는 더 이상 정치권력과 정치체제의 정당성이 확보될 수 없다는 것이 분명해졌다. 이에 따라 정당성을 합법성 혹은 절차적 합리성과 동일시하는 견해는 한계에 부딪혔다. 정당성의 존재 혹은 부재를 설명하기 위해서는 그 이상의 설명이 필요한 상황이 도래했다는 뜻이다.

현재의 정치상황을 법치국가와 대의정치의 위기로 규정하는 것은 타당하지 않다. 많은 민주주의 사회에서 대의민주주의와 헌법질서의 제도들은 흔들리지 않고 있으며, 나아가 지난 수십 년간 전 지구적으로 꾸준히 확대되었음이 경험적으로 확인된다(Cain, Dalton & Scarrow, 2008). 하지만 민주주의의 형식적 요소들이 훼손되지 않은 채로, 실제적인 정치적 결정들이 대기업과 초국적 자본, 국제금융기구에 의해 크게 좌우된다는 비판이 제기되었다(Crouch, 2004). 대표자를 선출하는 투입 차원의 형식적 정당성은 있으되, 입법·행정기구의 실제 행위의 '산출 정당성'은 크게 낮아진 현실이다(della Porta, 2011: 33~47). 이와 관련, 정치권력과 지배질서의 정당성을 문제 삼는 시민들의 직접행동과 결사체적 참여가 확산되었다(Dalton, 2008, 2013; Norris, 2002). 킨은 대의민주주의의 지구적 확산에도 불구하고, 점점 더 많은 시민들이 법적, 절차적 정당성을 넘어 권력을 감시, 개혁하는 주체로 등장하는 '포스트-대의민주주의'(*post-representative democracy*), 혹은 '감시 민주주의'(*monitory democracy*)의 시대로 접어들었다고 주장했다(Keane, 2009: 686~695). 이에 따라 정당성을 둘러싼 다양한 주체들 간의 정치적 상호작용을 분석할 필요성이 높아지고 있다.

2) 베버 지배사회학에 대한 두 가지 해석

베버는 정당성 문제를 정치학과 사회학의 핵심 주제로 부각시키고, 역사적이고 경험적인 연구를 위한 개념체계와 이론적 기초를 제공한 가장 중요한 학자다. 그의 저작들은 오늘날까지 정당성 문제에 대한 많은 학문적 연구들이 크게 기대는 핵심적 고전으로 남아 있다. 특히 《경제와 사회》에서 전통적, 합리적, 카리스마적 지배를 구분한 그의 이념형 체계는 20세기 이후 사회과학의 정당성 연구에 지대한 영향을 미쳤다. 그러나 좁게는 베버의 정당성 이론, 넓게는 그의 지배사회학의 전체 체계에 대한 기존의 이해방식은 두 가지의 상반된 입장으로 나뉘었으며, 이는 오랫동안 많은 학문적 토론의 쟁점이 되었다.

하나의 해석은 베버의 지배유형론을 '정당성 근거'(*Legitiimtätsgründe*), 또는 더 정확히 말해 '정당성에 대한 믿음'(*Legitiimtätsglaube*)에 따른 분류로 이해하는 입장으로, 이는 그동안 베버 정치사회학의 수용과 적용에서 가장 널리 받아들여진 해석이라고 할 수 있다(Parsons, 1937: 658~669; Schluchter, 1998, 2002). 이에 따르면, 전통, 합법성, 카리스마 등은 지배권력 또는 질서에 정당성을 부여하는 피지배자들의 주관적 의미세계의 특성을 지칭한다. 베버는 그의 이해사회학적 접근에 상응하여, 특정한 역사적 시대와 문명권에서 정당성에 관한 지배적 믿음체계에 관심을 갖고 있었다는 것이다. 이렇게 접근한다면, 안정되게 유지되는 지배질서는 피지배집단의 내면적 동의와 순응에 기초한 것으로 이해할 수 있다.

그러나 '베버 해석의 탈파슨스화'(Cohen, Hazendrigg & Pope, 1975)를 주장하는 새로운 해석들이 나오면서 위와 같은 접근은 강한 비판을 받았다. 1980~90년대의 여러 중요한 연구서들은 베버가 피지배집단의 의미세계에 진지한 관심을 가진 적이 없으며, 그의 경험적-역사적 연구들은 피지배자들을 복종시켜 지배를 유지하는 외적 강제와 지배기구들에 훨씬 더 큰 비중을 할애했음을 보여주려 했다(Alexander, 1983; Beetham, 1991; Collins, 1986). 즉, 베버의 진정한 관심사는 질서의 문화적 기초가 아니라 피지배집단의 복종을 관철시키는 권력구조였으며, 바로 여기에 베버 사회학의 내적 분열과 한계가 있다는 것이다. 지배의 문제에 이렇게 접근한다면, 어떤 질서의 존속은 결코 피지배집단의 내면적 동의를 뜻하지 않으며, 오히려 지배집단의 힘과 지배기구의 효과적 작동으로 설명되어야 한다.

앞의 두 가지 해석 중 어느 것을 따르더라도, 한편에 베버의 이해사회학과 정당성 이론과 이념형, 다른 한편에 지배질서의 구조와 변동에 대한 경험적-역사적 분석 간에 건널 수 없는 간극이 남아있게 된다. 전자는 현실의 지배질서에서 강압기구와 지배의 강압적 관철이 수행하는 역할을 다루지 않으며, 후자는 베버의 이해사회학과 지배사회학이 단지 서로 불화하는 것이 아니라 전적으로 배타적 관계에 있는 것으로 간주한다. 이 중 어느 입장을 택하더라도 베버에 의존해서는 정당성 문제에 관한 문화, 제도, 행위의 다차원적 관계를 포착할 수 없다는 결론에 이르게 된다. 여기서 쟁점은, 그러므로 베버를 넘어 완전히 새로운 정당성 분석의 이론을 수립해야 하는가, 아니면 베버 이론의 재해석과 재구성이 보다 진전된 정당성 이론의 초석을 제공할 수 있는가라는 질문이다.

이 논문은 두 입장이 모두 베버 저작 내에서 체계적으로 화해되지 못하고 공존하는 두 측면 중 하나를 절대화한다고 본다. 개인들은 세계에 대한 의미산출과 결단의 궁극적 주체며, 이들의 행위가 역사를 움직이는 힘이라는 확신은 베버의 모든 저작을 관통하는 철학적 출발점이었다 (Mommsen, 1974). 따라서 역사는 개인들과 집단들의 다양한, 종종 상충하는 신념과 이해관심들이 상호작용하고 제도적으로 응집되는 과정으로 이해되었다. 그러므로 사회변동의 '다중인과성'(*multicausality*)에 대한 믿음은 베버의 현실과학에 본질적 차원이었다(Kalberg, 2006: 15~22). 렙시우스는 "행위전개, 구조형성, 의미기획이라는 삼각의 공간"에서 "행위자들의 사회적 행위를 행위조정의 구조화 및 행위지향의 의미연관과 결합시키는" 접근이야말로 베버의 전 저작을 관통하는 '베버 패러다임'(*Weber-Paradigma*)의 핵심이라고 주장했다(Lepsius, 2003: 33). 이런 관점에서 본다면, 정당성이 오직 피지배자들의 믿음, 혹은 반대로 지배집단의 강제력에 의해서 설명될 수 있다는 관념은 베버의 패러다임에 매우 낯선 것이다. 이 논문은 베버의 정치사회학에서 이와 같은 다차원적, 다중인과적 패러다임이 불완전하고 비체계적인 방식으로 시도되고 있었음을 논증할 것이다.

3) 베버 정치사회학에 대한 한국에서의 선행연구

김중섭(1980)에 따르면 이미 1950년대에 《관료제》(한태연·김남진 옮김), 《직업으로서의 정치, 직업으로서의 학문》(이경구 옮김), 《사회경제사》(조기준 옮김) 등 베버의 정치사회학적 연구가 담긴 저작들이 한국어로 번역되었지만, 1960년대의 베버 연구는 주로 이순구, 최문환 등의 방법론, 이념형 연구에 집중되었으며 1970~80년대에 와서야 사회변동, 법사회학, 정치사상, 사회운동, 종교사회학 등 다양한 주제로 베버 연구가 확대, 발전했다(김중섭, 1980: 209~213). 1990년대 이후의 최근 연구들을 보면, 베버의 역사사회학과 문화사회학에 관한 연구서들이 활발히 출간됐다.

유석춘 등은 동양사회론과 발전사회학의 관심에서 베버의 비교역사연구를 재해석했고(유석춘 외, 1992), 전성우(1996)는 고대 도시국가로부터 근대 시민계급의 형성에 이르는 베버의 역사사회학적 연구들을 재조명했으며, 차성환(1997)은 프로테스탄티즘 윤리와 자본주의 정신을 중심으로 서구 근대에서 합리화의 역설에 초점을 맞췄다. 2000년대 들어서는 문화사회학적 관심들이 압도한다. 김덕영(2004)은 짐멜과 베버를 비교한 저작에서 사회학의 인식대상으로 시민계층의 사회세계와 의미세계 간의 관계를 중심에 놓았고, 최호근(2005)은 문화사의 관점에서 베버의 프로테스탄티즘 윤리와 자본주의 정신의 의의를 해석했으며, 김광기(2007)는 모더니티 연구의 큰 시야에서 베버의 이해사회학, 종교사회학, 합리화와 세속화 이론을 재조명했다.

위와 같은 역사적, 문화적 차원들은 현대사회의 정치적 특성과 깊은 연관을 갖는다. 전성우(2005)는 가치와 구조의 원칙적 가변성과 임의성에 근거한 질서가 과연 어떤 조건에서, 어떤 방식으로 인정과 추종, 즉 정당성을 확보할 수 있는가라는 질문이 베버 사회학의 핵심 질문의 하나였다고 지적했다. 특히 그와 같은 가변성과 임의성이 현대에 와서 더욱 급진화되었다는 점에서, 정당성 정치의 성격 변화에 대한 고찰은 매우 시의성이 크다. 하지만 지난 십여 년 동안 한국사회학에서 베버에 대한 역사적, 문화적 관심이 커진 데 비해, 정치적 지배와 문화적 의미세계 간의 제도적, 행위론적 관계에 관한 연구는 미약한 편이다.

조대엽과 박길성(2005)은 단행본 저작에서 베버 정치사회학을 기초이론으로 놓은 드문 사례다. 이들은 '권위'를 물리적 힘과 강제로부터 구분해주는 핵심 요건을 '정당성'에서 찾고 있는데, 베버 정당성 이론과 정치사회학이 이익과 권위, 정당화 원칙과 조직 원칙이라는 복합적 이론구조를 갖고 있음을 정확히 지적했다(조대엽 · 박길성, 2005: 25~31). 그러나 이들 역시 앞서 언급한 베버에 대한 전통적 해석을 그대로 수용하여, 현존하는 지배관계가 "정당하다는 인식"이 베버의 권위 개념의 핵심이며 지배유형들 역시 "정당성 기반에 따라" 분류된다고 본다(조대엽 · 박길성, 2005: 27, 28). 이익과 권위, 정당화 원칙과 조직 원칙의 구분이 정당성 연구에 무엇을 의미하는지를 충분히 추적하지 못했다는 아쉬움이 남는다.

한편 현대사회에서 합리적, 관료적 지배와 카리스마적 지배의 관계에 관한 여러 연구들이 있다. 김원동(1999)은 현대사회에서 관료제적 지배가 형식적 합리성과 기술적 우월성에도 불구하고 정치적 리더십을 형성하는 데 한계가 있다는 문제의식에서, 베버의 국민투표적 지도자 민주주의론과 민주적인 카리스마 경쟁의 가능성을 타진했다. 박희봉(1998)은 관료제적 합리성의 한계와 대안을 고찰했는데, 특히 관료제의 도구적 합리성 원리의 확산에 대한 대안으로서 카리스마적 리더십,

이익집단과 소비자연합체, 직접선거 확대와 권력분립 등이 어떤 의미와 한계를 갖는지를 토론했다. 유사한 맥락에서 최치원(2009)은 현대사회에서 관료적 행정의 지배가 대중민주주의와 불가분의 관계면서 또한 갈등관계에 있지만, 그것을 대체할 수 있는 대안이 존재하지 않는 현실을 논했다.

이상의 연구들은 베버 저작에 대한 깊은 이해에 기초하며 이를 한국사회 현실에 창조적으로 적용시키고 있다. 하지만 지배관계의 구조와 동학에 관한 보다 분화된 분석체계를 시도하기보다는 베버 지배유형론의 기본틀을 그대로 수용한다는 점에서 앞에 서술한 국제학계의 일반적 한계가 여기서도 나타난다. 다음의 본문에서는 제 2절에서 서술한 베버 정치사회학 수용의 문제와 공백을 채우는 이론적 재해석과 재구성을 시도한다.

3. 권력의 이중성과 관계구조

1) 권력관계의 두 차원: 의미와 강제

권력은 복잡하고 역동적인 현상이다. 롱(Wrong, 1995: 66)이 강조한 바와 같이, "현실에서 권력관계는 비사회적인 강제와 기만으로부터, 권력자와 종속자의 의지와 목표가 거의 완전히 융합하는 경우에 이르기까지 여러 형태를 띠며, 또한 여러 축과 연속선상을 따라 하나의 형태에서 다른 형태로 변화"해간다. 그러한 혼성과 변이를 포착하기 위해서는 권력의 "다양한 형태들이 어떻게 변모해 가는지, 특정한 권력관계 안에서 어떻게 결합하고 공존하는지" 분석하는 것이 중요하다. 루만 역시 폭력과 강제가 비강제적이고 상징적인 권력과 불가분의 관계에 놓여 있음을 강조했다. "정당성과 폭력, 혹은 동의와 강제가 서로 대립된다거나 일차원적 양극단에 놓여 있다는 만연한 관념은 오류다. … 정당성도, 폭력도, 상징적 과정들에 의해 매개되지 않고 발생할 수 없다. 두 개념은 단순한 대립도, 단일한 차원의 양 극단이 아니기에, 폭력이 많을수록 정당성은 약하다거나, 그 반대라고 말할 수 없다. 오히려 양자는 상호 의존적이다."(Luhmann, 2003〔1975〕: 68, 69)

이 점은 베버 정치사회학의 기초를 이루는 '권력'(*Macht*) 개념을 이해하는 데서도 매우 중요하다. 널리 알려진 바와 같이 베버는 권력을 "어떤 행위자가 사회적 관계 속에서 심지어 타인의 의지에 반해서까지 자신의 의지를 관철시킬 수 있는 가능성"(WuG[1]: 28)으로 정의했다. 이 정의를 통해 베버는 잠재적으로 모든 종류의 사회관계에서 권력 개념을 적용시킬 수 있는 가능성을 열었지만, 바로 그 이유 때문에 그는 사회학적 연구에서 권력 개념이 유용하지 않다고 봤다. 왜냐하면 위의 일반적 정의를 따른다면 권력 개념은 "사실상 수많은 사회관계에 해당될 수 있"으며 따라서 "사회학적으로 형체가 없다"(*soziologisch amorph*)고 판단했기 때문이다(WuG: 28; ES: 53). 그래서 베버는 "권력의 한 특수한 형태"(WuG: 541)로서 '지배'(*Herrschaft*)에 대한 분석에 집중하겠다고 했다. 그럼에도 불구하고 지배는 권력 개념을 대신하는 개념이 아니라 어디까지나 권력의 한 특수한 형태로 이해되었으며, 그런 점에서 그의 권력 개념은 그의 지배사회학을 이해하기 위한 열쇠라고 할 수 있다.

아렌트(Arendt, 1970)를 비롯한 기존의 많은 베버 해석들은 그의 권력 개념이 오직 강압적 측면만을 강조하는 것으로 간주했다. 이는 무엇보다 베버가 권력을 상대방의 "저항에도 불구하고" 의지를 관철시킬 수

1) WuG: Wirtschaft und Gesellschaft. Grundrisse der verstehenden Soziologie, 5/e, Tübingen: J. C. B. Mohr(Paul Siebeck), 1972(1920).

있는 능력으로 정의내린 데 기인한다. 그러나 이런 해석들이 간과한 것은 앞의 정의가 권력이 '사회적 관계' 안에서 작동함을 분명히 한다는 사실이다. 베버에게 '사회적 관계'란 "타인의 행위와 '의미 있게'(*sinnhaft*) 관련되어 있고 또 그것을 지향하는 관계"(WuG, 13)다. 즉, 권력은 행위자 X와 Y의 의미연관(*Sinnzusammenhang*) 안에서 이뤄진다. 그러므로 베버의 정의에서 권력의 가장 완전한 형태는 Y가 X의 의지를 자신의 행위의 준칙으로 수용함을 통해 X의 의지가 관철되는 것이다. 제 4절에서 상술하겠지만, 이것이야말로 베버의 타당성(*Geltung*) 개념과 정당성 개념의 핵심이다.

그렇게 이해했을 때 여전히 남아 있는 결정적 문제는 "심지어 타인의 의지에 반해서까지"라는 정의상의 요소다. 권력이 의미연관 속에서 행사된다면 왜 타인의 저항이 있어야 하는가라는 질문이 제기된다. 이에 대한 하나의 해석 가능성은 그와 같은 의지의 강압적 관철이 권력의 일반적, 핵심적 요소가 아니라, 에고-알터의 의지의 합일이 이뤄지는 모든 종류의 사회적 관계들 가운데 특별히 '권력'관계만이 가진 특수한 속성을 가리키는 것으로 이해하는 것이다. 공동의 의식, 공감, 동의, 설득에 근거하여 에고의 의지를 알터에게 관철시킬 수 있는 많은 사회적 관계가 존재한다. 그 가운데 특히 권력관계는 '심지어' 즉각적 동의와 합의에 도달할 수 없는 상황에서'조차' 에고의 의지를 관철시킬 수 있는 관계다.

베버가 자신의 국가 개념에 대해 부연한 내용은 위와 같은 해석을 지지해준다. 알려진 바와 같이 베버는 국가를 '정당한 폭력수단의 독점'이라는 특성으로 정의했는데, 마치 그가 폭력을 국가의 핵심적 행위수단으로 간주한 것으로 오해할 것에 대비해 베버는 다음을 강조했다. "폭력성은 분명 정치단체들의 유일한 관리수단도 아니며 또한 일상적 관리수단도 아니다. 오히려 정치단체의 지도부는 그들의 목적을 관철시키기 위해 모든 가능한 수단들을 동원한다. 그러나 폭력의 위협, 그리고 경우에 따라 폭력의 실제적 행사는 정치단체에 고유한 행위수단이며, 다른 수단들이 목적관철에 기여하지 못할 때 사용될 수 있는 최후의 수단이다."(WuG: 29) 이런 의미에서 해석한다면, 타인의 의지에 반하여 자신의 의지를 관철시키는 강압은 권력행사의 유일한, 또는 일상적인 방식이라기보다는, 오직 권력현상에만 존재하는 가장 고유한 특성이라고 이해할 수 있다. 권력은 '의미'에 의한 의지의 합일과 '강제'에 의한 의지의 강제라는 두 차원을 함께 갖고 있으며, 현실의 수많은 구체적 권력현상에서 양자는 각기 독특한 조합으로 서로 결합되고 상호작용한다.

2) 지배관계의 두 극단: 열정과 훈육

의미와 강제라는 권력의 이중성은 권력의 한 특수한 형태인 '지배'에 대한 베버의 이론에서 더 정밀하게 다뤄지고 있다. 베버는 지배를 "일정한 무리의 인간들로부터 특정한 (또는 모든) 명령에 대한 복종을 끌어낼 수 있는 가능성"(WuG: 28)으로 정의했는데, 여기서 '명령'(*Befehl*)과 '복종'(*Gehorsam*)의 관계는 지배를 다른 종류의 권력관계로부터 구분 짓게 하는 핵심이다. "지배라는 사회학적 개념은 〔권력 개념보다〕 더 정밀해야 하며, 그것은 오직 '명령'에 대한 순응(*Fügsamkeit*)의 개연성을 뜻하는 것으로 이해되어야 한다."(WuG: 28) 앞에서 고찰한 베버의 권력 개념이 행위자들의 권력위치의 유동성을 허용하는 유연성을 가진 데 반해, 지배 개념은 명백히 수직적이고 위계적인 권력관계를 지칭한다. 행위자 X는 명령하고 Y는 복종하는 관계다. 베버의 지배 개념의 정의상의 핵심은 여기 있다.

어떤 관계가 '위계적'이라는 것이 곧바로 '강압적'임을 뜻하는 것으로 성급히 단정 지어선 안 된다. 앞에서 권력관계가 근본적으로 의미관계

〈그림 2〉 지배의 이중성: 열정과 훈육

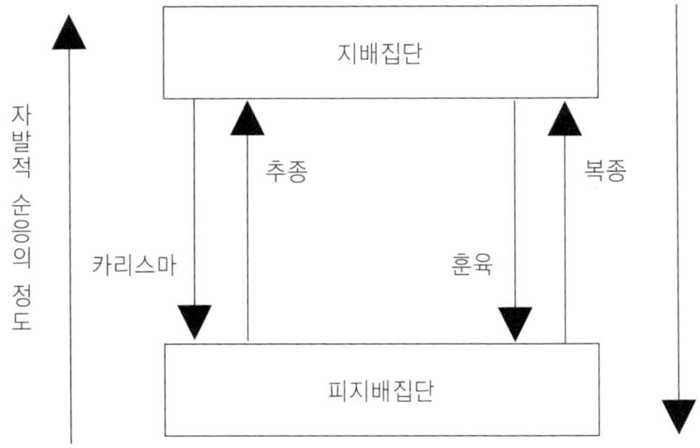

였음이 여기서도 상기되어야 한다. 베버는 "모든 진정한 지배형태는 최소한의 '자발적' 순응, 말하자면 복종에 대한 (외적 혹은 내적) '이해관심'을 함축한다"(WuG: 122)는 것을 강조했다. 베버는 지배 개념을 때론 명령-복종 관계로, 때론 명령-순응 관계로 정의했는데, 여기서 '복종'과 '순응'은 동일한 개념이 아니다. 복종은 명령에 따라 행동하는 외연적 행태며, 순응은 복종에 대한 이해관심, 즉 피지배자 입장에서의 복종의 동기를 의미한다. 지배에 대한 자발적 순응이 가장 고조되는 경우는 피지배자들이 지배자(지배집단)의 카리스마를 열정적으로 추종하거나, 사회의 중심적 질서와 가치의 신성함(Shils, 1975)에 대한 믿음을 갖고 있을 때다. 이 경우 피지배집단의 다수는 자발적으로 지배질서를 옹호하며, 따라서 지배집단은 지배기구의 강압수단을 최소한으로 동원하여 질서를 유지할 수 있다.

그러나 베버는 이처럼 피지배집단의 자발적 동기와 이해관심을 중요시했으면서도, 그와 동시에 지배의 본성에 대한 전혀 다른 시각을 제시했다. 복종에 대한 베버의 다음의 설명은 '자발적' 순응이 결코 언제나 열정적 추종, 적극적 지지를 뜻하지 않는다는 것을 분명히 드러낸다.

"복종이란 … 복종하는 자가 근본적으로 마치 명령의 내용을 있는 그대로 자신의 행동의 격률로 삼은 듯이 행한다는 것, 더구나 명령 그 자체의 가치 또는 가치 없음에 대한 성찰 없이, 오직 형식적인 복종관계 때문에 그처럼 행한다는 것"을 뜻한다(WuG: 123). 여기서 특별한 중요성을 갖는 것은 "오직 형식적인 복종관계 때문에"라는 대목이다. 피지배자는 명령하는 자, 또는 명령의 가치에 대한 적극적 동의 없이 기계적, 자동적으로 복종한다.[2] 베버는 이를 복종의 하나의 가능한 경험적 형태가 아니라 복종의 정의상의 요소로 제시했다는 점에서, 피지배집단의 내면적 이해관심을 강조한 앞의 주장과 충돌하고 있다.

이처럼 피지배집단의 의지적, 열정적 요소가 극소화된 복종의 대표적 사례는 열정과 카리스마의 대립항, 즉 '훈육(*Disziplin*)을 통한 지배'다(Sukale, 2002). 베버의 개념체계에서 "'훈육'이란 어떤 명령에 대해 반복적으로 취하는 태도를 통해 특정한 무리의 다수 인간들에게서 즉각적, 자동적, 도식적인 복종을 끌어낼 수 있는 가능성을 뜻한다. … '훈육'은 비판과 저항이 없는 '집단적' 복종의 '습성화'를 포함한다"(WuG: 28~29). 훈육에 의한 복종은 피지배자들의 열정적, 의지적인 순응의 동기가 사라진 영혼 없는 복종이다. 왜냐하면 훈육은 "의무감과 양심의 원리에 의해 피지배자들이 명령을 기계적으로 완수하게끔" 만들며, 이는 피지배자들을 "탈개인화, 형식화, 통합화하여 권력관계를 제도화하고 장기적으로 안정화"한다(Treiber, 2007: 54~55). 훈육에 의한 복종은 명시적 저항의 부재를 뜻하므로 그것의 외적 행태는 '자발적'이라고

---

2) 루만은 "정당성 개념에서, 결정의 '전제'를 수용하는 것과 결정을 수용하는 것을 분명히 구분해야" 함을 강조하고, 사람들은 어떤 결정의 전제가 되는 원리와 규범은 긍정하면서 그로부터 도출된 결정에는 동의하지 않을 수 있으며, 반대로 어떤 결정은 수용하면서도 그것이 기초한 가치에 대해서는 완전히 무관심하거나 심지어 이를 거부할 수도 있음을 지적했다(Luhmann, 1983[1969]: 31).

할 수 있지만, 그 훈육의 과정은 물리적, 조직적, 제도적으로 강제된 것일 수 있다. 그러므로 베버의 지배 개념은 "최소한의 자발적 순응"을 내포하는 것이되, 그것은 열정적 추종일 수도, 강제에 의한 훈육일 수도 있다는 이중성을 갖는다.

4. 정당성 정치의 동학

제 3절에서 권력과 지배의 이중성에 관한 토론은 지배관계가 지배집단의 조직적, 제도적 강제와 피지배집단의 적극적, 의지적 순종이라는 두 요소를 함께 내포하고 있음을 이론화했다. 현실에서 이 두 요소 중 어느 하나만 존재하는 경우는 드물며, 일반적으로 양자는 독특한 방식으로 결합되고 갈등하면서 상호작용한다. 그러므로 지배의 정당성은 단지 지배집단의 속성이나 대중의 의식상태에 의해 주어지는 '상태'가 아니라, 문화, 조직, 제도의 전 사회영역에 걸쳐 전개되는 집단들 간의 상호작용의 '과정'에서 생성, 유지, 약화, 붕괴된다. 제 4절에서는 그러한 정당성 정치의 관계동학을 분석할 개념체계와 이론을 모색한다.

1) 정당성, 정당성 주장, 정당성에 대한 믿음

베버는 안정된 지배를 위해서는 피지배자들이 단지 의무감이나 공포, 또는 자신의 이익만을 위해서 복종하는 것이 아니라, 어떤 질서 또는 지배의 정당성에 대해서 확신하고 있어야 한다는 점을 강조했다 (WuG: 16, 545). 베버에게 정당성의 문제는 단지 지배사회학적 주제로 국한되는 것이 아니라, 종교와 문화를 포함한 모든 영역의 인간행위에 내재한 보편적 차원에 관련된다. "어떤 행위, 특히 사회적 행위, 더구나 사회적 관계에 참여한 행위자들은 '정당한 질서'가 존재한다는 '관념'에 따라 행동할 수 있다. 그것이 실제로 일어날 개연성이 바로 그 사회 질서의 '타당성'이다. … 행위가 (평균적 혹은 경향적으로) 특정한 '격률'을 따를 때에만, 우리는 그 사회적 관계의 의미내용을 질서라고 부를 수 있다. 행위자들이 그 격률이 어떤 식으로든 자신의 '그 행위에' 구속력을 갖거나 모범적이라고 간주한다는 것이 그들이 그 격률을 따르는 상당히 중요한 이유가 될 때, 오직 그럴 때에만 우리는 그 질서가 '타당하게 받아들여진다'고 말할 수 있다."(WL[3] : 573, 574; WuG: 15, 16)

앞의 인용은 베버의 정당성 개념이 단지 지배사회학의 부분 이론이 아니라, 그의 인간학과 사회학의 중핵임을 말해준다. 여기서 베버는 '질서'가 단지 사회제도와 행위양식의 안정적 재생산을 뜻하지 않는다고 말한다. 질서는 사회적 행위를 인도하고 규제하는 어떤 격률을 행위자들이 따를 때 존재하며, 그 격률의 구속성과 모범성을 행위자들이 받아들일 때 비로소 그것은 정당한 질서로 '통한다'. 이 접근은 앞서 권력 개념을 논할 때 강조했던 '의미'의 차원을 정당성의 주제로 깊이 끌어들인다. 베버 사회학의 출발점은 인간이 타인, 사회, 세계와 맺는 관계가 '의미'에 의해 매개되고 구성된다는 인식이다. "우리는 문화적 '인간'이며, 의식적으로 세계에 대해 '입장'을 세우고 '의미'를 부여할 능력의 의지를 갖고 있다. 그 의미가 무엇이건 간에, 우리는 삶 속에서 바로 그 의미에 근거하여, 인간 공존의 제반 현상들을 '판단'하고, (긍정적 혹은 부정적으로) 그 현상들의 '의미'에 대해 입장을 세운다. 그 입장의 내용이 무엇이든, 그 현상들은 우리에게 문화적 '의미'를 갖는다."(WL: 181)

그러므로 베버에게 어떤 사회관계의 정당성은 그것에 대해 행위자들

---

3) WL: Gesammelte Aufsätze zur Wissenschaftslehre, 6/e, Tübingen: J. C. B. Mohr (Paul Siebeck), 1985 (1921).

이 어떤 의미를 부여하느냐, 혹은 그것이 행위자들에게 어떤 의미를 갖느냐에 달려있는 것이다. 어떤 지배가 '정당하다'는 것은 정당성에 관한 어떤 형식적 기준을 충족시킨다는 의미가 아니라, 그 지배가 피지배자들의 의미세계 안에서 '정당한 것으로 통한다'(*gelten als legitim*)는 것을 의미한다. 즉, 정당성은 '정당성의 타당성'(*Legitimitätsgeltung*)과 동의어다. 그렇다면 지배가 정당한 것으로 '통한다'는 것은 무엇을 뜻하는가? 베버는 지배가 '이해관계', '윤리적 습속', '익숙한 습성', '순전한 감정적, 개인적 성향' 등 다양한 순종의 동기에 기초할 수 있다고 봤다. 하지만 베버는 이런 것에만 기초한 지배는 항상 불안정하다고 주장했다. "일반적으로 순전한 사익추구의 동기에 의해서만 유지되는 질서는, 질서에 상응하는 행위가 습성화된 경우보다 불안정하다. … 하지만 후자의 질서유형 역시 사람들에 대한 구속력, 혹은 달리 표현해서, '정당성'의 위광을 누리는 질서보다는 더 불안정하다."(WL: 573; WuG: 16)

안정된 지배를 위해서는 "정당성의 근거(*Legitimitätsgründe*)가 내면적으로 뒷받침 되어야"(WL: 475) 하며, 이는 곧 앞에 언급한 감정적, 관습적, 물질적 동기에 더하여 "정당성에 대한 믿음(*Legitimitätsglaube*)이라는 추가적 모멘트"(WuG: 122)가 충족되어야 함을 뜻한다. 즉, 정당성은 단지 지배에 대한 '동의'보다 더 깊은 내면적 믿음이 피지배집단에게 존재한다는 것을 의미한다. 앞에 인용한 질서의 타당성에 관한 베버의 정식화로 돌아가자면, 그 믿음이란 지배질서를 지탱하는 격률이 피지배자들 자신의 행위의 격률로서 구속성과 모범성을 갖는다는 믿음이다. 즉, 지배질서의 격률과 피지배자들의 격률이 일치하는 만큼, 그 지배는 '정당한 것으로 통한다'고 할 수 있다.

그렇다면 정당성에 대한 믿음의 존재 혹은 부재는 무엇으로 설명될 수 있는가? 많은 기존의 베버 해석들은 그 믿음이 피지배자들의 문화적 의미세계에 의해 주어지는 것으로 간주했다. 즉, 문화가 정치를 규정하는 측면만을 강조했다. 하지만 베버는 현존하는 질서의 정당성을 피지배집단에게 확신시키고자 하는 지배집단의 적극적 관심을 반복해서 상기시켰다. 지배는 피지배집단의 문화에서 자생적으로 생겨나는 순응에만 의존하지 않으며, 복종을 끌어내려는 지배집단의 적극적 관심과 행동에 의해 창출되는 것이기도 하다. "경험에 따르면 어떤 경우에도 지배체제는 물질적, 감정적, 혹은 관념적 동기에만 호소하여 스스로를 유지하지 않는다. 그에 더하여 모든 지배체제는 그것의 정당성에 대한 믿음을 만들어내고 함양하려 시도한다."(WuG: 122) 즉, 모든 지배집단은 자신의 '정당성 주장'(*Legitimitätsanspruch*)을 피지배집단의 내면에 관철시키고 싶어 한다.

정치가 문화를 구성하고 변화시키는 이 측면은 그동안 베버의 지배유형론에 대한 일반적인 이해에서 간과된 큰 공백이다. 전통적, 합리적, 카리스마적 지배는 '정당성 믿음'의 차이를 뜻하는 것으로만 이해되었기 때문이다. 그러나 베버는 여러 곳에서 그 세 유형이 지배집단이 호소하는 '정당성 주장'에 따른 분류라고 분명히 말한다. "모든 지배권력은 … 그 지배가 어떤 정당성 기초를 주장하느냐에 따라 구성되는 몇 가지 순수한 유형의 변형이거나 또는 그에 근접하는 형태로 간주할 수 있다."(RS 1[4]: 267) "모든 '지배'의 존속은 분명 그것의 정당화 원리를 호소하는 세 가지의 자기정당화(*Selbstrechtfertigung*) 방식에 의존한다."(WuG: 549) 이처럼 지배집단의 정당화 시도를 주목함으로써 정당성 개념은 새로운 차원을 끌어들이게 된다. 앞서 서술한 지배의 훈육적 차원이 정당성 개념 안으로 들어오게 되는 것이다. 지배권력의 훈육은 피지배집단의 내면에 특정한 격률을 각인시킨다.

---

4) RS: Gesammelte Aufsätze zur Religionssoziologie, 3 Bände, 9/e, Tübingen: J. C. B. Mohr (Paul Siebeck), 1988 (1920).

〈그림 3〉 정당성 정치의 기초적 관계구조

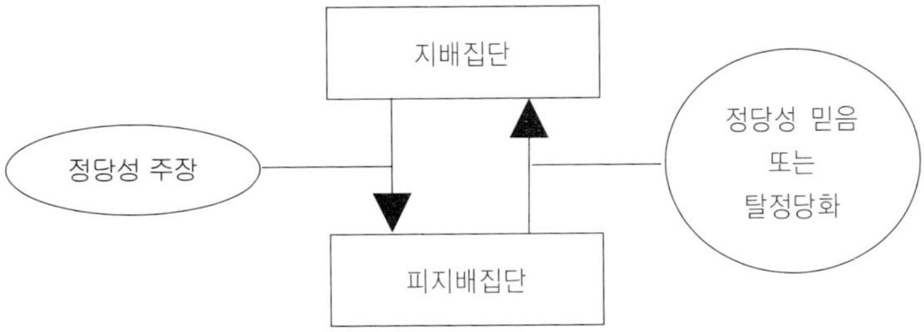

그렇다면 베버의 정당성 이론은 지배집단의 정당성 주장과 피지배집단의 정당성 믿음이라는 양방향의 상호작용으로 구성된다는 점이 분명해진다. 지배집단의 정당성 주장이 피지배 집단의 정당성 믿음과 일치하는 만큼, 그 지배관계는 안정적으로 된다. 정당성에 대한 믿음을 함양하려는 지배집단의 시도가 피지배집단의 의미세계와 만나지 못할 때, 그 지배질서는 탈정당화한다. 정당성은 지배집단과 피지배집단 간의 상징적, 정치적 상호작용으로 구성되는, 근본적으로 관계적인 개념이다.

2) 정당성에 의한 지배, 조직에 의한 지배

이제까지 서술한 정당성 정치의 관계론적 이론은 정당성을 둘러싼 의미연관이 단지 문화적으로 주어진 것이 아니라 '행위'에 의해 구성되는 것임을 암시했다. 그것은 한편으로 세계에 의미를 부여하는 피지배집단의 행위, 다른 한편으로 그들에게 지배의 정당성에 대한 믿음을 함양하려 하는 지배집단의 행위를 포함한다. 그 행위의 주체는 개인일 수도 있고, 집단일 수도 있다. 베버는 오직 개인이 의미생산과 윤리적 판단의 궁극적 주체가 될 수 있다고 믿었다. 하지만 역사와 사회변동에 대한 분석에서 그는 "특정한 일련의 행위지향을 '담지'"한 '담지집단'(*Trägergruppe*) 들에 큰 의미를 부여했으며, 나아가 "사회적 행위는 '오직' 집단 속에서 비로소 사회학적으로 의미 있는 것이 된다"고 믿었다(Kalberg, 2006: 71).

베버 사회학에서 신분집단(*Stände*), 계급(*Klasssen*), 조직(*Organisationen*), 단체(*Verbände*) 등은 행위자와 무관한 개념적 추상이 아니라, 이해사회학적인 행위론적 범주들이었다. 이는 특정한 행위지향을 담지하는 집단적, 조직적 주체들과 그들의 행위, 그들 간의 세력관계를 분석함으로써 역사전개를 설명하려 했던 보다 포괄적인 학문적 기획의 맥락에서 이해되어야 한다. 이와 같은 행위론적 접근은 베버의 정당성 이론에서도 체계적으로 관철되고 있다. 슐루흐터는 베버가 그의 지배유형론에서 "지배의 타당성 기초"(*Geltungsgründe der Herrschaft*) 와 "'조직'을 통한 지배"(*Herrschaft durch 'Orgasation'*) 라는 두 가지 관점에 동등한 중요성을 부여"했으며, 다양한 사회와 시대의 지배구조를 "정당성 원리와 '조직' 원리의 결합"으로 이해하고자 시도했다고 지적했다(Schluchter, 1998: 182, 183). 브로이어(Breuer, 1991: 23) 역시 베버의 지배 이념형이 지배의 타당성 기초와 더불어 "행정간부 및 행정수단의 사회학적 구조"라는 두 가지 원리에 의해 구성되었음을 강조했다.[5]

이처럼 조직적 차원을 도입함으로써 베버의 지배사회학은 '지배집단-피지배집단'의 이원론에서 '지배집단-관료조직-피지배집단'의 삼원론으로 더욱 복잡한 구조를 띠게 된다(Müller, 2007: 127). 그에 따라 그

5) 베버 사회학에서 지배의 조직적 차원은 정당성 차원에 비해 부차적인 지위를 갖는다는 해석도 존재한다. 알베르트(Albert, 2009: 528)는 베버의 지배 이념형이 일차적으로 정당성 믿음에 의해 정의되며, 그에 상응하는 조직적 특성들이 그로부터 도출된다고 주장했다. 그러나 베버의 이념형에서 정당성 원리와 조직적 지배구조는 서로 분리될 수 없다. "〔지배집단이〕 주장하는 정당성의 '종류'에 따라서 복종의 유형, 복종을 보장하는 특정한 행정간부집단, 지배를 행사하는 성격도 근본적으로 달라진다. 물론 그것의 영향도 달라진다. 그러므로 지배의 종류를 그것의 전형적인 '정당성 주장'에 따라 구분하는 것이 우리의 목적에 부합한다."(WuG: 123)

의 지배의 이념형 역시 정당성 원리, 지배기구, 그리고 지배기구 내의 권력구조를 포함하는 복잡한 이론구조를 띠게 된다. 〈표 5〉는 슐루흐터(Schluchter, 1998: 242, 243, 249)와 피치(Fitzi, 2004: 173)의 논의에 기반하여 필자가 베버 저작에 정식화된 핵심 정의들을 보완하여 재구성한 것이다.

이처럼 베버에게 '정당성에 의한 지배'와 '조직에 의한 지배'가 동등한 중요성을 갖고 있다는 사실은 종종 언급되었으나 여전히 중요한 공백이 남아있다. 즉, 양자는 병립하는 두 범주로 이해되어왔을 뿐, 조직적 지배가 정당성 정치의 유기적 일부라는 점은 깊이 고찰되지 못했다. 이 문제로 들어가기 위해서는 베버가 지배조직의 역할을 어떻게 인식하고 있었는지를 이해해야 한다.

〈표 5〉 지배 이념형의 정당성 원리와 조직적 원리

			전통적 지배	합리적 지배	카리스마적 지배
정당성	정당성 기초		경외	합법성	메시지
	복종의 대상		신성한 것으로 간주되는 전통에 복종	정당한 절차에 따라 제정된 규칙에 복종	비범한 권위와 능력을 인정받은 자에 복종
조직	조직구조	조직형태	장로제, 가산제, 가부장제, 신분제	관료제	수제자 · 추종자 집단
		권력분립	신분적 (특권)	헌법적 (능력)	없음
		최고권력	특권의 보유자	지배기구	권력찬탈자
	행정요원	성격	신하	공무원	수제자, 추종자, 측근
		구조	특권위계	능력위계	비범한 능력 입증
		관직	행정요원이 행정수단 또는 지배권력을 개인적으로 점유	행정요원이 행정수단에 대한 점유권력을 박탈당한 업무상 직위	행정 · 지배수단 전유 못함. 비일상적으로 '소명' 구현하는 자리
		선발	출생, 영예, 소유	전문지식	은총
		위상	출생신분, 소유계급	직업신분, 획득계급	엘리트
	피지배자		신민	시민	추종자
사회부문 간 관계			신분적 분화	기능적 분화	미분화
경제적 기초			조직된 필요충족 경제	조직된 시장경제	비구조화된 경제

베버 사회학에서 지배를 행사하는 조직적 주체를 지칭하는 기초 개념은 '단체'(*Verband*)다. 단체는 "상급자(*Leiter*)와, 경우에 따라 또한 행정간부들(*Verwaltungsstab*)의, 질서유지를 위한 목적의식적 행위를 통해 그것의 질서가 지속적으로 보장되는, 대외적으로 분명한 경계를 갖고, 또 그 경계를 유지하는 사회적 관계"(WuG: 26)로 정의된다. 여기서 중요한 것은 이들 행정간부 및 지배기구가 단지 기술적 행정과 관리 업무뿐 아니라, 지배에 대한 순응을 끌어내고 유지하는 데 핵심적 역할을 하는 것으로 이해된다는 사실이다. "모든 지배형태에서 행정간부들과, 질서의 수행 및 강제적 관철을 위한 그들의 지속적 행위는 〔피지배집단의〕 순응을 획득하는 데에 결정적이다."(WuG: 154, 484) 즉, 국가조직을 비롯한 다양한 지배기구들에 종사하는 행정간부들은 질서를 유지하는 일상적, 관료적 실천들을 통해 현존하는 질서의 정당성에 대한 순응을 피지배집단의 내면에 훈육시킨다.

이는 지배가 단지 현존하는 질서에 내재한 관념적 가치나 추상적 규칙의 타당성에 대한 믿음에 기초한 지배가 아니라, 또한 그러한 믿음을 배양하고 훈육시키는 조직적 실천에 의한 지배, 곧 "인간의 인간에 대한 지배"(WuG: 19; WL: 580)이기도 하다는 것을 의미한다.[6] 정당성의 정치는 의미를 둘러싼 상징적 투쟁이면서, 동시에 의미생산의 조직적, 제도적 수단에 대한 통제권을 둘러싼 정치적 투쟁이기도 한 것이다. 이 절의 서두에서 강조한 바와 같이, 그 투쟁이 특정한 신념과 세계해석을

---

6) 라스만(Lassman, 2000)은 법적-합리적 지배의 이념형을 포함하여 베버의 정치사회학 전반에 "인간에 대한 인간의 지배"(*rule of men by men*)의 차원이 녹아들어 있음을 체계적으로 논증했다. 이런 주장은 이 글의 제 2절 2)에서 언급한 알렉산더, 콜린스 등의 베버 해석을 공유하는 면이 있지만, 그것이 베버 정치사회학의 유일한, 절대적인, 혹은 궁극적인 특성이라고 주장하지 않는다는 점에서 근본적인 차이가 있다.

담지한 조직된 집단들 간의 투쟁일 때, 그것은 사회변동을 이끄는 역사적 동력이 된다. 베버는 '직접 민주주의'(*unmittelbare Demokratie*)를 추구하는 여러 현상들에도 불구하고, 일반적으로는 지도집단과 간부집단, 지배집단과 피지배집단의 분화에 기초하여 조직된 집단들만이 현실적인 정치적 힘, 세계변화의 힘을 갖게 된다고 주장했다(WuG: 170~171). 이는 민주주의의 가능성에 대한 비관이 아니라, 민주주의 역시 지배관계의 특수한 역사적 형태라는 현실인식이다. 〈그림 4〉는 제 4절에서 논한 정당성 정치의 동학을 집약한 것이다.

〈그림 4〉 정당성 정치의 관념적, 조직적 관계동학

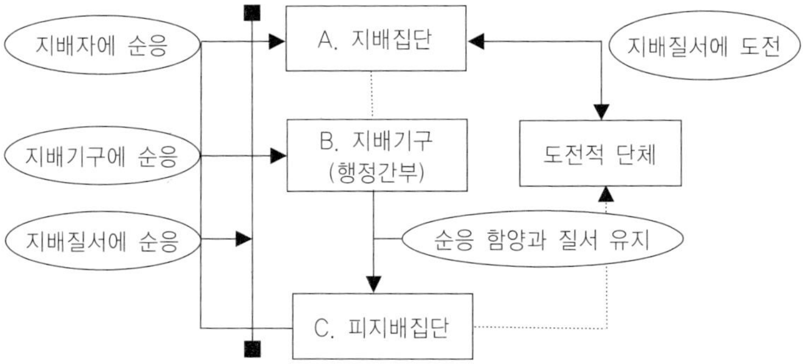

5. 지배의 이념형과 정당성 정치

본문의 마지막 절인 제 4절에서는 앞에서 서술한 정당성 정치의 관계론적, 행위론적 모형이 그동안 베버 정치사회학의 가장 널리 알려진 측면인 지배유형론을 어떻게 재구성할 수 있는지를 보여주고자 시도한다. 제 2절 2) 에서 논한 바와 같이, 그동안 베버 정치사회학의 수용과 적용은 베버의 지배 이념형을 상반된 방식으로 해석하는 두 흐름으로 크게 나뉘어졌다. 하나의 흐름은 이 이념형이 피지배집단의 '정당성 믿음'의 성격에 따라 구성됐다고 봤으며, 그에 반대하는 다른 흐름은 피지배집단의 저항을 관리하고 억압하는 '지배조직' 또는 '지배구조'의 특성으로 이해했다. 다음에서는 이 두 측면이 조직적 실천을 매개로 하여 어떻게 상호작용하는지를 이론적 수준에서 보여줄 것이다.

1) 정당화의 외적 기제 : 물질적 보상과 연대

일반적으로 베버의 지배유형론은 전통적, 합리적, 카리스마적 지배라는 세 가지 이념형을 중심으로 토론되었다. 그래서 이 이념형 체계가 '이익'과 '권위', 혹은 정당성의 '외적' 동기와 '내적' 동기를 구분하는 보다 기초적인 분류체계 내에서 후자의 하위 유형에 해당된다는 점은 인지되지 못했거나, 설령 인지되었다 하더라도 그것의 의미와 의의는 깊이 고찰되지 않았다. 슐루흐터는 이 구분의 중요성을 인식하고 그것의 체계적 의미를 세밀히 독해한 드문 사례다. 그는 이제까지 많은 문헌들이 마치 베버의 지배유형론(전통적, 합리적, 카리스마적 지배) 이 그의 이해사회학의 기초인 행위유형론(전통적, 합리적, 감정적 행위) 과 일대일 상응관계에 있는 것처럼 간주해온 것은 오류며, 오히려 베버의 지배유형론에서 더 근본적인 것은 '이해관계'와 '주관적 믿음'이라는 두 차원의 구분이라고 주장했다(Schluchter, 1998: 263). 물론 베버의 지배유형론이 과연 그의 행위유형론과 정말 밀접한 관련이 없는지에 대해서는 의문의 여지가 있지만, '믿음/이익'의 구분이 베버 지배유형론의 가장 기초적 틀이라는 것은 중요한 지적이다.

베버는 지배의 세 이념형을 체계적으로 정식화하기 이전에 쓴 예비적 고찰에서 질서의 정당성이 보장되는 동기를 다음과 같이 구분했다. "어떤 질서의 정당성은 두 가지 주된 방식으로 보장될 수 있다. 1. 순수하게 주관적인 경우. 1) 정서적: 감정적 굴복에서 기인; 또는 2) 가치합리적: 그 질서가 어떤 윤리적, 미적, 혹은 그 밖의 다른 유형의 궁극적 가치의 표현으로서 절대적 타당성을 갖는다는 믿음에 의해; 또는 3) 종교적: 구원이 그 질서에 대한 순종에 달려 있다는 믿음에 의해. 2. 그러나 질서의 정당성은 또한 특정한 외적인 효과에 대한 기대, 즉 이해관계의 상황에 의해 보장될 수도 있다."(WL: 576; WuG: 17)[7] 여기서 1. 1), 2), 3)의 구분은 이후 근본적으로 수정되지만, '주관적, 내적' 동기와 '이해관계, 외적' 동기의 구분은 그의 전체 정치사회학 체계에서 지속적 의미를 갖는다.

하지만 위의 유형론에서 그의 지배 이론에 부합하지 않는 부분들이 분명히 보인다. 왜냐하면 베버는 단지 감정적, 윤리적, 관습적 동기에

---

7) 베버는 이어지는 논의에서도 그의 행위유형론에 근거하여 정당성 기초를 분류한다. "행위자들은 다음과 같은 이유에서 어떤 사회질서에 정당성을 부여할 수 있다. (a) 전통: 이제껏 있었던 것이 현재에도 타당한 것으로 받아들여진다. (b) 정서적, 특히 감정적 믿음: 새롭게 현시되거나 모범적인 것이 타당한 것으로 받아들여진다. (c) 가치합리적 믿음: 절대적인 것으로 믿어지는 것이 타당한 것으로 받아들여진다. (d) 합법적인 것으로 믿어지는 실정적 입법."(WL: 580, WuG: 19) 슐루흐터의 주장과 달리, 베버의 지배사회학에서 그의 이해사회학적 행위유형론은 큰 의미를 갖고 있었다. 그러나 양자의 관계에 대해 베버는 끝까지 모호하게 남아 있었다.

의존하는 지배는 불안정하며, '정당성'은 그와 다른 차원, 즉 지배질서의 구속성과 모범성에 대한 믿음에 근거한 복종을 요구한다고 했기 때문이다. 그래서 베버는 그에 상응하는 또 다른 정식화를 제시했다. '권위'(*Autorität*)와 '이해관계'의 구분이 그것이다. "두 가지의 완전히 대조적인 지배 유형이 존재한다. '이해관계'에 의한 (특히 독점적 지위에 의한) 지배와 '권위', 즉 명령할 수 있는 권력과 복종해야 할 의무에 기초한 지배가 그것이다. 전자의 순수한 유형은 시장(*Markt*)이며, 후자의 순수한 유형은 가부장적, 사법적, 혹은 왕조적인 권력이다. … 후자의 유형의 지배는 개인적 동기나 이해관계와 무관하게 복종해야 하는 것으로 간주되는 의무에 의존한다. … 이후의 논의에서 우리는 지배 개념을 그러한 좁은 의미에서만 사용할 것이다. … 우리가 사용하는 '지배'라는 용어는 '명령할 수 있는 권위의 권력'과 동일하다."(WuG: 542, 544)

앞의 문장은 앞에 인용한 '주관적 동기'와 '이해관계'의 구분에 비해 두 가지 점에서 중요한 이론적 함의를 갖는다. 첫째, 베버는 여기서 권위에 의한 지배가 "개인적 동기와 무관하게 복종"을 끌어낼 수 있는 지배라고 주장한다. 정당성의 원천은 단지 각 개인의 내면에서 생겨나는 주관적 동기가 아니라, 지배집단과 지배질서가 피지배집단에게 발휘하는 "정당성의 위광(*Prestige*)"(WL: 573; WuG: 16)이다. 둘째, 여기서 이해관계에 의한 지배는 단지 이익의 조정과 타협이 아니라 명백한 지배력, 즉 현대자본주의에서 경제적 자원의 독점에 기초하여 타인의 행위를 강제할 수 있는 권력이다. 베버 사회학에서 자본주의 하의 경제적 독점에 기초한 지배는 근대국가의 폭력 독점에 기초한 지배만큼이나 큰 의미가 있었다.[8)]

---

8) 몸젠(Mommsen, 1974: 124~128)은 베버에게 "'물질적 관심의 역동성'은 '관념상의 관심'의 역동성만큼이나 결정적인 역사변동의 계기"였으며, 현대 자본주의 기업과 현대국가의 관료조직이라는 두 지배기구의 훈육에 의한 '질서인간'

정당성의 외적 동기를 논하는 지금의 문맥에서 더 중요한 것은 두 번째 지점이다. 여기서 제기되는 질문은 경제적 이해관계에 기초한 지배가 권위에 기초한 지배에 어떤 의미를 갖는가라는 것이다. 베버는 지배자가 자신의 추종자들과 지배기구에 종사하는 행정간부들에게, 또 이들을 모두 포함한 지배집단이 피지배집단에게 안정적인 물질적, 경제적 보상을 제공할 수 있을 때 지배질서의 정당성이 보장될 수 있음을 직시했다. 그는 특히 지배집단 내의 물질적 보상과 연대의 중요성을 강조했다. 베버는 바로 그런 지배기구의 성공적 작동에 "행정간부들과 지배자간의 (관념적, 물질적) 이해관계의 '연대'가 결정적"이며, "그와 같은 이해관계의 연대가 가장 '강력'해지는 것은 행정간부들 자신의 정당성과 행동수단이 지배자에 종속될 때"(WuG: 154) 임을 강조했다. 즉, 지배집단 내의 위계적 권력구조에 기반한 물질적 연대는 정당성의 창출과 유지에 커다란 중요성을 갖는다는 것이다.[9] 제 4절의 〈그림 4〉의 모형으로 보자면, A–B의 물질적 연대는 B→C의 정당성 정치에 결정적이다.

(*Ordnungsmensch*)의 탄생은 윤리적 결단의 주체인 '문화인간'(*Kulturmensch*)이라는 그의 인간학적 이상과 충돌하는 현대사회의 합리화 과정의 핵심이었다고 주장했다.

9) 물질적 이해관계의 연대는 베버(WuG: 142)가 그것의 순수한 형태에서는 "경제와 거리가 먼"(*wirtschaftsfrei*) 지배형태라고 했던 카리스마적 지배에서도 중요하게 작용한다. 벤딕스는 카리스마의 비인격화, 제도화, 일상화 과정에서 가장 중요한 것은 바로 지도자의 카리스마에 의해 창출된 권력자원과 경제적 기회들을 물려받거나 분점하려는 후계자, 추종자 집단의 이해관심이라고 지적한 바 있다(Bendix, 1960: 308~314).

2) 정당화의 내적 기제: 가치, 위신, 훈육

정당성의 내적 동기, 혹은 권위적 지배의 이념형은 베버의 지배유형론의 핵심이자, 또한 그동안 베버 연구에서 가장 널리 토론되고 수용된 부분이다. 전통적, 카리스마적, 법적-합리적 지배라는 널리 알려진 이념형들의 내용에 대해서는 이 자리에서 상세히 다루지 않는다. 여기서 관심의 초점은 이 모든 권위적 지배관계에서, (지배집단의 관점에서) 정당성의 획득과 유지, 혹은 (피지배집단의 관점에서) 정당성의 부여 또는 탈정당화가 이뤄지는 기제를 앞에서 서술한 관계론적, 행위론적 이론에 터하여 이론화하는 데 있다. 이 목적을 위해 특히 '가치'(*Werte*), '위신'(*Prestige*)과 '훈육'(*Disziplin*)이라는 세 개념을 중심으로 현대사회의 정당성 정치를 베버가 어떻게 이론화했는지를 규명하고, 이와 더불어 앞절에서 서술한 물질적 보상과 연대가 이 과정에 어떻게 개입되는지를 함께 논할 것이다.[10]

첫째로 다룰 문제는 '가치'가 베버의 지배유형론에서 어떤 의미를 갖는가이다. 제5절 1)에서 우리는 베버의 예비적 고찰에서 '가치합리적 믿음'이 여러 이념형 중 하나로 간주되었음을 보았다. 그러나 이 유형론을 베버는 곧 폐기했고, 그의 지배유형론의 체계적 정식화는 전통적, 카리스마적, 법적-합리적 지배라는 세 가지 이념형을 중심으로 이뤄졌다. 베버는 이를 "1. 합리적 기초: 제정된 규칙의 합법성과 그 규칙에

10) 파킨(Parkin, 2002)은 베버가 현대사회에서 지배-순응 관계의 복잡성을 '합리성'이라는 틀로 단순화시켰다고 비판했다. 베버는 "규범적 순응과 정당성이 실제로 창출되는 방식[을] … 충분히 고려하지 않았"으며, 지배집단은 피지배집단의 정당성을 획득하는 수단으로서 "물리적 강제, 도덕적 설득, 물질적 유인 등을 다양한 정도로 조합"할 수 있다는 것을 간과했다는 것이다(Parkin, 2002: 75~76). 파킨의 주장은 중요한 것이되, 다만 그 비판이 베버를 향한다면 이는 현대사회의 지배기제에 대한 베버의 관점을 단순화시키는 것이다.

따라 권위를 부여받은 자들이 명령을 내릴 수 있는 권리에 대한 믿음에 의존(법적 권위). 2. 전통적 기초: 유구한 전통의 신성함과 그 전통에 따라 권위를 행사하는 자들의 정당성에 대한 확고한 믿음에 의존(전통적 권위). 또는 끝으로 3. 카리스마적 기초: 어떤 개인, 또는 그가 현시하거나 지시하는 규범과 질서의 예외적인 신성함, 영웅성, 또는 모범성에 대한 믿음에 의존(카리스마적 권위)"(WuG: 124)으로 정의했는데, 이 세 이념형에 공통된 요소는 바로 '믿음'(*Glaube*)이다.

믿음은 인지적 차원과 감정적 차원을 함께 가진 정신적 상태다. 그러나 베버는 현대사회에서 경제, 정치, 법, 행정 등 모든 영역이 생활세계의 가치합리성에 근거하여 발전해온 과정과 그것의 역설적 결과를 주목했으며(Habermas, 1981), 나아가 세계종교의 문명들에서 믿음체계의 발전이라는 가치합리화 과정이 꾸준히 진행된 역사를 세밀히 추적했다. 그러므로 체계화된 격률과 계명에 의해 지탱되는 질서를 전제로 하는 정당성 개념은 감정적 믿음보다는 가치합리적 믿음과 더 깊은 연관이 있다고 볼 수 있다. 베버의 다음의 정의는 이 해석을 지지해준다. "어떤 질서의 계율을 위반하는 것이 단지 불이익을 초래하기 때문이 아니라, 행위자의 '의무감' 때문에 가치합리적으로 계율의 위반을 격렬히 거부할 때, 그 질서는 '타당한' 것으로 받아들여진 것이다."(WuG: 16; WL: 573) 여기서 가치합리성은 정당성의 한 유형이 아니라 일반적 특성으로 간주된다.

이상과 같은 이유에서 베버의 세 가지 이념형이 모두 가치합리성의 차원과 깊이 연관된다는 바크너(Wagner, 2007)의 주장은 설득력이 있다. 그렇다면 정당성의 정치에서 가치합리성은 어떤 위상을 갖는 것일까? 가치의 영역에서는 정치가 문화를 규정하는 힘보다 문화적으로 주어진 의미체계가 지배집단의 정당성 기반을 규정하는 측면이 더 크다는 것이 일반적 인식이다. 그렇기 때문에 가치와 문화를 중요시하는 입장에서는 "종교적 체계와 의미복합체"(Alexander, 1983: 77)를 강조한다. 베버 자신은 대체로 가치의 문제를 문명적 전통에 의해 규정되는 개인들의 주관적 판단의 영역으로 남겨뒀다. 하지만 그는 사회적 현대화의 과정에서 가치감정(*Wertgefühl*)이 가치태도(*Wertstellung*)로 체계화되고, 이를 토대로 가치체계 간의 갈등이 본격화되는 측면을 주목했다(Oakes, 2007). 그러므로 가치의 영역 역시 서로 다른 가치의 담지집단들 간의 정당성 정치 내부에 깊숙이 들어와 있다고 할 수 있다.

둘째, 위신(*Prestige*)의 문제는 가치와 또 다른 차원에서 정당성 정치를 역동적으로 만든다. 앞에서의 정당성 논의에서 위신이라는 개념은 이미 여러 차례 등장했다. 다음의 인용은 그것이 베버의 정당성 개념의 중핵임을 분명히 보여준다. "'모든' 지배, 말하자면 모든 순응의 기초는 '믿음'이다. 즉, 지배자의 '위신'에 대한 믿음이다."(WuG: 153) 위신은 이처럼 중요한 개념이고, 또한 베버의 저작들에서 무수히 등장함에도 불구하고, 놀랍게도 그는 이 개념에 대한 최소한의 정의도 제시하지 않았다.[11] 우리는 다만 그가 정당성 개념을 "구속성과 모범성의 위신"(WuG: 16)으로 정의내린 것에서 그것의 정치사회학적 의미를 추정할 수 있다. 즉, 위신은 어떤 개인, 집단, 조직, 또는 제도가, 그러나 무엇보다 "지배자(들)"(WuG: 153)의 격률과 명령이 피지배자들 자신의 행위의 준칙이 될 만한 권위를 갖는다는 믿음이다.

앞에서 토론한 '가치'와의 관련 속에서 보자면, 이 개념의 중요성은

---

11) 베버의 저작에서 위신 개념의 의미는 매우 맥락의존적이다. 그것은 신에 대한 태도이기도 하고(WuG: 261), 주술사가 발하는 것이기도 하며(WuG: 449), 국가 간 관계나 전쟁에서 한 민족이 누리거나 상실할 수 있는 것이기도 하다(WuG: 527). 또한 그것은 사회적 명예(WuG: 531, 582)나 신분적 명예(WuG: 547)와 같은 뜻으로 사용되기도 했고, 카리스마와 동일시되기도 했다(WL: 484).

그것이 추상적 가치나 규칙에 대한 순응이 아니라, 그것을 담지하는 지배자 또는 지배집단의 권위에 대한 인정을 지칭한다는 데에 있다. 이는 "'사람'의 자질에 대한 믿음에 바탕하여 피지배자들이 순종하는, 인간에 의한 인간의 지배"(RS 1: 268) 라는 베버의 카리스마 개념에 매우 인접한 것이지만, 그는 카리스마보다 훨씬 더 넓은 맥락에서 '인간에 의한 인간의 지배', 또는 역으로 '인간에 대한 인간의 순응'을 논하기 위해 이 개념을 사용한다. 특히 관심을 끄는 것은, 베버가 합리적, 비인격적 지배를 특징으로 정의한 현대사회에 대해서도 그러한 행위론적 지배 개념을 매우 적극적으로 적용시키고 있으며, 나아가 지배집단과 피지배집단 간의 치열한 정당성 다툼을 세밀히 기록한다는 사실이다.

대표적인 것이 '전쟁'의 사례다. 베버는 근대의 내셔널리즘과 국가 간 경쟁, 분쟁이 일국 내의 정당성 동학에 미치는 영향을 깊이 고찰했다. 그는 대외적인 민족적 위신에 대한 아래로부터의 정당성 요구가 다른 국가와의 군사적 충돌의 중요한 촉발제가 되었다는 사실을 강조했다(WuG: 234~244, 520~530). 대외적인 민족적 위신은 그 나라의 지배집단의 '권력의 위신'(*Machtprestige*) 과 직결되며, 지배집단은 대외적 힘의 과시를 통해 피지배집단의 '국가적 위신감'(*Prestigeempfinden*) 에 호응함으로써 권위를 인정받아야만 하는 이중적, 즉 대내외적 위신추구에 몰두하지 않을 수 없다(Fitzi, 2004: 194~202). 바로 여기서 팽창주의나 제국주의와 같은 정치동학이 증폭된다는 것이 베버의 설명이다. 이처럼 질서의 정당성에 대한 믿음은 지배집단의 권력위신에 대한 믿음과 불가분의 관계에 있으며, 현대사회에서도 권력의 위신과 공동체의 위신을 둘러싼 지배집단과 피지배집단 간의 정당성 정치는 '합법성' 문제의 범위를 훨씬 넘어서서 역동적으로 전개된다.[12]

---

12) 역사적으로 현대국가의 제도적, 조직적, 재정적 기초가 많은 부분 전쟁 준비

끝으로 훈육(*Disziplin*)은 현대사회에서 정당성과 강압수단 간의 관계에 대한 베버의 논의에서 매우 중요한 요소다. 이제까지 베버의 지배유형론과 합리적 지배론은 주로 그것의 정당성 기초('합법성'과 '추상적, 비인격적 규칙')의 측면에서 이해되었고, 베버의 국가론에 대한 토론은 정당성 이론과 적극적으로 결합되지 못했다. 그러나 베버에게 양자는 불가분의 관계다. "국가가 존속하기 위해서는 피지배자들이 지배자들이 주장하는 그들의 권위에 순응해야 한다. 언제, 그리고 왜 그들이 순응하는지를 이해하기 위해서는 정당성의 내적 기초와 지배자들이 의존하는 외적 수단을 알아야만 한다."(GPS[13]: 507) 앞 절에서 우리는 베버가 순응의 '외적 동기'로서 이해관계에 기초한 순응을 들었다는 것을 보았다. 하지만 국가를 논하는 맥락에서 베버가 말하는 '외적 수단'은 바로 강압(*Gewalt*)이다. 법적-합리적 지배가 현대적 지배의 정당성 기초를 뜻한다면, 현대국가를 "영토 내의 정당한 폭력수단의 독점"(GPS: 506; WuG: 822)이라는 특성으로 정의내린 것은 지배유지의 외적 수단에 관련된다.

'정당한 폭력 독점'이라는 정의는 이미 정당성과 강압력을 함께 내포한다. 하지만 이 정의가 현실에 부합하기 위해서는 세 요건이 충족되어야 한다. 첫째, 현대국가의 모든 폭력은 실정법에 규정된 정당성의 범위 내에서 행사되어야 하며, 둘째, 그 실정법의 입법 과정의 민주성 요건이 완전히 충족되어야 하고, 셋째, 국가가 실정적으로 규정된 정당성 범위를 벗어나서 폭력을 사용할 경우 이를 처벌하고 제재할 실효적 수

와 전쟁 수행의 과정에서 발전했다는 점(Porter, 1994; Tilly, 1992)은 이제까지 충분히 주목받지 못한 베버 정치사회학의 위와 같은 측면들이 앞으로 더욱 적극적으로 해석되고 발전되어야 한다는 것을 의미한다.

13) GPS: Gesammelte Politische Schriften, 5/e, Tübingen: J. C. B. Mohr (Paul Siebeck), 1988 (1921).

단이 존재해야 한다. 이 요건이 실제로 모두 충족되는 나라는 없다. 현대국가는 '정당한' 폭력수단만을 독점한 게 아니라, '폭력수단' 자체를 독점하는 경향이 강하다.[14] 즉, 정당화된 국가폭력만이 아니라, 국가폭력에 의한 정당화가 가능하다는 뜻이다.

그러나 현대국가가 군대나 경찰 등의 물리적 폭력을 동원하여 피지배집단의 저항을 억제할 수는 있으되, 이를 통해 그들로부터 정당성에 대한 내면적 순응을 획득하는 것은 기대하기 어렵다. 현대국가가 자발적 순응을 창출하는 강압기구는 합리적 지배의 핵심조직인 관료기구 자체다. 베버는 국가를 "조직지도부가 질서의 관철을 위해 정당한 물리적 강제를 행사할 수 있는 권리와 권력을 독점하는 데 성공한 공적 지배기관"(WuG: 29) 이라고 정의했다. 여기서 국가의 '물리적 강제'는 명시적 폭력만을 의미하지 않는다. 많은 영어권 연구자들은 여기서 베버의 'Gewalt' 개념을 'violence'와 동일시하거나, 또는 반대로 'authority'로 순화시켜 번역했다. 그러나 이 개념은 두 측면을 함께 갖고 있다. 국가의 강제력은 "생사를 좌우할 수 있는 능력"(WuG: 515) 이기도 하지만, 제 3절 1) 에서 언급한 바와 같이 베버는 그러한 직접적 폭력이 국가의 일상적이고 주된 행위수단은 아니라고 봤다.

일상적으로 국가가 질서와 규칙을 관철시키는 조직적 주체는 바로 '관료기구'와 그것의 훈련된 종사자들인 '공무원'들이다. 베버는 "현대국가의 모든 발전사는 곧 현대적 공무원 집단과 관료제적 조직의 역사

---

14) 헌법학자 그림(Grimm, 2002: 1304) 은 현대사회의 국가적 권위가 물리적 강제보다는 주로 국민에 의한 인정에 의존하지만, 질서유지를 위해 일방적으로 강압수단을 광범위하게 사용하기도 한다는 데에 현대 국가권력의 역설이 있다고 주장했다. 뮌클러(Münkler & Llanque, 2002: 1216) 는 그처럼 질서유지를 명목으로 발전한 국가의 폭력독점이 현실에서는 단지 사회 내의 사적 폭력을 억제하는 데에만 사용되는 것이 아니라, 엄청난 규모의 새로운 폭력수단과 폭력사용으로 귀결됐다고 지적했다.

다”(WL: 477) 라고 단언할 만큼 관료기구의 중요성을 강조했다. 관료제는 “훈육이 낳은 합리적 자식”(WuG: 682) 이며, 또한 역으로 훈육은 “관료기구의 성공을 위한 절대적 요건”(WuG: 833) 이다. 더 나아가 베버는 지배기구 전반의 정치적 합리화에 의한 인간 사유와 행위의 훈육은 현대사회에서 멈출 수 없는 보편적 현상으로 확대되었으며, 이는 개인들의 보다 다양한 행위를 근본적으로 제한한다고 진단했다(WuG: 686). 형식적, 추상적, 비인격적 규칙의 지배를 관념적, 실천적으로 내면화한 관료기구의 종사자들은 바로 그 관료기구와 일상의 구석구석에서 대면해야 하는 현대인들의 삶의 태도와 습성을 동일한 격률로 훈육한다. 현대사회에서 정당성의 내면적 기초와 강압력이라는 외적 수단은 현대사회에서 ‘정당한 지배’를 가능케 하는 두 기둥인 것이다.

6. 나가며

현대정치에서 정당성의 문제가 매우 역동적이고 복잡한 쟁점임에도 불구하고 현대의 사회과학에서는 정당성을 합법성과 형식적, 절차적 합리성의 문제로 환원하는 경향이 강했다. 그러나 오늘날 많은 선진민주주의 사회에서 법치국가와 대의민주주의의 형식적 원리들이 훼손되지 않았음에도 불구하고, 정치권력과 지배질서의 정당성에 심각한 의문을 제기하는 다양한 사회적 저항과 정치적 갈등이 고조되는 현실이다. 이 논문은 그런 현상의 원인과 과정을 분석할 수 있는 개념적, 이론적 도구에 큰 공백이 존재한다는 문제의식에서 출발했다.

정당성에 관한 현대 사회과학의 연구들에 가장 깊고 넓은 영향을 미친 학자는 바로 베버였으며, 그런 의미에서 이 논문은 베버를 정당성 연구의 개념적, 이론적 기초를 발전시키기 위한 중요한 출발점으로 삼았다. 정당성의 문화적 토대에 관한 베버의 기초이론과, 그에 따른 세 가지의 정당한 지배의 이념형은 현대 사회학과 정치학의 정당성 연구에 지대한 영향을 미쳤다. 하지만 그의 지배유형론을 다양한 방식으로 변형하여 적용하는 것만으로는 정당성을 둘러싼 개인, 집단, 조직, 제도의 복잡한 관계구조와 역동적 상호작용을 분석하는 데 한계가 있다. 이 논문은 베버의 정치사회학적 저작들에 대한 재해석과 적극적 재구성을 통해 더욱 분화된 개념체계와 높은 복잡성 수준의 이론을 구성해내고자 시도했다. 그것은 베버 읽기라는 방법론을 취했다는 의미에서 해석적 과제면서, 또한 베버에게 존재하지 않았던 개념체계와 이론구조를 창출해낸다는 점에서 재구성적 과제였다.

이 논문은 강제와 의미, 훈육과 열정이 공존하는 권력의 이중성을 이론화하는 데서 출발하여, 정당성의 정치에 관한 관계론적, 행위론적 이론을 체계화하고자 시도했다. 이 논문의 핵심 주장은 이것이다. 즉, 어떤 지배의 실제적인 정당성 기초는 한편으로 피지배집단으로부터 정당성을 획득하려는 지배집단의 노력, 다른 한편으로 지배질서와 지배집단의 정당성 여부에 대한 피지배집단의 믿음이 상호작용하는 관계 안에서 결정된다는 것이다. 그러한 쌍방적 관계는 인간행위 바깥에 존재하는 어떤 구조에 의해 주어진 것이 아니라, 정당성에 관련된 집단적, 조직적 실천들에 의해 역동적으로 구성된다. 이러한 이론적 재구성을 통해 이 논문은 합법적, 전통적, 카리스마적 지배를 분류한 베버의 이념형을 실체화하는 오류를 지양하고, 정당성 문제를 둘러싼 관계동학, 행위동학의 복잡성을 개념적으로 포착해낼 수 있는 도구를 베버 자신으로부터 도출하고자 했다.

끝으로 이 논문의 이론적 성과가 경험적 시대진단에 어떤 함의를 가질 것인지를 간략하게나마 언급할 필요가 있다. 오늘날 대부분의 민주주의 국가에서 권력중심부의 정당화 논리는 전통적인 합법성 원리를 핵심으로 하는 것으로 보인다. 선거로 선출된 입법자의 정치권력, 그리고 절차적 정당성을 확보한 실정법 질서는 추가적인 전(前)실정적(*pre-positive*) 정당성 기초를 필요로 하지 않는다는 관점이 지배적이다. 그러나 이 논문의 주장에 따르면, 어떤 질서의 실제적인 정당성 기초는 지배-피지배 집단 간의 쌍방적 관계에서 결정되며, 그 관계는 규칙과 절차의 정당성이 얼마만큼 정당성 문제 전반을 해결할 수 있는지에 대한 판단에도 영향을 미친다. 현대정치는 대의제적 절차에 따른 입법, 그에 의거한 행정기구의 법집행, 사법기구의 법해석이라는 수평적 권력분립이 현존하는 질서를 정당화하는 충분한 근거라고 주장해왔다. 하지만 오늘날 문제시되는 것은 단지 그러한 정당성 원리의 불완전한 실현이 아니라, 그 원리 자체의 불완전함이다.

현대 정치체제에 대한 도전은 오늘날 크게 두 방향에서 오는 것으로 보인다. 하나는 더 많은 민주주의와 실질적 정의를 요구하는 경향이다. 점점 더 많은 사람들이 선거를 통한 정치적 의지의 위임에 만족하지 않고 있으며, 일상적 정치과정과 정책결정에 당사자인 시민들의 목소리가 반영되길 원한다. 다른 하나의 도전은 민주적 법치국가의 기본질서를 부정하는 극단주의의 성장이다. 인종주의, 민족주의, 혹은 종교적 동기에 의한 정치적 동원이 현대정치의 중요한 변수로 등장하고 있다. 이 두 가지 도전은 상반된 이념과 가치지향을 담고 있지만, 입법의 절차적·형식적 합리성을 정당성의 충분조건으로 간주하지 않는다는 공통점을 갖고 있다. 이들은 최소민주주의와 합법성 원리를 절대시하는 훈육과 강제에 반발하며, 그에 국한되지 않는 사회적 가치를 열정적으로 추구한다.

그와 같은 시대적 조건에서 정당성 문제를 해결하기 힘든 이유는, 사회로부터 제기되는 정당성 요구가 매우 다양하며, 종종 상반되는 관념적·물질적 관심을 반영하기 때문이다. 베버가 법실증주의를 큰 틀에서 수용한 합법성 개념을 발전시켰던 것은 그와 같은 현대사회의 이질성을 화해시킬 '실질적' 정의의 기준을 정의할 수 없다고 믿었기 때문이었다. 그러나 오늘날의 현대정치의 정당성 위기는 바로 그 '형식적' 정당성 기준에 대한 도전에서 온다. 이 논문은 이러한 시대상황에 대한 법철학적, 규범이론적 대안을 제시할 순 없지만, 합법성이라는 위로부터의 정당성 주장과 사회구성원들의 다양한 정당성 요구가 구체적인 역사적 맥락에서 어떤 관계를 맺는지를 이해하기 위한 이론적 범주를 확보하고자 했다.

한국에서 이는 이중적 연구과제를 함축할 것인데, 한편으로 실정적 합리성과 수평적 권력분립이라는 관점에서 정치권력의 정당성 여부를 분석하는 동시에, 다른 한편으로 형식적 합리성을 넘어 실질적 정의를 갈구하는 사회적 욕구들로 인한 정당성 정치의 역동성을 포착해내는 과제가 그것이다. 그러한 경험적 분석은 한국 민주주의가 '민주주의의 공고화'와 '민주주의의 민주화'라는 이중적 과제를 동시에 해결해야 한다는 규범적 가정을 암묵적으로 내포한다.

참고문헌

국내 연구서

공보경, 2003, "막스 베버의 정치지도자론", 〈21세기정치학회보〉 13권 2호, 1~22.

김광기, 2007, 《뒤르켐 & 베버: 사회는 무엇으로 사는가?》, 김영사.

김덕영, 2001, "니체와 모더니티 이론: 짐멜과 베버의 해석과 수용을 중심으로", 〈현상과 인식〉 25권 3호, 69~95.

______, 2004, 《짐멜이냐 베버냐? 사회학 발달과정 비교연구》, 한울.

김명숙, 2003, 《막스 베버의 법사회학》, 한울.
김성호, 2003, "주객의 저편: 막스 베버에게 있어서 신념과 책임의 문제", 〈한국정치학회보〉 37권 2호, 173~196.
김중섭, 1980, "한국에서의 막스 베버 연구", 〈현상과 인식〉 4권 4호, 207~219.
김원동, 1999, "막스 베버의 국민투표적 지도자 민주주의론: 독일정치의 대안 모색과 한국정치적 함의", 〈동향과 전망〉 40호, 255~284.
박성환, 1992, 《막스 베버의 문화사회학과 인간학》, 문학과지성사.
박희봉, 1998, "관료제의 도구적 합리성과 실제적 합리성: 관료제 문제 극복을 위한 대안 모색", 〈한국정치학회보〉 32권 2호, 125~145.
배동인 외, 1995, 《막스 베버 사회학의 쟁점들》, 민음사.
유석춘 외, 1992, 《막스 베버와 동양사회》, 나남.
윤원근, 2000, "독일 지적 전통의 신비적 세계관과 베버의 공동체 지향성(1): 베버의 공동체적 특수주의", 〈한국사회학〉 34권 1호, 31~63.
이병호, 2007, "두 얼굴의 근대국가", 〈한국사회학〉, 41권 3호, 215~252.
전성우, 1995, "막스 베버의 지배사회학 연구", 배동인 외, 《막스 베버 사회학의 쟁점들》, 민음사, 211~344.
______, 1996, 《막스 베버 역사사회학 연구》, 사회비평사.
조대엽·박길성, 2005, 《한국사회 어디로 가나?》, 굿인포메이션.
차성환, 1990, "19세기 방법론 논쟁과 막스 베버 현실탐구과학론", 〈현상과 인식〉 13권 4호, 126~157.
______, 1997, 《막스 베버와 근대의 의미세계》, 학문과사상사.
최치원, 2006, "정치와 철학 사이에서: 근대, 그리고 막스 베버와 한나 아렌트", 〈철학사상〉 23호, 105~136.
______, 2009, "근대와 정치적 삶의 문제: 베버(Max Weber)의 '관료주의'와 '민주주의' 이해를 중심으로", 〈한독사회과학논총〉 19권 1호, 37~56.
최호근, 2005, "19세기 말의 문화사 담론과 막스 베버의 역사적 문화과학", 〈역사학보〉 186집, 237~265.

해외 연구서

Albert, G., 2009, "Weber-Paradigma", *Handbuch Soziologischer Theorien*, Kneer, G. & Schroer, M.(eds.), Wiesbaden: VS Verlag für

Sozialwissenschaften, 517~554

Alexander, Jeffrey C., 1983, *Theoretical Logic in Sociology, Vol. III. The Classical Attempt at Theoretical Synthesis: Max Weber*, Berkeley and Los Angeles: University of California Press.

Arendt, H., 1970, *Macht und Gewalt*, München: Piper.

Beetham, D., 1991, "Max Weber and the Legitimacy of the Modern State", *Analyse & Kritik 13*, 34~45.

Bendix, R., 1967, "Reflections on Charismatic Leadership", *Asian Survey 7, No. 6*, 341~352.

______, 1977〔1960〕, *Max Weber: An Intellectual Portrait*, Berkeley, Los Angeles and London: University of California Press.

Breuer, S., 1991, *Max Webers Herrschaftssoziologie*, Frankfurt/M. and New York: Campus.

Brunnée, J., & Toope, S. J., 2010, *Legitimacy and Legality in International Law: An Interactional Account*, Cambridge, UK: Cambridge University Press.

Cain, B. E., Dalton, R. J., & Scarrow, S. E.(eds.), 2008, *Democracy Transformed? Expanding Political Opportunities in Advanced Industrial Democracies*, New York: Oxford University Press.

Cohen, J., Hazedrigg, L. E. & Pope, W., 1975, "De-Parsonizing Weber: A Critique of Parsons' Interpretation of Weber's Sociology", *American Sociological Review 40*, 229~241.

Collins, R., 1986, *Weberian Sociological Theory*, Cambridge et al.: Cambridge University Press.

Crouch, C., 2004, *Post-Democracy*, Cambridge, UK and Malden, MA: Polity.

Dahl, Robert A., 1956, *A Preface to Democratic Theory*, Chicago: University of Chicago Press.

______, 1971, *Polyarchy: Participation and Opposition*, New Haven and London: Yale University Press.

______, 1998, *On Democracy*, New Haven and London: Yale University Press.

Dalton, Russel J., 2008, *Citizen Politics: Public Opinion and Political*

Parties in Advanced Industrial Democracies, Washington, D.C.: CQ Press.

______, 2013, *The Apartisan American: Dealignment and Changing Electoral Politics*, Los Angeles et al.: CQ Press.

Dalton, R. J., Cain, B. E. & Scarrow, S. E., 2008, "Democratic Publics and Democratic Institutions", *Democracy Transformed*, Cain, B. E., Dalton, R. J. & Scarrow, S. E. (eds.), New York: Oxford University Press.

Della Porta, D., 2011, *Democrazie*, Bologna: Il Mulino, 250~275.

Eisenstadt, S. N., 1963, *The Political Systems of Empires*, New York: The Free Press.

Falk, R., Juergensmeyer, M. & Popovski, V. (eds.), 2012, *Legality and Legitimacy in Global Affairs*, Oxford et al.: Oxford University Press.

Fritzi, G., 2004, *Max Webers Politisches Denken*, Konstanz: UVK Verlagsgesellschaft.

______, 2008, *Max Weber*, Frankfurt/M.: Campus.

Gebhardt, W., Zingerle, A. & Ebertz, M. N. (eds.), 1993, *Charisma: Theorie-Religion-Politik*, Berlin and New York: Walter de Gruyter.

Grimm, D., 2002, "Das Staatliche Gewaltmonopol", *Internationlaes Handbuch für Gewaltforschung*, Heitmeyer, W. & Hagan, J. (eds.), Wiesbaden: Westdeutscher Verlag, 1297~1313.

Habermas, J., 1981, *Theorie des kommunikativen Handelns*, 2 Vols, Frankfurt/M.: Suhrkamp.

Hurrelmann, A., Schneider, S. & Steffek, J. (eds.), 2007, *Legitimacy in an Age of Global Politics*, Houndmills and New York: Palgrave Macmillan.

Kaesler, D., 2003, *Max Weber*, 3/e, Frankfurt/M.: Campus.

Kalberg, S., 2006, *Max Weber lesen*, Bielefeld: transcript Verlag.

Kalyvas, A., 2008, *Democracy and the Politics of the Extraordinary: Max Weber, Carl Schmitt, and Hannah Arendt*, Cambridge, UK et al.: Cambridge University Press.

Keane, J., 2009, *The Life and Death of Democracy*, London et al.: Pocket Books.

Lassman, P., 2000. "The Rule of Man over Man: Politics, Power and Legitimation", *The Cambridge Companion to Weber*, Turner, S. P. (ed.), Cambridge, UK: Cambridge University Press, 83~98.

Lepsius, M. R., 2003, "Eigenart und Potenzial des Weber-Paradigmas", *Das Weber-Paradigma: Studien zur Weiterentwicklung von Max Webers Forschungsprogramm*, Albert, G., Bienfait A., Sigmund S. & Wendt, C. (eds.), Tübingen: Mohr Siebeck, 32~41.

Luhmann, N., 1983〔1969〕, *Legitimation durch Verfahren*, Frankfurt/ M.: Suhrkamp.

______, 2003〔1975〕, *Macht*, Stuttgart: Lucius & Lucius.

Luke, T., 1987, "Televisual Democracy and the Politics of Charisma", *Telos 70*, 59~79.

Merle, Jean-Christophe, 2012, *Die Legitimtät von supranationalen Institutionen der EU: Die Debatte in den neuen und alten Mitgliedstaaten*, Münster, Berlin and Londn: Lit Verlag.

Mommsen, W., 1974, *Max Weber: Gesellschaft, Politik und Geschichte*, Frankfurt/M.: Suhrkamp.

Münkler, H. & Llanque, M., 2002, "Die Rolle der Eliten bei der Legitimation von Gewalt", *Internationales Handbuch für Gewaltforschung*, Heitmeyer, W. & Hagan, J. (eds.), Wiesbaden: Westdeutscher Verlag, 1215~1232.

Norris, P., 2002, *Democratic Phoenix: Reinventing Political Activism*, Cambridge, UK: Cambridge University Press.

Müller, Hans-Peter, 2007, *Max Weber*, Köln: Böhlau Verlag.

Oakes, G., 2007, "Wertrationalität und Wertsphären-kritische Bemerkungen", *Macht und Herrschaft: Zur Revision zweier soziologischer Grundbegriffe*, Gostmann, P. & Merz-Benz, P.-U. (eds.), Wiesbaden: VS Verlag für Sozialwissenschaften, 27~47

Parkin, F., 2002, *Max Weber*, revised edition, London and New York: Routledge.

Parsons, T., 1968〔1937〕, *The Structure of Social Action. Vol. II: Weber*, New York: The Free Press.

Porter, B. D., 1994, *War and the Rise of the State: The Military Founda-*

tions of Modern Politics, New York et al. : Free Press.

Schielsky, U., 2004, *Souveränität und Legitimität von Herrschaftsgewalt*, Tübingen: Mohr Siebeck.

Schluchter, W., 1998, *Die Entstehung des modernen Rationalismus: Eine Analyse von Max Webers Entwicklungsgeschichte des Okzidents*, Frankfurt/M. : Suhrkamp.

______, 2002, *Rationalismus der Weltbeherrschung: Studien zu Max Weber*, Frankfurt/M. : Suhrkamp.

Shils, E. A., 1960, "Political Development in the New States", *Comparative Studies in Society and History 2, No. 3*, 265~292.

______, 1975, *Center and Periphery: Essays in Macrosociology*, Chicago and London: University of Chicago Press.

Sukale, M., 2002, *Max Weber-Leidenschaft und Discziplin*, Tübingen: J. C. B. Mohr (Paul Siebeck).

Tilly, C., 1992, *Coercion, Capital, and European States: AD 990~1992*, Oxford, UK and Massachusettes, MA: Blackwell.

Treiber, H., 2007, "Macht-ein Soziologischer Grundbegriff", *Macht und Herrschaft: Zur Revision zweier soziologischer Grundbegriffe*, Gostmann, P. & Merz-Benz, P.-U. (eds.), Wiesbaden: VS Verlag für Sozialwissenschaften, 49~62.

Turner, B. S., 1992, *Max Weber: From History to Modernity*, London and New York: Routledge.

Turner, S., 2007, "Charisma-neu Bedact", *Macht und Herrschaft*, Gostmann, P. & Merz-Benz, P.-U. (eds.), Wiesbaden: VS Verlag, 81~105.

Wagner, G., 2007, "Herrschaft und soziales Handeln", *Macht und Herrschaft*, Gostmann, P. & Merz-Benz, P.-U. (eds.), Wiesbaden: VS Verlag, 19~26.

Wrong, D., 1995, *Power: Its Forms, Bases, and Uses*, New Brunswick and London: Transaction Publishers.

Würtenberger, T., 1973, *Die Legitimität staatlicher Herrschaft: Eine staatsrechtlich-politische Begriffsgeschichte*, Berlin: Dunker & Humblot.

제 5 부

경제사회학

근대사회에서 화폐의 문제
— 화폐경제와 사회이론

임운택

1. 들어가며: 화폐와 시장에 대한 사회학적 고찰은 왜 필요한가?

세계화, 국가경쟁 및 산업입지경쟁, 시장형태로 규제되는 사회영역의 확산, 금융시장의 발전과 같은 사회구조적 현상, 오래전에 극복되었던 것으로 믿었던 세계경제위기의 부활, '네트워크화된 기업'과 노동과정에서 새로운 주체성의 활용 형태로서 이른바 '노동력 기업'(*Arbeitskraftunternehmer*)의 등장 등은 지난 수십 년 동안 사회학뿐만 아니라 경제사회학의 영역을 뜨겁게 달구었다. 특히나 20세기 중반 이후 한동안 지속된 안정적인 세계경제(포드주의적 축적체제)의 영향으로 사회학 내 분과학문 간의 분업구조 속에서 주변적이고 온순한 역할을 맡아왔던 경제사회학은 이전에 파슨스 제국('Pax Parsoniana': Beckert, Diaz-Bone & Ganßmann, 2007: 31)의 영향 속에 경제학에 통째로 넘겨주었던 경제의 주요 핵심영역을 변화된 정치경제적 상황 속에서 되찾기 시작했다. 무엇보다 미국에서 광범위하게 시작된 신경제사회학(Granovetter, 1985; Swedberg, 2003)의 일련의 연구프로그램은 주류 경제학적 지식 혹은 종종 그와 대립적인 지식을 넘어 경제에 대한 사회적, 문화이론적 전망을 포함하고 있다.

신경제사회학의 주요 논의에서 시장의 '배태성'(*embeddedness*) 테제는 핵심이라고 할 수 있다. 이를 폭넓게 해석한다면 시장의 '사회적 범주'에 대한 문제이고, 따라서 시장의 사회적 전제, 혹은 반대로 시장에 대한 사회적 영향력이 관건이 된다. 여기서 시장동력의 가장 핵심적인 변수인 화폐와 사회성의 관계에 주목하는 이론적 시도는 다양한 형태로 존재하지만, 화폐 그 자체는 관심의 중심에 놓여 있지 않다. 이는 신경제사회학에 지대한 영향을 미쳤던 막스 베버의 이론적 관점에서 볼 때 다소 불만족스러운 결과라 하지 않을 수 없다.[1)]

합리화 과정을 근대의 핵심으로 파악하는 막스 베버는 《경제와 사회》(1995)에서 '화폐경제의 형식적이고, 실질적 합리성'(*formale und materiale Rationalität der Geldwirtschaft*)을 규명한다. 그는 근대자본주의의 등장과 함께 관철된 "화폐지불의 형식적 합리성이 사회학적으로 매우 흥미롭고 실질적인 조건과 결부되어 있다"고 보면서, 화폐가격은

---

1) 사회경제학(*social eocnomics*)으로서 경제사회학과 이해의 사회학으로서 경제사회학(*economic sociology*)이라는 두 가지 각기 다른 독해방식으로 베버의 경제사회학을 재구성하려는 시도는(유형화는 Swedberg, 1987 참조) 방법론, 문화이론, 비교역사적 접근을 총체적으로 구성하는 데 여전히 논쟁적이다. 가장 큰 원인은 베버 연구의 미완결성과 추상성에 기인하는 것이지만, 미국 사회학계에서 주도된 사회적 배태성이라는 신경제사회학의 주요 정리(*Theorem*)가 주로 기업 네트워크 연구에 기초하였기 때문이다. 이러한 연구는 세계화 혹은 금융시장 자본주의와 같이 자본주의에서 화폐의 새로운 특성을 규명하는 데에 상대적으로 무관심하였다.

(시장) '갈등과 타협의 산물'이자 '권력상황의 결과'이며, 화폐는 '갈등의 수단이자 갈등의 가격'이라고 정의한다. 그에 따르면 "경제활동의 계산적 지침수단으로서 최고의 합리성은 자본소득 형태의 화폐지불을 요구"하며, "자본지불은 경영원칙과 객관적인 자금조달의 전유에 있어서 사회적으로 연관되어 있다"(Weber, 1995: 58). 이때 화폐지불 및 자본지불의 동력은 '욕망' 그 자체가 아니라 '소득계층의 한계효용 상황'에 기초한 최종 소비자의 '서비스에 대한 구매욕망'이며, 화폐지불을 추동하는 합리성은 기본적으로 순수하게 형식적인 성격을 지니게 된다. 동시에 모든 상황적 조건에서도 '형식적인 합리성'은 소득분배와의 연관성 속에서 '실질적인 합리성'으로 표현된다(Weber, 1995: 59).

유감스럽게도 형식적, 실질적 합리성의 관점에서 화폐와 사회의 연관관계를 규명하려는 베버의 시도는 2쪽 미만의 간결한 분량에 그치고 말아 근대사회에서 다양한 화폐의 형태(일례로 신용화폐)로 표출된 사회성의 의미와 양자 간의 관계를 분석하는 데는 한계를 보인다. 그렇다고 베버의 형식적, 실질적 합리성 개념의 중요성이 사라지는 것은 결코 아니다. 오히려 그 반대로 개인의 주체성이 강조되는 현대사회에서 화폐지불을 추동하는 형식적, 실질적 합리성은 사회 및 문화이론적 측면에서 보다 구체적으로 규명될 필요가 있다. 그러한 점에서 최근 경제사회학은 다양한 방식으로 이러한 문제에 접근한다.

디르크 백커(Dirk Baecker)는 체계이론적 관점에서 화폐와 사회의 관계를 경제사회학적 성찰의 어젠다로 상정하였다. "우리는 (…) 화폐이론을 필요로 하는데, 이는 소통에 대한 사회적 매체의 차이(그리고 연관성)라는 배경에서 세 가지 화폐기능의 차이에 대한 정보를 제공한다. 달리 말해서 우리는 한편으로는 화폐의 분화, 다른 한편으로는 소통에 관한 다른 매체의 분화 과정에서 세 가지 화폐의 기능이 어떤 역할을 하는지에 대한 정보를 전달받는다. 우리는 교환, 계산, 저축의 통일성과 차이(*Einheit und Differenz*)가 지배와 저항, 인식과 논박, 비난, 방어와 판단, 사랑과 냉정, 교육과 성장, 신념과 의심, 예술적 행위와 비판과 같은 창조적 행위를 돕거나 어렵게 하는 방식을 알아야만 한다."(Baecker, 2003: 16) 여기서 제기된 화폐와 사회의 통일성과 차이는 화폐의 사회적 결과 또는 반대로 화폐의 사회적·문화적 전제와 함의에 관한 다양한 질문을 가능케 한다.

이러한 전망은 화폐로 매개된 사회와 문화의 경제화 형태(Feil, 2004) 또는 화폐의 사회적 구성(Reichelt, 2008)을 경제사회학적 분석의 대상으로 만드는 동시에 정반대로 화폐와 사회(문화)가 어느 정도까지 분리될 수 있는지에 대한 문제도 제기하였다.

이러한 문제인식은 화폐에 대한 일방적 인식, 즉 '추상', '무차별성', '탈규범화'(*Entnormativierung*),[2] '탈주체화', '수량화' 등의 개념과 함께 표현되었던 화폐에 대한 일방적이고 일면적인 견해를 거부한다. 그 대신 화폐관계의 '상징성'을 입증하려는 시도가 점차 증가하고 있다. 경제학이 무엇보다 경제현상의 통일성에 관심을 갖는 반면에 사회학은 경제적 계산으로부터 주요 사회적 이슈들이 제한되고 배제되는 것에 관심을 갖는다(Baecker, 2006: 12). 그러한 관점에서 연인관계에서 화폐의 의미에 대한 빔바우어(Wimbauer, 2003)의 경제사회학적 연구는 개인이 (사랑받는) 타자를 가장 중요하게 생각하는 (낭만주의적) 원칙과 합리적 계산의 절대적 객관성에 관한 (경제적) 원칙이 어떻게 상호작용하며 서로 갈등하거나 융합하는지에 대해 묻는다. 벨튀스(Velthuis)는 《가격에 대한 이야기》(*Talking Prices*, 2007)에서 화랑과 예술 경매의 맥락관계에 있는 중요성을 조사하고, "가격의 메커니즘은 분배 시스템일 뿐만 아니라 상징적 시스템"(Velthuis, 2007: 4)이라고 결론을 내린다. 그러

2) 가치 및 규범체계의 다원화를 의미한다.

한 결론은 화폐에 대한 부정적이고, 의미론적으로 빈곤함을 지적하는 고전 사회학자들의 견해와는 배치된다. 주요 쟁점은 화폐의 '등장'이 아니라, 화폐의 의미 영역(또는 교환 그 자체에서 문화적 계기)이다. 금융시장에 관한 다양한 연구를 통해 랑제놀(Langenohl)은 다음과 같은 문제를 하나의 공통분모로써 제기한다.

> 금융시장은 한편으로 이념형적 차원에서 상징적이고, 사회적, 정치적, 문화적으로 자유로운 것으로 표현된다. (…) 다른 한편으로 금융시장에서는 특정한 대의제적 질서가 작동하고 있다. 금융시장은 그러한 점에서 이중적이다. 따라서 금융시장은 첫째, 견고한 시장논리에 반해 심화된 경제시스템 논리와 상징적 규범성으로 등장하고, 둘째, 금융시장의 역동성이 전례가 없을 정도로 기대와 희망, 근심과 열망, 동일화와 소외, 즉 의미화와 상징화의 투사영역에 적합한 사회적, 문화적 영역으로 현상한다(Langenohl, 2007: 10).

광범위한 화폐현상에 대한 젤리저의 일련의 연구(1994; 1995)는 금융경제에서 발견되는 이러한 현상이 단순한 관찰 이상의 것임을 보여준다. 다양한 사례연구를 통해 그는 상징경제의 행위자들이 실질적 거래관계에서 화폐를 차별화하고, 의인화하는 방식, 나아가 새로운 사회적 결속과 문화적 음영이 화폐로부터 발현하는 방식을 보여주면서, 대부분 이론적으로 도출된 화폐에 대한 지배적인 설명에 대립각을 세운다. "화폐는 유일하고, 교환가능하며, 절대적으로 비인격적인 수단이라는 점에서 우리시대의 강력한 이데올로기이며, 이는 근대 문명을 합리화하는 요체이다."(Zelizer, 1995: 1) 이러한 주장은 화폐에 대한 고전 사회학적 개념화가 불충분하다는 의혹을 제기하면서 '돈이 만인을 평등하게 한다'(*money is great leveller*)는 명제는 현실을 지나치게 단순화하여 그러한 명제가 화폐의 사회적 분화와 다원화에 대한 다양한 연구와도 배치된다는 점을 지적한다. 텔만(Tellmann)은 화폐에 관한 새로운 연구결과를 다음과 같이 요약하고 있다. "고전사회학자들의 견해와는 달리 사회적 상호작용과 사회적 특성뿐만 아니라 화폐의 추상적 활동의 증대와 공간적 압착이 화폐의 국제적 유동성을 증대시킨다."(Tellmann, 2007: 241) 이러한 관점은 '화폐의 이중적 특성'을 암시해준다.

그러나 화폐이론적 관점에서 시장의 '배태성', '자립성' 등과 관련된 개념을 제시하기가 어렵다는 점이 화폐와 사회의 관계에 대한 사회학적 전망이 협소하다는 것을 의미하지는 않는다. 이 글은 오히려 사회학사에서 화폐와 사회의 관계가 파악되는 방식 자체가 근본적으로 질문되어야 한다고 주장한다. 사회학은 화폐와 관련된 사회적 현상을 설명하기 위한 어떤 출발점을 제공할 수 있을까? 사회학은 어떤 주제를 어젠다로 상정할 수 있을까? 이를 위해 이 글은 우선, 사회학사에서 발견할 수 있는 다양한 입장들을 소환하여 간략하게 정리할 것이다. 이때 사회학적 범주의 자연화(*naturalization*) 내지 본질화(*ontologization*)를 피하기 위해 경제 및 화폐에 대한 사회학적 성찰의 근본적인 발전경향과 일상에서 경험할 수 있는 사회적 맥락을 염두에 둘 것이다.

화폐경제와 사회이론의 문제에 주목하였던 고전 이론가들로서는 맑스, 짐멜, 베버에 주목하였다(2절). 그 다음 자본주의가 만개하기 시작한 20세기 초반의 이론가들로서는 루카치, 존-레텔, 아도르노의 화폐에 대한 사회이론을 다룰 것이다(3절). 이후 현대 사회학 이론가로 파슨스, 하버마스, 루만의 시스템 이론 속에서 코드화된 화폐의 사회적 특성을 비교분석할 것이며(4절), 마지막으로는 현대사회에서 화폐가 지닌 사회학적 의미와 문제점을 간략하게 짚어보고, 향후 경제사회학의 과제를 제기하고자 한다.

2. 사회학적 고전: 맑스, 짐멜, 베버의 화폐경제에 관한 사회이론

화폐와 사회의 관계에 대한 사회학적 논쟁을 본격적으로 제기하고 사회학적 고전의 목록에 그러한 위치를 확고히 한 사람은 맑스이다. 맑스는 산업화와 계급투쟁의 맥락에서 화폐와 사회의 관계를 설명하였고, 그의 저작은 프롤레타리아트의 계몽, 그리고 '부르주아 학문'의 발전을 위해서가 아닌 자본주의의 혁명을 위한 기여로 이해되었다.

맑스의 가장 중요한 저작인 《자본론》의 핵심 내용은 '자본주의적 생산양식'의 기능방식, 그러한 생산양식의 발전논리(가치형성과 가치분배), 발전동력(위기, 빈곤화, 사회적 투쟁)을 규명하는 것이다. 내적논리에 따르면 맑스 분석의 근간은 가치에 대한 분석, 즉 가치와 화폐의 범주는 계급 혹은 착취관계와의 연관 속에서만 주어진다는 의도를 보여주기 위한 가치와 화폐와의 관계이다. 그러한 논리에 따르면 생산수단과 생산품의 사적소유에 근거하여 이윤생산을 위해 자본주의적으로 생산된 상품은 그 자체로 '모순'을 포함하는데, 여기서 상품은 '사용가치'인 동시에 '교환가치'이다(이른바 '상품의 이중적 성격': 《자본론》 1권 1장 2절). 교환가치로서 상품은 동일한 것, 즉 제 3자로서 (절대적) '가치'에 근거한다. 이러한 '가치'는 노동으로 환원되는데, 이때 노동은 '구체적' 노동이 아니라 노동의 물질적 형태로부터 독립된 노동이다. 여기서 자신의 고유한 (구체적) 노동이 자신의 욕구를 충족시키지 못하고 모든 형태의 특수하고 고유한 노동이 노동 일반으로서 다른 모든 노동과 동일하게 간주됨으로써 타인의 노동생산물에 대한 접근이 가능해지는 자본주의에서는 노동에 대한 실질적인 사회적 규정이 문제가 된다.

이처럼 추상적이고 실질적인 사회적 노동은 행위자에 의해 설정된 구체적 노동의 교환가능성('노동의 이중적 성격')이다. 이러한 노동은 '가치의 실체'를 형성한다. 자본주의 내에서 모든 구체적 노동생산품이 처음부터 하나의 특수한 '사회적' 성격('가치')을 갖는다는 모순은 모든 구성적 평등이 '일반적 등가물', 즉 화폐를 대변하는 차별화된 보편성에 관계할 때만 해체될 수 있다. 따라서 화폐는 교환을 쉽게 하기 위한 유용한 물질일 뿐만 아니라 특수한 사회적 생산관계의 표현이다.

'상품의 물신성'을 다루는 절(《자본론》 1권 1장 4절)에서 맑스는 보다 구체적으로 가치현상의 기원과 특성을 논의한다. 상품은 자본주의적 상품교환에서 행위자가 의식하지 못하는 사이에 발생하는 '객관적 성찰'(헤겔)의 의미에서 '추상적 노동'으로 환원된다. 이로써 노동생산물은 가치로 간주된다. 이때 '상품의 물신성'은 사회적으로 절대적이고, 추출과정을 통해 (즉 객관적 성찰을 통해) 매개된 상품의 고유한 특성을 사물 자체의 자연적 특성으로 간주하며, 더욱이 가격은 의도된 것이 아니라 참여자들의 '배후에서' 형성된다는 것을 포함한다. 이는 사람들이 스스로 자신의 역사를 만들기는 하지만 의식적이라기보다는 그의 의도적·합리적 (그리고 기타의 것을 지향하는) 행위는 인격적, 정치적 소유 및 지배관계의 틀 속에서 사람들에 의해 자체적으로 생산된 사회적 객관성의 전제 아래 발생한다. 그러한 사회적 객관성은 사람들이 화폐를 하나의 신처럼 숭배하는 동시에 계몽철학과 실천적 부르주아의 자기이해의 합리주의에 대한 비판적 사상을 포함한다.

맑스는 《자본론》의 전개과정에서 특수한 경제적 범주(자본, 잉여가치, 이윤, 신용, 이자, 위기 등)의 발전 속에서 사회적 체계연관이 고유한 구조 및 동력과 연계되는 방식을 재구성한다. 여기서 그는 화폐가 자본주의에서 언제나 다양한 계급 및 자본관계, 특히 신용을 통해 매개된다는 점을 보여준다.

경제적 시스템 구축에 대한 이 이론은 (맑스는 언제나 부르주아 경제학에 비판적이었음에도 불구하고) 계급 및 혁명이론적 사고와 결합된다. 사람들은 이러한 시스템을 만들어냈고, 따라서 자본과 그 대행자들의 강력한 권력은 맑스가 기술한 대로 '착취자에 의한 수탈'의 방식으로 스스로 자본관계의 혁명화를 초래할 것이다. 이때 생산관계의 해체는 기존의 경제적 범주를 해체하는 것 이상을 의미한다. 사회이론적 틀 속에서 토대와 상부를 구별하면서 맑스는 문화(상부구조)가 경제적 관계의 산물이며, 경제적 형태의 철폐와 함께 문화적 형태 또한 소멸될 것으로 추론한다. 법, 정치, 경제, 학문 또한 근본적으로 변화한다. 유적 존재의 역사에서 생산력과 생산관계의 변증법에 기초한 사적 유물론적 재구성은 이러한 낙관주의적 진보관에 근거하며, 이에 따라 분업의 발전(토대)은 역사적으로 결정적인 계기로서 이러한 토대 자체에 의해 결정되고, 그에 상응하는 특수한 제도적, 문화적 관계(상부구조)가 완성된다. 산업자본주의는 맑스에게 전도된 사회성의 마지막 단계이고, 이 단계에서 유적 존재가 스스로를 인지하면 분업의 편협함은 극복될 것으로 보았다. 왜냐하면 노동과정의 기계화와 함께 단지 사회적으로만 추동할 수 있는 (따라서 모든 사람의 생계를 배려할 수 있는) 기능과정이 등장하였기 때문이고, 그로써 '편협한' 부르주아 생산관계를 '깨트릴' 수 있기 때문이다.

초기 사회학은 경제사회학적 관점에서 다양한 방식으로 맑스의 문제의식에 도전하였다. 짐멜과 베버가 가장 대표적인 학자이다. 두 사회학자의 저술작업은 상품생산과 근대의 개인주의, 문화영역이 확장되고 문학 및 철학적 문화비평(보들레르, 니체, 쇼펜하우어 등)이 발생하는 배경 속에서 이루어졌다. 짐멜이나 베버 모두 근대사회에서 경제의 역할을 매우 핵심적으로 다루었는데 짐멜은 《돈의 철학》, 베버는 《종교사회학》과 《경제와 사회》에서 이 주제를 중점적으로 다루었다.

맑스와 마찬가지로 짐멜의 《돈의 철학》에서 화폐의 생성과 영향은 핵심적 주제였다. 나아가서 짐멜은 맑스의 문제인식을 넘어서 화폐의 기원에 대한 문제를 다루었으며, 그는 특별히 화폐의 문화적 토대에 관심을 가졌다. 짐멜은 스스로 연구 프로그램을 "사적 유물론의 지하를 파내려가는"(Simmel, 1991: 서문) 것으로 삼았다.

짐멜은 경제적 가치를 화폐의 출현에 근거한 교환관계에서 발생한 사회적 사실로서 간주한다. 그는 사람들이 생래적으로 사회적, 자연적 환경의 관점에서 가치판단을 한다는 심리학적 기본 가정에서 출발한다. 따라서 사물은 그 자체로부터 가치를 가지는 것이 아니라 오히려 사물이 사람의 욕망을 자극하며, 이때 그러한 욕망은 직접적으로 충족되기보다는 '지연된다'. 교환을 통해 교환 당사자들은 자신들의 판단과 욕망을 관련시키게 되고, 이에 따라 교환하는 사람들의 평가 간에 이루어지는 상호작용, 즉 사물이 경제적 사물이 되는 교환관계가 발생한다. 짐멜은 이를 경제적 가치의 기원으로 보았다. 동시에 이러한 교환관계를 통해서 가치 있는 것이 사물들 자체로부터 부여되는 양상이 발생한다. 교환관계 혹은 보다 구체적으로 교환에서 생성된 사물의 대체가능성(교환가능성)은 화폐 내에서 '대상화된다'. 화폐는 결국 혼자서는 가치 있는 것이 되지 못하고 가치의 척도가 된다. 가치를 위한 상징으로서 화폐는 자신의 기능에 근거하여 가치를 지닌다. 즉, 화폐는 화폐로서 간주되는 것이다.

짐멜은 화폐가 역사적 발전과정에서 단순히 하나의 수단일 뿐만 아니라(경제학적 관점에서는 '교환수단'을 의미하듯), 벌써 자기목적이 되어버려 일종의 유사종교적 특성을 획득한다는 점을 지적한다. 화폐는 '절대적 수단'이며, 이를 통해서 원칙적으로 모든 사물을 손에 넣을 수 있으며, 사람들은 화폐 자체를 욕망하기 시작한다. 화폐는 스스로 하나의 목적이 되며, 종교에 비교될 정도로 강력하고 고유한 윤리를 확립한다. 이러한 방식으로 화폐는 '사회적 무차별성'의 계기를 동반한다. '돈의 철학'에서 그러한 무차별성 현상을 지속적으로 측정하는 수많은 규정들이 제시된다. 그는 화폐가 단지 '순수한 경제적 기술의 무차별성', 즉 "자신의 전체적 목적의미가 화폐 내에 있는 것이 아니라, 단지 다른 가치로의 전환에 있는 한, 무차별성 그 자체"를 보여준다고 한다(Simmel, 1991: 12).

화폐의 사회적 결과에 대해 짐멜은 화폐경제가 점차 사회적 변화를 규정한다고 보았다. 화폐는 분업을 가능하게 하고, 따라서 점진적으로 '사회적 분화'를 동반한다. 화폐경제는 이때 두 가지 핵심적이고 상호 대립되는 계기를 초래한다. 한편으로 화폐경제는 사람들의 개인화를 좀더 촉진시키며, 다른 한편으로 자신의 생산품으로부터 인간의 '소외'를 초래한다. 따라서 사회적 관계도 점차 더 익명적인 것으로 변해간다. 짐멜은 자신이 '문화의 비극'(Simmel, 1996: 385~416)이라고 명명한 것에서 소외의 추가적 측면에 주목한다. 그에 따르면 문화는 (화폐를 통해서 매개된) 지속적 분업(즉 사회적 분화)의 과정에서 개인들이 그러한 문화를 조망하기 어려울 만큼 점점 더 복합적으로 되며, 따라서 객관적이고 고유한 법칙에 따라 발전하는 권력의 성격을 획득한다. 사람들이 문화적 산물(상징)을 점점 더 자신의 고유한 라이프스타일을 위해 사용하기가 어려워진다.

베버는 짐멜과 이러한 문화비판적 전망을 공유한다. 짐멜과 마찬가지로 베버는 맑스의 사적 유물론 개념에 반대한다. 《프로테스탄티즘의 윤리와 자본주의 정신》에서 베버는 사적 유물론의 단일인과성(*Monokausalismus*)에 대해 비판한다. 그에 의하면 근대적, 산업자본주의적 노동사회의 발전은 생산력과 생산관계의 역사적 변증법으로부터 단일인과적으로 도출되지 않고, 오히려 그러한 분업의 발전은 문화적 합리화 과정으로부터 물질적 합리주의의 과정으로의 역사적으로 특수한 이행을 표현한다. 잘 알려졌다시피 베버는 근대적, 합리적 기업자본주의의 탄생을 특수한 '프로테스탄티즘 윤리'의 발전에서 비롯된 것으로 본다.

그는 예정설과 금욕적 삶의 결합을 통해 임노동, 자본형성, 합리적 기업경영의 관철을 위한 필수적인 전제조건이 형성되었다고 보았다. 이러한 근거 위에서 자본주의는 역사적으로, 그리고 점진적으로 자신의 종교적 토대로부터 해체된다. 종교적 토대의 자리에 경제적 발전의 동기부여적 계기로서 부르주아적 직업윤리나 순수한 강제노동과 같은 세속적 윤리가 등장한다.

베버는 근대화이론을 다룬 자신의 주요 저서 중 하나인 《경제윤리와 세계종교》에서 근대에서 단일하고 의미 있는 종교적 계기의 해체과정을 다룬다. 이 저술에서 서구적 근대화 과정의 기술을 위해 강조된 핵심적 경구는 '탈주술화'(*Entzauberung*)이다. 탈주술화 과정은 베버가 비판적으로 분석하는 특수한 문화적 분화과정과 함께한다. 이와 관련하여 베버는 가치영역의 분화로부터 제도적 '삶의 방식'(*Lebensordnungen*)의 안정화의 과정을 비판적으로 분석한다. 그러나 분화와 제도화 과정은 어떠한 경우에든 가치다원화 및 구속적 행위의 구성을 동반한다. 합리적 행위가 근대경제의 전형으로 탄생했듯, '삶의 양식'(법, 정치, 예술, 학문) 내에서 합리적 행위질서가 관철된다('서구적 합리주의'). 동시에 가치영역과 '삶의 방식'은 실제로 서로 충돌하는데, 여기서 베버는 근대 자본주의적 경제 질서에서 중요한 역할을 부여하면서 분명하게 "우리의 근대적 삶의 가장 운명적인 권력, 즉 자본주의"에 대해 말한다(Weber, 1988a: 2). 이러한 화폐는 특별히 정치와 같은 다른 영역의 발전에 영향을 준다. 따라서 근대의 조세국가, 행정국가, 복지국가는 경제의 현금급여에 의해 지탱된다(Deutschmann, 2001: 33f.).

화폐의 의미에 대해 베버는 화폐가 새로운 행위 가능성을 창출하고 분업을 추동한다는 점에서 짐멜과 유사한 관점을 공유하지만 시장이 무차별한 현상을 초래한다는 점을 강조한다. "시장이 자신의 고유한 법칙을 따르는 곳에서 시장은 사안의 평판만을 알 뿐이며, 사람에 대한 평판, 형제애나 존중에 대한 의무, 자연스럽고 사람들의 공동체에 의해 담지되는 인간적 관계는 결코 인지하지 못한다(Weber, 1995: 383). 화폐는 인간의 삶에 존재하는 '가장 추상적이고 가장 비인격적인 것'이다."(Weber, 1988a: 544)

화폐 그 자체의 분석에 관한 한, 베버와 짐멜 사이에는 분명한 차이가 존재한다. 베버는 화폐를 단지 이념형적으로만 다루고 가치이론이나 화폐이론적으로 접근하지 않는다. 베버에게 중요한 것은 개인의 행위에 영향을 미치는 화폐의 결과이지, 화폐 그 자체의 생성은 아니다(Bader et al., 1976 Bd. 1: 219~350). 사회학이 "합목적적으로 생성되고, — 우리의 견해로는 — 목적의식적으로 기능하는 경제적 삶과 관련된 제도의 생성과 존속을 비집합적 방식으로 설명해야 한다"(Weber, 1988b: 29)는 베버의 연구프로그램에도 불구하고, 맑스와 짐멜의 의미에서 중요한 위치를 차지하는 화폐의 발생론적 이론은 베버의 관심 밖에 놓여 있었다. 베버는 맑스와 짐멜에게 핵심적인 '객관적 가치'의 문제를 다루지 않았다.

화폐의 문화적 의미에 대한 근본적 성찰은 1920년대 이후 루카치, 존-레텔, 아도르노와 같은 이른바 '서구 맑시즘'의 이론가들에게서 부활한다.

3. 근대사회의 핵심으로서 교환: 루카치, 존-레텔, 아도르노

베버와 짐멜의 사회이론이나 문화비평은 루카치에 의해 수용되었다. 그의 분석은 초기 비판이론과 아도르노의 사회학에 중요한 준거점을 제공한다. 루카치는 무엇보다 맑스와 베버의 이론을 결합시킨다. 이러한 결합은 루카치의 주요 저작 《역사와 계급의식》(1923/1986)에 잘 드러나 있다. 여기서 루카치는 한편으로는 근대화의 비판적, 발생적 이론을 발전시키고, 다른 한편으로는 그러한 근거 위에서 특수한 혁명이론적 가정을 발전시켰다.

루카치의 사회이론의 핵심은 '물화'(*Verdinglichung*) 개념이다. 루카치는 베버가 '서구 합리주의'의 생성과 발전을 '합리화'로 기술한 과정을 맑스의 '물신성' 분석에 근거하여 점진적 '물화'의 과정으로 분석한다. 상품 물신성의 핵심은 세계에 대한 인간의 '도구적' 태도이다. 루카치에 따르면 근대화는 합리화가 증대하는 과정일 뿐만 아니라 '의식의 물화'가 증대하는 과정으로 이해된다. 인간은 자연, 문화, 그리고 스스로에게 도구적 태도를 보인다. 그러한 태도의 발전은 다른 영역으로 상품의 물신성이 이행된다는 것을 의미한다. 물신성 개념은 과학기술의 진보에 대한 맑스의 긍정적 견해에 대한 암묵적 비판을 포함한다(이는 루카치가 비판이론에 미친 중요한 영향이기도 하다). 따라서 루카치의 생각에 의하면 근대 기술이 초래한 세계의 내용은 자신을 위한 것이 아니라, 모든 것이 합리적 처리를 위한 수단이 된다.

루카치의 사회이론은 '물화'의 점진적 과정이 필연적으로 인간의 해방을 가져올 혁명이론의 전제가 된다. 왜냐하면 '물화'가 관철되는 출발점은 노동력으로 상품형태가 확산되는 것이기 때문이다. 여기서 노동력은 자신의 전통적 조건으로부터 분리되고 합리적 통제의 대상이 된다. 근대화가 진행되면서 이러한 통제는 점점 더 '합리적'으로 되고, '객체'

로서 자신을 취급하려고 의식하는 노동주체의 의식에 영향을 준다. 모든 것을 이전과는 다르게 변화시키는 '물화'를 말 그대로 몸소 경험하기 때문에 프롤레타리아트는 또한 특권적 인식의 지위를 지닌다. 이러한 논리에서 혁명적 계급의식이 발전된다.

비판이론가들은 루카치의 혁명적 사고를 받아들이지 않았지만 그의 '물화'개념은 적극적으로 수용하였다. 무엇보다 존-레텔(Sohn-Rethel)은 1920년대 중반 이후 근대 자연과학에 대한 루카치의 비판을 과학기술적 합리성에 대한 시원적이고 비판적인 분석의 출발점으로 삼았다(Sohn-Rethel, 1970/1986).

존-레텔은 칸트의 《순수이성비판》에서 강조된 선험주의(*Apriorismus*) 비판에서 논의를 시작한다(Sohn-Rethel, 1986: 1장). 칸트는 범주(시간, 공간, 양, 질 등)의 매개로 선험적 특성을 지니는 감각적 경험이 형성된다고 주장한다. 존-레텔은 사람들의 사회적 필요조건과 관련하여 이러한 범주의 선험적 성격을 분석한다. 존-레텔의 테제에 의하면 '사유형태'의 생성은 역사적, 체계적 재구성의 방식으로 화폐의 발전에서 설명이 가능하다. 존-레텔에 따르면 인식의 추상적 사유형태는 상품형태의 '실제적 추상'(*reale Abstraktion*)으로부터 설명이 가능하다. 따라서 그는 화폐를 매개로 등가교환의 일반화에 기초하는 상품형태는 이중적 추상과 결합되었다는 점을 보여주려고 하였다. 이중적 추상은 한편으로는 시공간의 분리 속에서 교환행위를 통해 형성된 상품의 구체적 사용으로부터, 다른 한편으로는 상품의 교환가치에 근거한 구체적 노동으로부터 도출된다(Müller-Doohm, 2003: 334).

루카치가 상품의 물신성을 유추하여 주제로 삼았던 것을 존-레텔은 역사적, 발생사적 분석의 대상으로 삼는다. 이때 의식의 특수한 형태는 맑스가 생산력과 생산관계의 변증법에서 보았던 것과 달리 노동이 아니라, '교환'에서 발전된다(Sohn-Rethel, 1986: 53~78).

이른바 '구' 비판사회이론 내에서 맑스, 베버, 짐멜, 루카치, 존-레텔 등이 제시한 이론적 준거틀은 중요한 의미를 지닌다. 특히 아도르노는 호르크하이머와 달리 1920~1930년대에 존-레텔의 테제에 깊은 관심을 보였다. 1930년대 말과 1940년대 초반에 발생한 일련의 사건, 즉 파시즘, 스탈린주의, 미국식 노동(포드주의) 및 소비사회의 경험에 근거하여 호르크하이머와 공동으로 저술한 《계몽의 변증법》에서 존-레텔이 제기한 문제의식은 별로 중요한 기여를 하지 못하였다. 여기서 교환은 오히려 나락으로 떨어진 인류역사의 등장의 부수현상이고, '도구적 이성', 즉 자연과학적, 기술적 원리의 일반화로 설명된다.

1945년 이후에 쓰인 아도르노의 저술에서는 이러한 '역사철학적 부정주의'(*der geschichtsphilosophische Negativismus*: Honneth)가 점차 사라지고 '총체성으로서 사회'(*Gesellschaft als Totalität*)의 개념이 등장한다. 이 개념은 자본주의 경제, 문화, 정체성, 그리고 정치의 '우위'(*Primat*)에 대한 논의에서 출발한다. 서구 전후사회의 경험, 즉 대량소비의 생성과 확산, 산업사회의 생성, 경제과정에 대한 국가의 개입, 복지국가의 형성은 그러한 견해에 중요한 배경이 된다. 아도르노는 서구사회의 이러한 발전을 실질적인 개성과 자유를 구속하는 '관료적 세계'가 탄생하는 상징으로 간주한다.

아도르노는 맑스적 의미에서 상품과 화폐의 교환을 근대사회의 핵심으로 본다. 이때 교환은 일반적으로 자본주의적 교환을 의미하며, 그러한 교환은 이윤과 자본의 가치증식 및 축적을 위해 발생한다. 아도르노는 존-레텔의 견해를 좇아 맑스보다 강력하게 추상적 교환의 '개념적 계기'를 강조하였다. 그에 따르면 교환 과정에서 "생산자와 소비자의 질적 특성, 생산의 유형, 생산자와 소비자의 사회적 메커니즘이 부차적으로 만족시키는 욕망을 제외하면 모든 것이 객관적으로 추상화된다. 가장 우선적인 것은 이윤이다"(Adorno, 1979: 13). 따라서 아도르노에 의하면 "사회적 현실성에서 개념성(*Begriffliches*)을 찾아내는 사람들은 이데올로기 비판을 두려워하지 않는다"(Adorno, 1979: 209). 왜냐하면 "인간의 숙명을 지배하는 법칙은 교환법칙"이기 때문이다. "그러나 이는 단순한 직접성이 아니라 개념적인 것이다. 교환행위는 상호 교환될 수 있는 재화를 그 내부에서 등가적이고 추상적인 것, 전통적인 표현에 의하면 결코 물질적이지 않은 것으로의 환원을 의미한다."(Adorno, 1979: 209) 아도르노는 교환가치를 가장 '실재적인 존재'(*ens realissimum*)로 간주한다(Adorno, 1979: 17). 따라서 아도르노의 견해에 따르면 주관적, 사회적, 자연적 세계는 이러한 '개념'으로부터 점차적으로 구성된다.

아도르노는 기본적인 교환행위의 사회적 결과를 분석할 때 루카치의 노선을 걷는다. 루카치와 마찬가지로 그는 모든 영역에서 '물화'가 관철되고 있다고 해석한다. 그러나 아도르노는 파시즘과 문화산업의 경험으로부터 사회해방에 매우 회의적이었다는 점에서 루카치와 큰 차이를 보인다.

아도르노의 '유물론적' 사회이론은 사회학 이론에서 주변적 위치에 머물러 있다. 아도르노에 의해 강력한 영향을 받은 (비판)사회이론은 오늘날 체계이론의 강력한 도전에 직면하였고, 더욱이 비판이론의 2세대인 하버마스가 행위이론과 체계이론의 천박한 결합을 피하기 위해 총체성 개념을 포기한 이후에 아도르노의 비판이론은 그러한 운명에서 자유롭지 않게 되었다.

4. 사회학적 체계이론 내에서 화폐와 사회: 파슨스, 하버마스, 루만

사회학의 체계이론이 등장하면서 이론적 분석틀 속에서 좁은 의미에서의 사회개념과 함께 특수한 화폐이론이 전개되었다. 이때 체계이론에서의 화폐이론은 기존의 경제학적 화폐이론과는 독립적 위치를 차지한다. 파슨스, 루만, 하버마스에게서 화폐는 '매체'(*Medium*)로서 이해된다. 물론 매체는 그 자체로서 이론의 사회존재론적 기본전제와 연관된 다양한 개념적 의미를 지닌다. 체계이론에서 바라보는 화폐이론은 사회 전체 내에서 경제의 지위를 문제 삼는 이론의 구성요소이다. 파슨스는 맑스, 짐멜, 베버, 아도르노와는 달리 화폐 혹은 화폐경제에 전체 사회의 발전을 위한 특별한 사회적 특성 혹은 핵심 지위를 부여하지 않는다.

파슨스는 처음으로 사회성에 대한 확장된 체계이론을 발전시킨다. 그는 1920~30년대의 세계경제위기라는 역사적 경험과 포드주의적 '해결', 즉 대량생산과 대량소비, 경제에 대한 정치적 조정, 위기와 (상대적으로) 갈등이 완화된 성장, 서구, 특히 미국사회의 (상대적이긴 하나) 일정한 문화적 동질성(기독교적 신념과 가치, 반공주의), 나아가서 개인화와 신사회운동을 배경으로 그의 이론을 발전시킨다(Kohlpoth, 2007; Pijl, 1996).

파슨스 이론의 출발점은 '일반행위시스템'에 관한 이론이다. 이에 따르면 인간의 행위는 '유기적', '개인적-인성적', '사회적', '문화적' 요소에 의해 규정된다. 그에 의하면 행위의 조건(자아와 타자의 선택을 우연적인 것으로 관찰하는 행위의 불투명성에서 비롯되는 이른바 '이중적 우연성'의 조건)은 '유기적 체계', '인성체계', '사회체계', '문화체계'와 같이 상응하는 하위체계들(확고한 '구조들')로 조직화되어 있다.

4개의 하위체계 각각은 행위를 위한 특수한 '기능'('태도', '인성', '문화', '사회')을 담지한다. 파슨스는 이러한 네 가지 기능의 충족을 모든 체계의 유지를 위한 조건으로 보며, 하위체계 또한 이러한 네 가지 기능에 근거하여 연구한다.

파슨스 이론의 중심에 놓인 '사회체계'는 4개의 기능적 도식에 따라 '경제체계', '정치체계', '사회문화적 체계'(학교, 대학, 교회), '공동체조직'(지역 공동체, 이웃, 단체)으로 세분화된다. 경제체계는 환경에 대한 행위의 적응을, 정치체계는 목표달성이라는 의미에서 집합적으로 구속력 있는 결정의 생산을, 사회문화적 시스템은 문화적 유형의 유지를, 공동체조직은 사회통합의 기능을 충족시킨다. 각각의 하위체계는 '상징적으로 일반화된 상호작용 및 교환 매체'를 통해 내적 안정을 획득한다. 이때 각 하위체계에는 '화폐', '권력', '영향력', '충성'이라는 매체가 존재한다.

이러한 매체는 이들이 행위자의 행위를 매개시키는 형태이고 발신자로부터 수신자에게 정보를 전달하기 때문에 매체가 된다. 매체는 한편으로 하위체계 내에서 교환을 규제하고, 다른 한편으로 독립분화된 체계 간의 교환을 규제하기도 한다. 이러한 매체는 사물 그 자체가 아니고 하나의 상징에 불과하다는 점에서 '상징적'이다. 매체는 참여자들의 범위를 넘어 상호작용을 가능하게 만들기 때문에 '일반화된다'.

매체에 대한 이러한 이해는 화폐에도 적용된다. 화폐는 행위를 조정하는 매체이고 시장에 존재하는 모든 재화에 대해 교환이 가능하기 때문에 (혹은 원칙적으로 화폐는 모든 상황에서 적용되기 때문에) 그 자체로 '일반화된다'. 또한 화폐는 상징적이다. 왜냐하면 동전이든 지폐든 그 자체로는 아무런 가치를 지니지 않기 때문이다. 동전이나 화폐는 소비될 수 있다는 의미에서 스스로를 유용하게 만들지 않고서도 유용성을 상징화한다. 파슨스는 사람들이 이러한 과정을 신뢰하기 때문에 화폐가 자신의 기능을 충족시킬 수 있다고 본다.[3)]

파슨스가 강조한 매개개념은 일정한 설명적 한계에도 불구하고 사회통합에 대한 변화된 이해의 표현으로 이해될 수 있다. 파슨스는 개인들의 규범적 합의가 사회적 부분체계의 분화에 기초한다고 전제한다. 이로써 무엇보다 분화된 서구 기독교 문명의 가치지평은 사회적 관계의 질서와 안정을 확보하게 된다. 그러나 사회가 변화된 규범적 조건 속에서도 안정적인 것으로 입증되는 한 1950년대 이후 복지국가의 등장 속에서 지속되고 있는 개인주의화 경향은 그러한 전제를 의심스럽게 한다. 사회체계의 통일과 존속은 (이미) '매체'의 적용을 통해 확보된다. "상징적 소통매체에 힘입어 자아(*Ego*)는 타자와 복합적 소통전제(공동으로 공유된 문화라는 의미에서)를 공유하지 않고서도 스스로 이해가 가능하게 되었다. 매체를 활용한 자아의 소통은 심지어 타자의 도덕적 의무를 주장하지 않으면서도 자신의 기대를 충족시킬 수 있는 타자의 통제된 태도반응을 이끌어낸다. 자아와 타자는 최소한의 지식을 서로 공유할 수 있으며 서로 낯선 존재임에도 불구하고 최소한의 범위에서 협력한다."(Wenzel, 2002: 434f.)

파슨스에서 암시된 이른바 '자기생산적 경향'(*autopoietische Tendenz*)은 루만에게 하나의 이론적 프로그램이 된다. 화폐, 그리고 사회에서 화폐의 역할에 관한 사회학적 이론형성의 전개에서 루만은 파슨스의 입장을 본질적으로 수정하고 확장시킨다. 루만의 사회이론의 기본개념은 '소통'이다. '소통'은 '물리적 체계' 사이의 정보교환에서 발생하고 사회

3) 파슨스의 해석에도 불구하고 왜 사람들이 자신들의 욕구를 화폐를 매개로 충족시키느냐의 문제, 나아가서 화폐와 독립분화된 근대의 경제시스템과 관계를 어떻게 설정하는지는 여전히 불확실하다. 다른 이론가들과 비교해볼 대, 파슨스에게 있어서 혁신적 잠재력은 바로 매체이론적 전망을 제공하는 데 있다고 할 수 있다. 그러나 그는 보다 심층적인 화폐 및 자본이론적 성찰은 경제이론의 과제로 간주한다는 점에서 한계를 보인다.

성이 발생하는 표현이다. 이는 '심리적 체계' 이상이며, 따라서 하나의 '독특한'(*sui generis*) 현실이다. '소통'은 '소통매체'의 사회적 진화에서 발생하는데, 처음에는 '언어'와 '저술'에서 시작하여 점차 상징적으로 보편화된 소통매체로 발전하면서 독립분화된다(*ausdifferenzieren*). 화폐는 이러한 의미에서 소통의 특수한 진화적 '코드화'이며 진실, 사법적 판결, 권력, 사랑, 예술작품, 신념, 정보와 같은 기타 '소통매체'와 옆에 공존하는 '상징적으로 일반화된 소통매체'이다. 이때 다양한 '매체'의 존재는 법-불법, 진실-허위, 지불-비지불 등과 같은 다양한 '이항코드'의 존재에 조응한다. 이는 '소통'의 통일성이 단지 어떠한 '소통'의 차이가 통일적으로 구성되는 한에서만 주어진다는 것을 의미한다.

루만은 화폐의 매체이론적 분석에서 '매체'로서 화폐의 '무차별성'이 지니는 계기를 강조한다. 루만에게 "체계의 내재적 재생산을 위해 지불이 매우 많은 정보 손실을 통해 이루어진다는 것은 중요하다. 그는 사람들이 화폐를 지불함으로써 충족시킬 수 있는 욕구나 희망에 대해 해명하거나 근거를 제공할 필요도 없고, 화폐의 기원에 대해 정보를 제공할 필요도 없다고 본다. 그러한 점에서 화폐형태는 사회적으로 불안정하게 작용하고 소통적으로 가능한 관계를 잘라내지만 바로 이것이 경제의 특별한 기능체계의 독립분화를 위한 조건이다"(Luhmann, 1994: 251f.). 이러한 현상은 흡사 비도덕적인 방식으로 벌어들인 돈을 도덕적인 방식으로 사용할 수 있다는 것을 암시한다(물론 그 역도 마찬가지다). 매수한 돈으로 교회에 영생의 빛을 밝힐 수 있는 동시에 헌금이 뇌물로 사용될 수도 있다는 것을 의미한다.[4]

---

4) 이처럼 '합리적'인 의미 조건화(*conditioning*)의 매체로 화폐를 이해하는 이론적 입장이 화폐와 대립되는 규범적 평가가 어떠한 방식으로 사라지는지 결코 보여주지 않는다는 점은 흥미롭다. 맑스도 이미 역사철학적 전제에서 자본주의를 결코 총체적으로 부정하기보다는 자본주의 내에서 그가 '제한적'이라고 규정한

화폐매체에 대한 이러한 견해는 '기능적 분화'라는 사회이론적 기본개념과의 긴밀한 연관 속에서 이해될 수 있다. '소통매체'를 활용하는 과정 속에서 경제, 법, 정치, 가족, 예술, 종교, 대중매체와 같이 상호 간 '기능적으로 독립분화된' 사회적 기능체계들이 형성된다. 화폐는 '결핍의 소통'이라는 기능을 지니며 정치는 공동체적으로 구속력 있는 결정을 가능하게 하는 기능을 가진다. '매개된 소통'의 발생은 '복합적' 사회의 생성과 유지를 가능하게 해준다.

이러한 다양한 기능체계는 '체계와 환경'의 관계 속에서 서로 공존한다. 모든 체계는 외부로부터의 영향에 대해 자신의 고유한 목소리로만 '소통할 수 있다'. 일례로 경제체계에 대한 정치체계의 반응은 조세, 법인세 및 소득세, 혹은 각종 정부 지원금 등의 형태 속에서 소통이 이루어진다. 이때 루만은 사회적 발전 속에서 다른 체계에 대해 어떠한 기능체계도 우위에 서 있을 수 없다고 전제한다.[5)]

사회 부분체계의 동등성과 상호의존성 그리고 화폐에 인간 공존과 관련된 특별한 특성이 없다는 (다양한 매체 중의 하나일 뿐이므로!) 루만 이론의 전제는 파슨스 이론과의 유사성을 보이는 반면, 맑스, 짐멜, 베버, 아도르노와는 차이를 보인다. 루만이 고전이론 및 비판이론과 공유하는 점은 화폐가 창출한 '무차별성'이다. 그러나 하버마스의 사회이론

전근대적 사회구성체에 대한 문명적 발전을 내다보았다. 짐멜은 근대의 성과를 기본적으로 양가적으로 평가한다. 화폐의 축복이 가져다준 모순적 결과는 오늘날 도처에서 발견된다. 엄격한 도덕적 가치를 앞세우고 매주 열심히 교회에 다니는 집주인이 자신의 상가에 룸살롱 영업을 임대하고, 보수적인 지역에서 외국인 노동자들을 유입하는 이유는 이들이 비용(임대료, 소비)을 지불하기 때문이다. 화폐라는 매체는 사회를 증오, 폭력, 분노와 같은 인성으로부터 해방시켜준다.

5) 루만은 자신의 후기 저작 곳곳에서 경제가 사회 기능체계의 총체성에서 지배적일 수 있음을 암시한다.

에서 화폐의 문제는 다른 방식으로 이해된다.

하버마스는 '의사소통이론'에서 화폐의 사회적 특성뿐만 아니라 사회적 의미에 대해 논한다. 하버마스는 맑스, 루카치, 아도르노, 파슨스, 루만의 문제제기와 이론적 개념에 연결하여 화폐가 무엇이고 근대사회에서 어떤 역할을 수행하는지 묻는다.

하버마스에게 화폐는 '탈언어화된 소통수단'이자 '특수한 언어'이다. 매체개념을 일반화해버린 루만의 입장과는 달리 하버마스는 화폐를 '권력'이라는 매체 옆에 존재하는 이러한 종류의 '유일한 매체'로 간주한다.[6] 교환은 가격이라는 언어를 경유해서 유통되며, 따라서 어떠한 언어적 소통을 요구하지 않는다는 이유로 화폐에서는 특수한 언어기능이 '상징화된다'. 화폐는 '표준적 상황'을 만들어내고, 그러한 이유에서 물질적 재생산을 위해 필요한 소통의 비용을 경감해준다. 소통비용의 경감을 넘어 소통행위 일반에 기초한 문화-규범적 특수성과 정체성과 관련된 특수성이 상품의 교환과정에서 아무런 역할도 하지 못한다는 의미에서 화폐매체의 제도화가 이루어지면서 '체계'와 '생활세계'가 서로 분리된다.[7] 이제 보편적인 경제적 기능연관은 화폐를 통해서 형성된다.

---

6) 권력과 화폐의 동일한 사회적 특성과 관련해서는 Joas · knöbl(2004: 324ff.)을 참조할 것. 일반적 언어와 특수한 차이를 보이는 화폐의 물질성은 행위전달과정에서 차이를 보인다. 언어행위를 통해 전달된 정보가 화자에 남는 반면, 화폐는 교환행위를 통해 소유권자를 바꾼다. 이는 노골적인 욕망이 사회적 관계를 바꾸고, 행위동기를 변화시키고 축적하는 것과 마찬가지이다.

7) 조직이나 교환에서 구성되는 규범적 계기를 이유로 '규범으로부터 자유로운 사회성'의 구성을 거부하는 호네트(1988)의 생각과는 달리 규범으로부터 자유로운 계기가 형성될 수 있다. 일반적으로 노동과정에서 소통적 행위가 발생하고 규범이 일정한 역할을 하는 것은 틀림없다. 그러나 동시에 소통관계와 규범은 화폐적 행위지향에 종속적이다. 예컨대 노동과정에서의 구체적 경제행위가 비규범적 유보조건에 놓여 있다는 점은 부정할 수 없다. 구체적 노동의 구매와 조직은 이윤을 가져와야만 하며, 이는 자본주의 사회에서 이른바 사회적이고 객관적이며,

화폐의 체계 통합적 기능(*function of system integration*)은 금융자본이 주도하는 오늘날의 자본주의 세계에서 명료하게 드러난다. 전통, 제도 혹은 경제조직, 네트워크, 권력 그 어느 것도 공간적, 시간적 제약으로 인해 화폐를 매개로 결속된 행위의 전 지구적 통합수준을 다루기에는 한계를 보인다. 사회적 네트워크는 단지 직접적으로 통합된 시장참여자의 태도에 영향을 미칠 수 있으나 간접적으로 시장에 참여하는 제 3, 제 4의 행위자들에 의해 영향을 받는 시장상황에 어떠한 영향을 미칠 수가 없다. 이와 같은 익명의 제 3자 혹은 그 이상의 참여자들은 시장상황 속에 무수히 많이 존재하며, 사회적으로 통제가 불가능한 일련의 결과를 초래한다. 일례로 뉴욕의 증시가 폭락하면 환율의 영향으로 국내 자동차산업이 노동비용의 상승을 감내해야 하거나 남미 혹은 아시아국가에 존재하는 수백만 명의 소농의 파산을 초래한다. 경제조직, 정치, 법의 영역에 대한 화폐의 우위는 다른 어떤 영역과 달리 화폐가 유일하고 실질적으로 전 지구적 시스템을 대변하기 때문이다. 화폐는 전 세계를 포함할 뿐만 아니라 철저하게 이 시스템을 관통한다.

이러한 상황적 전제를 배경으로 하버마스는 행위연관이 독립분화한다고 보는 파슨스와 루만의 전제를 부분적으로 공유하지만 화폐의 기능적 특성과 통일성이라는 관점에서 파슨스와 루만과는 달리 정치경제

비합리적인 아프리오리(*a priori*)이다. 생계를 위해 노동하는 사람은 화폐적 지향, 즉 돈벌이 때문에 타락하고, 참을 수 없고 불공정한 노동조건을 받아들인다. 자본가 혹은 기업 CEO들은 화폐적 지향, 즉 이윤추구 때문에 자신들조차 비도덕적이라고 생각되는 방식으로 노동자들을 취급한다. 이러한 경제적 행위연관은 결코 갑자기 탈규범화될 수 없지만, 그 속성에서 일반적으로 규범성으로 환원될 수 없는 특성을 지닌다는 점이다. 행위자의 실천에서 확실히 화폐성의 우위가 존재하지만, 이러한 화폐성의 우위는 갈등이 증폭될수록 자본주의 사회의 최종심급에서는 언제나 규범적 관계보다는 폭력적 관계에 의존한다. 자본주의 사회에서 사적 소유의 보장은 결국 국가의 독점적 폭력에 의존하기 때문이다.

적 행위연관 체계의 특수한 존재방식을 전제한다. 하버마스에게 체계이론적 처방은 사회에 대한 이론을 '비판적으로' 재구성하는 것에 불과한 것이다.

하버마스는 근대 자본주의의 특성 속에서 화폐경제의 확대를 인간의 공동체적 삶의 발전과 관련된 진화론적 진행으로 받아들인다. 이러한 체계는 임노동에 기초하는 동시에 전통적 분업관계(분업조직과 전통적, 지배적 규범에 따른 분업조직과 일의 분배)를 해체함에도 불구하고, 하버마스는 화폐경제를 궁극적으로 거부할 수 없는 사회의 진전으로 인식한다. 그러한 인식에 따르면 생활세계를 매개하는 화폐경제가 지식, 사회적 관계, 개인의 정체성의 '소통적 합리화'를 위한 자유로운 공간을 개방한다는 것이다.[8] 그러나 동시에 하버마스는 '화폐매체의 남용'을 지적한다(Habermas, 1984: 569). 화폐매체의 남용은 문화(지식), 사회(규범), 인성(정체성)이 점차 '경제적 명령'에 종속되는 결과를 초래한다. 즉, 지식, 정체성, 사회적 능력은 점차 경제적으로 유용한 것만 생산되고, 합리화된 생활세계(그 핵심은 울리히 벡의 표현을 빌자면 개별화된 정체성일 것이다!)는 유연하고, 수평적이고, 네트워크화된 서비스 사회 혹은 지식기반 자본주의의 원천이 된다. 따라서 경제적, 행정적 시스템에 의한 '생활세계의 (점진적) 식민화'라는 결과를 통해 하버마스는 근대를 '미완의 프로젝트'로 명명한다. 그는 경제성이 인간의 물질적 생존을 위한 분업이나 시장을 매개로 하는 조직과 같이 효율적인 활동을 수행하는 데 제한되고 생활세계가 자유롭게 발전할 수 있는 조건에서만 근대가 완성될 수 있다고 본다. 하버마스는 언어적 소통에 '이성의 목적'(*Telos der Vernunft*)이 내재한다고 보기 때문에 미완의 근대에서 사

8) 이러한 관점은 일반적으로 서구사회의 역사적 발전에 조응하는 것이다. 서구사회는 테일러리즘, 노동시간 단축, 복지국가에 기초하여 여성, 아동, 청년 나아가서 신사회운동과 같은 포괄적인 사회적 해방과정을 실현하였다.

람들은 특히 경제과정을 민주적으로 통제함으로써 확보된 자유롭고, 합리적인 소통의 조건 속에서 자신의 지식, 사회적 관계, 개인적 정체성을 의식적으로 산출할 수 있다는 것을 의미한다.

사회분석에서 하버마스는 파슨스와 루만과 달리 맑스와 짐멜의 전통에서 화폐 혹은 화폐경제에 질적이고 사회 전체적으로 특별한 지위를 부여한다. 사회성의 경제화를 의미하는 점진적인 생활세계의 식민화는 제2차 세계대전 이후 포디즘적 산업화에 따른 '황금시대'가 종료되고 1970년대 이후 관철된 신자유주의 프로젝트에서 극명하게 확인된다.

5. 나가며: 화폐에 대한 사회학적 성찰의 문제와 지평

앞서 살펴본 다양한 관점을 통해 우리는 화폐경제에 대한 사회이론의 주요 연구 과제를 도출해보고자 한다. 가장 중요한 관심사는 사회학이 과연 오늘날의 금융시장 자본주의처럼 독특한 유형의 화폐경제에 대해 어떠한 전망을 던져줄 수 있을 것인가? 라는 것이다. 이와 관련하여 가장 근본적인 질문은 화폐와 사회의 통일성과 차이에서 시작되어야 한다.

▪ 질문 1

화폐와 사회는 어느 정도까지 구별되는가? 화폐라는 매체가 한편으로는 무차별한 관계의 확산에 기여하고, 다른 한편으로는 일찍이 사회학이나 경제학에서 체계화된 것이 아니라 문화적으로 매개된 통일체적 형태라는 점을 어떻게 엄밀하게 이해할 수 있을까?

사회학사의 핵심적 전제와는 달리 화폐에 대한 새로운 사회학적 분석에서 다루어진 '화폐의 이중성'(화폐의 배태성과 독립분화)이라는 결과는 경험적 영역뿐만 아니라 이론적 영역에서도 재검토되어야 할 필요가 있다.

이와 관련하여 '배태성'(*emebddedness*)이라는 개념이 얼마나 경제(시장)와 사회(문화)의 '독립분화'를 방해할 수 있는지 생각해볼 필요가 있다. 왜냐하면 이 개념은 '자율적 영역'이라는 개념에 기초하여 잘못된 분화(*Differenzierung*)를 구성함으로써 사회학이 사회적, 경제적(화폐적) 현상의 '내재적 매개'의 문제를 다루는 것을 방해하기 때문이다.

사회적 행위자가 행위상황에서 특수한 귀속성을 구분한다는 가정은 피할 수 없는 것으로 보이며, 이는 '가치적 분화', '가치영역', '의미영역', '코드화' 등의 개념을 통해 다양한 이론적 언어로 표현된다. 법은 화폐가 아니며, 도덕도 화폐가 아니다. 사람들이 예술작품을 구매하고 판매를 위해 생산한다고 할지라도 예술 역시 당연히 화폐는 아니다. 따라서 우리의 논의는 여기에서부터 이어져야 한다.

■ 질문 2
행위자의 내부적 관점에서 구별되는 '의미영역'은 어떻게 형성되는가?

이 지점에서 화폐의 사회적, 존재론적 구성에 대한 문제가 제기될 수 있다.

■ 질문 3
화폐는 루만식 표현으로 '코드화된 소통'으로서 일종의 제도인가? 화폐는 사랑, 진실, 법, 도덕, 권력 등과 같은 다른 행위지향성과 개념적으로 등치되는 것을 금지하는 사회적, 존재론적 특성을 지녔는가?

화폐문제를 다루었던 고전사회학자들은 화폐와 사회의 생성 과정에서 어떠한 구성적 연관이 있는지에 대해 질문을 던졌다. 이는 화폐의 생성과 확산에서 문화적 전망은 어떠한지에 대한 문제로 귀결된다.

■ 질문 4
상품교환의 생성을 위한 문화적 혹은 규범적 전망은 어떠한 역할을 수행하는가?

한편, 고전사회학자들은 문화적 지향의 생성, 확산, 내용적 구성에 대한 화폐지향의 영향에 대해서도 문제를 제기한다.

■ 질문 5
화폐는 비경제적 (혹은 비화폐적) 현상에 어떻게 작용하는가? 경제와 구별되는 실천과 제도는 경제적 특성을 지니는 현상으로서 해독될 수 있을까?

나아가서 도덕적 성찰의 근대사회의 특수한 형태 혹은 화폐와 화폐의 동력에 대한 종교적 의식형태가 우연하게 접합하는 방식이 어떻게 발생되는지 분석할 필요가 있다. 특히 화폐경제의 사회적, 문화적, 정치적 결과에 대한 논쟁과 관련하여 그러한 현상이 사회학적으로 비판된다면 (혹은 비판될 수 있음에도) 어떠한 의미를 지니는지 물어야만 한다.

■ 질문 6
화폐경제의 사회적 '병리'가 분석적으로 일치될 수 있는 것인가? 만약 그렇다면 화폐에서 비롯된 사회적 병리는 사회발전의 실천에서 어떻게 표현되는가?

화폐의 필연성에 대한 문제는 탈전통 사회의 발전에도 적용될 수 있다.

■ 질문 7

화폐경제를 넘어 사회적 발전을 상상할 수 있을까? 만약 그렇다면 어떻게 가능할 것인가?

이러한 비판적, 해방적 전망과 함께 사회학자들은 미래의 논의를 위해 여전히 유효한 일련의 문제를 제기했다.

맑스와 짐멜에게는 핵심적이었으나 베버, 파슨스, 루만 등의 학자들에게는 주변적으로만 다루어졌던 사실은 현대사회의 화폐가 신용화폐(*credit money*)라는 점이다. 이와 관련하여 화폐의 신용적 특성에 대한 사회적 의미가 엄밀하게 규명될 필요가 있다.

■ 질문 8

신용은 '실물경제'의 행위지향성과 동력에 어떠한 역할을 수행하는가? 신용 '제도'는 어떠한 문화적 결과를 초래하는가? 국가와 정치는 신용의 역동성을 유지하기 위해 어떠한 역할을 수행하는가?

맑스와 파슨스 및 루만과 같은 기능주의자들 간의 논쟁은 근대 화폐경제의 특수한 기능적 전망에 대한 문제를 여전히 이념적 측면에서 지속한다.

■ 질문 9

(경제적) 성장은 어떻게 가능한가? 체계통합은 무엇을 의미하는가? 혹은 화폐사용의 구조적 의미가 도대체 존재하는 것일까? 만약 있다면 어떤 방식인가?

화폐와 사회의 관계에 대한 사회학적 분석의 배경에서 화폐와 사회에 대한 성찰은 그 자체로 사회학적 사유의 대상이 될 수 있다.

■ 질문 10

사회학적 관점에서 화폐 내지는 화폐와 사회의 관계에 대한 학문적 사유를 넘어 사회학적 분석은 오늘날의 금융자본주의 사회에 대해 무엇을 말해줄 수 있는가?

일련의 질문은 화폐경제에 대한 사회이론이 해결해야 할 다양한 문제영역을 간결하게 요약한 것이다. 이는 단순히 경제학적 문제영역을 넘어 지금까지의 경제사회학적 연구결과를 확장하고, 엄밀화하는 시도와 밀접한 관계를 맺는다.

이는 동시에 막스 베버가 《경제와 사회》에서 매우 압축적으로 기술한 '화폐경제의 형식적, 실질적 합리성'의 문제가 방법론이나 행위이론적 측면에서, 나아가서 비교역사적 측면에서 재구성되어야 한다는 것을 의미한다. 무엇보다 화폐지불의 형식적 합리성과 실질적 합리성이 어떠한 조건에서 분리되는지, 그러한 조건이 소득분배와의 연관성 속에서 어떻게 이해되어야 하는지 등의 문제는 향후 해결되어야 할 핵심적 과제라 할 수 있겠다.

참고문헌

국내 연구서

게오르그 루카치, 1999, 박정호·조만영 옮김, 《역사와 계급의식: 마르크스주의 변증법 연구》, 거름.

막스 베버, 1987, 박종선 옮김, 《프로테스탄티즘의 윤리와 자본주의 정신》, 세계.

______, 2008, 전성우 옮김, 《막스 베버 종교사회학 선집》, 나남.

알프레드 존-레텔, 1986, 황태연·윤길순 옮김, 《정신노동과 육체노동》, 학민사.

칼 맑스, 1989, 김수행 옮김, 《자본론 I(上)》, 비봉출판사.

해외 연구서

Adorno, T. W., 1979, *Soziologische Schriften I*, Frankfurt/M.

Bader, V. M., Berger, J., Ganßmann, H. & v. d. Knesebeck, J., 1976, *Einführung in die Gesellschaftstheorie: Gesellschaft, Wirtschaft und Staat bei Marx und Weber, 2. Bde*, Frankfurt am Main/New York.

Baecker, D., 2003, *Viele Gelder*, Berlin.

______, 2006, *Wirtschaftssoziologie*, Bielefeld.

Beckert, J., Diaz-Bone, R. & Ganssmann, H. (eds.), 2010, *Wirtschaftssoziologie*, Wiesbaden.

Deutschmann, C. (ed.), 2002, *Die gesellschaftliche Macht des Geldes, Leviathan. Sonderheft 21*, Opladen.

Feil, C., 2004, "Mythen und Fakten zur Kommerzialisierung der Kindheit", *Zeitschrift für Soziologie der Erziehung und Sozialisation 24, No. 1*, 33~48.

Granovetter, M., 1985, "Economic Action and Social Structure: The Problem of Embeddedness", *American Journal of Sociology 91, No. 3*, 481~510.

Habermas, J., 1984, Replikt auf Einwände, *Habermas, J. Vorstudien und Ergänzungen zur Theorie des kommunikativen Handelns*, Frankfurt am Main, 475~570.

Honneth, A., 1988, *Ktirik der Macht: Reflexionsstufen einer kritischen Gesellschaftstheorie*, Frankfurt am Main.

Joas, H. & Knöbel, W., 2004, *Sozialtheorie: Zwanzig einführende Vorlesungen*, Frankfurt am Main.

Kohlpoth, T., 2007, *Gesellschaftsbild und Soziologische Theorie: Talcott Parsons' Funktionalismus im Kontext der gesellschaftlichen Entwicklung der USA in den 1950s and 1960s*, Kassel.

Langenohl, A., 2007, "Die Sinndimension von Markt-Zeit. Zum Verhältnis zwischen der Operationsweise von Finanzmärkten und ihren (Selbst-) Darstellungen", Langenohl, A. & K. Schmidt-Beck, K. (eds.), *Die Markt-Zeit der Finanzwirtschaft: Soziale, kulturelle, und ökonomische Dimensionen*, Marburg, 7~36.

Luhmann, N., 1994, *Die Wirtschaft der Gesellschaft*, Frankfurt am Main.

Parsons, T. & Smelser, N. J., 1956, *Economy and Society. A Study in the Integration of Economic and Social Theory*, London.

Pijl, K. v. d., 1996, *Vordenker der Weltpolitiker: Einführung in die internationale Politik aus ideengeschichtlicher Perspektive*, Opladen.

Reichelt, H., 2008, *Neue Marx-Lektüre: Zur Kritik sozialwissenschaftlicher Logik*, Hamburg.

Simmel, G., 1991, *Philosophie des Geldes*, Frankfurt am Main.

______, 1996, "Die Philosophische Kultur", Rammstedt, O. (ed.), *Simmel Gesamtausgabe Bd. 14*, Frankfurt am Main, 385~416.

Swedberg, R., 1987, *Economic Sociology: Past and Present*, Special Issue of Current Sociology.

______, 2003, *Principles of Economic Sociology*, Princeton.

Velthuis, O., 2007, *Talking Prices: Symbolic Meanings of Prices in the Market for Contemporary Art*, Princeton.

Weber, M., 1988a, *Gesammelte Aufsätze zur Religionssoziologie*, Suttgart (초판 1922).

______, 1988b, *Gesammelte Aufsätze zur Wissenschaftslehre*, Suttgart (초판

1922).

______, 1995, *Wirtschaft und Gesellschaft. Grundriss der verstehenden Soziologie*, Tübingen(초판 1922).

Wenzel, H., 2002, "Jenseits des Wertekonsensus. Die revolutionäre Transformation des Paradigmas sozialer Ordnung im Spätwerk von Talcott Parsons", *Berliner Journal für Soziologie 12, No. 4*, 425~443.

Wimbauer, C., 2003, *Geld und Liebe: Zur symbolischen Bedeutung von Geld in Paarbeziehungen*, Frankfurt am Main.

Zeilizer, V. A., 1994, *Pricing the Priceless Child: The Changing Social Value of Children*, Princeton.

______, 1995, *The Social Meaning of Money*, New York.

현대적 재주술화로서의 신뢰

이선미

1. 들어가며

현대 사회이론에서의 신뢰 개념과 고전적 연구인 막스 베버의 프로테스탄티즘 테제를 비교해보면, 비록 연구의 출발점은 다르지만, 많은 점에서 유사성이 발견된다. 프로테스탄티즘 테제가 비합리성의 상징인 종교에 초점을 맞추고 이 종교가 자본주의 합리성의 출현에 어떻게 영향을 미쳤는지를 연구의 출발점으로 삼았다면, 신뢰 이론은 자본주의 합리성의 위기 상황에서 대안적 해결책의 하나로 비합리적 태도인 신뢰의 중요성을 강조하는 것을 연구의 출발점으로 삼는다. 이러한 연구 관심 혹은 출발점의 차이에도 불구하고, 이 둘 사이에는 의미 있는 유사성이 발견된다. 신뢰 이론들에서 드물지 않게 베버의 프로테스탄티즘 테제에 대한 언급이 발견되는 것도 바로 이 유사성 때문이다(Seligman, 1997; Fukuyama, 1995). 종교적 믿음과 신뢰 간의 유사성은 무엇보다도 양자 모두 무조건성(*unconditionality*)에 기반을 둔다는 점이다(Seligman,

1997: 44). 즉, 신뢰 개념이 상호호혜성 또는 그것에 대한 합리적 기대에 의존하지 않다는 점에서 그것은 무조건성에 기반을 둔다고 할 수 있고, 이는 정확히 종교의 믿음과 일치하는 요소라는 것이다. 하지만 사회이론적으로 볼 때 이는 프로테스탄티즘 테제가 가진 이론적 함의의 절반밖에 표현하지 못한 것이다. 신뢰 이론과 관련하여 의미 있는 프로테스탄티즘 테제의 핵심은 믿음의 무조건성뿐 아니라, 합리성과 비합리성 간의 관계에 관한 함의에 있기 때문이다.

프로테스탄티즘 테제는 지극히 비합리적인 "자본주의 정신"과 "현세적 금욕주의 프로테스탄티즘"이라는 종교가 합리성의 출현에 영향을 끼쳤다고 주장함으로써, 합리성과 비합리성의 관계를 이분법적으로 보는 관점과 정면으로 대립한다. 오히려 현대적 합리성의 구성요소로서 종교의 비합리성을 다루고 있기 때문이다. 신뢰 이론은 다른 방식으로 합리성의 구성요소로 비합리성의 중요성을 제시한다. 신뢰는 그 현대적 성격에도 불구하고 "맹목적인" 것(Giddens, 1991)으로 이해되기 때문이다. 현대사회, 특히 자본주의 경제와 정치 민주주의의 작동을 위한 필요조건으로, ― 개인의 이해관계뿐 아니라 위험예측의 관점에서 볼 때도 ― 전적으로 비합리적인 맹목적 신뢰가 새로운 사회의 핵심적 요소로 제시되는 것이다.

신뢰 개념의 논의를 위해 프로테스탄티즘 테제의 이론적 함의를 재검토하는 이유는, 무엇보다도 현재 논의되는 신뢰 개념은 역사적 산물이라기보다는 체계의 위기로부터 하나의 대안적 사회의 구성요소로서 제시되는 일종의 이념적 산물이라는 점과 관련된다(Seligman, 1997; 이재혁, 1998; 이재열, 1998; 장덕진, 1999). 물론 이 신뢰의 역사적 변천을 이해하기 위해 여러 학자들이 신뢰의 다양한 기반들을 역사적으로 추적하고 유형화하고자 시도했다(Zucker, 1986; Sztompka, 1999; 최종렬, 2004; 이재혁, 2007). 실제로 역사적 유형들이 이 시대가 요구하는 이념적 산물로서의 신뢰의 구성화에 중요한 역할을 했고, 전통적 신뢰와 현대가 요구하는 이념적 산물로서의 신뢰가 어떻게 다른지를 이해하는 데도 어느 정도 기여했다. 그러나 몇 가지 질문은 여전히 의문으로 남아 있으며, 이 점에서 신뢰 개념은 여전히 구성 중이라고 할 수 있다. 과연 경제적 이해관계, 또는 합리적 인간이라는 전제가 지배하는 현대사회에서 신뢰는 어떤 의미에서, 어느 정도 비합리적이며 맹목적일 수 있으며 또 그래야 하는가? 신뢰 개념이 합리화의 정점에서 그 합리성의 한계를 극복하고 새로운 대안적 사회를 구축하는 데 기여할 수 있으려면 비합리적 요소가 어떤 방식으로 합리성과 관계를 맺어야 하는가? 이러한 질문에 답하기 위해 본 연구는 고전적 연구인 막스 베버의 프로테스탄티즘 테제가 주는 이론적 함의에 주의를 기울일 필요가 있다고 본다.

베버의 프로테스탄티즘 테제는 지금까지 주로 종교사회학적 관점이나 발전사회학적 관점에서 논의되었다. 이때 흔히 문제가 되었던 것이 칼뱅주의가 자본주의 경제 발전에 인과적으로 영향을 미쳤는가라는 역사적 적실성의 문제였다. 그러면서도 서유럽 국가에서 프로테스탄티즘이 수행했던 기능의 등가물을 동양의 다른 종교에서 찾으려는 발전사회학적 시도 속에서는 프로테스탄티즘이 일종의 준거로 작용하기도 했다. 이 연구는 이런 방식의 역사사회학적 관점이 아니라, 베버가 신교, 특히 프로테스탄티즘에 주목할 때 의도했던 이론적 함의에 주의를 기울이고자 한다. 프로테스탄티즘 테제의 역사적 적실성에 대한 비판에도 불구하고, 베버의 프로테스탄티즘 테제가 의미 있는 것은 프로테스탄티즘 테제에서 비합리성과 합리성의 관계와 그것이 사회변동에 끼치는 영향에 대한 의미 있는 이론적 함의를 읽을 수 있다고 믿기 때문이다. 결론을 요약하면, 칼뱅주의라는 극단적으로 비합리적인 종교적 태도가 합리성의 제도화에 영향을 미칠 수 있었던 것은 청교도 윤리 안에 비합리성과 합리성 간의 모순이 긴장 속에 보존되었기 때문이었다. 이러한 베버의 통찰이 신뢰 이론의 구성에 주는 함의는 무엇인가? 이 연구는 이러한 문제의식에서 베버의 프로테스탄티즘 테제를 재검토하고, 이 관점에서 기존 신뢰 개념의 한계와 가능성을 평가하는 데 목적이 있다.

사회학에서 신뢰에 대한 논의는 체계 위기가 가시화되기 시작한 1980년대 말 이후 민주적, 경제적 번영의 지속이라는 현실적 과제의 등장과 함께 관심의 대상으로 떠올랐다. 그러나 2000년대 중반 이후 사회학에서 신뢰는 이론적으로 큰 진전을 보지 못하면서 점차 관심의 범위에서 사라지는 듯 보인다. 그 이유 중 하나는 한국에서 신뢰 이론이 경제사회학 진영이나 정치학 분야에서 논의되면서, 상대적으로 이론의 발전에 대한 관심을 소홀히 했기 때문이다. 사회자본 또는 신뢰에 대한 한국 사회학의 이론적 논의들은 주로 경제사회학 진영에서 이뤄졌는데, 대인간 신뢰에서 제도에 대한 신뢰로 나아가야 한다는 전제, 공적 신뢰의 형성을 위한 투명하고 공정한 게임규칙의 정립을 강조하는 경향이 강했다(이재열, 1998, 1999). 또는 미시적 수준에서 이루어지는 개인의 합리적 행위의 일종으로 정보의 불확실성과 감시의 불확실성이 개제된 상황에서 이루어지는 행위 대안으로 제시되기도 하였다(이재혁, 1998, 2000, 2005). 후자의 관점에서는 약한 연결망의 당위성을 일방적으로 강조하기보다는, 특정한 사회적 조건에서 이루어지는 최선의 행위 전략에서 나온 불가피한 결과의 하나로 강한 연줄망 또는 연줄사회의 구성이 인정되기도 한다. 하지만 이 입장 역시도 자유로운 시장의 작동을 위해서는 제도적 신뢰를 보다 강화함으로써 사회적 신뢰, 즉 일반화된 신뢰를 높여야 한다는 주장을 견지한다.

최종렬(2004)은 이러한 접근의 한계를 비판하면서, 이는 불신의 제도화를 지나치게 강조함으로써 결국 공적 영역에서는 사회자본으로서의 신뢰가 필요 없다는 역설적 결론에 다다른다고 정확하게 주장한다. 나아가 그는 호혜성의 규범이라는 관점에서 출발하여, 경제사회학에서 다루는 연결망으로 환원될 수 없는 일종의 에토스의 존재를 강조하면서, 호혜성과 신뢰의 개념을 결합한 새로운 분석도구를 제시하기도 하였다. 여기서 그는 인지적 연결망과 구분되는 "정서적 연결망"을 강조하면서, 신뢰와 (제도적) 확신 간의 관계에 집중하는 경제사회학적 접근과는 달리 신뢰와 친밀성의 관계에 집중하는 경향을 보인다. 그러나 이 과정에서 그는 호혜성 개념에 치중한 결과 사회이론에서 지속적으로 강조되었던 친밀성 및 확신과 구분되는 신뢰 개념의 독특성을 사상하고 만다. 또한 스스로 비판했던 경제사회학 진영의 핵심적 가정, 즉 이해관계의 예측을 전제로 하는 균형 잡힌 호혜성을 신뢰 개념의 일부로 포함시킴으로써, 친밀성 및 확신과 구분되는 신뢰 개념의 독특한 관심으로부터 멀어지고 말았다. 이러한 접근은 물론 경험연구를 위한 분석도구의 발전이라는 점에서는 정당화될 수 있겠지만, 이론적 엄밀성의 관점에서는 한계가 있다.

경제사회학이나 퍼트넘 등의 정치학에서의 신뢰 논의와는 다르게, 사회이론, 특히 성찰적 사회이론의 진영에서 신뢰 이론은 무엇보다도 합리성을 당연시하지 않고, 하나의 변수로 다룬다는 데 그 의의가 있다. 성찰적 사회이론에서 신뢰는 일종의 위험 예측, 타인이 자신의 이해와 일치된 행동을 할 개연성의 선상에서 이해되지 않는다. "모든 신뢰는 어떤 의미에서 맹목적인 신뢰"(Giddens, 1990: 47)라는 기든스의 주장에서 대표되듯, 사회이론에서 신뢰는 사회적으로 당연시되는 일종의 믿음이며 규범적, 윤리적 차원을 포함하는, 그 자체로 의미 있는 어떤 것으로 이해된다. 이런 점에서 신뢰는 한 번도 사회학의 핵심적인 관심사였던 적은 없지만, 사회학의 핵심적 관심과 결코 멀어질 수 없는 운명을 가지고 있다. 무엇보다도 합리성과 비합리성의 관계에서의 현대적 변화를 추적하는 데 신뢰 개념은 결코 무시할 수 없는 이론적 자원이다. 다음 절에서는 먼저 근대적 신뢰 개념의 핵심적 구성요소와 관심사를 3

명의 이론가를 중심으로 살펴보고 그로부터 프로테스탄티즘 테제의 근대적 재해석을 위한 관점과 연구 질문을 정당화하고자 한다.

2. 친밀성, 확신, 그리고 신뢰

1) 일반화된 신뢰

이 연구에서 사회자본론은 핵심적 관심사가 아니다. 그러나 신뢰 이론을 위해 프로테스탄티즘 테제가 가지는 이론적 함의와 관련하여, 사회자본론의 공헌을 지적하지 않을 수 없다. 따라서 이 연구에서는 사회자본론의 이론적 한계 또는 방법론적 도구로서의 타당성 문제 등의 한계에 대한 논의는 생략하고, 사회자본론이 — 너무 포괄적이고 추상적인 — 사회학적 신뢰 논의의 진전에 어떤 기여를 했는지에 초점을 맞추고자 한다.

사회자본론에서 신뢰는 사회적 자본의 한 형태로서 사회적 행위자들 사이에 도덕 공동체(*moral community*)를 형성하여 자본주의와 민주주의의 발전에 기여하는 필수적 요소로 등장한다(Putnam, 1993, 2000; Fukuyama, 1995). 여기에서 신뢰에 대한 관심은 무엇보다도 전체 구성원들 사이의 "일반화된 신뢰"(*generalized trust*)에 집중된다. 사회자본론은 신뢰를 단순히 개인적 차원의 자원(Coleman, 1996)으로만 다루지 않고 "개인 간 신뢰"(*interpersonal trust*)가 어떻게 "일반화된 신뢰"로 전환되는지에 관한 문제에 관심을 집중함으로써, 전통적으로 '사회적인 것'의 (재)생산에 관심을 가지고 있던 사회학적 관심을 다학제적 경험 연구 차원에서 보다 구체화시켰다고 볼 수 있다. 실제로 로버트 퍼트넘(Putnam, 1993)으로 대표되는 사회자본론의 핵심적인 이론적 가정은 일반화된 신뢰가 어떻게 형성되며 그 거시적 효과가 무엇인지를 경험적으로 입증하는 데 집중된다. 요약하면, 결사체를 통한 개인들 간의 만남의 시간적 흐름에 따라 형성되는 공동체적 연줄(*communal ties*)이 일반화된 신뢰의 산출에 기여하며, 이 일반화된 신뢰가 바로 민주주의와 경제적 번영에 핵심적 역할을 한다는 것이다. 그러나 일반화된 신뢰와 사회구조 작동 간의 높은 상관관계를 부각시킨 사회자본론자의 기여에도 불구하고, 그 동안 자원결사체를 통한 공동체적 연줄이 곧 일반화된 신뢰를 낳을 것이라는 가정이 이론적, 경험적으로 잘못되었다는 비판이 지속적으로 제기되었다(Newton, 1997; Eastis, 1998; Portes, 1998; Cohen, 1999; 이선미, 2004).

사회자본론이 사회 체계의 질서, 일반화된 교환 원리의 작동을 예측하게 하는 경험적 기초를 공동체적 연줄 또는 자원결사체 참여에서 찾고자 한 것은 신뢰 이론에 대한 이해 부족과 밀접하게 결합되어 있다. 결사체 안에서 형성되는 개인 간 신뢰의 본질은 기본적으로 "경험 기반적 신뢰"이다. 즉, 동질성 또는 역할기대의 공유에 기초한 친밀성이 그 핵심적 요소이다. 그렇다면 이 친밀성이 과연, 또는 어떻게 맹목적이고 고도로 비합리적인 일반화된 신뢰로 전환될 수 있는가? 다른 신뢰 유형들과 구분되는 후자의 속성은 무엇인가? 이에 대한 해답은 사회자본론보다는 사회이론의 진영에서 찾을 수 있다. 다음에서는 이론적으로 서로 상이하지만, 이에 대해 어느 정도 일관된 답을 제공하는 루만, 기든스, 셀리그먼 등 3명의 사회이론가들을 통해 이에 대한 해답을 찾고자 시도할 것이며, 또한 각 이론가들에서 베버의 프로테스탄티즘 테제가 어떻게 다루어지는지를 살펴볼 것이다. 이를 통해 한편으로는 프로테스탄티즘 테제의 재검토를 위한 새로운 관점을 정당화하고, 다른 한편으로는 프로테스탄티즘 테제가 신뢰 개념의 구성에 기여할 수 있는 가능성을 탐색하고자 한다.

2) 루만 : 개인주의화와 신뢰

니클라스 루만(Luhmann, 1979, 2000)은 신뢰를 사회적 연대와 관련지으며 가족이나 소규모 사회에서의 친밀성과 유사한 것으로 보거나(Eisenstadt & Roniger, 1984), 분업에 기초한 복잡한 근대사회에서라면 연줄네트워크와 같은 유형에서 찾을 수 있다고 보는 입장을 비판하면서, 이는 게젤샤프트-게마인샤프트 또는 연대의 재구성과 같은 전통적 논의들의 반복에 지나지 않는다고 비판한다. 또한 신뢰를 단순히 행위 기대의 도덕적, 사회적 기초와 관련시키는 것(Barber, 1983) 역시 비판하는데, 여기서 논의된 신뢰의 기초들은 무엇보다도 그것이 무너지면 실망으로 이어진다는 점에서 문제가 있다는 것이다. 나아가 그는 실망할 가능성에도 불구하고 신뢰를 발생시키는 사회적 메커니즘, 또는 신뢰의 작동(*the function of trust*)의 문제에 관심의 초점을 맞추면서 이에 대한 해답이 신뢰를 이해하는 데 열쇠가 된다고 본다.

이 연구는 루만의 신뢰 개념을 전체적으로 정리하기보다는, 현대적 신뢰와 프로테스탄티즘 테제와의 연관성을 찾는 데 관심이 있다. 이 관점에서 루만에 있어 신뢰 개념의 몇 가지 특징적인 부분을 살펴보고자 한다.

첫째, 루만에게 친밀성, 확신, 신뢰는 자기 확신의 서로 다른 유형들이다. 루만 논의의 핵심은 신뢰와 확신의 차이와 그 작동방식에 대한 것이지만, 이 논의를 시작하기 전에 친밀성(*familiarity*)과 신뢰(및 확신) 사이의 구분을 살펴볼 필요가 있다. 여기서 우리는 합리화 과정 안에서 비합리적 요소가 어떤 방식으로 중재되는지에 관한 매우 흥미로운 함의를 읽을 수 있기 때문이다.

친밀성은 공유된 유사성에 기초한 개인 간의 신뢰관계를 지칭하는 것인 반면, 루만에게 신뢰는 이것과 근본적으로 구분된다. 그러나 신뢰와 친밀성이 흔히 혼돈되는 것은 신뢰가 우리의 생활세계 안으로 들어오는 방식 때문이다. 구체적으로 "신뢰는 친밀한 세계 안에서 성취되어야만 하며, 변화는 인간관계에서의 신뢰 발생의 가능성에 영향을 주는 친밀한 측면들 안에서 일어난다"(Luhmann, 2000: 94)는 것이다. 즉, 신뢰는 본질적으로 친밀성과 구분되는 현대적 현상이지만, 그것이 성취되는 방식은 친밀성의 조건들을 통해서이다. 이것이 바로 신뢰는 친밀성과 다르지만, 신뢰에 대해 탐구하기 위해 친밀성의 조건과 그 한계에 대해 이해해야만 하는 이유이다. 이를 위해 루만은 조지 스펜서 브라운(George Spencer Brown, 1971)에 의지하면서 친밀성의 작동에 대한 이론을 요약한다. 즉, 친밀성의 세계에서는 "상징"이 핵심적 역할을 하는데, 우리는 상징을 사용함으로써 '친밀하지 않은 것'(*the unfamiliar*)을 기존의 '친밀한 것'(*the familiar*) 안으로 재도입한다. 우리는 이 둘의 경계를 넘어설 수 없는데, 그 이유는 우리가 움직임에 따라 그 경계의 지평 역시도 함께 움직이며 영원히 우리의 '생활세계'(*life-world*)로 남아있게 되기 때문이다. 우리는 친밀하지 않은 것에 대해 친밀한 방식으로 알고 있을 뿐이다. 루만에게 친밀한 것과 친밀하지 않은 것 간의 이와 같은 관계와 작동방식, 무엇보다도 이 과정에서 상징의 기능을 이해하는 것은 신뢰를 이해하는 데 매우 중요하다(Luhmann, 2000: 96).

루만에 따르면, 예측하지 못한 일의 발생을 이해하기 위해 상징을 사용하는 것은 친밀하지 않은 것을 친밀함의 세계로 끌어드리는 전형적인 방식이다. "위험"은 일종의 예측하지 못한 것의 결과, 또는 친밀하지 않은 것인데, 이는 이제까지 신의 뜻 또는 자연의 의미로 이해되던 것을 대체하는 상징적 효과를 가지며 등장한다. 신뢰는 바로 이 상징적 기초 위에서, 또는 "상징적 재현"의 기능을 통해 우리들의 친밀한 세계 안에 자리 잡게 된다.

그렇다면 일반화된 교환 원리의 기초로 작동하는 일반화된 신뢰, 또는 루만의 표현대로라면 합리적 판단과 행동의 전제가 되는 신뢰를 가능케 하는 메커니즘은 무엇인가? 다음에서 다룰 두 번째 논점이 바로 이 부분과 연관된다.

두 번째 논점은 신뢰와 확신의 구분과 관련된다. 이 둘을 구분하는 루만의 방식을 보면, 먼저 행위 대안(*action alternative*)이 있는지의 여부가 중요하다. 확신은 행위 대안을 고려하지 않을 때와 관련되는 반면, 신뢰는 다른 사람의 행동에 실망할 가능성에도 불구하고 하나의 행위 대안을 다른 행위 대안보다 선호하여 선택하는 상황과 관련된다. 따라서 확신 또는 신뢰가 무너졌을 때의 대처 방식도 달라진다. 즉, 확신의 경우는 외적 속성에 의한 실망에 대처해야 하는 반면, 신뢰의 경우는 행위의 내적 속성, 즉 자신의 행위 선택(신뢰) 자체에 대한 실망에 대처해야 한다. 이때 중요한 것은 신뢰는 나의 행위 선택의 결과 생길 수 있는 손해가 내가 추구하는 이익보다 클 수 있을 때, 다시 말해 나의 행위 결과 생긴 나쁜 결과 때문에 나의 행위를 후회할 수 있을 때 비로소 가능하다. 루만은 바로 이 점에서 신뢰를 '합리적 계산' 행위와 구분한다. 손해가 이익보다 작은 것이 확실한 경우는 '합리적 계산' 이상이 될 수 없다. 왜냐하면 합리적 계산에서는 위험이 수용 가능한 한계 안에 있기 때문이다. 확신과 신뢰를 구분하는 두 번째 기준은 '위해'(*danger*)와 '위험'(*risk*)의 구분과 관련된다. 주지하는 바와 같이 루만의 신뢰 정의에서 위험 상황에 대한 인식은 매우 핵심적 위치를 차지한다. 위험 인식은 참여를 전제로 한다. 참여는 여러 가지 의미에서 근대적 현상이다. 어떤 결과를 낳는 데 나의 행위가 영향을 미칠 수 있다는 일종의 효능감을 전제로 하기 때문이며, 또한 종교적으로 '신의 뜻' 또는 '자연의 의지'로 이해되던 상황을 인간의 행위의 결과로서의 '위험'(*risk*)으로 인식한다는 점에서 그러하다. 따라서 확신과는 달리 신뢰는 전적으로 자신의 참여와 행동의 결과에 대해 인식하고 책임을 지는, 자기-준거적으로 행동하는 인간의 탄생을 전제로 한다. 이 변화는 루만에 의해 개인주의화라는 보편적 경향으로 요약된다.

여기서 신뢰와 비교할 때, 친밀성과 확신 간에 존재하는 유사성에 대한 루만의 논의를 인용할 필요가 있다. 루만은 친밀성과 확신 모두 체계와 환경 간의 불균형적 관계를 가정한다는 점에서 유사성이 있다고 주장한다(Luhmann, 2000: 99~100). 즉, 친밀성은 친밀한 것과 친밀하지 않은 것 사이를 명확하게 구분하면서 친밀하지 않은 것을 철저하게 불투명하게 남겨둔다. 확신은 우연과 위해의 상황에 직면하여 실망을 주는 행위자(동지)와 피해자로서의 행위자(적)의 불균형적인 구분을 가정한다. 이 둘 모두에게, 이 경계 자체, 나아가 '친밀하지 않은 것' 및 '적'에 대해서는 의식적인 자기성찰의 여지를 남겨두지 않는다는 공통점이 있다. 친밀성이나 확신이 이른바 '적과 동지'의 구분을 명확히 함으로써 철저히 — 루만의 표현에 따르면 — "자기-주장적인 개인주의"에 기초한 반면, 신뢰는 행위 선택에의 책임을 통해 이 경계를 허물며 "자기-준거"적인 개인주의를 요구한다는 점에서 보다 근대적이다. 신뢰의 상대가 나에게 실망을 안겨 주었다고 하더라도, 그 실망의 원인은 상대의 속성이 아니라, 나의 선택에서 찾아야 하기 때문이다. 이는 결국 적과 동지의 경계, 친밀한 것과 친밀하지 않은 것의 경계를 허물어뜨리며 양자를 '친밀한 것' 안으로 재통합시키기에 이른다. 바로 여기에 근대적 자기 확신의 유형으로서 신뢰의 독특성이 있다.

신뢰를 종교를 대체하는 상징적 재현과 관련시킨다는 점을 고려할 때, 루만이 개인주의화라는 보편적 과정의 전개 안에서 종교적 태도의 변화를 언급하는 것은 전혀 이상하지 않다.

> 우리의 행위가 우리의 미래 상태에 영향을 미친다고 생각되는 정도는 역사적으로 매우 달랐다. 예를 들어 성경에서는 최후 심판(*Last Judgement*)

은 뜻밖의 일(*surprise*)로 등장하는 반면, 중세는 — 참회의 영향하에서 — 그것을 위험한 행동에 대한 예측 가능한 결과로 재현하기 시작하였다. 죄를 저지를 때 당신은 영혼 구원 박탈의 위험을 무릅쓰는 것이며, 따라서 (구원은) 이제 교회적 실천이 아닌, 개인의 생활방식과 노력의 문제가 된다(Luhmann, 2000: 98).

종교적 태도의 변화 안에서 자기-준거적인 개인의 등장을 발견할 수 있다는 것이다. 흥미로운 것은, 앞의 인용의 각주에서 루만이 한(Hahn, 1984)을 인용하면서 — 베버를 의식한 듯 — 위험 인식에서의 이러한 역사적 변화가 "프로테스탄트 운동"의 결과가 아니라고 주장하며, 같은 변화가 가톨릭에서도 등장했음을 강조한다는 점이다. 개인주의화가 특정한 종교적 영향에 의해 발생한 것이 아니라, 오히려 그 반대라는 것이다.

이러한 반대에 직면하여, 베버의 프로테스탄티즘 테제는 다음과 같이 다른 방식으로 읽혀져야 할 필요가 있다. 위험 인식에서의 변화, 친밀성 및 확신과 구분되는 '신뢰'의 전개에서, 기독교의 역할, 특히 칼뱅주의의 탈주술화가 수행했던 역할의 우월성은 무엇 때문인가? 루만의 표현대로라면 아마도 '신뢰'로 전환하지 못한 종교는 '친밀성'이나 '근대적 체계기능에 대한 확신'의 형태로 이어지면서 '적과 동지'를 구분하며 형제애의 경계를 짓는 경향을 낳을 것이다. 두 번째 질문은 루만이 암묵적으로 가정하듯 종교의 신뢰로의 전환이 — 해석을 요하지 않는 — 자연스러운 현상일 뿐인가? 다른 기독교 분파와 달리 칼뱅주의가 과연, 또는 어떻게 직접적 형제애의 경계를 넘어 무조건적인 형제애, 즉 일반화된 신뢰로의 전환에 기여할 수 있었을까? 막스 베버의 프로테스탄티즘 테제에 대한 재검토를 통해 이 문제에 대한 함의를 얻기 전에, 먼저 친밀성과 신뢰, 그리고 확신의 관계에 대해 루만과 다른 관점을 가지면서도 베버 프로테스탄티즘 테제의 재검토에 도움을 주는 두 학자에 대해 살펴보고자 한다.

3) 기든스: 존재론적 안전과 신뢰

앤서니 기든스는 신뢰를 확신의 한 특수한 유형이라고 주장함으로써 (Giddens, 1991: 47, 48) 그 둘을 개념적으로 구분한 루만과 거리를 둔다. 즉, 기든스는 모든 신뢰에는 항상 확신성이 함축된다고 주장한다. 동시에 루만이 친밀성과 신뢰를 분석적으로 구분한 것에 반해, 기든스는 신뢰가 결국 인간에 대해 한 개인이 가지는 심리학적 현상일 수 있음을 강조하며 이 둘 간의 구분을 다시금 모호하게 한다. 친밀성과 마찬가지로 신뢰 역시 인간에 대한 맹목적인 사랑의 속성을 포함한다고 이해되기 때문이다.[1)]

---

1) 이러한 입장은 전문가 체계에 대한 신뢰 논의에 들어가게 되면 약한 흐려지는 것이 사실이다. 기든스는 사람에 대한 신뢰와 전문가 체계에 대한 신뢰를 구분하면서, 후자는 상대방의 "도덕적 올바름"에 대한 신념에 기초한다기보다는 우리가 잘 알지 못하는 추상적 원리(기술적 지식)의 정확성에 대한 신념에 기초한 것이라고 주장한다. 이런 차이에도 불구하고 신뢰가 직접적인 사랑의 속성을 가지고 있다는 점을 지지하는 근거가 있다. 첫째, 기든스는 체계의 작동에 대해서는 "확신"이라는 개념을 쓰는 루만과는 달리, 기든스는 인간과 체계 모두에 대해 신뢰라는 개념을 연관시키며, 이 둘 모두 상황에 대한 충분한 정보가 없는 상태에서 이루어지는 것이기 때문에, "맹목적 신뢰"임을 강조한다는 점에서 체계에 대한 신뢰 역시 사람의 신뢰와 같은 속성을 가지는 것으로 이해하고 있음을 알 수 있다. 둘째, 기든스는 체계에 대한 신뢰를 언급하면서 "체계 자체의 작동보다는 오히려 체계의 적절한 작업 수행과 관련된 것"이라고 쓰고 있어, 결국 체계에 대한 신뢰는 그 체계를 작동시키는 사람에 대한 신뢰로—적어도 일정 부분—환원될 수 있는 것이다. 사회자본론에서 경험적 연구를 위한 분석도구로 잘 구체화시켰듯이 국회(라는 체계 자체)에 대한 신뢰가 아니라, 국회위원이라는 체계를 작동시키는 사람에 대한 신뢰를 지칭한다는 것이다.

> 신뢰는 기본적으로 우연성에 결부된다. 신뢰는 개인의 행동에서건 또 체계의 작동에서건 일어날 수 있는 우발적 결과에도 불구하고 항상 확신성을 함축한다. 인간에 대한 신뢰의 경우 확신성을 가지는 것은 '고결함(존경)'이나 사랑의 속성을 포함한다. 바로 이 점 때문에 신뢰하는 개인에 있어서 사람에 대한 신뢰가 심리학적으로 필연적인 결과이다. 즉, 운명의 여신에게 도덕적 담보를 하는 것이다(Giddens, 1991: 46).

신뢰 개념이 — 인지적 현상일 뿐 아니라 — 심리적 현상이기도 하다는 기든스의 주장은 신뢰가 존재론적 안전의 기초가 된다는 그의 언급에서도 읽을 수 있다(Giddens, 1999: 101 이하). 기든스에게 "존재론적 안전"은 "자아정체감에 대한 일관성과 행위를 둘러싼 사회적 물리적 환경의 지속성에 대한 확신"을 지칭하는 것으로서, 이는 인지적이라기보다는 감정적인 현상이며, 무의식에 뿌리를 내리는 것이다. 그는 발달심리학자인 에릭슨을 인용하면서 어렸을 때 양육인의 사랑에 대해 확신을 가지는 것이 (비인격적 사물에 대한 신뢰를 포함하여) 그 이후의 모든 형태의 맹목적 신뢰의 본질을 이룬다고 주장한다.

기든스의 이러한 논의에서 우리는 — 신의 섭리나 자연의 숨겨진 의도가 아닌 — 인간의 행동에 의해 창출된 결과로서 사회를 보려는 근대적 시선 안에 존재하는 긴장, 즉 예측성에 대한 근대적 기대 한편과 맹목적이고 직접적인 사랑의 시선이라는 다른 한편 간의 긴장을 보게 된다. 신뢰 이론가들은 신뢰가 필요해지는 근대적 상황으로의 변화를 전근대적인 결정론과 대비되는 우연성의 인식 증대와 관련시키고자 하지만, 이러한 대비는 정확하지 않다. 오히려 이 둘 간의 긴장은 방향만 바뀌었을 뿐, 종교 시대와 근대 시대 모두에서 계속된다고 보는 것이 옳다. 즉, 종교 개혁기에는 — 베버의 정확한 관찰처럼 — 종교적 태도 안에서 이 둘 간의 긴장이 등장하였지만, 근대사회에서는 바로 세속적 신뢰의 요구 안에서 이러한 긴장이 지속되는 것이다. 이러한 긴장에 대한 인식은 기든스의 논의 여러 곳에서 나타나는데, 특히 '일상'의 추구를 통한 존재론적 안전에 대한 욕구가 논의될 때 그러하다. 기든스는 "일상적 일"(*routine*), "매일 매일의 삶의 사소한 일과에 대한 예측성"(Giddens, 1991: 107)이 신뢰뿐 아니라 존재론적 안전에 매우 중요함을 강조하면서, "일상적 일과에 대한 집착은 항상 상충적 속성을 갖는"(Giddens, 1991: 107)다고 주장한다. 즉, "일상적 일과에 대한 집착 자체가 상실감에 대한 표현"이기 때문이라는 것이다. 일상의 지속은 그냥 이루어지는 것이 아니라 끊임없는 '계약' 갱신과 주의를 통해 이루어지는 — 가핑클이 '신뢰에 대한 실험'에서 보여주는 바와 같이 — 상호작용에서의 고도도 세련된 관리의 결과이지만, 바로 이러한 관리에 의한 일상의 지속이 힘들어지는 만큼 인간은 점점 더 일상적 일과에 집착하게 된다는 역설에 대한 지적이 바로 그것이다.

친밀성에 대한 루만과 기든스의 강조는 최종렬(2004)의 구분에 따르면 "정서적 연결망"의 존재를 가정하는 것으로서, 신뢰가 "인지적 연결망"일 뿐 아니라 "정서적 연결망"이기도 하며 현실에서 이 둘이 혼재되어 나타날 수밖에 없는 필연성을 설명하기에 적절하다. 기든스의 공헌은 이 정서적 연결망이, 일상적인 일의 규칙성에 대한 집착으로 존재론적 안전을 추구하고자 하는 동기와 연결되어 있음을 부각시킨 것인데, 사회가 분화되고 복잡해지며, 따라서 개인의 성찰을 요구하는 상황이 되면 될수록 존재론적 안전에 대한 욕구는 더 커진다는 데 그 역설이 존재한다. 셀리그먼(Seligman, 1997: 99)이 잘 지적했듯이 이 친밀성은 공-사 구분의 현대적 분화 과정 속에서 점차 "사적" 영역으로 제한되어 이해되는 경향이 있지만, 근대 공적 영역에서 일반화된 교환의 원리로서 요구되는 신뢰는 정서적 연결망 또는 친밀성에 대한 욕구와 혼재되어 등장한다.

이러한 관점에서 볼 때, 청교도적 금욕주의의 규칙적 일상은 전통적인 예측성을 파괴하며 등장한 고립된 근대적 개인이 가질 수밖에 없는 존재론적 안전에 대한 욕구와 관련이 있다. 여기서 우리는 '규칙적 일상'에 대한 집착 안에 공존하는 근대적 성격과 전근대적 성격, 합리성과 비합리성 사이의 긴장을 읽을 수 있다.

4) 셀리그먼 : 타자의 다름과 신뢰

아담 셀리그먼(Seligman, 1997)은 신뢰를 사회적 유대와의 연관성 속에서 이해하고 있다는 점에서 앞에서 살펴본 루만 및 기든스와 근본적으로 구분된다. 그의 핵심적 가정은 신뢰가 근대사회에서 일반화된 교환의 원리를 제공함으로써 전통사회와 다른 형태의 유대의 기초를 이룬다는 데 있다. 일반화된 교환의 원리는 사회적 상호작용에의 참여에 대한 의무, 각자의 의무를 지켜야 한다는 의무를 포함하는 것으로서, 직접적이고 즉각적이고 균형 잡힌 상호호혜성과 구분된다. 이것이 근대사회에서 사회적 상호작용의 선계약적인(*precontractual*) 요소로 작용한다고 보았다는 점에서, 셀리그먼은 기본적으로 뒤르켐의 이론적 전통을 계승하고 있는 듯 보인다. 그러나 셀리그먼은 전통적으로 유대의 기초로서 작동해왔던 친밀성과 신뢰 간의 차이를 명확히 하고자 시도한다.

> 사회 연대의 기초가 되는 무조건성(*unconditionality*)의 기초는 대우 다양한데, 바로 여기서 신뢰의 그 요소가 등장한다. 강한 평가 공유의 친밀성은 친족(근대이전 사회에서와 같이), 또는 공유된 종교적 신념(베버의 프로테스탄트들과 후쿠야마의 여호와의 증인), 또는 단순히 밀접한 사회 네트워크에 기초할 수 있는 반면, 특별한 종류의 집합의식, 즉 서로 다른 개별 행위자의 자율성과 통일성을 높게 평가하는 집합의식에 기초할 수도

있다. 이 모든 것은 일반화된 교환의 다양한 형태이자, 연대의 다양한 기초이다. 후자는 물론 뒤르켐이 근대적인 유기적 사회에 위치지운 유대의 기초이다. 위험의 특별한 형태들이 등장하고 (즉, 타자라는 행위자에 의해 발생하는 것들) 신뢰가 하나의 해결책으로 등장할 수 있는 것도 바로 이 후자와 같은 유대 형태, 후자와 같은 일반화된 교환의 원리 안에서이다. 따라서 신뢰는 후자와 같은 친밀성의 형태 안에서만, 우리가 근대적 사회형태라고 정의하는 매우 특별한 유형의 유대를 위해 필수적인 요소로서 등장한다(Seligman, 1997: 80, 81).

셀리그먼은 신뢰를 동질성 또는 역할기대의 공유에 기반을 둔 친밀성과 구분한다. 신뢰를 체계작동에 대한 확신과 연관시킨 루만이나 기든스와는 달리, 그는 이 친밀성이야말로 역할 수행에 대한 "확신"(*confidence*)의 기초라고 주장한다. 셀리그먼에 따르면, 전통사회는 신뢰보다는 확신에 의존했는데, 그 이유는 사회적 관계가 광범위하게 친족체계에 배태되어 있었고 공식적, 비공식적 제재에 의지할 가능성이 높았기 때문이다. 이는 역할 기대와 '강한 평가'(*strong evaluation*)[2]의 공유를 통해 역할 수행의 호혜성을 낳았고, 따라서 행위에 대한 예측가능성을 높였기 때문에 신뢰에 의지할 필요성이 낮았다. 개인은 상대방이 서로 "게임의 규칙"의 한계 안에서 자신의 이해를 추구할 것이라는 기대가 가능하다. 역할기대의 수행에 대한 "확신"이 가능한 것이다. 이와는 달리, 예측이 어려우며 역할기대 공유 및 친밀성/유사성의 공유 정도가 낮은 사회에서는 새로운 형태의 유대가 요구되는데, 셀리그먼에 따르면 그것이 바로 신뢰이다. 각 개인은 타인이 어떤 의도를 가지고 있으며, 어떤 계산을 하

---

2) 여기서 셀리그먼은 찰스 테일러(Charles Taylor, 1989)의 "강한 평가"(*Strong evaluation*) 개념에 의존한다. 강한 평가란 의견의 가치에 대한 질적인 구분에 기초한 가치 판단과 평가를 의미한다.

고 있는지에 대해 알지 못하기 때문에, 타인을 신뢰하지 않으면 안 된다. 따라서 신뢰는 역할기대 또는 예측가능성을 넘어서는, 즉 "무조건적인 어떤 것", "체계적으로 규정된 역할 기대의 수행으로 환원될 수 없는" 어떤 것에 대한 것이다(Seligman, 1997: 55).

신뢰가 타인의 의도에 대해 알지 못한다는 점, 즉 "타인의 다름"에 기초를 두었다는 것은, 셀리그먼의 접근을 뒤르켐의 그것과 구분하는 핵심적 논점이 된다. 사회적 연대의 근대적 기초를 찾을 때, 뒤르켐의 유기적 연대 개념은 "집합의식의 새로운 형태에 기초를 둔 근본적인 동일성"(Seligman, 1997: 71)을 가정한다고 비판된다. 셀리그먼은 "신뢰"라는 새로운 연대의 기초를 부각시키면서, 이는 타인의 다름에 기초를 둔다는 점에서 동질성 또는 역할기대의 수행에 대한 확신에 기초를 둔 친밀성과는 근본적으로 구분된다고 주장한다. 이러한 셀리그먼에게 뒤르켐의 유기적 연대 개념은 현대사회의 유대 기초를 이해하는 데 적절하지 않은데, 그것은 전통사회에서의 친밀성의 변형된 형태에 불과하기 때문이다. 따라서 근대사회가 요구하는 신뢰의 문제는 여전히 해명되지 않은 채 남게 된다는 것이다. 셀리그먼의 표현을 그대로 인용하면, "무조건성(*unconditionality*)이 공유된 도덕성(뒤르켐의 집합의식)에 의해 조건 지어지면(*conditioned*), 그것은 더 이상 무조건적이지 않으며, 우리 분석의 초점은 신뢰에서 친밀성 또는 확신의 측면들로 변화된다". 그에 따르면, 타인의 의지가 "공유된 강한 평가에 대한 친밀성이나 역할기대의 수행에 대한 확신"에 의해 조건 지어지지 않을 때 비로소 신뢰의 문제가 등장한다. 바로 이 지점에서 셀리그먼은 미지의 초월적 신과 인간의 메울 수 없는 간극에 대처하고자 했던 '구원에 대한 믿음'과 그것의 세속화된 형태로서 인간에 대한 신뢰 사이의 유사성을 발견한다(Seligman, 1997: 74).

실제로 셀리그먼은 서구 사회에서 기독교가 새로운 유대의 형태로서 신뢰의 등장에 중요한 역할을 했다고 주장한다. 무조건성은 신뢰와 종교적 믿음 간의 비교를 가능하게 하는 기초가 된다. 셀리그먼은 믿음(*fides*)과 신뢰를 비교하면서(Seligman, 1997: 45~74), 양자는 무조건적 믿음의 대상이 다르다는 점에서 차이가 있지만, 두 개념이 모두 무조건성에 기반을 두고 있다는 점에서 동일함을 강조한다. 나아가 기독교는 미지의 타자로서 신에 대한 믿음에서, 미지의 타자로서 인간에 대한 신뢰로의 전환에 기여했다고 주장한다. 특히 베버의 연구를 인용하면서, 셀리그먼은 금욕적 청교도 윤리가 자연과 은총, 이 세계와 교회 간의 간극을 급진적인 방식으로 화해시킴으로써, 자아와 타자성 간의 관계를 급진적으로 재구성하였다고 주장한다.

> 그러나 서양 사상의 패러독스는, 형용할 수 없는 미지의 타자를 초월적, 내세라는 용어에 위치지음으로써 결국 그것의 부정으로 이끈다는 점이다. 이는 금욕적 프로테스탄티즘이 자연과 은총, 이 세상과 교회를 통합하려 한 시도에서 절정에 달하면서, 자아와 타자의 다이내믹의 급진적 재구성으로 이끈다. 중세 기독교를 특징지었던, 저 세계로부터 이 세계의 상대적 분리가 부정되었다. 자연을 은총의 이름으로 재조직하고 이 세상을 이와 다른 저 세상의 가정에 따라 재구조화하려는 시도는 결국 초월적 타자성의 상실로 이어진다. 중세 가톨릭이 성사(聖事), 노동의 교리, 동정녀 마리아라는 중재적 인물을 통해 현세와 내세 간의 긴장을 중재했던 반면, 개혁주의는 이 질서들 간의 긴장을 급진적인 방식으로 회복했다. 자연과 은총, 이세상과 저세상 질서 간의 긴장을 회복시켰던 바로 그것이 이 긴장의 해소 또는 극복의 강력한 시도로 이어졌다(Seligman, 1997: 48).

참여자들의 친밀성과는 달리, 신뢰는 참여자들 간의 차이 또는 다름에 대한 인정에 기초를 두는데, 이 다름의 인정은 근본적으로 미지의 대상인 초월적 신을 '개인'에 투영한 결과이고 신에 대한 '무조건적' 믿음을 타인에 대한 '무조건적' 신뢰로 전환한 결과이다.

그러나 신뢰의 등장에서 종교, 특히 기독교의 역할에 대한 이러한 언급에도 불구하고, 프로테스탄티즘에 대한 셀리그먼의 평가에서 종교는 다시금 '강한 평가'의 공유와 동질성에 기초한 친밀성의 영역으로 환원된다. 즉, 종교적 행동강령에의 충성에 기초한 유대(*solidarity*)의 예를 보여준 것이 바로 베버의 프로테스탄티즘 테제였다는 것이다(Seligman, 1997: 79).

> 이것이 바로 막스 베버가 그의 연구인 프로테스탄트 윤리와 자본주의 정신에서 지적하고자 한 바이다. 여기서 시장 관계의 성립을 위한 필수적인 신뢰는 엄격한 종교적 행동강령에 대한 충성을 공유함으로써 생긴 것으로 등장한다. 어네스트 겔르너가 지적한 바와 같이 '유럽의 프로테스탄티즘은 그 추종자로 하여금 그들의 이익과는 상관없이 그들의 소명의 규범에 충성하게 만들었다. … (중략) … 이 모든 경우에 우리는 본질적으로 경제학자들이 '외부성', 즉 그 자체로는 시장에서 매매될 수 없지만 상품의 생산을 가능하게 하는 재화라고 부르는 형태를 다룬다. … (중략) … 그러나 여기서 논의하는 것은 우리가 확신 또는 친밀성과 구분하고자 어렵게 노력했던 신뢰가 아니라, 사실은 (유대의 한 양식으로서의) 친밀성 그 자체이다. 친밀성과 테일러의 강한 평가의 연관성을 기억해보면 이것이 보다 명확해진다(Seligman, 1997: 79).

종교적 행동강령에 의한 연대는 상대방에 대한 확실한 역할기대와 강한 평가를 통한 동질감에 기초를 둔 것으로서, 본질적으로 신뢰가 아니라는 것이다.

그러나 셀리그먼의 이러한 평가와는 달리, 청교도 윤리가 자본주의의 일반화된 교환 원리의 발전에 기여하는 변혁성을 보일 수 있었던 것은, 그것이 우선 전통적인 역할기대와 강한 평가의 고리를 어떤 식으로든 파괴했기 때문이었다. 오히려 그 동질감의 고리를 끊고 고립된 근대적 개인을 탄생시키는 데 기여했다는 것이 베버 프로테스탄티즘 테제의 핵심이었다. 베버 프로테스탄티즘 테제의 또 다른 핵심은 바로 그 고립된 근대적 개인의 존재와 긴장을 이룬다. 즉, 고립된 근대적 개인은 구원의 확신에 대한 추구의 결과였기 때문에 결코 신이 요구한 형제애를 포기할 수 없었지만, 그 형제애는 비인격적이었으며 따라서 어떤 의미에서는 이미 종교이기를 포기한 것이었다. 다시 말해 베버의 프로테스탄티즘 테제는 고립된 개인과, 서로 다른 미지의 개인 사이의 형제애에 대한 종교적 요구 간의 긴장이 신에 대한 믿음 또는 구원에 대한 갈망 안에서 보존되고 있음을 보여준다.

막스 베버의 프로테스탄티즘 테제에 대한 재검토를 위해, 루만, 기든스, 셀리그먼 등 3명의 신뢰 이론가들의 논의로부터 도출한 문제의식들을 정리하면 다음과 같다.

- 동질성 또는 역할기대의 공유에 기초한 친밀성 및 확신이 과연, 또는 어떻게 '무조건적인 일반화된 신뢰'로 전환되는가? 이러한 질문과 관련하여 막스 베버의 프로테스탄티즘 테제는 어떤 방식으로, 어떤 질문들을 통해 재검토되어야 하는가?
- 프로테스탄티즘의 탈주술화는 예측성에 기반을 둔 친밀성 및 확신과 구분되는 '신뢰'의 전개에 과연, 또는 어떻게 기여했는가?
- 프로테스탄티즘은 과연, 또는 어떻게 자기준거적인 고립된 개인의 탄생에 기여하면서 동시에 합리성의 제도화에 기여할 수 있었는가?
- 신교도들에게 금욕적 일상(*routine*)은 어떤 양면적인 속성을 갖는가?
- 신교도들에게 또 다른 종교적 명령으로 형제애는 어떤 양면적인

속성을 갖는가?

다음 절에서는 이러한 문제의식들에서 출발하여 막스 베버의 프로테스탄티즘 테제에서 쟁점이 될 만한 몇 가지 주장들을 재검토하고자 한다. 이를 통해 막스 베버가 프로테스탄티즘 테제를 통해 보여주고자 했던 이론적 함의에 좀더 근접할 수 있으며, 동시에 이러한 재검토를 통해 신뢰 이론의 구성에서 프로테스탄티즘 테제가 주는 함의를 이끌어낼 수 있으리라고 생각한다.

3. 프로테스탄티즘 테제의 재검토

1) '에토스'로서의 자본주의 정신

잘 알려진 바와 같이, 막스 베버는 《프로테스탄티즘의 윤리와 자본주의 정신》(1987)에서 비세속적, 금욕적 신앙과 자본주의적 영리생활에 종사한다는 것 간의, 언뜻 보기에 모순적인 두 변수 사이의 선택적 친화관계를 주장한다. 여기서 그는 일차적으로 근대적인 경제 인간의 출현 과정을 추적하는 것으로 보인다(Kalberg, 1980). 근대적인 경제 인간의 핵심은 "자본주의 정신"인데, 이 정신은 "신용할 수 있는 정직한 사람이라는 이상이며, 특히 자기의 자본을 늘리는 일을 자기의 목적이라고 생각하는 것이 개개인의 의무라고 생각하는 사상"이다(Weber, 1987: 47). 중국, 인도, 바빌론 등 고대와 중세 여러 지역에서 흥했던 자본주의와 달리 서구의 근대 자본주의 정신은 위의 사상이 "단순히 처세의 기술이 아니라 독자적인 윤리", 즉 공리주의적 해석이 아닌 "에토스"로 존재하였다는 데 그 특징이 있다. 성실, 시간엄수, 근면, 절약 등의 정신이 신용을 낳기 때문에 결론적으로 유익하다는 공리주의적 이해 때문에 그렇게 행한 것이 아니라, 그 자체로 순수한 자기 목적으로 인식되었다는 것이다. 이런 점에서 이런 행동 강령은 "개개인의 행복이나 이익에 대립하여 전적으로 초월적인 것, 비합리적인 것으로 보인다". 이런 사상은 "직업의무"라는 개념으로 잘 요약되는데, 이는 "개개인이 자기의 직업활동의 내용을 의무로 의식해야 하며 또 실제로 의식하는 그런 의무관념"을 뜻한다(Weber, 1987: 49).

칼뱅주의가 이 자본주의 정신의 출현에 미친 영향에 대한 고찰이 《프로테스탄티즘의 윤리와 자본주의 정신》의 핵심적 내용을 이룬다. 이를 간략하게 요약하자면 다음과 같다. 베버는 칼뱅주의의 예정설에 특히 주목한다. 루터파와는 달리 심리적인 감정이나 기분에 의해서가 아니라, 객관적인 결과를 통해 자신의 (예정된) 구원을 확신하고자 했던 칼뱅주의는 일상생활에서의 항상적이고 "조직적인 자기심사"를 통해 자신의 현세에서의 생활을 철저하게 "합리화"했으며 이는 곧 "끊임없는 반성에 의해 인도되는 생활"과 세속적 금욕으로 인도했다. 이처럼 프로테스탄티즘의 직업 관념의 귀결은 곧 "내세를 지향하면서도 세속의 내부에서 행해지는 생활의 합리화"였으며 이것이 바로 자본주의 정신과 친화성을 보인 종교적 신앙의 세속적 결과였다(Weber, 1987: 135).

프로테스탄티즘 테제에 대한 지금까지의 관점은 주로 비교종교론적 관점, 특히 종교가 합리화 또는 근대화 과정에 미친 영향을 해명하는 데 집중되었다. 유교, 불교, 힌두교, 이슬람교 등과의 비교를 통해 프로테스탄티즘이 합리화 과정에 미친 영향의 독특성이 부각되었는데, 현세에 대한 프로테스탄티즘의 독특한 관점이 합리적이고 실천적인 세속적 태도로 전환되어서 국가, 관료제, 기업 등 서유럽에서의 근대적 제도화 과정에 영향을 미쳤다는 것이 그 핵심적 주장이다. 이와 관련된 이론적 논점 중 하나는 합리화 과정에 미친 프로테스탄티즘이라는 종교의 독특성을 강조함으로써 발생하는 유럽중심주의 문제였다. 이후 합리성의 사회적 기반에 집중하는 이론적 경향이 강해지면서 합리화 과정의 보편성과 그것이 취하는 다양한 형태들에 대한 논의로 발전하였다(Schluchter, 1987). 또 다른 이론적 논점은 세속화된 근대사회의 성격을 둘러싸고 전개되었다. 베버의 논의는 종교 시대에서뿐 아니라, 세속화된 근대 시대에도 종교가 중요한 역할을 했다는 기본적 입장에서 출발한다. 그러나 그 결과 탄생한 세속화된 세계에 대한 해석에서는 논자에 따라 다른 입장들이 존재한다. 즉, 한편에서는 합리화된 "철장"이나 그 안에 갇힌 근대인의 비애에 초점을 맞추는가 하면, 다른 한편에서는 근대사회의 비합리적 성격을 부각시킴으로써 근대사회의 모순과 변혁 가능성을 강조하는 방식으로 해석하기도 하였다. 이는 실증주의 논쟁이나 문화 또는 사회운동의 비합리적 성격을 둘러싼 이론적 논의 속에서 구체화되었다.

세속화된 근대사회의 합리적 성격에 대한 논쟁에서는 논자의 관점에 따라 매우 다양한 방식의 대립항이 분석도구로 활용되었다. "행위를 통해 자신의 삶을 스스로 통제하는 능력 vs. 행위 결과의 객관화, 물질적 인과관계 vs. 문화적 의미, 역사적 발전의 방향성 vs. 역사의 우연성, 진리의 객관성 vs. 지식의 상대성, 가치와 믿음에 대한 헌신 vs. 개인 행위의 결과에 대한 책임" 등의 대립항들이 대표적인 예들이다(Lash & Whimster, 1987: 5). 프로테스탄티즘 테제와 관련하여 가장 직접적으로 부각되는 대립항은 아마도 자유-지배의 대립항일 것이다. 《프로테스탄티즘의 윤리와 자본주의 정신》에서 칼뱅주의의 독특성은 그것이 근대적인 의미의 자유로운 경제적 인간의 탄생에 기여했다는 점에서 찾아지고 있지만, 동시에 그 논문의 말미에서는 합리화된 사회의 철장 속에 갇혀 규율화되고 지배되는 인간의 모습에 대해 경고되고 있기 때문이다. 지배이론에서는 세속화된 근대사회 안에서 이 대립항 간의 긴장이 어떤 방식으로 지속되는지에 대한 의미 있는 이론적 발전이 이루어졌다. 특히 카리스마이론을 결합시키며 카리스마적 사회변혁과 일상화(*routinization*) 사이의 동학이 부각되었다. 이에 비해 《프로테스탄티즘의 윤리와 자본주의 정신》, 즉 프로테스탄티즘 논문에 대한 해석에서는 자유와 지배, 또는 사회변혁과 일상화 사이의 동학이 충분히 부각되지 않았던 것이 사실이다. 이 대립항 간의 동학에 관련된 후대 학자들의 논쟁은 상당 부분 베버 논의 자체의 모호성 또는 복잡성에 기인한다. 프로테스탄티즘 테제와 관련하여, 이는 직접적으로 합리화 과정이 이루어진 것이 프로테스탄티즘이라는 종교에서였다는 베버의 핵심 주장에서 시작된다. 구원 종교 내적인 합리화, 즉 선과 악에 대한 다원적 관점을 가졌던 전근대 종교와는 달리 현세와 내세를 포함한 우주 질서에 대한 내적으로 일관된 관점과 방향을 제공한다는 의미에서 종교의 합리화 결과라는 해석과, 이 현세 지향적 금욕주의라는 특정 구원 종교의 의도치 않은 결과로 합리화된 세계 질서가 발생하게 되었다는 해석이 혼재되어 있기 때문이다.

이 연구는 막스 베버의 프로테스탄티즘 논문에서 자유와 지배, 사회변혁과 일상화 사이의 긴장이 어떤 방식으로 등장하는지 살펴보고자 한다. 이때 기존의 논의들이 사회변혁과 일상화 사이의 동학을 '포스트-청교도' 시대인 근대사회의 역사적 진행 과정에 국한하려는 경향이 있는 것에 반해, 이 연구는 청교도의 금욕적 생활태도 안에 이미 그 긴장이 존재했으며 바로 그 긴장의 보존이야말로 프로테스탄티즘이 합리성의 제도화를 가능하게 한 동력이었음을 주장하게 될 것이다. 이 긴장이 가장 잘 드러나는 것이 바로 프로테스탄티즘의 핵심적 측면인 청교도의 금욕적 일상(*routine*)과 비인격적 형제애가 가지는 양면성이다. 개인적 차원의 생활태도의 합리화가 어떻게 성공적인 합리성의 제도화로 이어질 수 있었는지 라는 수수께끼의 해답은 생활태도의 양면성, 무엇보다도 합리성-비합리성의 동학에 대한 고찰을 통해 얻어질 수 있다.

2) 일상생활의 합리화와 조직의 합리화 사이의 간극과 모순

막스 베버에게 '자본주의적'이라 함은 "합리적인 경영에 의한 자본증식과 합리적인 자본주의적 노동조직이 경제행위의 방향을 결정하는 지배력이 된 상태"를 의미한다(Weber, 1987: 52). 여기서 그는 "경제적 합리주의"를 노동생산성의 증대, 노동조직화 등 기술과 조직의 합리화 과정과 일상생활의 합리화 과정을 모두 포괄하는 것으로 쓴다. 그런데 종교와의 친화성을 이야기하면서 그는 후자에 집중한다. 《프로테스탄티즘의 윤리와 자본주의 정신》을 꿰뚫는 중심 질문은 "직업노동과 직업노동에 대한 헌신"이라는 지극히 비합리적인 태도를 가능하게 한 "구체적 형태의 합리적 사고와 생활이 도대체 어떠한 정신 계보에서 생겨난 것인가"하는 것이었으며, 이는 조직의 합리화 또는 자본주의적 기업 경영의 확산 과정보다는 — 이윤을 추구하는 — 기업가와 — 건전하고 양심적이고 아주 근면한 — 노동자 개인의 "일상생활의 합리화"에 주목하도록 만들었다(Weber, 1987: 67). 경제적 합리화 과정에 영향을 준 비합리적 요인을 찾는 것이 그의 과제였다면, 그는 그 비합리적 요소의 결정적 경로를 직업헌신이라는 개인적 태도에서 찾았던 것이다. 조직의 합리화 과정 또는 자본주의적 기업 경영의 사회적 확산 과정은 이러한 개인적 차원에서 실현된 태도, 즉 자본주의적 정신에 따르는 당연한 결과 정도로 생각되는 듯하다. 개인적 일상생활 차원에서 실현된 자본주의 정신이 어떻게 합리성의 제도화로 이어질 수 있었는지에 대해서는 구체적으로 다루고 있지 않기 때문이다.

이 확산 과정을 이해할 수 있게 해주는 중재적 개념 중 하나가 바로 몇몇 후대 학자들에 의해 관심의 대상이 된 "일반화된 교환 원칙"의 출현이다. 셀리그먼(Seligman, 1997: 79)은 신뢰에 대한 그의 논의에서 막스 베버의 《프로테스탄티즘의 윤리와 자본주의 정신》을 언급하면서, 현세/내세에서 얻을 이익 때문이 아니라, 오로지 소명(*calling*)이라는 규범의 공유가 개인으로 하여금 신뢰할 만하게 행동하게 하였고, 그 결과 일반화된 교환의 원칙이 출현할 수 있었다고 해석한다. 이러한 논의의 배경에는 자본주의의 성공적 정착을 위해서는 합리적 조직, 즉 '제도'의 탄생만으로는 불충분하며, 그 제도의 성공적 작동을 가능하게 하는 일종의 "외부성"(*externality*)이 필요하다는 전제가 깔려 있다. 청교도의 금욕주의는 막스 베버가 명시적으로 강조했던 합리적 조직의 탄생뿐 아니라, 동시에 외부성으로서 일반화된 교환 원칙의 출현에도 기여할 수 있었기 때문에 근대적 제도의 성공적 정착에 영향을 끼쳤다고 평가될 수 있었던 것이다. 그러나 이에 대한 셀리그먼의 설명은 행동강령으로서 프로테스탄트 윤리가 "일종의 유대/기대체계의 기초"가 되었다고 주장함으로써, 사회적 유대의 기초라는 기능에만 초점을 맞춘다는 점에서 한계가 있다. 셀리그먼의 주장과는 달리 청교도의 금욕주의는 공유된 기대체계의 기초가 되었을 뿐 아니라, 전통적인 기대체계의 예측성을 파괴하는 양면성이 있었다. 또한 형제애라는 종교적 명령에의 순종을 통한 타자지향적 성격뿐 아니라, 자신의 구원의 확신에만 집착하는 비형제애적 이기주의도 동시에 가지고 있었다. 프로테스탄티즘 논문은 청교도적 금욕주의라는 종교적 태도 안에 내재된 이 두 요소들 사이의 긴장이야말로 합리적 조직/제도와 그것의 작동을 가능하게 하는 일반화된 교환 원칙의 탄생을 동시에 가능하게 한 동력이었음을 보여준다. 다음 절에서는 이 주장을 프로테스탄티즘 테제의 재검토를 통해 논증하고자 한다.

3) 칼뱅주의의 종교적 특성과 합리화

(1) 금욕적 일상(*routine*): 예측성 파괴와 예측성 추구 간의 긴장

막스 베버는 프로테스탄티즘의 여러 종파들 또는 당시에 유행했던 윤리들과의 비교를 통해 칼뱅주의자들의 생활태도가 자본주의 정신과 가장 친화성이 있었음을 주장한다. 베버는 프로테스탄티즘 논문에서 몇몇 다른 종파들과 구별되는 칼뱅주의의 종교적 특징들을 살펴봄으로써, 그것이 종교적 합리화 과정의 성격, 현세(사회)의 합리화와 맺는 관계에서 어떤 특징을 보이는지를 밝히는 데 집중하였다. 이 글에서는 특히 의미 있는 비교는 루터파와 유기체적 사회윤리와의 비교이다.

먼저 루터파와의 비교를 보자. 베버는 《프로테스탄티즘의 윤리와 자본주의 정신》 제3장에서 루터의 직업 관념과 칼뱅주의를 비교하면서, 전자의 어떤 측면이 칼뱅주의의 현세적 금욕주의와 구분되는지를 구체적으로 논의한다. 이에 따르면 소명으로서의 직업 개념, 세속적인 일상노동을 신의 뜻에 충실한 것으로 보는 입장은 칼뱅주의뿐 아니라 루터파에서도 발견된다. 그러나 막스 베버는 세속의 직업생활에 도덕적 자질을 부여한 루터파의 공로를 인정하면서도, 루터파는 자본주의 정신과 친화성을 보이지 않았다고 주장한다. 베버에 따르면, 루터파의 핵심적 특징, 즉 성서로 돌아가라는 주장은 루터파로 하여금 직업에 대한 적극적인 인정이 아닌, "종말론적 무관심"에 가까운 소극적 긍정 정도의 태도를 갖게 했기 때문이다. 물론 베버는 루터가 실제로 직업 활동의 의의를 점점 더 중시하는 경향을 보였다는 것을 간과하지 않았다. 그러나 이 경향은 루터가 현세의 투쟁에 참여하게 되면서 생긴 실천적 결과일 뿐, 결코 종교 교리의 원칙을 넘어설 수 없다는 한계가 있다고 본다. 베버의 표현을 그대로 쓰자면, "금욕적 의무에 비해 세속내적 의무를 경시하는 태도를 제거하는 것" 정도에 그쳤다는 것이다. 이것이 베버가 루터의 직업 관념이 결국 전통주의를 벗어나지 못했다고 본 이유이다. 루터파의 두 번째 특징은 현세 질서에 대한 순응적 태도이다. 베버에 따르면 루터파는 계급 및 직업분화의 현상을 신의 세계 계획의 직접적 결과로 해석하려 했다는 점에서는 칼뱅주의와 공통적이지만, "이 질서 안에서 각 사람에게 지정된 자리들은 자연적 원리를 따르는 것이며 우발적인 것"이며 나아가 "그에게 지정한 자리나 한계 안에 굳게 머물러 있어야 하는 것"이 종교적 의무라고 본다는 점에서 현세의 질서에 순응적이었다(Weber, 1987: 229, 230). 이는 정부에 대한 복종과 주어진 생활 상태에 대한 순응의 설파로 이어졌다. 베버에 따르면, 흥미롭게도 이러한 사상이 직업 활동을 사명으로 보는 루터 자신의 입장과 상호 모순되면서, 후자를 억누르는 결과를 낳았다(Weber, 1987: 83~93).

반면 칼뱅주의의 종교적 특징은 노동에 의한 구원을 지향하는 금욕적 자기훈련으로서, 이는 가톨릭이나 다른 개신교 내 종파들과는 달리 종교생활과 현세적 행위의 관계를 보다 적극적으로 해석하게 하는 정신적 기초가 되었다. 먼저, 수도원 내 금욕적 생활과 마찬가지로 세속적 생활을 인정하는 정도가 아니라, 전자를 경멸하여 후자를 사명으로서 존중하는 보다 적극적인 세속 인정의 관점을 보인다는 것이다. 또한 금욕적 노동에 의한 자기훈련을 통해 구원을 (자기) 확신할 수 있다는 사상은 현세의 질서에 대한 순응적 수용을 거부할 수 있는 변혁적 지향을 담보하고 있었다. 분업에 대한 루터파의 이해와는 달리 칼뱅주의에게 "분업의 섭리적 목적은 그 결과에 의해 식별되는 것"이었기 때문이다. 이러한 칼뱅주의의 종교적 입장은 전통적 세속 질서에 대한 거부와 개혁으로 이어질 수 있었다. 이 개혁적 과정은 후대 학자들에 의해 흔히 근대적 개인의 탄생 과정과 탈주술화로 요약되곤 하였다.

칼뱅주의의 예정설(은혜에 의한 선택의 교리)은 당시 밀턴이 "설혹 지옥으로 떨어지더라도 나는 이러한 신을 결코 존경할 수 없다"고 비판한 것처럼(Weber, 1987: 122), 쉽게 받아들이기 어려운 교리였다. 물론 이러한 교리의 확산을 가능하게 만든 전제는 신에 대한 배타적 신뢰였다. 역설적으로 그 결과는 "인류가 지금까지 한 번도 겪어보지 못한 참혹한 내면적 고립"(Weber, 1987: 124) 이었다. 개인의 고립은 전체 사회 구성원들뿐 아니라, 친밀성의 관계에 있는 사람에게조차 신뢰하지 말라는 권고로 이어진다. 막스 베버는 이것이 결과적으로 현세의 단단한 속박으로부터 개인을 내면적으로 해방시키려는 경향과 결합될 수 있었다고 본다.

> 비교적 온건한 박스터(Baxter) 조차 가장 가까운 친구라도 깊이 불신하라고 권하며 베일리(Bailey) 는 보다 직접적으로 어느 누구도 신뢰하지 말고 폐가 되는 일은 누구에게도 알리지 말며 오직 신만이 신뢰할 만한 인격을 가지고 있다고 생각하라고 설파한다(Weber, 1987: 126).

한편 성사적 의례나 교회, 심지어 예수조차도 구원할 수 없는 상황은 직접적으로 탈주술화 과정으로 연결된다.

> 현세를 마술로부터 해방시킨다는 종교역사상 그 위대한 과정 — 즉 고대 유태의 예언자로부터 시작하고 희랍의 과학적 사유와 결합하여 구원을 위한 모든 주술적 방법을 미신이나 사악으로서 배척한 마술로부터의 해방과정 — 은 여기서 논리적 완결을 이루었다. … 주술적이거나 종교의례적인 힘이 구원을 가져온다는 따위의 미신이나 믿음을 전혀 가지고 있지 않기 때문이다. … (중략) … 성사적 의례의 소멸은 이러한 신앙의 영향을 나타내는 징후였으며 윤리적 태도에 대한 심리적 자극이었다. 격정적인 죄의식의 정기적인 해소수단이 사라져 버린 것이다(Weber, 1987: 125, 126).

요컨대 칼뱅주의의 종교적 특성은 — 여전히 전통주의에 가까운 루터파와는 달리 — 가족에 대한 사랑과 관심조차도 자신의 영적 구원에 대한 고뇌보다 중요하지 않은 철저한 개인주의와 탈주술화를 통해 현세의 단단한 속박으로부터 벗어나도록 "끊임없고 조직적인 투쟁에 박차를 가"하도록 하는, 즉 현세 변혁적인 윤리적 동기와 결합될 수 있었던 것이다.

그러나 동시에 칼뱅주의의 종교적 특성 안에는 새로운 사회가 요구하는 예측성, 무엇보다도 근대적 분업체계의 요구에 부합하는 규율화된 노동자를 만들어내는 측면이 포함되었다. 루터파와는 달리 칼뱅주의는 단순한 노동이 아니라, 확실한 직업을 가진다는 것, 합리적인 (평생) 직업 노동이 신이 요구하는 것임을 설파하기 때문이다. 베버는 이러한 칼뱅주의 입장이 아담 스미스의 분업찬미론을 연상시킨다고까지 하였다. 즉, "직업의 전문화는 숙련을 가능하게 하므로, 생산의 양적, 질적 개선을 가져오며 따라서 공공선에 이바지하는 것이다"(Weber, 1987: 230). 확실한 직업 노동에 대한 강조는 금욕적 노동에 의한 자기훈련이라는 방법적 요소와 결합하여, 당시의 사회적 조직화 방식이 요구했던 규율화되고 예측 가능한 경제적 인간의 탄생에 기여했던 것이다.

중요한 것은 이 두 개의 모순적인 경향이 칼뱅주의의 종교적 특성 안에 내재되었다는 점이다. 자유-지배의 동학과 관련하여, 흔히 칼뱅주의의 종교적 합리화에서는 근대적 개인의 탄생이라는 과정만을 부각시키면서, 그것의 의도하지 않은 결과가 합리적 조직화에 의한 지배의 경향인 것으로 해석하는데, 이는 부당하다는 것이다. 프로테스탄티즘 논문은 바로 종교적 합리화 과정 자체에 이미 모순이 존재했음을 보여준다. 그 모순이 가장 잘 드러난 사례가 바로 종교적 태도로서 금욕적 일상(*routine*)의 추구이다. 청교도들의 금욕적 일상생활에 대한 추구는 양면성이 있다. 즉, 그것은 전통적인 속박에서 벗어나 끊임없이 자기를 감시하고 성찰해야 한다는 요구에 대한 응답일 뿐 아니라, 지속적인 자기감시와 자유를 부정하고 안정된 예측성과 규율을 제공하는 구조들에 기꺼이 복속하려는 동기의 결과이기도 했기 때문이다. 청교도의 생활이 외부세계에게 예측 가능했던 것은 칼뱅주의가 요구했던 지속적인 자기감시와 성찰 그 자체 때문이 아니라, 구원의 확신에 대한 끊임없는 불안 속에서 그 지속적 성찰을 멈추고 예측 가능한 일상에 의지하게 하였던 존재론적 안전에 대한 동기가 바로 그 금욕적 생활에 반영되었기 때문이다. 이 양면성이야말로 합리성의 제도화를 가능하게 했던 동력이었다. 혹자는 재주술화의 경향을 언급하면서 포스트-청교도 시대에 종교로부터 주어진 목적이 없어진 상태에서 내면의 소리에 따라 자유롭게 행동을 해야 한다는 요구가 결국 새로운 주술에 의지하게 만들었다고 주장하기도 하지만(Schroeder, 1987; Alexander, 1987), 청교도의 금욕적 생활태도라는 형식으로 이루어진 "영적인 것의 객관화"(Alexander, 1987: 194)는 그 자체로 공장과 일터에서의 규칙성과 예측성, 즉 지배의 상황을 만들어내었다는 점에서 청교도 시대의 종교적 태도 안에 이미 이러한 긴장이 존재했다고 보는 것이 적절하다.

(2) 비인격적인 형제애: 이기주의와 기독교적 형제애 간의 긴장

이 연구의 목적을 위해 의미 있는 두 번째 비교대상은 유기체적 사회윤리이다. 이에 관해서는 《프로테스탄티즘의 윤리와 자본주의 정신》에서뿐 아니라 《세계종교의 경제윤리: 비교종교사회학적 시도. 중간고찰》(2008)에서 잘 다루어진다. 먼저 베버는 《프로테스탄티즘의 윤리와 자본주의 정신》에서 칼뱅주의가 개인을 전통적 속박으로부터 해방시키면서, 동시에 사회의 조직화에 우월적으로 영향력을 미쳤던 "수수께끼"를 설명하면서, 이를 "칼뱅주의의 신앙에 의거한 개인의 내면적 고립화라는 압력 아래서 기독교적인 형제애가 취할 수밖에 없는 독특한 형태에서 생겨난 결과"라고 주장한다(Weber, 1987: 127). 바로 여기서 모순이 반영된 또 다른 사례를 발견하게 된다. 칼뱅주의에서 형제애는 신은 인간 생활의 사회적 구성이 자신의 계명에 따라 자신의 목적에 합치하도록 조직되는 것을 바라기 때문에 개인은 신의 계명을 수행하기 위해 사회적인 조직화를 수행해야 한다는 것으로 표현된다. 그런데 신의 목적에 합치하도록 조직화된 사회에 대한 명령은 당시 유기체적 사회윤리에 의해서도 강조되던 바였다. 유기체적 사회윤리의 형제애와 칼뱅주의의 그것에 어떤 차이가 있으며, 그것이 합리성의 제도화와 어떤 관련이 있는가?

《중간고찰》에서 베버는 구원 종교와 근대 합리주의와의 친화성에도 불구하고 그 안에 내적 긴장이 존재한다는 점을 간파한다. 구원종교와 여타 사회적 영역들과의 긴장관계를 탐색하면서, 그는 특히 구원종교가 정치적 영역의 권력이해와 권력투쟁에 얽혀 들어가면서 이루어진 타협과 상대화("구원가치에 내재한 윤리관의 합리적인 자기법칙성의 상대화") 현상에 주목한다. 그렇게 생긴 입장들 가운데 실제적으로 가장 중요한 유형이 유기체적 사회윤리였다(Weber, 2008: 225~240). 따라서 유기체적 사회윤리도 직업개념, 특히 직업분업적 세계를 강조하는데, 그 기초는 구원종교와 마찬가지로 형제애였다. 그러나 베버는 이 형제애의 원칙에서 칼뱅주의와 유기체적 사회윤리, 나아가 신비주의 간에 극단적 차이가 있다는 점을 지적한다. 신비주의가 "무차별적 사랑의 윤리"를 강조한다면, 유기체적 사회윤리는 "하나의 질서정연한 합리적 형제애"에 기초한다. 유기체적 사회윤리는 "세계를 신의 뜻에 맞는 활동들로 이루어진 직업분업적 세계로 만들고자 한다"는 데 그 특징이 있다(Weber, 2008: 235). 신비주의가 자신이 속한 공동체의 경계를 넘는 무차별적 사랑의 윤리를 강조했지만 직업분업적 세계에 대한 무관심으로 합리성의 조직화에 영향을 줄 수 없었다면, 유기체적 사회윤리는 이 두 가지 요소, 즉 무차별적 사랑[3]과 직업분화적 세계라는 두 가지 요소를 모두 가지고 있었음에도 불구하고 왜 합리성의 제도화에 영향을 줄 수 없었다고 평가되는가?

베버는 그 이유를 일차적으로 개개인의 일상생활의 합리화를 위한 내적 동기의 결여에서 찾는다. 즉, 칼뱅주의의 입장에서 볼 때, 유기체적 사회윤리처럼 직업분업적 세계 자체를 형제애로 이해하는 것은 개개인의 일상생활의 합리화를 위한 내적 동기를 결여한다는 점에서 지속적일 수 없으며 합리적이지도 않다고 평가된다. 이에 비해 칼뱅주의는 직업분업적 세계의 합리성을 무차별적 형제애와 관련시키기보다는, 구원을 받았다는 내적 자기확신의 도구이자 임무 완수의 대상으로 해석함으로써 기독교의 핵심 윤리인 형제애를 지극히 "이기주의적"으로 해석하고 있다.

> 현세적 금욕주의의 입장에서 보면, 이러한 유기체적 사회윤리는 개개인의 삶 전체를 윤리적으로 합리화하는 데 필요한 내적 동기를 결여하는 것이다. 왜냐하면 이 사회윤리에서는 개개인이 자기 자신의 구원을 위해 스스로 삶을 합리화하고 체계적으로 구성하는 데 대한 보상(프리미엄)이 없

3) "이 세계 내에서 개개인 그리고 개개 집단은 그들의 개별적 카리스마에 따라, 그리고 운명적으로 주어진 사회-경제적 상황에 따라 규정된 과업들을 배정받는 것이다. 대체로 이 과업들은 사회윤리적으로나 섭리로 보나 — (위에서 언급한 세속과의) 모든 타협에도 불구하고 결국에는 — 신의 뜻에 맞는 그러한 상황을 실현하는 데 기여하는 과업들이다." 인도의 업보이론과 다른 것은 전자의 경우 순전히 개개인의 이해관계에 초점을 맞춘 구원 실현방식을 제공하고 있는데 반해, 유기체적 사회윤리는 보다 신정론에 가깝다고 평가되었다(Weber, 2008: 235). 같은 기독교 안에서도 칼뱅주의에서와 같이 은혜에 의한 선택과 세속 질서에 대해 무관심으로 특징되는 신보다는, 비록 섭리라는 형식이긴 하지만 세속 질서에 대한 직접적인 관심을 가진 신을 인정하는 유기체적 사회윤리가 당시로서는 더 신정론에 가깝다고 평가되었다. 유기체적 사회윤리에서 세속 질서는 신앙인에게 제한되지 않는, 즉 차별이 없는 사랑을 실현하는 도구이다.

기 때문이다. 이와는 반대로 유기체적 구원론 쪽에서는 또 그 쪽대로 삶의 질서들의 합리적 객관화에 기초한 현세적 금욕주의의 구원귀족주의를 무애정과 무형제애의 가장 가혹한 형태로 간주할 수밖에 없으며 또한 신비주의의 구원귀족주의를 자기 자신의 카리스마를 고상하게, 그러나 사실은 비(非) 형제애적으로 즐기는 것에 불과한 것으로 간주할 수밖에 없다. 유기체론자가 보기에 신비주의적 구원귀족주의는 무계획적 무차별적 사랑의 윤리를 단지 자신의 구원추구를 위한 이기주의적 수단으로 사용하고 있는 것에 불과한 것이다(Weber, 2008: 236).

바로 이러한 이기주의적, 무형제애적 자기 사랑 — 즉 개인의 영적 구원에 대한 끊임없는 고뇌와 확신 욕구 — 이야말로, 역설적으로 칼뱅주의가 합리성의 제도화에 우월적 영향력을 미칠 수 있었던 이유로 파악된다. 중요한 것은 개인의 영적 구원에 대한 고뇌와 세계 질서의 합리화 사이의 매개 고리가 바로 "사물적, 비인격적" 성격의 형제애였다는 점이다. 베버의 표현에 따르면, 칼뱅주의에 있어 형제애라는 신의 명령은 "사물적, 비인격적인 성격"[4]을 띠며 이것이야말로 "인류를 둘러싼 사회적 질서의 합리적 구성에 도움을 줄 만한 성격"(Weber, 1987: 128)을 갖는다. 사물적, 비인격적 성격의 형제애는 '금욕적 일상(*routine*)'의 예측성을 통해 대면하게 될 비인격적 타자에 대한 형제애를 대변하는 것으로, 당시 기독교적으로 이해되었던 형제애와는 다른 것이었다. 이미 살펴본 바와 같이 금욕적 일상은 구원을 향한 욕망으로 대변되는 무형

---

4) 역자 전성우의 역자주에 따르면 여기서 비인격적이란, "구체적 개별 인간을 보지 않고 객관적 이해와 목표 또는 추상적 '인간 그 자체'를 행위의 중심으로 삼는 태도"를 의미한다. (Weber, 1987: 221; 역자주 14 참조) 비인격적 주체는 근대 국가이론이나 시민권 이론에서 매우 중요한 개념으로서, 개인의 특수성 또는 구체성을 사상한 추상적 법인격 개념에 기초가 된다.

제애적 자기사랑의 결정판이다. 그러나 구원을 향한 욕망이라는 같은 뿌리에서 나온 형제애에 대한 신적 명령은 자기사랑에 대한 부정을 요구한다. 그 긴장의 결과가 바로 비인격적 형제애이다. “영적인 것의 객관화”로 대변되는 일상의 규칙성은 그것을 통해 대면하게 될 비인격적 타자를 사랑하도록 요구하며, 그 결과 형제애는 비인격적 성격을 가지게 된 것이다. 요컨대 금욕적 일상과 비인격적 형제애는 구원에 대한 종교적 열망이라는 같은 뿌리를 가진 것으로서 동전의 양면과 같은 것이다. 비록 비인격적 형제애는 개인이 보여주는 타인에 대한 직접적 또는 무차별적 형제애와는 무관하며 따라서 시간이 지날수록 형제애와 긴장관계에 빠지게 되지만(Weber, 2008: 237, 224~225), 그럼에도 불구하고 그것은 보편적 형제애라는 신의 명령에 순종한 결과라는 점에서 여전히 종교적이다. 바로 이 비형제애적 형제애라는 자기모순이야말로 칼뱅주의가 일반화된 교환 원리의 형성을 통해 근대적 제도의 성공적 작동에 기여할 수 있게 한 요인이었다.

4) 소결: 신뢰 이론의 관점에서 본 프로테스탄티즘 테제

이제, 신뢰 이론의 관점에서 프로테스탄티즘 테제를 재검토한다는 이 논문 본연의 목적을 상기할 때다. 신뢰 이론에 대한 검토를 통해, 친밀성, 확신, 그리고 신뢰 사이의 차이가 명확해졌다. 동질성 또는 역할기대의 공유에 기초한 개인 간의 친밀성이나, 체계 기능에 대한 확신이 모두 상대방이 나의 기대대로 움직일 것이라는 예측성을 가능하게 한다면, 신뢰는 이와 달리 상대방의 의도와 행동에 대한 구조적 불가지성 또는 미지, 결국 타인의 다름에 대한 인정을 기초로 하는 무조건적인 믿음을 뜻한다는 점에서 확신 및 친밀성과 분석적으로 구분된다. 따라서 신뢰는 전통적 속박으로부터 벗어난 근대적 개인의 자유를 전제로 하는 개념이다. 사회자본론의 기여는 이 신뢰 개념을 사회이론의 영역 안에 가두어 두지 않고, 자본주의체제의 안정성과 지속성을 위한 시대적 요구와 연결시켰다는 데 있다. 사회자본론에서 신뢰는 자본주의체제의 구조적 위기에 직면하여 등장한 대안적 사회관계에 대한 요구에 응답한 결과였기 때문이다. 이러한 맥락에서 볼 때, 사회자본론에 대한 핵심적인 이론적 문제제기, 즉 어떻게 일반화된 신뢰가 창출될 수 있는가라는 질문은 사회변동을 설명하고자 하는 사회이론 전체의 관심사일 수 있다.

이런 관점에서 이 연구는 막스 베버의 프로테스탄티즘 테제를 일반화된 신뢰의 창출이라는 관점에서 재검토해볼 필요가 있다고 주장하였다. 사회이론적 관점에서 프로테스탄티즘 테제를 다룰 때 표면적으로 주목되었지만 미처 자세히 다루어지지 못했던 부분이 바로 이 문제였다. 칼뱅주의가 어떻게 전통의 속박으로부터 벗어난 개인의 자유를 담보하면서, 동시에 — 근본적으로 그 자유를 억압하는 — 합리성의 제도화에의 영향력에서 우월성을 보였는가? 기존의 논의들이 칼뱅주의가 만들어낸 결과물, 즉 세속화된 '포스트-청교도 시대'에서 등장하는 자유와 지배 간의 긴장에 초점을 맞추었다면, 이 연구는 금욕적 일상과 비인격적 형제애라는 프로테스탄티즘 자체의 핵심적 특성에서 이 긴장을 발견하고자 하였다. 그리고 바로 이 내적 긴장이야말로 합리적 조직(제도)과 일반화된 교환 원칙을 동시에 만들어냈다는 점에서 합리성의 제도화를 가능하게 한 동력이었다고 주장하였다.

이 과정에 친밀성과 확신 사이의 동학에 대한 루만의 논의를 적용하여 볼 때, 프로테스탄티즘의 탈주술화는 전통적 사회관계에 기반을 둔 예측성(친밀성)을 넘어 개인의 자유를 가능케 하는 효과를 가져왔다. 그러나 동시에 고립된 개인은 '친밀하지 않은 것'으로서의 개인의 자유와 '친밀한 것'으로서의 성사적 의례 간의 경계를 허물며, 종교 안에서 양자를 통합한다. 이렇게 볼 때, 금욕적 일상이라는 것은 단순히 탈주술화를 상징하는 것이 아니다. 오히려 탈주술화와 재주술화의 동시적 과정을 상징하는 것이며, 성사적 의례라는 종교적 상징에 의해 매개된 세속과 종교 간의 경계 허물기의 결과다. 당시 청교도들이 추구하던 금욕적 일상생활은 — 노동을 거부하고 게을렀던 — 전통적인 일상생활을 개혁하며 합리화하고 끊임없이 자기 심사해야 한다는 요구와 함께, 이러한 자유를 촉구하는 과정에서 끊임없이 제기되는 존재론적 안전에 대한 요구에 응답해야 했으며, 이 둘 사이의 긴장에 대한 전략이 바로 '친밀한 것'의 상징적 효과를 활용한 금욕적인 규칙적 일상의 창출이었다. 여기서 중요한 것은 — 지금까지 프로테스탄티즘 테제에서 지속적으로 강조되었던 — '금욕'이라는 내용이 아니라, 규칙적인 일상(*routine*) — 나아가 안정적인 평생 직업 — 이 추구되었다는 사실이다. 규칙적인 일상은 고립된 근대적 개인의 자유 추구와 존재론적 안전에 대한 동기 사이의 긴장을 보여준다. 전자도 종교적으로 볼 때 자신의 구원을 확인하고자 하는 존재론적 안전 추구의 반영이라고 볼 수 있지만, 구원을 확인할 수 없는 데서 오는 지속적인 불안과 고뇌는 자신의 일상생활의 예측성에 대한 집착을 낳았을 것이다. 이로써 자기 훈련과 변화는 더 이상 지속적이지 않았고, 예측가능성과 규칙성의 창출을 통해 합리성의 제도화에 기여하는 결과를 낳을 수 있었을 것이다. 이 규칙적 일상에 내재된 긴장이야말로 칼뱅주의가 고립된 근대적 개인의 자유에 기여함과 동시에 합리성의 제도화에 기여할 수 있었던 수수께끼를 설명할 수 있는 열쇠이다.

청교도가 종교라는 '친밀한 것' 안에서 '친밀한 것'과 '친밀하지 않은 것' 사이의 경계를 허물며 양자를 통합했다는 또 다른 증거는 비인격적인 형제애에서 찾을 수 있다. 청교도들이 탈주술화에도 불구하고 '믿음'을 가졌다는 증거는, 자기구원에 대한 고뇌 속에서도 기독교적 형제애를 실천해야만 한다는 명령을 결코 포기할 수 없었다는 데 있다. 형제애에서 종교의 껍질을 완전히 벗겨낸 유기체적 사회이론과는 달리, 청교도의 직업분업적 세계에 대한 태도는 근본적으로 종교적인 것이었다. "야훼께서 가인에게 이르시되 네 아우 아벨이 어디 있느냐 그가 이르되 내가 알지 못하나이다 내가 내 아우를 지키는 자니이까."(창세기 4: 9) 만약 이웃을 지켜야 한다는 명령으로부터 자유로워진 가인이 고립된 근대적 개인의 상징이라면, 아우가 어디 있느냐는 종교적 물음 자체가 의미 없는 것임에 틀림없다. 합리성의 제도화라는 "철장" 속에 갇힌 고립된 근대적 개인이라면, 그리고 종교가 탈각된 세속적 사회에서 기껏해야 종교의 유산(*legacy*) 정도를 물려받은 개인이라면, 아마도 유기체적 사회이론가들이 주장했던 비인격적 메커니즘의 창출에 만족했을 것이다.[5] 그러나 프로테스탄티즘 테제에서 그려진 직업분업적 세계에 대한 청교도의 태도는 합리적 조직 또는 비인격적 메커니즘의 창출뿐 아니라 그 메커니즘의 작동을 가능하게 하고 보완하는 '시민 이웃'(*fellow citizen*)에 대한 무조건적 사랑의 존재를 가정한다. 시민 이웃에 대한 무조건적 사랑은 유기체적 사회이론가들의 비인격적 메커니즘에 대한 일방적 강조뿐 아니라, 신비주의자들의 — 경계를 가지는 — 조건적, 직접적 형제애와도 구분된다는 점에서 신뢰 이론에서 제시하는 '일반화된 신뢰'의 핵심적 요소에 가장 근접하다.

베버에게 — 신비주의나 유기체적 사회이론이 아니라 — 청교도가 합

5) 이 부분은 셀리그먼이 지적한 친밀성의 두 가지 존재 유형을 떠올리게 한다. 셀리그먼에 따르면, 근대사회에서 친밀성은 두 가지 형태로 존재한다. 하나는 사회적 유대의 기초이며, 다른 하나는 노동분업의 구조에 뿌리를 두는 메커니즘으로서의 친밀성이다. 후자는 친밀성의 원리가 법의 정신으로 구현되어 사회적 자원의 재분배를 가능하게 하는 원칙으로 작용한다. 이는 첫 번째 형태의 친밀성의 근대적 발현형태이지만, 그 자체로 친밀성과 긴장관계에 있다(Seligman, 1997: 93~95). 유기체적 사회이론에 의해 강조된 형제애의 합리화는 제도화된 형제애, 즉 후자에 해당하는 것으로 서유럽 복지국가의 체계를 상기시킨다.

리성의 제도화에 미친 영향력에서 우월성을 보였다고 평가된 이유는 청교도의 종교적 태도 안에 합리성과 비합리성 사이의 긴장이 보존되어 있었기 때문이었다. 이런 점에서 볼 때, 칼뱅주의의 기여는 합리적 제도(와 그 제도에 대한 확신)의 창출에 국한되지 않는다. 바로 그 제도의 작동을 위해 필수적으로 요구되는 "미지의 (구조적으로) 불가지의 타인에 대한 신뢰"(Seligman, 1997: 95)의 문제에 종교적으로 응답했기 때문에 비로소 합리성의 제도화에 기여할 수 있었던 것이다. 이런 점에서 프로테스탄티즘 윤리가 신에 대한 믿음을 인간에 대한 신뢰로 전환시켰다는 셀리그먼(Seligman, 1997)의 주장은 지극히 정당하다.

막스 베버의 프로테스탄티즘 테제는 종교 개혁이 주술에 의거한 (가톨릭의) 전근대적 예측성이 가진 한계에 대해 인식하고 도전하는 종교 내적 동력을 보여준다. 프로테스탄티즘은 구원의 확신 또는 구원의 성취를 위한 개인 차원의 끝없는 내적 고통과 고독을 요구하며 등장했고, 이는 전근대적 결정론에 대한 도전이었기 때문이다. 중요한 것은 자유와 예속/지배 사이의 긴장이 — 종교와 근대적 제도들의 대립을 통해서뿐 아니라 — 청교도적 금욕주의를 통해 종교 내적으로 표출되었다는 점이다. 이는 탈주술화에 성공한 근대사회가 자신이 만든 바로 그 탈주술화된 사회 안에서 다시금 재주술화를 추구한다는 입장과는 구분된다. 이는 탈주술화와 주술화를 이분법적으로 대립시키기 때문이다. 오히려 프로테스탄티즘 테제에 대한 재검토에서 우리는 청교도적 금욕주의가 근대적 개인을 탄생시키는 데 기여하여 사회적 탈주술화에 기여했지만, 바로 그 종교적 합리화 과정 안에 재주술화의 동력이 동시에 작동했기 때문에 비로소 그 탈주술화가 성공적일 수 있었다는 사실을 발견하게 된다. 탈주술화 과정 자체가 예측성의 포기와 함께 항상적인 선택의 자유에 직면하라는 요구 한편과 친밀성 안에서 새로운 예측성을 발견하여 존재론적 안전을 추구하려는 동기라는 다른 한편 간의 긴장이 없이는 이루어질 수 없었다는 것이다.

이러한 이해는 탈주술화에 성공한 것처럼 보이는 현대에도 여전히 내적 긴장의 가능성이 존재할 수밖에 없음을 암시하는 것이기도 하다. 그 긴장에 대한 인식이 표현된 것이 바로 신뢰 개념이다. 다만 신뢰 이론에서는 종교 내부의 내적 긴장에서 탈주술화된 사회 안의 내적 긴장으로 관심이 옮겨갔다는 것이 다를 뿐이다.

4. 나가며

신뢰 개념의 구성 과정에서 프로테스탄티즘 테제의 핵심적 주장으로부터 어떤 함의를 얻을 수 있을까?

프로테스탄티즘 테제가 신교, 특히 칼뱅주의의 비합리적 요소가 어떻게 경제의 합리화 과정에 영향을 미쳤는지에 주목하였다면, 신뢰 이론은 경제 합리화의 정점에서 그 위기를 극복할 수 있는 대안적 사회의 핵심적 요소를 신뢰라는 비합리적 태도에서 찾으려는 시도라고 할 수 있다. 현대에서 우연성의 인식 증가는 끝없이 자기-준거적으로 행동하는 성찰적 인간의 가능성뿐 아니라, 그 우연성에 저항하며 예측성에 기반을 둔 지배를 강화하고자 하는 경향을 동시에 만들어낸다. 과거 청교도들이 종교라는 비합리성 안에서 생활태도의 합리화를 추구했다면, 오늘의 탈주술화된 개인은 바로 그렇게 합리화된 일상적 삶의 박제 속에서 한편에서는 그 체계의 위기에 직면하여 그 체계의 지속가능성을 보장하는 대안적 방법으로, 다른 한편에서는 지배에 도전하며 개인의 자유를 신비주의적으로 추구하려는 사회운동으로 '합리적이지 않은 어떤 것'을 찾아 다시금 합리성과 비합리성 간의 무너진 긴장을 복구하려고 한다. 이 두 가지의 시대적 대안은 모두 형제애라는 상징을 통해 우리에게 다가오지만, 후자가 보다 신비주의적인 방식으로 형제애를 다루는 반면, 전자는 합리성과 비합리성 간의 긴장에 초점을 맞춘다는 점에서 프로테스탄티즘 테제의 논지와 더 가깝다.

프로테스탄티즘 테제는 금욕적 일상과 비인격적 형제애를 통해 개인의 자유와 존재론적 안전에의 추구, 예측성의 파괴와 예측성에의 집착 사이의 긴장이 프로테스탄티즘 안에 존재했음을 보여주었다. 무엇보다도 칼뱅주의는 자신과 믿음을 공유하는 '우리' 공동체의 경계 안에서만 배타적으로 적용되는 — 신비주의자들의 직접적 — 형제애뿐 아니라, 합리적 제도의 창출을 통해 비신도에게까지 적용범위를 확대시키고자 한 형제애의 합리화와도 구분되는 독특한 비인격적 형제애의 양상을 보여주었다. 바로 이 때문에 칼뱅주의가 합리성의 제도화에 미친 영향력에서 우월성을 가질 수 있었다고 평가된다. 이 긴장은 탈주술화 과정 자체에 보존되었으며, 개인적 차원의 생활태도 안에 내재된 이 긴장이야말로 합리성의 제도화를 가능하게 했던 열쇠였다.

이는 정확하게 '일반화된 신뢰' 안에 내재된 긴장과 일치한다. 일반화된 신뢰는 친밀성 및 확신과 구분된다. 각각 다른 방식이긴 하지만 결국 예측가능성에 기반을 둔 친밀성 및 확신과 달리, 일반화된 신뢰는 예측불가능성과 타인의 다름을 전제로 하기 때문이다. 그러나 동시에 신뢰는 친밀성을 통해 우리의 생활세계 안으로 들어오며, 체계기능에 대한 확신의 도움 없이는 존재하기 어렵다. 바로 이 점이 신뢰의 독특성을 잊어버리게 하고 친밀성이나 확신에 대한 요구로 환원하려는 유혹에 빠지게 하는 이유이기도 하다.

이런 맥락에서 프로테스탄티즘 테제에서 강조되었던 합리성과 비합리성 사이의 긴장의 보존은 체계 위기에 직면하여 신뢰를 대안으로 선택한 현대인에게 다시금 중요한 과제로 다가온다. 셀리그먼(Seligman, 1997)이 정확히 지적한 것처럼, 신뢰는 그 자체로 모순적이다. 신과 달리, 인간을 무조건적으로 신뢰한다는 것은 그 자체로 패러독스이다. 왜냐하면 그 성격상 매우 조건적인 집단(즉, 계약적 사회)과의 무조건적 연대를 요구하는 것이기 때문이다. 다른 말로 하면, 비인격적 개인으로서 시민 이웃(*fellow citizen*)을 신뢰한다는 것은 그 자체로 모순이다.

이런 관점에서 보았을 때, 자기 이해와 위험 예측의 관점에서 정의되는 신뢰는 결국 공리적 이해관계 속에서 논의되는 것이기 때문에 결코 비합리적 행동이라고 말할 수 없다. 바로 여기에 경제사회학 진영에서 논의되는 신뢰 개념의 함정이 있다. 여기서는 합리성과 비합리성 사이의 긴장이 합리성의 축으로 해소될 위험이 있다. 신뢰는 또 다른 예측성의 창출을 위한 수단에 지나지 않는다는 점에서 재주술화의 선상에 있다.

한편 공동체적 연줄 등에서처럼, 동질성과 역할기대의 공유에 기반을 둔 친밀성의 연속선상에서 신뢰를 이해한다면, 이는 신뢰의 변혁적 성격을 간과한다는 점에서 한계가 있다. 신뢰는 새로운 예측성을 창출하려는 동기를 통해 등장하지만, 반드시 기존 연대의 기초로서의 동질성과 예측성을 파괴하라는 요구에 대한 응답이 선행될 때 비로소 사회변동을 위한 의미를 갖기 때문이다. 일반적으로 행동강령의 공유와 친밀성에 기초를 둔 신뢰는 개인의 정체성과 긴밀하게 결합되기 때문에 어떤 이해관계나 계산보다 강력하게 작용할 때가 많다. 그러나 타인에 대한 강한 가치 공유의 기대는 공유된 기대를 구성원 서로의 탓으로 돌림으로써, 보다 개방적인 공동체를 불가능하게 만든다는 문제가 있다. 이러한 문제는 곧 근대의 체계 작동에 위협으로 등장할 수 있다. 민주주의 및 경제적 번영과 신뢰의 관계에 대해 논의하는 사회자본론에서 단순히 개인 간 신뢰를 언급하는 것을 넘어 일반화된 신뢰의 발전에 관심을 기울이는 이유도 바로 여기에 있다. 문제는 불가지 또는 미지의 타인, 타인의 다름에 대한 인정이 없이는 일반화된 신뢰가 창출될 수 없다는 데 있다. 그리고 타인의 다름에 대한 인정은 — 프로테스탄티즘 테제에서 신비주의에서와 같은 — 직접적이고 무차별적 형제애(예를 들어 이타주의와 자선)나 — 프로테스탄티즘 테제에서 유기체적 사회윤리에서와 같은 — 합리화된 형제애(예를 들어 복지제도, 시민권제도)를 넘어서는 대안적 형제애를 통해 비로소 달성될 수 있다. 프로테스탄티즘 테제에서 청교도적 금욕주의의 형제애는 구원에 대한 지속적인 불안이 만들어낸 극도의 이기주의와 형제애에 대한 신의 명령 사이의 긴장의 발현이었다. 신의 명령에 대한 충성이 사라진 현대사회에서 신뢰의 과제는, 대안적 형태의 형제애 또는 시민 이웃에 대한 유대의식을 통해 타인의 다름에 대한 인정을 성취하고 개인주의와의 긴장을 유지하는 것이다.

친밀성이건 체계기능에 대한 확신에 의해서건 타인이 나의 이해대로 움직일 것이라고 믿게 될 만한 어떤 것에 대한 추구. 타인의 의도에 대한 근본적인 불가지성 또는 타인의 다름의 인정이 없는 유대의 추구. 만약 신뢰가 이것을 의미하는 것이라면, 그것은 신뢰 안에 내재된 긴장을 포기하고 재주술화하려는 또 다른 시도에 지나지 않을 것이다.

참고문헌

국내 연구서

강수택, 2003, "사회적 신뢰에 관한 이론적 시각들과 한국사회", 〈사회와 이론〉 3집, 157~210.

막스 베버, 1987, 박종선 옮김, 《프로테스탄티즘의 윤리와 자본주의 정신》, 세계.

______, 2008, 전성우 옮김, 《막스 베버 종교사회학 선집》, 나남.

앤서니 기든스, 1991, 이윤희·이현희 옮김, 《포스트 모더니티》, 민영사.

이선미, 2004, "푸트넘의 사회자본론 비판과 비교사회론적 함의: 신뢰를 중심으로", 〈사회와 이론〉 4집, 185~224.
이재열, 1998, "민주주의, 사회적 신뢰, 사회적 자본", 〈계간 사상〉 37호, 65~93.
______, 1999, "합리적 개인, 비합리적 사회", 〈계간 사회비평〉 22호, 20~29.
이재혁, 1998, "신뢰의 사회구조화", 〈한국사회학〉 32집 2호, 311~335.
______, 2000, "위험과 신뢰 그리고 외부성: 한국의 시민사회 사례", 〈사회과학〉 39권 2호, 97~135.
______, 2007, "시민사회와 시민적 자본(*civic capital*): 시장적 관계모델", 〈사회와 이론〉 10집, 213~261.
장덕진, 1999, "경제위기와 대안적 지배구조로서의 신뢰", 〈계간 사회비평〉 20호, 69~83.
최종렬, 2004, "신뢰와 호혜성의 통합의 관점에서 바라본 사회자본: 사회자본 개념의 이념형적 구성", 〈한국사회학〉 38집 6호, 97~132.

해외 연구서

Alexander, J., 1987, "The dialectic of individuation and domination: Weber's rationalization theory and beyond", Lash, S. & Whimster, S. (eds.), *Max Weber, Rationality, and Modernity*, London: Allen and Unwin, 185~206.
Barber, B., 1983, *The Logic and Limits of Trust*, New Brunswick: Rutgers University Press.
Cohen, J., 1999, "Trust, Voluntary Association and Workable Democracy: The Contemporary American Discourse of Civil Society", Warren, M. E. (ed.), *Democracy & Trust*, Cambridge: Cambridge University Press, 208~248.
Coleman, J., 1996, "Social Capital in the Creation of Human Capital", Swedberg, R. (ed.), *Economic Sociology*, Princeton: Princeton University Press.
Eastis, C. M., 1998, "Organizational Diversity and the Production of Social Capital", *The American Behavioral Scientist 42, No. 1*, 66~77.
Eisenstadt, S. N. & Roniger, L., 1984, *Patrons, Clients and Friends*:

Interpersonal Relations and Structure of Trust in Society, Cambridge: Cambridge University Press.

Fukuyama, F., 1995, *Trust: The Social Virtues and the Creation of Prosperity*, The Free Press.

Hahn, A., 1984, "Religioese Wurzeln des Zivilisationsprozesses", Braun, H. & Halm, A. (eds.), *Kultur im Zeitalter der Sozialwissenschaften: Friedrich H. Tenbruck zum 65. Geburtstag*, Berlin: Reimer.

Kalberg, S., 1983, "Max Weber's Universal-historical Architectonic of Economically-oriented Action", McNal, S. G. (ed.), *Current Perspectives in Social Theory*, Greewood, CT: JAI Press, 253~288.

Lash, S. & Whimster, S. (eds.), 1987, *Max Weber, Rationality, and Modernity*, London: Allen and Unwin.

Luhmann, N., 1979, *Trust and Power*, Chichester: Wiley.

______, 2000, "Familiarity, Confidence, Trust: Problems and Alternatives", Gambetta, D. (ed., 1988), *Trust: Making and Breaking Cooperative Relations*, Oxford: Blackwell, Electronic edition, Department of Sociology, University of Oxford, 94~107.
http://www. sociology. ox. ac. uk/papers/luhmann94-107. doc

Newton, K., 1997, "Social Capital and Democracy", *American Behavioral Scientist 40, No. 5*, 575~586.

Portes, A., 1998, "Social Capital: Its Origins and Applications in Modern Society", *Annual Review of Sociology 24*, 1~24.

Putnam, R. D., 1993, *Making Democracy Work: Civic Traditions in Modern Italy*, Princeton: Princeton Univ. Press.

______, 2000, *Bowling Alone*, New York: Simon & Schuster.

Schluchter, W., 1987, "Weber's Sociology of Rationalization and Typology of Religious Rejections of the World", Lash, S. & Whimster, S. (eds.), *Max Weber, Rationality, and Modernity*, London: Allen and Unwin, 75~91.

Schroeder, R., 1987, "Nietzsche and Weber: Two 'Prophets' of the Modern World", Lash, S. & Whimster, S. (eds.), *Max Weber, Rationality, and Modernity*, London: Allen and Unwin, 207~221.

Seligman, A. B., 1997, *The Problem of Trust*, N. J.: Princeton University

Press.

Sztompka, P., 1999, *Trust: A Sociological Theory*, Cambridge: Cambridge University Press.

Taylor, C., 1989, *Sources of the Self: The Making of the Modern Identity*, Cambridge: Cambridge University Press.

Warren, E. (ed.), 1999, *Democracy & Trust*, Cambridge: Cambridge University Press.

Zucker, L. G., 1986, "Production of Trust: Institutional Sources of Economic Structure 1840~1920", *Research in Organizational Behavior 8*, 53~111.

막스 베버와 '유교자본주의'

— 베버 사회학의 단순화

이종현

1. 들어가며

진보적 사회과학 진영에서 불을 지핀 이른바 '사회구성체 논의'는 한국자본주의의 성격을 놓고 1980년대와 1990년대 초반까지 한국사회과학계를 뜨거운 논쟁으로 달구게 한 장본인이었다. 이들 진영의 논쟁의 출발점은 그 무엇보다 한국사회의 변혁에서부터 시작했다. 그리고 그 논쟁의 목적지 역시 한국사회의 변혁이었다. 그러기에 그들의 진단은 애초부터 방향성을 정초해놓고 시작했다고 볼 수 있다. 물론 사회과학의 기존의 진단들은 한 사회의 방향성을 정해놓고 시작하는 것이 대부분이었다. 사회학의 창시자인 콩트는 인간의 미래를 낙관적으로 바라보았고, 맑스는 자신이 살았던 시대적 상황은 비참하지만 그 너머에 있을 세상을 낙관적으로 바라보았던 것 같다. 그러고 보니 초기의 사회학자들은 대부분 인류사회의 미래를 장밋빛으로 바라보았던 것 같다. 하긴 그러한 낙관적 시각이 없었다면, 애초에 사회학이 탄생하지도 못했을 것이다. 그러나 변혁에 대한 희망 때문에 현재를 고심하고 고심하는 '낙관에 대한 금욕적 진단'의 자세를 뒤로하는 진단은 자칫 '성급한 일반화'를 양산할 수 있다.

사회구성체 논쟁만큼 맹렬한 열기를 뿜어내지는 못했지만, 이른바 '유교자본주의론'[1] 도 '유교'와 '한국자본주의 발전의 문제'를 둘러싸고 그 논쟁의 불씨를 살려가며 진행되었다고 본다. 그런데 이 유교자본주의에 대한 논의는 국내에서 먼저 시작된 것은 아니었다. 아쉽게도 서구의 학자들에서부터 이 논의는 시작했다. 칸은 이미 1979년 동아시아의 경제발전을 유교를 통해서 풀어보려고 시도했다. 그는 동아시아의 발전의 동인을 '강력한 정부', '계층적 질서', '높은 교육열', '강한 성취욕', '조직에 대한 충성', '근면과 검약' 그리고 '가족주의'에서 찾는다(Kahn, 1979). 뒤이어 버거는 유교에서 파생된 가치, 즉 '가족에 대한 헌신', '집단에 대한 충성', '교육열' 등이 동아시아의 산업화에 기본 동인이었다고 주장하고 그리고 이것은 개인주의와 합리성을 바탕으로 한 서구의 근대화와 비견할 만한 동아시아의 근대화모델이라고 제시하기도 했다(Berger, 1988).

본격적인 유교자본주의론이라고 볼 수는 없지만 이와 유사한 주장들은 제 2차 세계대전 후 일본의 경제발전 내지 근대화를 설명하는 방식으로 이미 1957년 벨라(Robert Bellah)에 의해 촉발되었다. 그는 도쿠가와 종교에서 프로테스탄티즘의 '기능적 등가물'을 찾는 작업을 시도했고 이후 노먼 제이콥스(Norman Jacobs) 그리고 제임스 다터(James Dator)

1) 혹자들은 유교와 아시아의 자본주의 발전의 문제들을 유교자본주의라고 칭한다. 하지만 이 명칭은 이재혁도 지적하다시피 개념적인 변별력을 지니지 못하다. 이 글에서는 유교자본주의라는 명칭을 그대로 따르기로 한다. 보다 자세한 것은 다음의 논문을 참조 할 것: 이재혁, 2003.

가 각기 다른 방식으로 기능적 등가물을 찾는 작업을 하고 있다. 여기에 자극을 받아 일본의 학자들도 1960년대 이후 이와 유사한 부류의 '찾기 작업'을 시작한다.[2] 이미 유석춘도 지적했듯이, 우리가 그처럼 발전의 가능태로 바라보았던 '실학사상'의 재발견도 아마도 여기서 (가까운 일본에서) 기원했으리라.

어쨌든 서구와 일본의 학자들의 이러한 문제제기(종교적 윤리와 경제발전)와 그리고 '보물찾기식의 기능적 등가물 찾기' 작업들은 국내의 학자들에게 하나의 자극제가 되어 유교와 한국자본주의 발전의 문제에 학문적 관심을 가지게 되었다.[3] 그런데 국내에서 유교자본주의를 주장하는 논의들의 공통점이 목도되는바, 그것은 그들 논의의 출발점은 예외 없이 '베버'이고, 이들 논의의 종착점은 베버가 자본주의 발생에 장애요인으로 파악했던 유교가 한국자본주의 발전에 적극적으로 기여했으니 이제 유교도 서구의 프로테스탄티즘 윤리가 자본주의 발전에 담당했던 '기능적 등가물'로서의 걸맞은 평가를 받아야 한다는 것이다.[4] 이처럼 논의의 출발점과 종착점이 동일하지만, 이들 논의들이 종착점에 도달하는 행로는 각기 다양한 방식으로 연결된다. 그것들은 한편으로 유교의 다양한 가치들(가족주의, 교육열, 상하위계질서에 대한 복종, 근면, 국가에 대한 충성 그리고 유교의 세속적 성격 등)이 한국자본주의의 발전의

2) 일본의 사회과학자들의 기능적 등가물찾기 작업에 대한 것은 Wolfgang Schwentker, *Max Weber in Japan*, 272~282을 참조할 것.

3) 국내의 학자로 유교자본주의를 체계적으로 처음으로 주장한 자는 김일곤이다. 그는 경제학자로 1985년 《유교문화권의 질서와 경제》라는 저서를 썼다. 그는 여기서 가족집단주의의 행동원리와 교육의 역동성을 지적하며 이러한 요소들이 한국경제발전의 동력이었음을 시사한다. 김일곤, 1985, 《유교문화권의 질서와 경제》, 한경문고.

4) 사회학 내에서 유교와 한국자본주의 문제를 다룬 학자들로는 이동인, 국민호, 박희, 유석춘, 왕혜숙, 조혜인, 이형균, 최우영 등을 꼽을 수 있다.

원동력이었음을 주장한다. 다른 한편으로 '국가주도의 개발방식'(시장에 대한 통치, 학자관료집단의 역할) 나아가 '정·경 유착'까지도 역시 한국자본주의 발전에 효과적으로 기여하였음을 지적한다. 이러한 시각들은 한편으로 행위론적 시각(유교 윤리와 자본주의 발전) 그리고 구조적 시각(유교의 통치방식과 자본주의 발전)으로 구분할 수도 있지만 결론은 유교와 자본주의의 조화 그리고 궁극적으로 베버의 유교의 해석의 오류라는 것이다.

모든 사회학적 담론이 그렇듯이 유교자본주의 역시 순탄하게 진행되어 온 담론은 아니다. 오히려 이들 논의는 자주 반박의 대상 그 자체였다. 특히 한국의 진보적 진영의 학자들로부터 유교자본주의는 자의든 타의든 기존의 개발독재를 정당화시키는 일역을 담당한다고 강하게 비판받기도 하였다. 더욱이 1997년 맞은 IMF사태는 유교자본주의의 존재 가능성이 위협받을 만큼 심각한 타격을 주기도 했다. 그러나 그러한 우여곡절 속에서도 유교자본주의는 여전히 논의를 진전시키고 그리고 이 주장은 아직도 많은 이들의 지적 호기심을 불러일으키기에 충분하다.

유교자본주의가 아직도 우리의 지적 호기심을 불러일으키는 이유는 무엇일까? 필자가 보기에는 다음의 세 가지의 이유가 그 기저에 놓여 있다. 첫째로, 유교자본주의는 '우리'의 문제이기 때문일 것이다. 한국사회가 지난 몇십 년간의 역사적 과정 속에서 일구어낸 '급격한 산업화과정' 혹은 '압축적 산업화과정'을 직접적으로 다룬다는 점이다, 둘째로, 한국의 산업화과정을 한국의 전통적 문화유산인 유교에 근거해서 풀어내는 작업이 아닌가! 그것은 결국 다시 말해서 '우리의 변동과정'을 '우리의 것'으로 풀어 볼 수 있다는 것이다. 셋째로, 이 유교자본주의는 한국의 발전과정을 포함하여 동아시아의 다른 유교문화권의 발전과정을 포괄한다. 따라서 동아시아의 발전내지 근대화과정까지도 설명할 수 있는 하나의 '보편적 가치체계'를 내세울 수도 있다는 점이다. 이러니 유교자본주의의 이미지는 특히 많은 이들에게 상당한 매력을 지니는 것 같다. 그러나 유교자본주의는 필자가 보기에 애석하게도 자신이 지닌 이미지의 매력만큼의 풍부하고 세련된 설명력을 가지는 것 같지는 않다.

유교자본주의가 지난 수십 년간 '우리'들에게 매력적으로 다가온 만큼 '우리'들을 납득시킬 수 없는 근본적 이유는 무엇인가? 필자가 보기에는 유교자본주의에 기본적으로 내재하는 '성급한 일반화'5) 라고 말할 수 있다. 한마디로 성급하게 '푸로쿠로스테스 침대'와 같은 잣대를 들이대는 작업이다. 그 성급한 일반화의 양상들은 그들 논의에서 단계적으로 다양하게도 나타난다. 우선 유교자본주의를 주장하는 자들은 복잡하기 그지없는 '베버 사회학'을 대담하게도 '프로테스탄트 윤리와 자본주의의 문제'로 지극히 단순화·도식화시킨다. 그러나 문제는 여기서 그치지 않는다. 이들은 종교적 윤리가 사회현실에 영향을 미친다는 '일방적 관계만'을 전제하는데, 여기서 또 한 번의 대담한 학문적 시도를 한다. 이런 전제와 도식을 바탕으로 바로 유교와 자본주의의 문제를 '베버식'으로 풀어보려고 한 시도들이 기존의 유교자본주의들의 주된 작업이었다. 필자가 느끼는 유교자본주의의 대담성과 단순성은 아마도 유교자본주의를 주장하는 자들도 최근에 어느 정도 공감하는 것 같다. 그 예가 최근의 논문으로 발표된 "유교윤리와 한국자본주의 정신"이다.6) 그 이전

5) 유교자본주의의 최근의 논문으로는 유석춘·최우영·왕혜숙의 2005, "유교윤리와 한국 자본주의 정신: 효를 중심으로", 〈한국사회학〉 39권 6호가 있다. 기존의 유교자본주의는 주로 유교와 한국자본주의의 발전이라는 문제에 초점이 놓여 있었는데, 이들의 제목에서 알 수 있듯이 기존의 논의보다 훨씬 더 제한된 의미에서 자신들의 논의를 주장한다.

6) 그러나 이 논문에서는 한국자본주의 정신이 무엇인지 구체적으로 언급하고 있지 않다. 다만 효가 종교적인 가치체계(가족주의와 교육열)로 한국자본주의 발전과 한국의 복지에 긍정적인 영향을 주었다고 주장한다. 차라리 베버식으로 한다면 한국자본주의 정신을 정의하고 그리고 그 기원을 밝히는 작업을 해야 하

의 제목들이 주로 유교윤리와 한국자본주의 발전에 초점을 두는 데 비해, 이 주장은 이전보다 훨씬 구체적으로 모아진다. 이것은 어찌 보면 마치 109년 전의 베버로 돌아간 듯한 느낌까지 준다: 프로테스탄티즘 윤리와 자본주의 '정신'.

이 글에서는 이러한 유교자본주의의 성급한 일반화의 양상들을 우선 살펴보고자 한다. 이러한 작업이 선행될 때 유교자본주의는 자신의 한계를 인식하게 되고 나아가 더 세련된 설명력을 장착할 수 있는 가능성을 가지게 될 것이다. 그러나 그것이 극복할 수 없는 태생적 한계라면 유교자본주의는 마땅히 폐기처분되어야 한다.

2. 베버 사회학의 단순화와 거대 도식화

국내에서 유교자본주의를 주장하는 학자들이나 혹은 유교자본주의의 대척점에 위치한 자들이나 한결같이 베버를 자신들의 논의의 출발점으로 한다. 이들이 주목하는 베버의 저작들은 주로 《프로테스탄트 윤리와 자본주의 '정신'》(*Die protestantische Ethik und der 'Geist' des Kapitalismus*) 그리고 《유교와 도교》(*Konfuzius und Taoismus*)이다. 그리고 베버의 저작들 중에서도 지극히 선별적으로 프로테스탄트 윤리의 특성, 즉 '신과 인간 간의 긴장관계', 그로부터 파생되는 '세속적 금욕'(*innerweltliche Askese*)을 지적하며, 동시에 유교윤리의 특성들, 즉 '초월자의 부재'와 그로부터 파생되는 '세계관의 긴장의 부재' 그리고 '현세 적응적' 성격을 아울러 지적한다. 이러한 양 종교의 대별적이고도 특징적인 차이를 바탕으로 베버는 프로테스탄트 윤리는 서구근대자본주

지 않나!

의를 태동한 '모태'로, 반면에 유교윤리는 서구와 같은 근대적 자본주의를 태동할 수 없는 '다른 모태'로, 다시 말한다면 자본주의 발전에 일종의 시원적 족쇄로 파악했다고 이들은 주장한다.

국내의 유교자본주의의 주장자들이 베버의 논의를 자신들의 유교자본주의의 출발점으로 삼는 이유는 무엇일까? 아마도 그 이유는 거의 100년이 훌쩍 넘은 말 그대로 고색창연한 베버의 문제제기가 아직도 우리의 지적 호기심을 자극하기 때문이다. 이런 현상을 보고 가장 놀랄 사람은 아마도 사망한 지 90년이나 된 베버일 것이다. 그는 자신의 문화과학적 문제제기와 개념들은 시대가 변함에 따라 폐기처분되어야 하며 새로운 시대에는 문화과학의 "위치와 개념"을 바꾸어야하며 문화과학의 작업에 의미와 방향을 밝힐 수 있는 "성좌"를 찾아야만 한다고 역설한 바 있다(Weber, 1922: 214). 한마디로 새 술은 새 부대에다 담으라는 얘기이다.[7)]

어쨌든 그 지적 호기심이란 것이 필자가 보기에는 베버가 지적한 대로, 유교가 근대자본주의의 발생에 장애요인이라는 점에는 대체적으로 반신반의하거나 전면적으로 부인하는 데에서 출발하는 것 같다. 그 이유는 바로 동아시아 신흥공업국의 예에서 목도하듯이, 유교가 이제는 동아시아 자본주의 발전의 원동력으로 확인되었기 때문이라는 것이다. 결국

---

7) 베버에게 "문화 과학적 문제제기〔베버 당시 문화과학(*Kulturwissenschaft*)은 자연과학과 대비되는 인문・사회과학을 총칭한다〕와 개념들은 그것들이 생성된 시기의 "거대한 문화적 문제들"에 대한 지적인 대응일 뿐이다. 그런데 문화의 축은 고정된 것이 아니라 늘 이동하는 것이고 따라서 그것이 던지는 거대한 문화의 문제들도 달라지게 마련이다. 이에 상응하여 (문화)과학도 "자신의 위치와 개념"을 바꾸어야 함은 물론이고 자신의 작업에 의미와 방향을 제시할 수 있는 "성좌"를 찾아야만 한다. 그래서 베버는 문화적 문제들의 빛이 자리를 옮기게 되면 자신의 문제제기와 개념들은 이미 낡은 것이 될 것이라고 주장한 바 있다"(이종현, 2005).

이들 논의의 핵심은 자본주의 발전과정에서 베버에 의해서 '폐기처분'되었던 유교를 '재활용'하여 한국을 포함한 동아시아의 '자본주의 발전도식'으로 다시 설명하자는 것으로 볼 수 있다. 그것도 베버를 넘어서서! 그러니 이 얼마나 멋진 일인가! 한마디로 그동안 서구 중심주의에 눌려온 '우리들'로서는 통쾌하기까지 하다.

그런데 이들이 이해하는 베버의 도식은 복잡하기 그지없는 베버의 사회학을 아주 명료하고 간단하게 그리고 대담하게도 '종교윤리가 사회현실에 영향을 주는 쪽(일방적인 관계!)으로만 파악'한다는 것이다. 이들은 종교적 윤리가 사회전반에 미치는 영향력만을 인정하며 역으로 사회전반이 종교윤리에 또한 영향을 줄 수 있다는 점은 도외시한다. 그래서 '프로테스탄티즘 윤리와 서구 자본주의의 탄생' 그리고 그 연장선에서 '유교윤리와 동아시아 자본주의 발전'!

유교자본주의를 주장하는 자들이 넘어서려고 했던 베버는 《프로테스탄티즘 윤리와 자본주의 '정신'》에서 근대 자본주의 '정신'(근대 자본주의가 아닌!)의 뿌리를 찾으려고 하였고 그리고 그것은 바로 프로테스탄티즘의 '세속적 금욕'이었다. 다시 말하면 자본주의 '정신'과 프로테스탄티즘 윤리 간에 극히 제한된 의미에서의 연관관계를 밝히려고 했던 것이 베버의 의도였다. 나아가 서양의 근대자본주의 탄생 그리고 문명사적인 합리화의 과정을 탐구하기 위해 자신이 태어난 서양과 다른 문명권에 대한 비교연구를 시작하였고, 그것의 첫 단추가 바로 《유교와 도교》였다. 물론 베버는 중국연구의 결론에서 유교의 특징적 면모를 "무조건적인 현세긍정"과 "현세적응"(Weber, 1986: 515)으로 규정한다. 그리고 이 유교윤리는 일반대중의 종교가 아니고 바로 중국의 문인층의 종교였음도 지적한다. 따라서 유교윤리에서는 기독교에서 발견할 수 있었던 "시민적 생활방법론"으로 넘어가는 "중간 고리"가 없었다는 점도 밝히고 이것이 결정적으로 프로테스탄트 윤리와 구별점이라는 것도 아울러 언급한다(Weber, 1986: 524).

그러나 베버는 본격적인 중국연구에 들어가기 전에 그 예비작업으로 비교 종교사회학적 시도을 위한 서문(*Einleitung*: *Vergleichende religionssoziologische Versuche*: Weber, 1986: 237~275)을 발표하는데, 그는 여기서 종교적 이념과 물질적·이념적 이해관계 그리고 종교집단 사이의 역동적 상호관계에 대해 논의한다. 베버에 의하면 특정한 종교적 이념은 물론 물질적·관념적 이해관계에 영향을 준다. 그러나 이것은 일방적인 관계가 아니다. 역으로 물질적·관념적 이해관계를 지닌 사회계급 및 지위집단이 특정 종교적 이념을 자신의 것으로 선택·유지하고 그것을 발전시켜나가기도 한다는 것이다(Weber, 1986: 259).

사실 이와 유사한 논의는 이미《프로테스탄트 윤리와 자본주의 '정신'》의 결론에서도 이미 언급한 부분이기도 하다. 베버는 특정 종교이념이 해당사회에서 영향력을 가지려면 그 이념의 담지자(*Träger*)가 종교집단으로 아울러 존재해야 하며, 또한 이 종교집단은 특정 종교이념과 상호영향을 주고받으며 발전한다고 강조한 바 있다.

바로 이러한 기본 틀을 가지고 베버는 중국연구를 시작한다. 베버는 중국도 내생적 자본주의 발전으로 갈 수 있었던 사회구조적 요인을 충분히 갖추고 있음을 지적한다. 그럼에도 중국이 내생적 자본주의의 길로 들어서지 못한 점들을 베버는 중국 도시의 특성(정치적·법적 자율성의 결여), 길드의 특성(친족집단 중심의 운영), 가산관료제 그리고 친족 등을 끊임없이 유교윤리와 연결시켜 밝혀낸다. 그 결과 유교라는 종교적·정치적 이념의 담지자는 바로 문인층(관직 층과 관직대기자 층)이고 그 종교적 특징적인 성격은 세계에 대한 합리적 적응(*rationale Anpassung an die Welt*, Weber, 1986: 534)이라는 것이다.

물론 베버의 사회학을 언급한다면 프로테스탄트 윤리를 논외로 할 수는 없을 것이다. 이 점에 대해서 케슬러(Dirk Kaesler)는 다음과 같이 주장한다.

1. 막스 베버의 합리화 과정을 논하려면, 자본주의를 언급해야 한다.
2. 자본주의를 논하려면, 프로테스탄티즘을 언급해야 한다.
3. 프로테스탄트적인 특징을 지닌 자본주의를 논하려면, 합리화 과정을 언급해야 할 것이고,
4. 합리화 과정을 논하려면, 관료제로 인한 비인간화를 언급해야만 한다.

한마디로 프로테스탄트 윤리만을 베버 사회학의 대변자로 파악하지 말라는 케슬러의 경고이다.[8] 프로테스탄트 윤리는 서구의 자본주의 과정과 나아가 합리화 과정 속에서 담당한 일정 부분의 역할 속에서 파악되어야 하고, 나아가 서구의 합리화는 흔히들 생각하는 그래서 우리에게 낯익은 '보편적 발전경로나 법칙'이 아닌 서구역사의 내적인 '특별한 발전'(*Sonderentwicklung*)의 경로일 뿐이다. 베버는 서구의 특별한 발전과정을 추적하고 설명하기 위해 타 문명과의 비교연구를 시도하였던 것이다. 그리고 그 비교연구의 초점은 바로 '자신의 문명(서구)을 이해하기'이다.

---

8) 이 점에 대해서는 케슬러(Dirk Kaesler, 1999: 190~212)를 참조할 것. 그는 여기서 베버의 사회학을 네 가지 관점으로 요약한다.

1. Wer von Max Webers "Theorie der Rationalisierung" reden will, darf vom Kapitalismus nicht schweigen.
2. Wer vom Kapitalismus reden will, darf vom Protestantismus nicht schweigen.
3. Wer vom protestantisch geprägten Kapitalismsus reden will, darf vom Prozess der Rationalisierung nicht schweigen.
4. Wer vom Prozess der Rationalisierung reden will, darf vom der Entmenschlichung durch die Bürokratie nicht schweigen.

3. 한국 자본주의 발전 혹은 유교와 자본주의와 조화?: 자본주의체제의 수용적 발전

기존의 유교자본주의는 특정 종교 이념이 사회현실에 영향을 준다는 '일방적' 관계만을 전제한다. 이러한 전제는 베버의 서구자본주의 '내생적 탄생과 발전'에 대한 지극히 복합적이고도 복잡한 설명구도를 특정 윤리와 자본주의 발전이라는 도식으로 단순화시키면서 동시에 특정 윤리가 가지는 역할에 대하여 확대해석한다. 이러한 전제는 결국 동아시아 자본주의 발전과 연관된 유교윤리의 역할에 대해서도 확대해석을 할 수밖에 없는 결과로 이어진다. 그러기에 기존의 유교자본주의는 프로테스탄티즘 윤리(세속적 금욕)의 기능적 등가물,[9] 혹은 '자본주의의 발전적 심성'을 찾는 작업으로 이어질 수밖에 없다. 유교자본주의를 주장하는 자들이 밝혀놓은 프로테스탄트 윤리와 맞먹는 기능적 등가물의 예들은 다름 아닌 가족주의, 교육열, 상하 위계질서에 대한 복종 그리고 유교의 세속적 성격 등이다. 그리고 이러한 유교의 다양한 가치체계와 그로부터 파생된 생활윤리들이 동아시아의 자본주의 발전에 기여했다는 일반화를 끌어낸다. 따라서 한국자본주의 발전 그리고 동아시아 자본주의 발전은 결국은 유교와 자본주의가 서로가 조화되었다는 것이다.

유교자본주의에서 주장하는 '한국 자본주의의 발전'이란 베버가 주장한 서구의 자본주의 발전의 의미와 사뭇 다르다. 베버가 주장하는 서구의 자본주의 발전이란 서구의 내생적 발전과정이다. 하지만 유교자본주의에서 주장하는 한국자본주의 발전이란, 실제로 서구 자본주의체제

---

9) 프로테스탄티즘 윤리의 기능적 등가물은 서구의 내적 자본주의 발생에 일역을 담당한 자본주의 정신의 모태가 되는 특정윤리와 유사한 기능을 담당하는 것을 의미한다.

를 수입하여 적용시키는 과정이었다. 한마디로 '그 발전'(서구의 내생적 발전)이 '그 발전'(수용)이 아니라는 얘기이다. 이미 베버도 지적하다시피, 자본주의 내생적 발생과 자본주의 수용은 별개의 차원이다. 베버는 이미 《유교와 도교》에서 중국이 서구의 자본주의를 수입하여 적용·발전시키는 데 아무런 의혹을 두지 않는다.

> 중국인은 예측컨대, 기술적으로나 경제적으로 근대적인 문화지역에서 완전한 발전에 도달한 자본주의를 자기의 것으로 할 수 있는 능력을, 일본인과 같은 정도로 어쩌면 일본인보다 더 많이 가졌을지도 모른다(Weber, 1986: 535).

쉽게 말한다면, '자본주의라는 집'을 짓기 위해 처음부터 하나의 설계도를 만들어서 그대로 '자본주의 집을 짓는 것'과, 그 설계도를 수입하여 자본주의라는 집을 짓는 과정은 별개의 문제요, 별개의 차원이다. 그런데 유교자본주의 주장자들은 이 두 가지를 전혀 구분하지 않는다. 유교자본주의 주장들은 서구의 프로테스탄트 윤리와 자본주의 발전 그리고 유교의 윤리와 동아시아 자본주의 발전을 동일 선상에서 파악한다. 그러니 프로테스탄트 윤리의 세속적 금욕과 근대자본주의 '정신'의 연관성 그리고 이것이 지녔던 근대자본주의 발생에 일정부분을 담당했던 유니크한 역사적 역할은 이들에게 무참히도 묵살된다. 나아가 특정 종교적 윤리와 단순히 자본주의 발전(그것이 서구의 내생적 자본주의 발전이든, 혹은 수입된 자본주의체제를 수용하는 것이든 전혀 구분 없이!)이라는 거대 도식으로 유교와 자본주의 발전이라고 우겨넣는다.

4. 유교자본주의의 유교는 종교인가, 통치질서인가?

유교자본주의의 또 다른 설명은 국가주도의 개발방식(시장에 대한 통치, 학자관료집단의 역할) 나아가 정경유착까지도 역시 한국자본주의 발전에 효과적으로 기여하였다는 것이다(유석춘, 1997). 그리고 이러한 국가주도의 개발방식은 바로 '유교'와 '자본주의'가 조응하는 전형을 보여준다는 것이다. 결국 이 설명은 조선조의 가산관료제의 주역을 담당했던 사대부의 역할을 한국사회의 산업화의 과정 속에서 국가관료와 지식인층의 역할 재현으로 볼 수 있다. 과연 이러한 사실만 가지고 유교와 자본주의가 조화된다는 이 '거대담론'이 얼마나 설득력을 가질지 의문이다. 또한 여기서 주장하는 유교는 종교인가, 아니면 통치질서인가, 그것도 아니면 이 둘을 포함하는 복합체인가?

유교자본주의를 주장하는 자들은 유교를 주로 종교적 윤리로만 파악하는데, 과연 유교를 종교윤리로만 볼 수 있을까? 유교는 도덕국가를 지향했던 조선조 이래 종교윤리이면서 동시에 정치이념 그리고 통치질서였다. 조선조 사회는 주자학적 도덕국가를 이상향으로 내걸었던 정치와 종교가 합일된 제정일치 사회의 전형이었다. 따라서 주자학적 이념과 원리(그것이 종교적이든, 정치적이든!)가 조선조사회의 모든 구석을 관통한다.[10] 그러니 모든 권력의 정당성도 당연히 주자학적 이념에 근거한다. 따라서 유교윤리가 오늘을 사는 한국인에게 체화되었다면, 그것은 유교자본주의를 주장하는 자들이 강조하는 종교적 이념체계를 넘어서서 오히려 종교적 이념과 통치질서의 통합된 가치체계로서의 체화일 것이다.[11]

10) 조혜인은 조선의 붕당정치를 김상준은 모럴폴리틱을 조선조의 제정일치 사회의 틀로 구체적으로 분석한다.

11) 흔히들 이야기하는 한국인의 높은 교육열도 따지고 보면 전통사회에서 발현되

흔히들 유교자본주의론자들은 '가족주의', '교육열', '상하 위계질서에 대한 복종' 그리고 '유교의 세속적 성격' 등을 한국자본주의 발전에 적극적으로 기여한 유교적 윤리 혹은 유교적 윤리에서 파생된 가치체계로 파악한다. 그들의 설명은 가족주의는 가족에 대한 헌신으로 풀어 볼 수 있다. 예컨대 프로테스탄트 윤리에서 볼 수 있었던 금욕적 노동만큼의 가족을 위한 헌신과 희생으로 직장과 가족에서의 '금욕적 노동'이요, 조선조 사회의 유교에서 강조되었던 '배움' 혹은 '깨우침'은 오늘날의 교육열의 근원이라는 것이다. 그리고 이 교육열은 근면하고 질적으로 우수한 노동자를 대량으로 배출할 수 있었던 원천이라는 것이다. 그런데 어디까지가 유교적 윤리이고 유교적 윤리의 파생물인지? 이들이 구사하는 개념들은 애매하기 그지없다.

유교문화권의 교육열이 과연 유교의 '종교적' 윤리에서만 기원하는 지 살펴보자. 조선조 사회에서 교육은 지배층으로 상승하는 유일한 통로였다. 이 교육은 다름 아닌 "주자학적 질서의 내면화"였다(이종현, 2007: 400). 교육을 받은 자는 하늘의 질서를 내면화할 수 있고 그리고 이 세계의 질서를 이해할 수 있다. 그래서 그런 '자'는 그 어느 누구보다도 '인격적'으로 우월할 수 있다. 그리고 그러한 '자'만이 이 세상을 지배할 수 있었다(이종현, 2007: 400). 그러기에 사대부의 정치적·종교적 지배는 너무도 당연한 것으로 그 어느 누구도 이들의 지배의 정당성에 의문을 제기할 수 없었다.

> 지배 정당성의 근거제시가 단순히 이론적 혹은 철학적 사변의 문제가 아니라 경험적인 지배구조들의 매우 현실적인 차이들의 근거가 되는 이유는 모든 권력, 아니 모든 삶의 기회 자체가 가진 자기 정당화에 대한 욕구라

지 못했던 잠재적 욕구, 즉 전통적인 통치지배층인 '사대부'가 되려고 했던 사회적 욕구가 현대 한국사회에서 다른 모습의 발현으로 볼 수 있다.

는 일반적인 사실에 놓여있다. … 두 인간의 운명 혹은 상황 사이에 어떤 눈에 띄는 차이점이 있다면, … 둘 중 더 좋은 상황에 있는 사람은 자신에게 유리한 이 차이를 정당한 것으로, 자신의 상황은 자신의 업적의 결과인 것으로 간주하고, 다른 사람의 상황은 어떻게든 이 사람 자신의 잘못으로 인해 초래된 것으로 간주할 수 있고, 또한 그렇게 하고 싶어 하는 끊임없는 욕구를 느낀다는 사실이다. 이 욕구는 특권집단과 비특권집단 사이의 관계에서도 작용한다. 고도의 특권을 누리는 모든 집단이 만들어내는 신화는, 자신들이 자연적인 혈통 우위성을 가진다는 것이다. 그리고 권력구조가 안정되어 있거나, 혹은 지배질서의 성격에 대한 사유가 합리화되지 못한 상황에서는 대중은 이 지배질서를 자연스러운 것으로 여기며 그래서 비특권층 대중도 앞서 말한 신화를 받아들이는 것이다. 그에 반해, 계급상황이 적나라하고 분명하게, 모든 사람에게 자명하게 운명을 전적으로 결정짓는 힘으로 등장하는 시기에서는 특권계층의 바로 앞서 말한 신화, 즉 개개인 스스로가 자신의 운명의 주인이라는 신화야 말로 비특권계층을 가장 격렬히 분노하게 하는 사안 중의 하나이다. 특히, 근대의 계급투쟁에서는 이 신화 및 이 신화에 근거하는 정당성위세야말로 가장 강력하고 효과적인 공격의 대상이다. 우리가 의미하는 기술적 의미에서의 모든 지배의 존속은 물론 생각할 수 있는 가장 강력한 방법으로 자신의 정당성의 원칙에 대한 호소를 통한 자기 정당화에 의존한다(WG: 549~550).

위에서 인용한 베버의 지배층의 '신화' 내지 그들의 지배의 정당성이 철저히 공고화된 사회가 바로 조선조 사회였음은 주지의 사실이다. 하지만 교육을 받은 이가 모두 지배층이 되는 것은 아니다. 치열한 시험경쟁인 대과를 통과한 소수만이 지배층의 반열에 오를 수 있다. 어찌 보면, 조선조의 지배층인 "사대부의 지배는 베버적 의미의 카리스마적 지배(학문적 소양과 능력의 면에서)요 동시에 합법적 지배(국가가 합법적으로 시행하는 시험경쟁에서의 승리자라는 면에서)의 두 가지의 지배의 합일적 성격"을 지닌다(이종현, 2007: 400). 앞에서 전술한 바와 같이 베버가 주장하는 '지배층의 신화'가 철저히 관철된 사회는 바로 조선조사회가 아닌가!

물론 조선조사회에서 "피지배집단인 양인층도 형식적으로는 과거응시를 할 수는 있었다"(이종현, 2007: 400). 그러나 길고도 긴 20~30년 걸리는 과거준비기간의 경제적 부양 때문에 관료로 진출할 수 있었던 층은 지극히 제한적일 수밖에 없다.[12] 그러니 대다수의 양인들은 양반층의 지배의 신화를 묵묵히 받아들일 수밖에 없었다(이종현, 2007: 401). 이러한 상황을 오욱환은 조선조 후기의 대다수의 양인들의 "교육에 대한 잠재적 열망"이라고 지적하지만, 사실은 교육자체에 대한 열망이 아니고 '교육을 통한 사회적 상승에 대한 열망'이다. 그러니 이러한 열망이 교육불평등이 해소되자마자 높은 취학률로 교육에 대한 잠재적 열망이 '현재화'되는 것은 지극히 당연한 일 아닌가(오욱환, 2002: 193). 그 전형적인 예가 바로 일제 강점기에서부터 시작되었다. 식민지 시대이지만 자식들의 사회적 상승을 열망하는 대다수의 부모들이 자녀들을 학교에 보내게 되어 당시의 진학률이 급상승하게 되었다(오욱환, 2002: 193). 해방 후 교육을 통한 계층상승에 대한 열망은 '신교육을 통한 출세론'으로 이어지고 그 후 한국사회의 압축적 성장과 그에 따른 사회의 구조적 변동 속에서 교육은 그 무엇보다도 사회적 상승에 결정적 역할을 하게 되었다.

작금 한국사회에서 교육열은 다름 아닌 사회적 상승에 대한 열망이

12) 조선조의 대과 합격자의 평균연령은 31세라고 전해진다. 또한 과거준비기관으로 관학은 이미 유명무실하고 사학(私學)이 주된 통로인데, 경제적으로 여유가 없는 층이 사학을 통하여 과거시험을 준비하는 것 역시 현실적으로 불가능하다. 이 점에 대해서는 오욱환(2002)의 "한국사회의 교육열", 174~175를 참조할 것.

다. 그리고 다른 한편으로 전통적 지배층에 대한 도전이다. 이제 누구나 교육(시험통과)을 통해 피지배층도 지배층이 될 수 있기에 이는 지배층에 대한 도전이고 지배층의 신화에 대한 도전이다(이종현, 2007: 401). 그런데 이 도전은 지난날 사대부층(전통적 지배층)이 내걸었던 신화의 정당성의 공유를 통해서 가능하다. 이런 의미에서 한국사회의 교육열은 '사대부층의 신화의 확대재생산'의 결과물이다(이종현, 2007: 402). 이것이 오늘날 한국교육열의 기원과 실상 아닌가! 그리고 이러한 교육열을 종교적 차원의 '유교적 윤리' 혹은 '유교적 윤리로부터 파생된 가치체계'로 파악할 수 있을까! 교육열은 차라리 그동안 많은 사람들이 간과했던 '유교의 정치적 차원의 통치질서'에서 파생된 가치체계로 파악하는 것이 타당할 것이다.

5. 나가며: 유교자본주의의 가능성

유교자본주의론은 필자가 보기에 큰 틀에서의 베버식의 문제제기라고 볼 수 있다. 물론 이 글 앞부분에서 언급했듯이, 베버는 자신의 문화과학적 문제제기와 개념들은 시대가 변하면 새로운 문제제기와 개념으로 대치하라고 권고한 바 있다(Weber, 1922: 214). 따라서 베버가 이야기 한 지 100년이나 지난 오늘날 다시 유교와 자본주의를 언급하는 것은 얼핏 보면 '반베버적 문제제기'일 수 있다. 그러나 베버의 문제제기는 100년 전 서구의 내생적 자본주의 발전의 문제를 복합적 차원에서 풀어보려는 데에서 출발했다. 그런데 유교자본주의의 문제제기는 기본적으로 왜 다른 문화권보다 자본주의체제를 동아시아권에서 성공적으로 수용·발전시켰느냐이다. 필자가 보기에 이 두 가지는 엄연히 다른 차원에서 다루어야 할 문제라고 본다. 그래서 앞에서 논의한 것처럼 단순화된 베버의 도식으로 유교와 자본주의의 수용 · 발전의 문제를 적절히 설명할 수 없다는 것이다.

앞에서 논의한 유교자본주의론이 지니는 약점은, 그것이 극복할 수 없는 태생적 약점이 아니기를 기대한다. 바로 이러한 이론적 약점을 인식할 때, 유교자본주의는 오히려 새롭게 세련된 설명력을 장착할 수 있는 가능성을 가질 것이다. 다시 말해서 여태까지 전술한 것들을 고려한 제한된 의미에서, 즉 성급한 일반화를 잠시 미루고 유교자본주의를 논할 때, 유교자본주의는 성급한 일반화의 덫을 피해가며 한국사회가 서구 자본주의를 '수용 · 발전'한 과정에 대하여 보다 더 예리한 설명력을 가질 수 있다고 본다.

유교자본주의가 주장하는 한국의 자본주의 발전 혹은 유교와 자본주의 조화라는 대명제는 다름 아닌 서구로부터 수입된 자본주의의 적용과정(그것도 국가주도의 산업화 과정!)이었다. 이미 앞서 논한 바처럼 자본주의라는 '집 설계도를 만드는 과정'과 그것을 그 설계도대로 집을 짓는 과정은 전혀 별개의 과정이다. 따라서 서구의 내생적 자본주의 발전의 세속적 금욕의 기능적 등가물을 찾는 작업은 잠시 뒤로 하고, 먼저 서구 자본주의체제를 국가의 통치 차원에서 다른 문화권보다 효율적으로 수용 · 발전시킨 과정을 살펴보아야 할 것이다. 이 과정에서 기존의 국가주도의 개발방식, 혹은 개발독재의 방식이 가산관료제의 전통적 지배방식과 어떻게 맞물렸는지에 대한 구조적 분석이 먼저 선행되어야 할 것이다. 수입된 자본주의에 적응해가는 과정 속에서 국가(군사정권 시절)가 내건 "조국근대화" 혹은 "우리도 한번 잘 살아보세"(박영신도 지적했다시피) 라는 국민동원적 슬로건이 일반대중에게 퍼져나가는 과정과 노동운동의 철저한 탄압을 살펴보는 작업이 필요하다. 그 다음 행위론적 측면에서 흔히 유교적 가치체계 혹은 유교윤리의 파생된 가치체계라고 주장하는 가족주의, 교육열 그리고 입신양명 등과 같은 이념들이 일반대중의 삶에서 작동되었던 방식을 밝혀내는 작업이 또한 필요하다. 그러나 가족주의, 교육열 그리고 입신양명 같은 이념들도 종교적 차원의 유교윤리의 이념들로만 파악하기는 힘들다. 이러한 가치체계들은 종교적이면서 동시에 통치질서로서의 유교의 변형된 가치체계라고 볼 수 있다. 그리고 전통적 유교의 가치체계가 현재의 우리가 발견할 수 있는 가치체계로 전이되는 과정(식민지 시대와 근대화 과정)에서 사회적 현실들과 서로 주고받은 상호역동적 관계에 대한 분석이 또한 필요하다.

참고문헌

국내 연구서

국민호, 1997, "동아시아 경제발전과 유교", 〈한국사회학〉 31권 1호.

김경동, 1993, 《한국사회변동론》, 나남.

김일곤, 1985, 《유교문화권의 질서와 경제》, 한경문고.

김호기, 1995, 《현대 자본주의와 한국사회》, 사회비평사.

김상준, 2001, "조선시대의 禮訟과 모랄폴리틱", 〈한국사회학〉.

박성환, 1994, "한국의 종교발전과 문화적 변용: 막스베버의 '한국연구'를 중심으로", 〈한국사회학〉 28권 4호.

박 희, 1992, "한국 대기업의 조직관리와 노사관계에 관한 연구", 연세대학교 사회학과 박사학위논문.

유석춘 편, 1992, 《막스베버와 동양사회》, 나남.

유석춘, 1997, "유교자본주의의 가능성과 한계", 〈전통과 현대〉.

유석춘·왕혜숙, 2008, "사회자본개념으로 재구성한 한국의 경제발전", 〈사회와 이론〉 12집.

유석춘·최우영·왕혜숙, 2005, "유교윤리와 한국 자본주의 정신: 효를 중심으로", 〈한국사회학〉 39권 6호.

이동인, 1985, "유교와 근대화", 〈한국사회학 연구〉 8권.

______, 1991, "종교 이데올로기와 사회발전: 동아시아의 경우", 〈한국사회사연구회 논문집〉 31권.
이승환, 2004, "동아시아 문명기회와 선택", 〈사회과학연구〉 12집 2호.
이재혁, 2003, "문화발전주의의 논리적 문제점과 유교 자본주의", 〈한국사회발전연구〉.
이종현, 2005, "자본주의 옹호자로서의 막스베버?", 〈한·독사회과학논총〉 15권.
______, 2007, "'학벌과시'에 대한 사회학적 탐구", 〈사회과학연구〉 15집 2호.
이형균, 2000, "유교사회의 사회합리화와 유교윤리의 역할: 베버의 사회합리화 분석도구로 동아시아의 사회발전 재조명", 〈한국사회학〉 34집.
조혜인, 1990, "베버의 종파 및 당파이론의 확충: 조선조 붕당에 기초하여", 〈사회사 연구 이론과 실제〉 정신문화연구원.
허먼 칸, 1980, 김윤환 옮김, 《대전환기: 세계경제성장의 오늘과 내일》, 서울.

해외 연구서

Berger, P. L. & Hsiao Hsin-Huang, Michael(eds.), 1988, *In Search of an East Asian Development Model*, New Brunswick, N. J.: Transaction Books.
Weber, M., 1986, *Gesammelte Aufsätye zur Religionssoziologie I*, Tübingen: Mohr.
Schluchter, W., 1991, *Religion und Lebensführung Band 2*, Frankfurt: Suhrkamp.
Schwentker, W., 1998, *Max Weber in Japan*, 272~282.
Kaesler, D. (ed.), 1999, *Klassiker der Soziologie Band 1*, München: Beck.

후기

후 기

(게재순)

이재혁

필자와 전성우 선생님과의 인연은 2000년 한국이론사회학회를 만들 준비를 하면서부터였다. 예비간사를 거쳐 필자는 초대 이론학회의 연구간사를 맡았고, 전 선생님은 부회장이셨다. 수많은 학술모임과 대회를 준비하면서, 사실 명을 받들어야 할 부회장님이셨지만 내 역량이 너무 부족한 탓에 어쩔 수 없이 아주 사소하고 자질구레한 사항들까지 전 선생님께 상의하고 부탁드리기까지 했다. 어떨 때는, 정말 송구스럽지만, 마치 내 조교라도 된 듯 보였을 상황이었다. 선생님의 순수하고 소탈하신 성품이 아니었다면 아마 필자는 학회 일을 감당하기 힘들었을 것이다. 학회 월례세미나('삼토회')를 한때 필자가 실무적으로 주관한 적이 있었다. 섭외하고 준비하는 사람으로서 이런 일이 있을 때면 가장 걱정되는 것이 바로 참가자의 숫자이다. 그런데 당시 필자에게는 참석자 10명에 해당하는 분이 바로 전 선생님이셨다. 누구도 흉내 낼 수 없는 전 선생님만의 강력한 지성과 여유 있는 유머는 어느 자리이건 그 모임을 풍성하게 만드는 마법을 가졌다(물론 이것은 아직도 그대로이다). 전 선생님은 늘 10~20분 정도 지각을 하셨는데, 필자는 마치 첫사랑 총각선생님을 기다리는 여학생처럼 조바심을 내며 전 선생님이 어서 문을 밀치고 들어오시기만을 기다리곤 했다. 휘황하게 자신만이 빛나는 다이아몬드라기보다는, 자신의 빛으로써 주변의 남들을 빛나게 만드는,

참으로 보석 같은 존재. 비록 전 선생님의 직접적인 제자가 아니더라도, 많은 후학들이 전성우 선생님을 진심으로 존경하고 따르는 이유가 있다. 필자는 오늘도 첫사랑의 설렘으로 전 선생님의 '카페 특강'을 기다리게 된다.

김상준

내 기억 속의 전성우 선생님은 이론사회학회, 동아시아사회학회 창립과 뗄 수 없게 얽혀 있고, 동시에 이 두 학회를 헌신적으로 이끌어 오신 그 유명한 68세대 선생님들 — 한상진, 김성국, 이시재, 임현진, 전태국, 김문조 선생님 등 — 과 결단코 분리 불가하게 뒤섞여 있다. 사실 이 분들은 한데 묶어 요즘 유행하는 말로 '집단지성'의 한 몸체라 불러도 전혀 무리가 없지 않겠나 생각한다. 그 연세에 어찌 지금까지도 그리 다정들 하신지 늘 부럽기만 하다. 이분들을 따라 서울, 부산을 비롯 전국 도처의 수많은 '흐릿한 주점'들뿐 아니라, 북경과 동경, 호남성 창사와 인근 장가계까지, 동아시아를 누비며 흐릿하거나 또는 멀쩡한 주점들은 물론 여러 명승지들에서 도저한 가르침을 받아왔다. 탁월한 학술지도에 얹어 인격지도까지 받는 행운을 누린 셈이다. 그 집단지성 중에서도 전성우 선생님은 후학 격려에 특별한 내공이 있으셨다. 이 자리를 빌려 깊이 감사드린다.

유승무

전성우 교수님은 필자의 은사님이시다. 남들은 한 학기도 누려보지 못한 기회를 필자는 강산이 두 번 이상 바뀌는 세월 동안 늘 두려운 스승으로 가깝게 모실 만큼 과분한 복을 받았다. 이제 세월이 이 복을 앗아가려 한다. 전성우 교수님의 제자라는 사실이 자랑이자 자긍심의 원천이었기에, 아마도 상당한 기간 허전한 마음을 채울 길이 없을 것이다. 그러나 지금까지의 업적만으로도 충분히 자랑스럽기에, 지금까지의 가르침만으로도 너무나 풍부한 자양분이 되었기에 그리고 그 오랜 세월동안 배움의 기회를 독점하다시피 한 복을 누린 것만으로도 과분하기에 이제 더 이상의 욕심은 비운다. 단 하나, 전성우 교수님께서 늘 건강하시고 평온하시길 기원하는 마음만큼은 결코 비우지 않을 것이다.

이명호

전성우 선생님은 나에게 진정한 "Doktorvater"이다. 부모가 자녀에게 무한한 신뢰를 보내며 자녀의 방황도 애정으로 인내하듯, 선생님은 방황하는 제자가 학업의 길을 포기하지 않도록 이끌어주었다. 제자의 허점투성이 생각과 논리도 진지하게 들어주었고, 담대하게 구체화하도록 용기를 주었다. 지난 세월 전성우 선생님 밑에서 존중받으며 자유롭게 공부할 수 있었다. "머리 숙여 선생님의 지도와 배려에 감사 인사를 드립니다. 고맙습니다! 선생님을 사표(師表)로 삼아 진지하게 때로는 유머 있게 고민하고 공부하는 학자가, 그리고 모든 사람을 진심으로 존중하는 사람이 되겠습니다."

박미해

전성우 선생님과의 인연은 2008년 경북대에서 열린 사회학회 이론분과에서 전 선생님이 제 발표의 토론을 맡아주시면서 시작되었다. 막스 베버의 가산제와 유교적 해석을 연결하려는 논문이었는데, 선생님께서는 과분한 토론을 해주셨다. 전태국 선생님도 거들어주셔서 주위에서 너무 응원이 심한 것 아니냐는 부러움을 들었다. 그 후 필자가 2010년에 출간한 책은 과분하게도 전 선생님의 서평을 받고 사회학회 우수저서상에 선정되는 영광을 가졌다. 선생님만의 소탈한 웃음과 헤어스타일을 떠올리며, 선생님의 행복을 기원한다.

전상진

선생님을 처음 뵌 것은 1980년대 중반, 강의 내용은 아쉽게도 기억하지 못한다. 하지만 가방이 인상적이었다. 빈티지한 가방은 주인의 깊이를 물질로 보여주었다. 1990년대 초반 나는 독일 하노버대학에서 공부했는데, 사회학과 콜로키엄에 초대된 선생님은 제자인 나마저 우쭐하게 만들 정도로 최고의 강연을 하셨다. 그때 선생님은 트렌치코트를 입으셨는데 얼마나 세련되고 멋지던지. 내 학문이 조촐하고 투박한 까닭은 학문을 깊게 담을 가방도, 세련된 트렌치코트도 없기 때문이다. 물론 선생님의 가르침에 가방과 코트가 그득히 담겨있지만, 애석하게도 나는 아직 그것을 내 것으로 만들지 못했다.

천선영

직접 아는 사람이든 아니든, 자주 볼 수 있는 사람이든 아니든 같은 하늘 아래 존재한다는 것 자체가 참 고마운 사람들이 있습니다. 그런 사람들의 목록에서 전 선생님의 성함을 상당히 앞 순위에 올려드려야 할 것 같습니다. 사실 제 인생에 크게 도움이 되거나 하신 적은 없으십니다. ㅎㅎ 아니 그걸 바란 적도 없습니다. 뵈면 반갑고 못 뵈면 아쉬운, 그저 신뢰하고 존경할 수 있는 선배 선생님으로 계셔 주셔서 많이 고맙습니다. 그런 마음, 저뿐 아니라 많은 후학들이 갖고 있으리라 믿습니다. 앞으로도 지금처럼 저희들의 든든한 버팀목이 되어주시기를 빕니다. 선생님, 함께 해주셔서 감사합니다! 많은 후학들을 착각에 빠뜨리시는 지나치게 후한 칭찬과 담배만 조금 줄여주시면 더 고맙겠습니다! ^^ (물론 둘 다 기대하기 어려운 일이란 것을 잘 알고 있습니다. 암요, 그게 선생님이신 걸요! 선생님이시라 그 칭찬이 믿고 싶어지고, 선생님이시라 그 연기를 참게 되는 걸요!)

신진욱

필자에게 '전성우'는 20여 년 전 학창시절부터 막스 베버의 학문을 이해하기 위한 가장 중요한 통로였을 뿐 아니라, 현대 사회과학의 보편적 범주들이 과연 얼마나, 어떤 지적 제련에 의해, 여러 사회의 고유한 역사적 체험들을 포착해낼 수 있을지를 고민하게 해준 지적 스승이었다. 필자가 학문의 길에 들어선 후 전성우 선생님과의 인격적 만남을 통해 그의 학문세계 근저를 흐르는 지적 고민의 굵은 물줄기를 접할 수 있었음에 감사한다. 19세기 하이델베르크와 21세기 서울을 관통하는 '현대'라는 보편적 정신성, 그것의 무한히 다채로운 구현들을 그와 함께 논할 수 있음은 많은 한국의 사회학자들에게 큰 행운이다.

임운택

전 선생님과 스승과 제자로 만난 지 20년이 넘었다. 지금도 그렇지만 강의실보다는 사적인 장소에서 마력을 발휘하는 그의 문답법은 1980년 당시 시대의 주름을 펴서 명확한 방향성을 필요로 하는 무지한 학생에게는 좀 생소한 것이었다. 그는 당돌한 질문에 언제나 '글쎄~'로 시작하는 다소 어눌하고 의도적인 방식으로 화자에게 새로운 지평을 열어놓고,

그 안에서 사유해보길 권유한다. 그 마법과 같은 분위기에 홀려 독일에서 공부를 마치고 돌아온 이후에도 나는 여전히 전 선생님의 '주술' 속에서 학문적 삶을 영위하고 자양분을 받고 있으니, 베버의 탈주술화 테제는 최소한 개인적 차원에서 재고의 여지가 있다고 하겠다.

정년퇴직 후 보다 자유로운 지적 여행을 앞두고 그는 최근 부쩍 生·自·共을 논하고, 이전보다 부쩍 정치적 관심도 구체적이시다. 그러한 모습은 "학문은 지적 유희가 되지 말아야 한다"고 강조한 맑스의 태도와 크게 다르지 않아 보인다. 그의 지적 여행이 만인에게 더 많은 놀라움과 사유의 지평을 열어놓기를 기대하고, 더 많은 동반자들이 함께 오래하길 기대한다. Rarum esse oportet, quod diu carum velis!

이선미

벌써 10년이 흘렀다. 미국사회학이 주류를 이루는 한국 사회학계에서 독일사회학의 전통을 가진 학자로서, 남성 주도적인 사회에서 아이 둘을 키우며 그 경험을 반영하기를 원하는 아줌마 학자로서 '경계인'으로 살고 있던 나의 30대 중반 이후 10년. 전성우 교수님의 격려와 칭찬이 없었더라면 아마도 이 시간을 잘 보내기 어려웠을 것 같다. 이론사회학 자체보다는 시민사회와 발전론에 더 많은 관심을 가졌던 내가 이론사회학회에 가기를 즐겨했던 이유 중 하나는 어떤 다른 생각이라도 진지하게 받아들이고 '이론'으로 재해석하여 내가 처음 생각했던 것보다 더 멋진 결과물들을 만들어내도록 도와주시는 포용적이고 도전적인 전성우 교수님이었다. 커피 한 잔 앞에 놓고도 몇 시간이고 학문적 대화를 이어가시는 젊은 교수님을 영원히 뵙고 싶다. "나를 (말을 더 못하도록) 말려도!" 하시며 익어가는 벼의 모습을 닮아가는 멋진 앞머리도 영원히 마음에 담고 싶다.

이종현

지금으로부터 27년 전 1986년 3월의 수요일 봄날. 전성우 교수님의 사회학 방법론 강의시간이 새롭다. 지금은 친숙하지만 당시로서는 약간은 새로운 헤어스타일, 부드러운 미소와 넓고도 깊은 가르침에 '전성우 주술'에 홀딱 빠졌다. '직진일방통행'만을 강요받았던 시대인지라 '양방통행'을 몰랐고 그리고 '또 다른 길'이 있는지 몰랐던 때에 '전성우식 베버이해'를 만났다. 그래서 그 지루하고 지루한 그래서 따분한 '프로테스탄트 윤리-막스 베버 주술'에서 깨어났고 그리고 그때부터 '전성우식 베버를 즐겁고 즐겁게' 만났다. 그러다보니 이제까지 '전성우 주술'에서 살아온 셈이다. 정년퇴임하시는 전성우 교수님께 또 다른 '생 · 자 · 공의 주술'을 기대해보며, 보잘 것 없는 '잡글'을 드린다.

찾아보기

(용어)

ㄱ

ㄴ~ㄹ

ㅁ

ㅂ

ㅅ

ㅇ

ㅈ

ㅊ · ㅋ

ㅌ

ㅍ

ㅎ

찾아보기

(인명)

ㄱ · ㄴ

ㄷ · ㄹ

ㅁ

ㅂ

ㅅ

ㅇ

ㅈ

ㅊ · ㅋ

ㅌ · ㅍ

ㅎ

저자소개

(게재순)

이재혁 李載爀

서울대 사회학과를 졸업하고 미국 시카고대학에서 사회학 박사학위를 취득했다. 서강대 사회학과 교수로 재직 중이다.

주요 논저 "선물의 hau: 증답경제의 정치경제학과 관계자본"(〈한국사회학〉, 2011), "Kula and Relation Capital"(*Rationality and Society*, 2011) 등.

김상준 金相俊

서울대 사회학과를 졸업하고 미국 컬럼비아대학에서 사회학 박사학위를 취득했다. 경희대 공공대학원 교수로 재직 중이다.

주요 논저 "중층근대성: 대안적 근대성 이론의 개요"(〈한국사회학〉, 2007), 《맹자의 땀 성왕의 피: 중층근대와 동아시아 유교문명》(2011), 《미지의 민주주의: 신자유주의 이후의 사회를 구상하다》(2009, 증보판 2011), 《유쾌한 감옥》(2010, 역서) 등.

유승무 柳承武

한양대 사회학과를 졸업하고 동대학원에서 박사학위를 취득했다. 중앙승가대학 포교사회학과 교수로 재직 중이다.

주요 논저 "반월공업공단 노동자계급의 형성과정 연구"(1994, 박사학위논문), 《불교사회학》(2010), 《유교적 사회질서와 문화, 민주주의》(2005, 공저), 《한국민족주의의 종교적 기반》(2010, 공저) 등.

이명호 李明熩

한양대 사회학과에서 학부과정과 대학원과정을 밟았고, 박사학위를 2013년 2월에 취득할 예정이다. 박사학위 논문은 "한국 가족중심주의의 역사적 기원: 조선후기와 근대전환기 종교영역과 생활양식을 중심으로"이다.

주요 논저 "조선후기 불교에 대한 부정적 시각의 극복과 비판적 고찰"(〈불교학보〉, 2011) 등.

박미해 朴美海

서울대 아동가족학과를 졸업하고 미국 위스콘신대학(메디슨)에서 사회학 박사학위를 취득했다. 서울대 사회과학연구원에 연구원으로 있다.

주요 논저 "17세기 양자의 제사상속과 재산상속"(〈한국사회학〉, 1999), 《사회학자들이 본 남성과 여성》(1993), 《유교가부장제와 가족, 가산》(2010).

전상진 田尚鎭

서강대 사회학과를 졸업하고 독일 빌레펠트대학에서 박사학위를 취득했다. 서강대 사회학과 교수로 재직 중이다.

주요 논저 "한국정치의 편집증적 스타일?: 한국 정치 커뮤니케이션과 음모론"(〈경제와사회〉, 2010), "La Théorie du complot comme un simulacre de sciences sociales?"(*Sociétés*, 2011, 공저)

천선영 千善英

고려대 사회학과를 졸업하고 독일 뮌헨대학에서 박사학위를 취득했다. 경북대 사회학과 교수로 재직 중이다.

주요 논저 "'노약자석'을 통해서 읽는 공간의 일상 정치: 사회적 범주, 공간의 분할과 격리, 규범과 일탈"(〈사회와이론〉, 2009), 《죽음을 살다》(2012) 등.

신진욱 申晋旭

연세대 사회학과를 졸업하고 독일 베를린자유대학에서 사회학 박사학위를 취득했다. 중앙대 사회학과 교수로 재직 중이며, 베를린자유대학 방문교수와 알렉산더 폰 훔볼트 펠로를 역임했다.

주요 논저 《상징에서 동원으로》(2007, 공저), 《시민》(2008), *Modernisierung und Zivilgesellschaft in Südkorea*(2005) 등.

임운택 林雲澤

한양대 사회학과를 졸업하고 독일 마부르크대학에서 사회학 박사학위를 취득했다. 계명대 사회학과 교수로 재직 중이다.

주요 논저 "유럽통합과 사회이론의 과제"(〈사회와 이론〉, 2012), "한국사회에서 신자유주의의 발전단계와 헤게모니 전략에 대한 이념형적 분석"(〈경제와 사회〉, 2010), *Zur Transformation der industriellen Beziehungen in den europäischen Wohlfahrtsstaaten*(2003) 등.

이선미 李仙美

이화여대 사회학과를 졸업하고 독일 프랑크푸르트대학에서 박사학위를 취득했다. 한양대 제3섹터연구소 연구교수를 거쳐 서울여대 교양학부 교수로 재직 중이다.

주요 논저 "국제이주의 이론적 도전: 종족-국민-국가 연계에의 도전과 국가의 공간적 변형"(〈사회와이론〉, 2010), "근대사회이론에서 공동체 의미에 대한 비판적 연구"(〈한국사회학〉, 2008), "여성자원봉사 리더의 돌봄 경험 연구"(〈한국여성학〉, 2011) 등.

이종현 李鐘鉉

서강대 사회학과와 동대학원을 졸업하고 독일 마부르크대학에서 사회학 박사학위를 취득했다. 이론사회학회 부회장, 글로벌사이버대 휴먼서비스학부 교수로 재직 중이며, 청주대 사회학과 강의전담교수를 역임했다.

주요 논저 "'자본주의 옹호자'로서의 막스베버?"(〈한국사회학회〉, 2005), "'학벌과시'에 대한 사회학적 탐구"(〈사회과학연구〉, 2007), "한국·독일·일본의 '과시행위'의 비교연구"(〈한독사회과학논총〉, 2008), "Max Weber in Suedkorea"(박사학위논문), 《현대사회를 진단한다》(2011, 공동번역) 등.